経営・ビジネス論
―企業の仕組みと商活動―

鷲尾和紀・鷲尾紀吉［著］

創成社

はしがき

　経営・ビジネスに関する領域は幅広いが，本書は経営・ビジネスを行う経済主体としての企業と経営・ビジネスの対象となる商活動の2つの観点から，それにかかわる基本的領域をまとめたものである。

　経済主体としての企業をどのように理解するかについては，さまざまなアプローチが考えられるが，本書では企業の本質や会社の制度，仕組みの面から説明している。経営・ビジネス論においては，経済主体を企業論的アプローチのみならず，会社という組織は目に見えない存在であるので，制度的側面からのアプローチは不可欠であると認識しているからである。

　商活動の中で大きな割合を占めるのが取引であろう。取引あるいは取引活動については，いわゆる経営活動あるいは戦略的側面から論じられることが多くみられ，それはもちろん重要なことであるが，取引は一定のルールに従って行動することが，取引の安全性，確実性，迅速性に資することから，取引を遂行する範囲内での企業取引の特徴，形態や取引のルール，規制等に対する基礎的理解が求められるところである。

　商活動における取引の領域について，このような法的，制度的側面からのアプローチがビルトインされた経営・ビジネス論の展開は，取引あるいは取引活動を円滑に進めるために役立つばかりではなく，取引関係をマネジメントする上でも必要であり，特に企業と消費者の間で直接取引が行われる消費者取引においては，このようなアプローチを組み込むことが，企業にとって取引の継続的，安定的遂行を図る上で極めて重要であると考えられる。

　また商活動は，組織の外側にある外部の企業や顧客との関係やかかわり合いをもつことが多いため，流通やマーケティングの理解が必要であり，さらに今日，多くの企業が国際的活動を行い，国際取引や通商政策等からのアプローチも求められていることから，これらの領域について取り上げ説明している。

このように，本書は経営・ビジネス論を企業と商活動という観点から，企業と会社の制度や仕組み，取引形態と取引関係のマネジメントのための取引ルール，さらに流通・マーケティングや国際的企業活動というように，さまざまな領域が混在しており，これら各領域を取り上げてまとめて述べただけで，学問として体系化されていないという批判を受けるかもしれない。その点は甘んじて受けざるを得ないが，それは経営・ビジネス論という領域そのものが実学的性質をもっていることによるものとも考えられる。

　本書は，鷲尾和紀『パーソナルファイナンシャル・サービス・マーケティング』（創成社，2016年），鷲尾紀吉『現代国際流通論』（創成社，2014年），同『現代ビジネス概論』（創成社，2012年），同『現代マーケティング論』（創成社，2010年）の既存の成果をもとにまとめ，さらにその後の研究成果を取り入れた新たな内容を追加して執筆したものである。これらの著書を含めて，本書を執筆するに当たっても，先行する優れた文献，研究から学び，かつ教えていただいた。心から感謝する次第である。これらの文献，先行研究については文中において引用箇所を明示するとともに，各章末に参考文献として掲載している。

　本書も創成社から出版させていただいたが，今回，親子の共著という形で，本書の出版を快諾してくれた創成社社長塚田尚寛氏，および編集・校正等を担当していただいた西田徹氏のご尽力に厚くお礼申し上げる次第である。記して深謝の意を表したいと思う。

2016年3月

鷲尾和紀
鷲尾紀吉

目　次

はしがき

本書の構成と各章の概要

第1章　企業と会社制度 ─────────── 11
　第1節　企業の機能と本質 …………………………………11
　第2節　会社の基礎概念 ……………………………………17
　第3節　株式会社の機関 ……………………………………22
　第4節　資金調達の形態と方法 ……………………………43
　第5節　資本金・準備金・剰余金と計算書類等 …………52

第2章　企業間取引の形態と仕組み ─────── 59
　第1節　企業取引総説 ………………………………………59
　第2節　売買取引 ……………………………………………70
　第3節　企業取引補助者の営業取引活動 …………………78

第3章　消費者取引と取引ルールの適正化 ──── 91
　第1節　消費者取引における規制とルールの適正化 ……91
　第2節　消費者契約における規制と取引の公正化
　　　　　──消費者契約法の概要── ……………………93
　第3節　特定商取引における規制と民事ルール
　　　　　──特定商取引法の概要── ………………… 107

第4章　不公正な取引方法 ──────────── 132
　第1節　企業取引関係のマネジメントと不公正な取引方法 … 132
　第2節　不公正な取引方法の規制類型と規制の意義 ………… 134

第 3 節　不公正な取引方法の類型別概要 ……………………… 139

第 5 章　マーケティング ——————————————— 170
第 1 節　マーケティングの概念 …………………………………… 170
第 2 節　市場機会の分析と発見による戦略策定 ………………… 177
第 3 節　市場細分化，ターゲティング，ポジショニング …… 188
第 4 節　製品ライフサイクルとマーケティング戦略 ………… 206
第 5 節　サービス・マーケティング
　　　　—パーソナルファイナンシャル・サービス・マーケティングを
　　　　中心に—……………………………………………………… 218

第 6 章　流通の仕組みと商業 ——————————————— 240
第 1 節　流通の概念 ………………………………………………… 240
第 2 節　流通機能と機関代替性 …………………………………… 245
第 3 節　商流と取引 ………………………………………………… 248
第 4 節　物流とロジスティクス …………………………………… 256
第 5 節　情報流と流通情報システム ……………………………… 275
第 6 節　流通部門における商業 …………………………………… 284

第 7 章　企業の国際的活動 ——————————————— 296
第 1 節　貿易と国際売買 …………………………………………… 296
第 2 節　国際物品売買契約に関する統一法とインコタームズ… 311
第 3 節　国際輸送 …………………………………………………… 325
第 4 節　国際技術移転契約と国際取引 …………………………… 351
第 5 節　海外直接投資と国際取引 ………………………………… 356
第 6 節　国際投資に係る国際的取組み …………………………… 362

参考文献　367
索　　引　371

本書の構成と各章の概要

1 本書の構成

　本書は，現代における経営・ビジネスにかかわる基本的領域を概説するもので，以下の7つの章からなる構成となっている。

　第1章は，企業および会社に焦点を当てて，その仕組みを制度面から説明する。経営・ビジネス論において，経済主体や組織についての基礎的理解は必要不可欠である。経済主体や組織の理解には，会社制度の理解も求められることから，企業論的アプローチだけでなく，法的および制度的側面からのアプローチを行う。

　第2章は，企業間取引の形態，仕組みを述べる。企業間で行われる取引形態は商法で定めている商行為を参考にして説明する。また，企業取引は一定のルールに従って行われることが，取引の安全性，迅速性，確実性に資することになることから，取引ルールや特則について法的および制度的側面からのアプローチを行う。また，企業取引の拡大は企業取引補助者の活用を行うようになるので，企業取引補助者の営業取引活動についても説明する。

　第3章は，企業と消費者の間で行われる消費者取引に焦点を当てて，消費者が企業との取引において多くの場面でかかわる消費者契約法と特定商取引法の2つの制度を取り上げる。消費者取引におけるルールの公正化，適正化等とともに，事業者（企業）に対する取引規制を説明する。

　第4章は，不公正な取引方法の内容と規制措置を取り上げる。この領域は企業の経営・ビジネス活動とは直結しないとして，法律書は別にして，経営・ビジネス関係の文献において独立した章を設けて説明されていることはほとんどみられないが，経営・ビジネスにかかわる行為が不公正な取引方法に該当し，国から排除命令が下される，あるいは課徴金が徴収される場合は，経営・ビジネス活動の遂行に多大な支障を及ぼすことになる。したがって，不公正な取引方法の規制措置は，企業経営における取引関係をマネジメントする上で，極め

て重要な領域であるので，章立てして取り上げて説明する。

第5章はマーケティング，第6章は流通の仕組みと商業を取り上げる。企業の経営・ビジネス活動による取引連鎖によって，商品流通システムが形成されることから，経営・ビジネス活動においてマーケティングおよび流通の仕組みと流通活動は重要な領域を占める。マーケティングにおいては，市場機会の分析と発見，STPアプローチ，製品ライフサイクル，サービスマーケティングについて説明する。また流通の仕組みと商業においては，商流，物流，情報流といった流通の仕組みを述べるとともに，流通における商業の役割等について説明する。

最後の第7章は，企業の国際的活動を取り上げて説明している。今日において，企業の国際的活動は規模の大小を問わず，活発に行われている状況であることから，国際貿易，ウィーン売買条約とインコタームズ，国際輸送，国際技術移転，海外直接投資，さらには企業の国際的活動と関係するWTO等国際通商についても，説明を加える。

なお，本書では，経営・ビジネス論においては，法的および制度的側面からの基礎的理解が必要不可欠であるという認識のもとで，文中において最小限の法律の条文を表記しているが，法律書ではないので，細かい適用条文については省略している。また，法律の条文そのものを正確に表記しているのではなく，略説している場合もある。法律書の文献引用の方法は，原則として法律編集者懇話会「法律文献等の出典の表示方法」によることが慣例となっているが，本書においては，法律書でないこともあって，適宜の方法で引用の表示を行っている。

2　各章の概要

第1章　企業と会社制度

本章では，まず経済循環フローにおける企業と家計の関係，企業の機能および本質について述べる。市場経済においては，企業と家計は相互に依存し合って発展し，財・サービス市場と生産要素市場という2種類の市場において相互にかかわり合う。企業は経済循環フローにおいて，販売を目的として財・サービスを生産し，家計の構成員を雇用する等の組織として位置づけられる。この

ような機能をもつ企業の本質については，いくつかの観点からみることができるが，企業の本質を①技術的変換体としての企業，②資金結合体としての企業，③情報蓄積体としての企業，④統治体としての企業，⑤分配機構としての企業という5つの視点を紹介し，説明する。

次に，企業の形態と会社の種類を取り上げる。企業の形態は大きく私企業と公企業に分けることができるが，現代社会においては私企業が経済主体として重要なセクターとなっている。私企業は，さらに個人企業と法人企業に分けることができるが，法人企業は一般には会社と呼ばれる。会社には会社法によれば，株式会社と合名会社，合資会社，合同会社で構成される持分会社の2つの類型があるが，今日においては，株式会社が現代経済社会において大きな役割を果たしている。

株式会社の仕組みについては，管理運営面における法的および制度的側面から，会社の機関を取り上げ，機関設計と機関構成の選択，機関の分化および所有と経営（支配）の分離，株主総会，取締役（会），代表取締役，監査役（会）等の個別機関，各機関の相互関係，さらに監査等委員会設置会社，指名委員会等設置会社について説明する。

株式会社の管理運営で重要な業務の1つに，資金調達がある。資金調達の方法には大きく，外部からの資金調達と内部での資金調達がある。外部からの資金調達はさらに，自己資本と他人資本に分かれる。自己資本は会社が返済義務を負わない資金で，募集株式の発行等のほか，新株予約権も含まれる。他人資本は返済義務を負う資金で，社債，金融機関からの借入れ，支払手形・買掛金などの企業間信用がある。会社がこれら資金調達の方法のうちどれを選択するかは自由であるが，本章では会社法に定めのある募集株式の発行等，新株予約権および社債について取り上げ，説明する。

また，株式会社において，会社債権者からは債権の保全の担保として，また株主からは剰余金の配当という点から，会社財産を確保することは極めて重要である。そこで，株式会社における資本金，準備金，剰余金の概念および株主にとって関心の高い剰余金の配当の算定を明らかにするとともに，計算書類の作成と承認手続についても述べる。

第2章　企業間取引の形態と仕組み

　本章では，企業間取引を取り上げ，商活動におけるさまざまな取引形態，取引の仕組み，ルールを述べる。企業取引の範囲については必ずしも定まったものはないが，商法で定めている商行為を説明することによって，企業取引のアウトラインを把握する。

　企業取引における最も典型的な取引形態は，売買取引である。売買取引は法的には売買契約という用語であらわされるが，売買契約にはさまざまな取引のルールがあり，取引当事者間が取引のルールを遵守することによって，取引の安全性，迅速性，確実性が確保される。企業間取引で適用される取引のルールは，商法では企業間（商人間）における売買取引の特徴に基づいて，一般に適用される売買契約と異なったルールを設けていることから，売買契約の成立，商品の引渡と受領，代金の支払い等について，企業間（商人間）で適用される売買契約上の特則を述べる。

　企業はその規模が拡大し，より広い地域にわたって取引活動を展開するようになると，外部組織である企業取引補助者の営業補助業務を活用して，より広範囲な活動を行うようになる。このような企業取引補助者は企業取引の円滑化に貢献しており，代理商，特約店，問屋，仲立人といった企業取引補助者の営業取引活動の内容を説明する。

第3章　消費者取引と取引ルールの適正化

　消費者取引においては，消費者が被害に遭わないよう，行政は商品やサービスの安全・品質に関する規制，消費者取引のルールの整備や適正化を行い，そのための立法化措置として消費者保護基本法（その後，消費者基本法として改正された）をはじめとする各種消費者法が制定されてきた。本章では，これら消費者法の中で，消費者取引を規制し，取引ルールの公正化，適正化等を図るための消費者取引制度として，消費者契約法と特定商取引法の2つの法制度を取り上げる。

　消費者契約においては，消費者と事業者の間の情報の量や質，交渉力に格差があることから，事業者が十分な情報提供や説明をせずに勧誘を行い，消費者

の意思形成が不十分なまま契約がなされることがある。また，事業者のこれら格差を利用した契約支配に基づく不当な契約条項の押しつけがみられ，これが契約のトラブルを発生させる原因となる。

　そこで，消費者契約法では，事業者の情報提供・説明義務を求め，契約締結の勧誘に際し，事業者による重要事項の不実告知，断定的判断の提供，不利益事実の故意の告知等があった場合には，当該契約を取り消すことができるとともに，事業者の債務不履行責任の全部を免除する条項等不当な契約条項により消費者の権利が制限あるいは奪われる場合には，これら条項を無効とし，また損害賠償額の予定等につき，平均的損害の額を超える部分についても無効としている。さらに，適格消費者団体については，消費者団体訴訟制度が認められている。本章前半では，このような消費者契約法の規制内容，取引ルール等について，制度面から説明する。

　本章後半においては，特定商取引の内容を概説する。特定商取引法が規定する特定商取引は，現在，訪問販売，通信販売，電話勧誘販売，連鎖販売取引，特定継続的役務提供，業務提供誘引販売取引および訪問購入の7類型が定められている。

　特定商取引に対しては，事業者が守るべき行為については行政規制によって厳正に対処するとともに，いくつかの特定商取引においては，消費者にクーリング・オフを認めるなど消費者を保護する民事ルールが定められている。また，行政規制に違反した事業者は，業務改善の指示，業務停止命令のほか，一部については刑事罰の対象となる。

　そこで，7類型ごとに特定商取引の内容を行政規制，民事ルールおよび行政処分・刑事罰という3つの側面から説明する。

第4章　不公正な取引方法

　企業取引には私法上の取引ルールが定められており，企業取引当事者はその取引ルールに従って行動することが求められるが，一定のルールに従えば，どのような契約を締結するかは，原則として自由であるという契約自由の原則が働く。

　しかし一方で，企業取引が公正かつ自由な競争を促進するために，当該企業

取引行為が公正な競争を阻害するおそれがあり，このことにより，消費者の利益の確保や国民経済の健全な発達の促進に支障が生じるような場合には，国家が法に基づき，当事者間で行われた企業取引に直接介入して，そのような取引行為を規制，禁止する措置をとっている。

すなわち，企業取引のうち，独占禁止法に定める行為類型で公正競争を阻害するおそれがあるものを「不公正な取引方法」とし，これに該当する取引行為については公正取引委員会が排除命令を出すなどの規制，禁止措置を行っている。

不公正な取引方法の類型には，大きく法定の不公正な取引方法と一般指定（公正取引委員会告示）に分けられる。これら不公正な取引方法は，いくつかの共通するグループに分けられるが，本章では不当な差別的取扱い，不当対価，不当な顧客誘引・取引の強制，事業活動の不当拘束，取引上の地位の不当利用，競争者の事業活動の不当妨害という6つのグループに分けている。

不当な差別的取扱いは，共同の取引拒絶（いわゆる共同ボイコット）に典型的にみられるが，その他の取引拒絶，差別対価が含まれる。不当対価には，不当廉売と不当高価購入があり，いずれも不公正な取引方法である。不当な顧客誘引・取引の強制には，ぎまん的顧客誘引，不当な利益による顧客誘引および抱き合わせ販売等があり，抱き合わせ販売は実際に企業取引においてよくみられる例であるが，不公正な取引方法として違法になることが多い。事業活動の不当拘束には，排他条件付取引，再販売価格の拘束，拘束条件付取引がある。再販売価格の拘束はメーカーのマーケティングの一環としてよくみられる例であり，平成21年の独占禁止法の改正により，法定の不公正な取引方法として課徴金の対象となった。

取引上の地位の不当利用には，優越的地位の濫用と取引の相手方の役員選任への不当干渉があるが，その中心は優越的地位の濫用である。優越的地位の濫用は，大手小売業者による納入業者に対する不公正な取引事例として，多くみられるのが特徴である。競争者の事業活動の不当妨害には，競争者に対する取引妨害と競争会社に対する内部干渉があるが，いずれも不公正な取引方法となる。

これら不公正な取引方法の説明に当たっては，審決例，相談事例を紹介しながら，その概要を述べる。

第5章 マーケティング

　マーケティングは広範囲で，さまざまな領域を含むが，本章では，マーケティングの概念を述べたうえで，市場機会の分析と発見による戦略策定，市場細分化・ターゲティング・ポジショニング，製品ライフサイクルとマーケティング戦略，およびサービスマーケティングを取り上げて説明を行っている。

　まず，市場機会の分析と発見による戦略策定では，市場機会の分析を行う上で極めて有益な示唆を与えてくれるアーカーの考え方（戦略市場経営）をもとに，外部分析と内部分析による市場の機会と脅威，戦略的強み，弱みの把握と認識，それを踏まえての戦略の識別と選択という全体的な枠組みを紹介する。また，SWOT分析は外部分析による市場の機会と脅威の識別，および内部分析による自社の強みと弱みの見極めを行った上で，これら4つを組み合わせて適合化するものであるが，このSWOT分析による市場機会の発見，戦略課題の設定について説明する。

　次に，マーケティング・マネジメント論では，市場を細分化し，それによって区分された市場セグメントに対し適切なターゲットを設定し，そのターゲットにおいて競合製品との比較で顧客のマインド内で望ましいポジショニングを設計し，それに適応した製品，価格，流通チャネル，プロモーション活動についてのマーケティング・ミックス活動計画を策定するというアプローチをとっている。この一連の流れにおける細分化（Segmentation），ターゲット設定（Targeting），ポジショニング（Positioning）は，その頭文字をとってSTPアプローチと呼ばれる。このSTPアプローチとその相互関係について具体的に述べる。

　市場細分化についてはその概念と細分化基準を説明し，またターゲット設定は標的市場の設定と市場セグメントの選択の5つのパターンとその組合せ，さらにポジショニングは差別化がキーポイントになることから，製品による差別化と製品以外の差別化に分けた差別化戦略等について説明する。

　また，製品ライフサイクルとマーケティング戦略では，製品ライフサイクルとは製品にも寿命があり，その寿命には一定のサイクルがあるという考え方であり，それは一般に，製品ライフサイクルは時間の経過とともに，導入期，成

長期，成熟期，衰退期という4つの段階に分けられることから，4つの段階にみられる特徴と各段階におけるマーケティング戦略を説明する。

さらに，サービスマーケティングにおいては，従来のサービスマーケティング論ではほとんど取り上げられていなかったファイナンシャルサービス・マーケティング，なかでも個人顧客を対象としたパーソナルファイナンシャル・サービス・マーケティングに焦点を当てて，サービスマーケティング一般論と対比し，提供されるサービスの特殊的，独自的特性を明らかにする。次に，市場細分化とターゲティングを生活者市場における戦略的フィルターで区分し，世代とライフステージの相関性を示し，世代別ターゲット戦略の絞り込みの必要性を述べる。

マーケティング・ミックスはマーケティング・マネジメント論の基本要素であるが，本節では，4Pから4Cへの視点に立って，パーソナルファイナンシャル・サービス・マーケティングの諸要素を論じる。また，ファイナンシャルサービス企業においては社内専門スタッフ（従業員）と顧客との相互作用であるインタラクティブ・マーケティング（Interactive Marketing）が極めて重要であることを述べる。

第6章　流通の仕組みと商業

流通とは，生産と消費の間に介在して，生産と消費の懸隔を架橋し，その橋渡しをするものであり，それは経済活動の中で流通に課せられた社会的役割である。本章では，まずこのような流通の概念の定立のもとで，流通フローと商流，物流，情報流，流通機能と機関代替性について説明する。

次に，商流と取引を取り上げ，商流における売買取引関係，取引関係の選択（市場取引と組織取引），中間組織の形態と長所・限界について述べる。

物流とロジスティクスの説明においては，まず物流の概念と物流活動，物流チャネルの内容を述べる。また，ロジスティクスについては，ロジスティクスの概念と3PLを説明し，国際ロジスティクス分野においても3PLが展開されており，この分野におけるフレイト・フォワーダーの役割が近年重要視されていることを述べる。さらに，ロジスティクスはサプライチェーン・マネジメン

トとして展開されてきていることから，サプライチェーン・マネジメントの意義，概念，フレームワークを説明する。

商流と物流を動かす中枢神経の役割を果たしているのが，情報流である。情報流については，流通情報システムを中心に説明し，メーカー，商業者（卸売業者・小売業者），消費者の3者間の情報交換システム，小売店頭情報とPOSシステム，流通業界におけるEDIの展開を取り上げて，その内容を概説する。

流通部門において，大きな役割を果たしているのが商業である。商業がなぜ，生産部門と消費部門に介在するのか，その介在原理について，主として取引数単純化の原理と情報縮約・整合の原理によって説明し，商業の介在が流通の有効性を高め，取引費用の節減をもたらす原理を明らかにする。

商業は，大きく卸売業と小売業からなる。卸売業は消費者以外に商品を販売することを業とするものであり，商業者や産業用使用者と取引する。卸売業の形態と分類，品揃えの広さ等を通じて，卸売業の多様性を明らかにする。

小売業は，消費者に消費財を販売することを業とするものであるが，小売業の発展をみる場合，小売業態の動態が重要である。近代小売業の発展の歴史は，小売業態の多様化が最大の特徴であるからである。そこで，小売業態の差別化として，小売ミックスによる差別化，立地指向と品揃え指向による差別化について述べる。

第7章　企業の国際的活動

企業の国際的活動はさまざまであり，またそこで行われる国際取引も多様であるが，本章では，貿易と国際売買，ウィーン売買条約とインコタームズ，国際輸送，国際技術移転，海外直接投資および国際投資における国際的取組みの6つの領域を取り上げる。

貿易と国際売買においては，一般的・伝統的な貿易のほかに，仲介貿易，委託加工貿易，委託販売貿易，プラント輸出，販売店・代理店の活用による貿易取引等，貿易形態別国際売買の内容を述べる。

ウィーン売買条約は国際物品売買契約の統一法であるが，わが国では平成20年（2008年）に国会で加入が承認され，翌年発効している。ウィーン売買条

約については，適用範囲，売買契約の成立，売主・買主の義務，売主・買主の契約違反に対する救済等基本的内容を概説する。インコタームズは，国際商業会議所が作成した国際物品売買契約における貿易条件であるが，現在，インコタームズ2010が作成されているので，そこで規定されている貿易条件を述べる。

国際輸送については，国際海上輸送，国際航空輸送および国際複合輸送を説明する。国際海上輸送は今日の国際輸送で大きな割合を占めているが，コンテナ輸送，船荷証券，海上運送状について，それぞれの内容を述べる。国際航空輸送は近年増加傾向にあり，そこで扱われている航空貨物の種類，航空貨物運送事業者の役割と利用運送，航空運送状について説明する。

国際輸送は国境を越え，その輸送は広範囲に及び，またドア・ツー・ドアの一貫輸送の要請から，国際複合輸送が発展し，今日では，国際複合輸送は国際輸送の中で重要な役割を果たしている。そこで，国際複合輸送の概念，国際複合輸送の統一規則，国際複合輸送の形態と主要ルート，複合運送人の責任と複合運送証券，さらには国際輸送で大きな役割を果たしているフレイト・フォワーダーとNVOCCについて説明する。

わが国は技術立国といわれるほど，高度な技術，産業用知識・ノウハウ等を有しており，今日において，これら技術を海外に移転する契約が活発に行われている。そこで，国際技術移転契約については，国際技術移転で最も多い技術実施許諾契約（ライセンス契約）を取り上げ，その仕組み，実施許諾者・実施権者の義務，さらには公的規制等について説明する。

海外直接投資は，マクロ的には国際間の長期資本移動の一形態ととらえることができるが，企業ベースからみると，海外投資先の事業に対する経営支配のために必要とされる有形・無形の資産からなる経営資源を移転するという観点からとらえることができる。そこで，このような意味での企業の海外直接投資の主な形態，合弁事業における日本と現地法人の関係等について述べる。国際投資における国際的取組みにおいては，WTOにおけるTRIMs協定の内容，二国間投資協定の状況等，通商面からの取組みを説明する。

第1章
企業と会社制度

第1節　企業の機能と本質

1　経済循環フローにおける企業と家計

　市場経済は，企業と家計（個人，または所得を分け合う個人のグループ（通常は家族））が相互に依存し合って発展するが，図1－1は企業と家計の間で貨幣（お

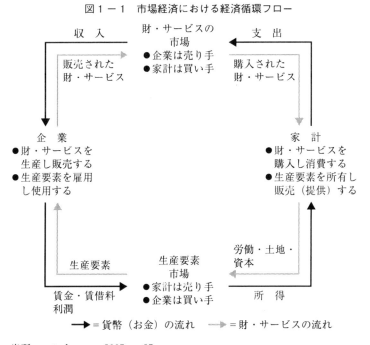

図1－1　市場経済における経済循環フロー

出所：マンキュー，2005，p.35。

金）と財・サービスが市場を通じどのように流れ，循環するかを単純化して示したモデルである。

　企業は，労働（雇用），土地（一切の自然を含む），資本（生産手段としての機械や建物等）といったさまざまな投入物を用いて，財・サービスを生産する。これらの投入物は生産要素と呼ばれる。家計は生産要素を所有し，企業の生産する財・サービスを消費する。

　企業と家計は，財・サービス市場と生産要素市場という2種類の市場において相互にかかわり合う。すなわち，財・サービス市場では企業が財・サービスを生産し，それを販売する売り手であり，家計は企業が生産した財・サービスを購入する。生産要素市場では家計は財・サービスの生産に使用する生産要素を企業に提供する売り手であり，企業はその買い手となる。

　図1−1の内側の矢印は，家計と企業との間の投入と産出のフローを表している。家計はその所有する労働，土地，資本の使用権を生産要素市場で企業に販売（提供）する。企業はそれらの生産要素を用いて（労働者を雇用し，機械設備等の生産手段等を使用して），財・サービスを生産し，財・サービス市場で販売する。つまり，生産要素は家計から企業に，財・サービスは企業から家計に，それぞれ流れる。

　外側の矢印は，貨幣（お金）の流れを示している。家計は，企業から財・サービスを購入（消費）するために，お金を支払う。企業は家計による財・サービスの購入，すなわち企業側からみれば，財・サービスの販売によって得た収入の一部を労働者の賃金，地代等の生産要素の使用に対する支払いにあてる。家計から提供を受けた生産要素の使用に対する支払いの後で残ったものが，企業所有者の利潤となる。企業所有者も家計の中に含まれる。企業所有者も個人として，あるいは家族の一員として企業が生産した財・サービスを購入するからである。

　以上のように，財・サービスへの支出は家計から企業へと流れ，賃金，賃借料（家計からみると賃貸料），利潤といった所得は企業から家計へと流れるというような経済循環フローが形成される。この経済循環フローでは，企業は販売を目的として財・サービスを生産し，家計の構成員を雇用する等の組織として位置づけられている。

2 企業の本質

　経済循環フローからみた企業の果たしている機能は既述のとおりであるが，企業それ自体の存在という経営学的視点からみた企業というのはどのような存在意義をもっているのだろうか。この点について，伊丹（2001, pp.7-16）は，企業の本質を以下のように5つの観点からとらえている。

① 技術的変換体としての企業

　市場経済における経済活動体としての企業の最も基本的な存在意義は，インプットからアウトプットへの技術的変換である。

　先に，企業は家計から労働，土地，資本といった生産要素を用いて，財・サービスを生産すると述べたが，それはとりもなおさず，生産要素を投入し，技術的変換を行って，財・サービスを生産するということである。経営学では，生産要素のことを経営資源と呼び，それはヒト，モノ，カネ，さらには情報・知識，技術などから構成される。企業はこの経営資源を適切に組み合わせて，原材料・部品を最終製品の製作に向けて技術的変換活動に従事する。この技術的変換活動に機械設備や技術等が用いられ，その変換活動の結果として産出されるのが，財・サービス，つまり最終製品である。

　企業は，このような技術的変換活動によって産出した製品を市場において交換することによって，「付加価値」を生み出す。付加価値とは，企業が外部の市場から入手したものにどのくらいの価値を付け加えて市場で販売することに成功したかを示す指標で，企業の存在意義の基本的指標である。企業はその生み出した付加価値から雇用した労働者に対し賃金を，また借入金をした場合の金利を支払うなどをして，その後残ったものが「利益」として企業に留保される。その利益から税金が支払われ，また利益の分配として株主に配当されることとなる。これは，先に述べた経済循環フローと同じ原理である。

　企業の技術的変換は市場で販売し，売上げを達成するために行われるもので

あるが，その売上げは需要によって決まる。他方，企業がその製品を作れるかどうかは，企業にとって利用可能な技術によって決まる。

つまり，企業は技術のポテンシャルを考えて自らの技術能力を決め，需要のポテンシャルを考えて自らの生産を決め，技術と需要をつなぐ技術的変換を行う。その意味では，企業は需要と技術をつなぐ存在であるといえる。そのつなぎの効率，つまりは変換の経済効率が企業の存在の最も基本的な意義である。したがって，経済効率（つまりは付加価値の創出効率）が悪い企業は，市場において存立し続けることが難しいといえる。

② 資金結合体としての企業

企業は技術的変換のためにカネ（資金）を必要とすることから，資金結合体でもある。その意味は2つある。

第1の意味は，企業が必要とするカネをさまざまな形でさまざまな人々が出しているという，資金拠出のさまざまなあり方の結合体であるということである。例えば，株式会社の場合，株主の資金出資による結合体である。株主出資以外にも金融機関から企業への貸付という資金拠出，あるいは社債発行による社債権者の資金拠出というのもあるだろう。企業はさまざまな資金拠出の結合体として存在している。

第2の意味は，企業による技術的変換に伴って，市場と企業との間にさまざまなカネの流れが発生し，カネの流入と流出の結節点としての企業が存在しているということである。カネの流れはまず，インプット市場からの購入への支払い，あるいは設備投資に伴う資金の流出という形で発生する。そして，カネの流入はアウトプット市場での販売代金の回収という形で発生する。それらの流出入は，企業の中に滞留する時間も大きさもさまざまである。

③ 情報蓄積体としての企業

企業はヒトの結合体という側面をもっているが，そのヒトが組織としてチームとして情報を学習し，蓄積する。この意味で，企業は情報蓄積体といえる。その情報蓄積体としての本質が，技術的変換体としての企業が機能できる最も基礎的な条件である。

企業は，新規需要の創造のためにさまざまな働きかけを行い，実際に多くの

新製品が開発されている。そのような開発のためにも、企業は技術のポテンシャルを発見し、自ら蓄積しようとする。こうした知識や情報の蓄積が特に蓄積自体を目的として資源投入をすることによって実現されるばかりでなく、事業活動を普通に行っている中でも起きる。つまり、市場や技術に関する知識の蓄積が仕事をするプロセスを通じて増えていくのである。それが可能になっているのは、人々が学習する存在で、その学習が仕事の場で行われるからである。

こうして企業は、需要についての知識・情報、技術ポテンシャルについての知識・情報の巨大な集積をもつことになる。企業は利益という形で上がってくるカネの蓄積も確かにするが、それだけではなく、事業活動の中では、カネとともに情報もまた流れ、蓄積されていく。まさに、企業は情報蓄積体なのである。

④ 統治体としての企業

企業は統治体である。統治は、企業の内部でも外部からでも起きるが、企業内部では、組織管理のための統治行為が行われる。企業のマネジメントといわれる行為の大半は、この内部組織の統治行為である。その統治のために、経営者が選任されて内部統治を委任され、経営者は統治のために戦略を決定し、内部の意思決定構造と責任体制を決め、人事配置を行う。すべての階層組織において経営管理は必要となる。これは、企業が主体的に自分の組織体内部で行う統治行為ととらえることができる。

企業についての統治行為には、今1つの側面がある。それは、企業という組織体自体を誰かが統治する、という意味での統治行為である。企業への統治行為とは、その企業体自身の存続や拡大の基本方針の決定およびその企業体の内部管理の責任者としての経営者の任免を行う行為のことである。それが、最近コーポレート・ガバナンスと呼ばれる行為の本質である。

統治体としての企業という本質から、次の2つの側面がそのサブ概念として浮かび上がる。1つは、資源配分の機構としての企業という側面である。企業の内部統治のプロセスで実際に行われるのは、企業内部での資源配分である。今1つは権力機構としての企業という側面である。この2つの側面は統治体としての企業を考えるうえで、重要な点である。

⑤ 分配機構としての企業

　企業は，それに関係する人々（資金を提供した人々や労働・管理サービスを提供して働く人々）に，少なくとも富，権力，名誉，時間の分配を行っている。

　企業は第1に，富の分配機構として機能している。資金提供者と労働・管理サービスとの間で企業が生み出した付加価値という富の源泉を分配している。株主は配当という形で，従業員は賃金という形で，分配を受けている。

　第2に，企業は権力の分配機構としても機能している。株主と労働者の間の権力分配，働く人々の内部での権力の大小関係の決定など，企業の統治行為からいくつもの権力分配が現実に起きている。

　第3に，企業は名誉の分配機構としても機能している。名誉は，多くの場合，企業内の地位や仕事の種類に付属して決まってくる。企業あるいは経営者は人々の企業組織内の地位や仕事の種類を決めているがゆえに，企業が名誉の分配機構として機能してしまうのである。

　第4に，企業は時間の分配機構としても機能している。企業での労働時間として企業が人々から時間をとり，残りが余暇の時間となる。その実質労働時間の設定は，企業が仕事のあり方を決めることによって，なかば自動的に行われている。この「時間の分配」は，社会生活の場としての企業が個人の人生全体に占める時間的比重の大きさを考えると，極めて重要な分配である。

　このような企業についての5つの本質の中で，最も基礎的なものは，技術的変換体としての企業という本質である。それがすべての基礎である。その技術的変換体を編成するために，資金結合体としての企業，情報結合体としての企業という概念が生まれてくる。こうした3つの本質をもった企業を適切に運営し，永続させていくために，統治体という概念が必要になってくると説明される。この点で，分配機構としての企業という機能は，技術的変換体としての企業という本質とは必ずしも直接的な関係はなく，その企業が運営されていくプロセスでほぼ必然的に出てきてしまう副次的機能，副次的効果である。しかし，たとえそれが副次的なものであっても，そうした機能を企業がもってしまっているのであるから，そこまで考えに至ることが大切なのであるという。そして，最後に企業経営に当たっては，上記5つの本質すべてに思いをめぐらせたうえ

で，しかるべき決定を1つに絞って選択するという総合判断が必要となると力説する。

以上のように，伊丹は企業の本質を5つの観点から述べているが，要は企業の本質を1つずつ深く考察し，かつこれらを複合的，多面的にとらえるべきであるとするものである。そして，複合的，多面的であるが故に，経営は「アート」とも呼ぶべき総合判断を必要とするものであると主張する。まさに，洞察力のある論理的思考といえよう。

第2節　会社の基礎概念

1　企業の形態と会社の種類

```
                  ┌個人企業
          ┌私企業 ┤          ┌株式会社
          │      │法人企業  ┤           ┌合名会社
企業 ─────┤      └(会社)     │持分会社 ┤合資会社
          │                  └          └合同会社
          └公企業
```

企業の形態は，企業運営のために誰が出資しているかということを基準にすれば，大きく私企業と公企業に分かれる。私企業とは，出資者が民間人である企業のことで，こうした私的資本によって運営される。民間企業とも呼ばれる。現在では，実に多くの私企業が経済主体として活動を行っており，市場経済における重要なセクターとなっている。

一方，公企業というのは，一般に出資者が国や地方公共団体であり，公的資金によって運営される企業である。私企業が私的所有になる資本による営利経済事業組織として運営されるのに対し，公企業は資本を公的所有することによって，私企業では実現が期待できない，あるいは実現が難しい社会性のある事業を行うところに，その存在意義があるといわれている。例えば，JRの前身である国鉄，NTTの前身である電電公社，日本たばこ産業の前身である専売公社等は公企業の典型である。現在では，これら公企業（三公社と呼ばれていた）を含め，多くの公企業が民営化されたことから，純粋な意味での公企業は非常

に少なくなっている。

　私企業は，大きく個人企業と法人企業に分かれる[1]。個人企業とは，出資者が一個人の企業をいう。個人企業は出資者本人一人によって行われることから，経営能力，運営体制の面で限界があり，利益機会の拡大を図るのが難しい。また，個人企業は出資者が一個人であることから，出資の規模に限界があり，資本調達の面での制約が大きい。さらに，借入れに伴う返済不能に陥った場合は，出資者個人が債務履行につき無限責任を負わなければならない等リスクも多い。このような限界を克服するための1つの方法は，出資者の複数化（出資の分散）を図ることであるが，出資者を複数化した時点で，個人企業は個人企業ではなくなる。

　法人企業，一般には会社と呼ぶが，会社とは，端的にいえば営利を目的として継続的，計画的に事業活動を行う法人のことである。会社は，会社法によれば，株式会社と持分会社という2つの類型に分かれる。持分会社には，合名会社，合資会社，合同会社の3種類の会社がある。したがって，会社には4種類あり，それ以外の会社は認められていない。

(1) 株式会社

　株式会社とは，株主という間接有限責任社員のみをもって組織される会社である。株式会社は社会に散在する多数の資本を集中して大規模な企業を営むための共同企業形態の典型である。したがって，多数の者が容易に会社に参加し，社員（出資者たる株主のこと。いわゆる会社員とは違う）となり得るものであることが必要であることから，社員の地位を，一方において，均一的な細分化された割合的単位（これを株式という）とし，他方において，社員は会社に対して有限の出資義務を負うだけで，会社債権者に対しなんらの責任を負わない（これを間接有限責任という）ものとした。さらに，株式会社においては，社員は間接有限責任を負うにとどまることから，会社債権者が頼りになるのは，会社財産だけである。そこで，会社財産確保のために，資本金という制度を設けた。

　このように，株式会社では，株式，社員の間接有限責任，そして間接有限責任制度を採用した結果要請される資本金制度が株式会社の大きな特徴であるといえる。現在，会社といえば株式会社が想定されるように，株式会社は今日に

おける経済社会において大きな役割を果たしている。
(2) 合名会社
　合名会社とは，無限責任社員のみをもって組織される会社である。合名会社では，社員全員が会社債権者に対して，直接に連帯して無限の責任を負う。
　このように，社員は会社債権者に対し直接かつ無限責任という重い責任を負う反面，原則として会社の業務を執行し，会社を代表する権利義務を有することから，社員の会社に対する関係が深く，社員の個性が重視される。したがって，人的信頼関係のある少人数の者による共同企業に適する。
(3) 合資会社
　合資会社とは，無限責任社員と有限責任社員とをもって組織される会社である。無限責任社員は合名会社の社員と同様の責任を負う社員であり，他方，有限責任社員は各自の出資額を限度として，会社債権者に対し直接かつ連帯して弁済の責任を負う社員である。合資会社の有限責任社員は，その責任が直接責任であるという点において，株主その他の有限責任社員とは異なる。
　合資会社は，合名会社と同様に，少人数の共同企業に適するが，社員の一部に有限責任社員が存在するという点で，合名会社と異なる。
(4) 合同会社
　合同会社は，2005年の会社法制定に伴って新たに創設された会社形態である。合同会社では，会社の内部関係あるいは構成員関係では自由な合意に基づく内部自治が認められるとともに，外部関係においては社員全員が出資を限度とする間接有限責任だけを負うものである。
　ベンチャー企業やIT，ソフトウェア，デザイン，コンサルティング分野等の企業の場合は，個人の専門的能力が重視されることから，出資比率だけでなく個人の貢献度によって利益の分配が行われ，内部の規律についても個別事情に合わせて自由に設定できる一方，外部関係においては社員の間接有限責任が確保されるような会社組織に対する要請が強まっていたことから，米国で導入されているLLC（Limited Liability Company）をモデルに，会社法制定時に採用されたものである。

2　会社の経済的機能

　企業経営の観点からみた会社の経済的機能については，企業の本質のところで説明してあるので，ここでは制度的側面から会社，特に株式会社の経済的機能を述べることとする。会社の経済的機能は，企業者個人の立場からみた経済的機能と社会的視点からみた経済的機能に分けてとらえることができる。

① 　企業者個人の立場からみた経済的機能

　企業者は利益の獲得を目的として資本と労力を投ずる。そして，より大きな利益を得るには，多数の者の資本と労力を結合して共同企業を形成し，企業規模を拡大することが必要となる。会社は，このような多くの資本と労力の結合を実現するのに適した組織体である。

　他方，企業経営にはリスクが伴う。企業は万一損失が生じても，その負担ができるだけ小さいことを望む。たとえ損失が生じても，企業規模が大きければ多数の者が損失を分担するので，一人当たりの損失は少なくてすむ。企業規模の大きい会社はリスクを軽減するのに適している。また，企業者は企業に投下した資本の額を超えてリスクを負担しないという制度（有限責任制度）を設ければ，リスク軽減作用はさらに大きくなる。

② 　社会的視点からみた経済的機能

　今日，規模の大きい企業は，そのほとんどが会社形態の組織を選択し，事業を営んでいる。現在，社会における経済活動は多くの場合，会社によって営まれており，会社は経済活動の中心的役割を果たしている。国内はもとより国際社会の繁栄は，会社のあり方に大きく依存しているといえる。

　会社は，内部での関係では多数の人々（働き手）に対して労働の場を提供し，外部に対する関係では市場に商品やサービスを供給し，さらには国との関係では，法人税・住民税その他の租税を納税し，国家経済の根幹を支えている。

　このように，会社は企業者個人の意図を離れ，その目的を超えた社会的機能，さらには公共的性格を有しているといえる。

3　会社の特性

　会社とは会社法に基づいて設立された法人であるが，一般に，会社は①営利

性，②社団性，③法人性の3つの特性があるといわれている。
① 営利性
　会社の構成員（出資者たる社員。以下，同じ）は，会社が利益を上げることを手段として，自己が利益にあずかることを目的として会社に参加している。したがって，会社の営利性とは，会社が対外的な営利活動により利益を得て，そこから得た利益を構成員に分配することを意味する。利益分配の方法は利益剰余金分配の方法でも，残余財産分配の方法でも差支えない。個人企業の場合は，会社と異なり，対外的活動によって自らが利益を得ることを目的とするので，構成員への利益分配は必要ない。

　この意味からすれば，公法人が附随的事業により利益を得た場合でも，その利益を構成員に対して分配するものではないので，会社の概念における営利性をもたないといえる。同様に，協同組合のように，対外的活動ではなく，団体の内部的活動を通じて構成員に経済的利益を与える場合でも，会社概念での営利性とはいえない。
② 社団性
　社団とは，一般に構成員が団体との間の社員関係（社員契約）により，団体を通じて間接に結合する団体であるといわれており，この点で，会社は社団性を有している。社団は元来，複数人が結合する団体であるという意味があることから，社員が1人である会社（「一人会社」（いちにんがいしゃ））については，会社の社団性との関連で問題となる。つまり，社員が1人である一人会社を設立すること，または社員が1人となっても会社を存続させることは，会社の社団性に反しないかという問題である。例えば，株式会社が100％出資の完全子会社を設立する場合や個人企業が法人成りをする場合には，一人会社の問題が生じる。

　この点については，会社法では株式会社，合名会社，合同会社は一人会社の設立，または存続が認められている。その理由として，株式・持分の譲渡によって，株主・社員が複数となる可能性があり，潜在的社団性が認められること，社員が1人となることが解散原因とされていないこと，および株式会社の設立に必要な発起人の数の制限が撤廃されていることがあげられている。

他方，合資会社の場合においては，無限責任社員と有限責任社員がそれぞれ1人以上存在しなければならないので，一人会社は認められない。しかし，無限責任社員が1人となってしまった場合には合名会社に，また有限責任社員が1人となってしまった場合には合同会社に転換することによって，会社の存続を図る途が開かれている。

③ 法人性

会社はすべて法人であり，会社とその構成員とは別々の存在で，別個の人格を有する。法人であることによって，（ⅰ）法人自体の名において権利を有し，義務を負う，（ⅱ）法人自体の名において訴訟当事者になるという効果が認められる。

法人は個人の財産とは別個独立の責任財産を形成する。責任財産とは，法人の借金の引当になる法人自身の財産である。財産は法人のものであるから，例えばその会社の構成員個人の債権者からは，会社財産が強制執行を受けることはない。また，法人が債務を負担する場合においても，その債務は法人のみが負担し，法人の構成員は負担しない。さらに，その債務に対する責任についても，法人の財産のみがこれを負担し，構成員個人の財産が負うことはない（ただし，例外あり）。

このように，会社は構成員とは別個の人格を有するものとして法人格が付与されているのであるが，法人格がまったくの形骸にすぎない場合，またはそれが法の適用を回避するために濫用される場合においては，法人格は認められない。これを法人格否認の法理といっている。

第3節　株式会社の機関

1　機関の意義

会社は法人格を取得することによって，権利義務の帰属主体となり，自然人（生きている1人の人間）のように行動することができる。しかし，会社が法人格を有するといっても，会社それ自体は目には見えない，いわば形のない存在である（本社ビルや工場は外形的に目に見える存在であるが，それは会社を動かす1つ

の施設であって,これをもって会社それ自体の法人格をあらわすものではない)。

したがって,会社の意思決定や業務執行は会社組織の中で,一定の権限を有する自然人または自然人により構成される会議体によって行われることになる。また,このような一定の権限を有する自然人または自然人で構成される会議体がその権限内で行った意思決定または業務執行が会社の意思または行為と認められることが必要である(意思決定や業務執行の効果がすべて会社に帰属する)。このように,会社の意思決定または業務執行を有する者として法により定められている自然人(例えば,取締役)または会議体(例えば,取締役会)を会社の機関といっている。

2 機関設計と機関構成の選択

会社法では,株式会社の機関設計は大きく閉鎖性基準と規模基準で整理することができる。そして,この2つの基準を組み合わせて,機関構成を選択することとなる(表1-1)。

(1) 閉鎖性基準

株式会社を公開会社と非公開会社に区分するもので,いずれを選択するかによって異なるルールが適用される。

① 公開会社

公開会社とは,その発行する全部または一部の株式の内容として,譲渡による当該株式の取得について株式会社の承認を要する旨の定款の定めを設けていない株式会社をいう(会社法2条5号)。公開会社は,その会社の株式が証券取引所へ上場されているかどうかとは関係なく,譲渡制限のついた種類の株式も発行できる。したがって,譲渡制限株式とそうでない株式の両方を発行する会社は公開会社となる。つまり,その発行する株式のうち,会社の承認を受けずに自由に譲渡できる株式が1つでもあれば,当該株式会社は公開会社となる。

② 非公開会社

非公開会社とは,その発行する全部の株式の内容として,譲渡による当該株式の取得について株式会社の承認を要する旨の定款の定めを設けている株式会社をいう。ただし,会社法は「非公開会社」という用語を用いておらず,「公

表1-1 機関構成の選択肢

		非大会社[1]	大会社
非公開会社[2]	取締役会非設置会社[3]	①取締役 ②取締役+監査役[4] ③取締役+監査役 　+会計監査人	⑪取締役+監査役 　+会計監査人
	取締役会設置会社	④取締役会+会計参与[5] ⑤取締役会+監査役[4] ⑥取締役会+監査役会 ⑦取締役会+監査役 　+会計監査人 ⑧取締役会+監査役会 　+会計監査人 ⑨取締役会+指名委員会等 　+会計監査人 ⑩取締役会+監査等委員会 　+会計監査人	⑫取締役会+監査役 　+会計監査人 ⑬取締役会+監査役会 　+会計監査人 ⑭取締役会+指名委員会等 　+会計監査人 ⑮取締役会+監査等委員会 　+会計監査人
公開会社		⑯取締役会+監査役 ⑰取締役会+監査役会 ⑱取締役会+監査役 　+会計監査人 ⑲取締役会+監査役会 　+会計監査人 ⑳取締役会+指名委員会等 　+会計監査人 ㉑取締役会+監査等委員会 　+会計監査人	㉒取締役会+監査役会 　+会計監査人 ㉓取締役会+指名委員会等 　+会計監査人 ㉔取締役会+監査等委員会 　+会計監査人

(備考)
1)「大会社」(会社法2条6号) 以外の会社をさす。
2)「公開会社」(会社法2条5号) 以外の会社をさす。全株式に譲渡期限が付いた会社である。
3)「取締役会設置会社」(会社法2条7号) 以外の会社をさす。おおむね，従来の有限会社に対応している。
4) 定款で，監査役の監査の範囲を会計監査に限定できるが (会社法389条1項)，「監査役設置会社」(会社法2条9号) にはならない。
5) 会計参与は，これ以外にもすべての機関構成の会社に設置できる (会社法326条2項)。

出所：宍戸，2015，p.60。

開会社でない株式会社」という表現を用いている。一般に，上場会社以外の会社，同族会社等はこれに該当するが，本書では「非公開会社」という用語を用いることとする。

公開会社と非公開会社を区分するのは，規制の仕方が異なるからである。公開会社では，さまざまな人々が株式を取得する可能性があるため，取締役会を必ず設置しなければならず，また取締役会を置く会社は監査等委員会設置会社・指名委員会等設置会社となるか，監査役（会）を置く会社のいずれかでなければならない。

一方，非公開会社では，一般的に規模が小さいか，あるいは同族経営が多くみられることから，機関設計においてもその規制は比較的緩やかである。例えば，取締役は必須機関であり，取締役の任期は原則2年以下であるが，定款によってその任期は最長10年まで延長することも可能である。

(2) 規模基準

株式会社を貸借対照表に計上されている資本金の額または負債の額の多寡によって区分するものである。

① 大会社

大会社とは，最終事業年度に係る貸借対照表に資本金として計上された額が5億円以上である会社または最終事業年度に係る貸借対照表の負債の部に計上した額の合計額が200億円以上である会社をいう（同法2条6号）。

② 非大会社（中小会社）

大会社ではない株式会社である。すなわち，最終事業年度の貸借対照表の資本金が5億円未満であり，かつ貸借対照表の負債の合計額が200億円未満の株式会社である。本書では，便宜上，中小会社と呼ぶこととする[2]。

(3) 公開会社で大会社（公開大会社）の場合

公開会社であって，かつ大会社であれば，監査等委員会設置会社・指名委員会等設置会社を選択しない場合は，監査役会を設置し，会計監査人も置かなければならない。監査等委員会設置会社・指名委員会等設置会社を選択した場合には，会計監査人を置かなければならないが，監査役を置くことはできない。

(4) 公開会社で非大会社（公開中小会社）の場合

公開会社であって，中小会社である場合には，取締役会を置かなければならないが，監査役会を設置する必要はない。また公開中小会社は監査役を置く会社になってもよいし，監査等委員会設置会社・指名委員会等設置会社になって

もよい。監査等委員会設置会社・指名委員会等設置会社を選択する場合には会計監査人の設置が義務づけられる。しかし，監査等委員会設置会社・指名委員会等設置会社にならない場合には，必ず監査役を置かなければならない。この場合，監査役会を設置することも可能である。

(5) 非公開会社で大会社（非公開大会社）の場合

非公開大会社は，取締役会の設置は義務づけられていないが，会計監査人の設置は義務づけられる。会計監査人を置く会社となるため，監査役設置会社になるか，監査等委員会設置会社・指名委員会等設置会社になるかしなければならない。ただし，監査役設置会社であっても，監査役会の設置は義務づけられておらず，監査役は1名でもよい。しかし，監査等委員会設置会社・指名委員会等設置会社を選択すれば，取締役会を設置しなければならない。逆にいえば，監査等委員会設置会社・指名委員会等設置会社にならなければ，取締役会の設置は義務づけられない。

(6) 非公開会社で非大会社（非公開中小会社）の場合

非公開中小会社は取締役会の設置をするか，しないかは自由である。取締役会の設置を選択すれば，監査等委員会設置会社・指名委員会等設置会社を選ぶことも可能である。この場合，会計監査人を設置しなければならない。また，取締役会を設置し，監査等委員会設置会社・指名委員会等設置会社とならない場合には，監査役を置くか，または会計参与を置くか，どちらかを選択して設置しなければならない。

会計参与とは，株主総会によって選任され，その資格は，公認会計士・監査法人または税理士・税理士法人でなければならない。会計参与は，取締役・執行役と共同して計算書類等を作成する会社の内部機関であるから，取締役と同様に，会社や第三者に対し責任を負うとともに，株主代表訴訟の対象にもなる。これに対して，監査役を置いた会社は，監査役会と会計監査人の一方または双方を設置することが可能である。

一方，取締役会を設置しないことを選択した場合は，監査役の設置は自由である。ただし，会計監査人を設置する場合には，監査役会を設置しなければならない。

3 機関の分化および所有と経営（支配）の分離

(1) 機関の分化

　株式会社は社員（株主）という地位が細分化された割合的単位（株式）の形式をとり，会社債権者に対して，社員は何らの責任を要求されない（間接有限責任）ことを特徴としている。株式会社としては，一人ひとりの個性を問題としない多数の出資者を集めることが可能となり，他方では出資者にとっては，出資した後にさらに追加的に何らかの責任を負うことなく，出資に伴うリスクの限度が予測可能となるため，出資者は安心して出資することができる。会社も大規模な団体を形成することにより，より大きな利潤を追求することが可能となる。

　このように，多数の出資者を集め，多くの株主で構成される大規模な会社では，会社の中で，具体的に誰が何をするのかということを明確に決めておかなくては会社の合理的な運営を行うことができない。そこで，会社の機関をその役割に応じて分けるということが必要となる。これを機関の分化といっている。

　会社法では，株式会社については株主総会と取締役の2つの機関だけが必須機関とされる。旧商法は，出資者が1人である一人会社や個人が法人成りした小規模な株式会社においても，取締役会・監査役を必要としていたが，会社法の制定に当たっては，現実に存在する小規模な株式会社の実態を考慮し，株主総会と取締役だけの会社を認めることにした。もちろん，このような会社であっても，取締役会や監査役を置くことは可能である。

(2) 所有と経営の分離から所有と支配の分離へ

　大規模な株式会社が多数の人から出資金を集めたとしても，資金を拠出した株主全員が常に対外的な取引契約の締結，事業の展開，さらには資金調達等会社業務について機動的に意思決定を行うことは非効率であり，また現実的ではない。また必ずしも一人ひとりが会社経営について能力をもっているとは限らないし，実際に現実の会社経営に積極的に参加しようとする意思をもっている訳ではないだろう。

　そこで，大規模な株式会社では，会社業務の意思決定と実行を取締役に委ね，

取締役が経営の専門家として会社を経営し，利潤をあげていくことになる。これを所有と経営の分離という。

所有と経営の分離により，取締役は経営者として会社経営の権限をもつこととなるが，経営者の権限濫用が生じないように，会社法では取締役を複数選任し，あるいは業務執行の意思決定権限を取締役会に付与し，その意思決定に基づく執行を代表取締役が行うという機能分化が図れる仕組みもつくっている。さらに，経営者の業務執行を監視，監督する専門機関として監査役，監査役会，会計監査人を置くことも可能である。

もちろん，株主は資金を拠出するだけで経営にまったく関与しないという訳ではない。株主が株主総会に参加し（議決権のない株主は除く），株主総会では取締役会設置会社を除き，会社法で規定する事項および株式会社の組織，運営，管理その他株式会社に関する一切の事項を決議する権限を有する（会社法295条1項，2項）。さらに，株主は自分たちが経営を委ねる取締役，会計参与，監査役といった役員や会計監査人を株主総会という場を通じて選任し，解任することができる（同法329条1項，339条1項）。つまり，株主としては株主総会を通じて自分たちが拠出した資金をしっかりと運用してくれる経営者を決めることができるのである。

このように，株主総会は株式会社の最高意思決定機関として，法律上重要な地位が与えられているにもかかわらず，形骸化しているといわれている。株式会社の規模拡大，発行済株式数の増大に伴い，各株主（特に，個人株主）の有する議決権の力が低下し，そのためわざわざ株主総会に出席して決議に参加することは少なく，議決権行使書面（書面投票用紙）も返送されない。また，書面決議が認められている会社においては，株主総会が開催される前にあらかじめ大株主から賛成投票が書面でなされていることが多く，そのため株主総会を開催する意義が低下し，株主総会はセレモニー化していることなどが，その理由とされている。

株主総会が形骸化する一方で，取締役の地位は実際上極めて安定している。特に，取締役会設置会社においては，取締役といっても，取締役の大部分が会社業務の担当者であるため，その代表者（代表取締役）の勢力が圧倒的に強い。

また，監査役設置会社においても，監査役は株主総会で選任されるが，会社の内部者から選任してもよいため（実際にも会社の内部者が選任されることが極めて多い），その監査も結局は有名無実となるおそれがある[3]。さらに，株主には監督是正権が認められているが，簡単な決議さえもなかなか行使しない株主がこのような面倒な権利を行使することはほとんどない。

　以上述べたように，会社の実権は株主総会から取締役会に，取締役会からさらに代表取締役に移っているのが実情である。特に日本企業が圧倒的に多く採用している取締役会設置会社においては，会社のトップの座を占めている代表取締役の支配力が極めて強く，代表取締役が取締役を任命し（法的には，代表取締役が推薦するなどして株主総会で承認を得る），代表取締役が行った業務執行に関する意思決定は取締役会または株主総会で事実上追認される（取締役会は代表取締役の業務執行を監督する権限が認められているが，代表取締役から任命された取締役のほとんどで構成される取締役会がその機能を発揮することは実際上期待することは難しいだろう）という代表取締役を頂点とするピラミッド型の構造となっている。会社法が制度的に想定している企業（会社）の所有と経営の分離という状況から，現実は企業（会社）の所有と支配の分離ともいうべき状況が進んでいるといえる。

4　株式会社の個別機関

(1) 株主総会

　株主総会は株主によって構成され，株主の議決によって，基本的事項について会社の意思決定を行う必要的機関である。取締役会非設置会社では，株主総会は前述のとおり，会社法に規定する事項および株主総会の組織，運営，管理その他株式会社に関する一切の事項について決議することができるとする（会社法295条1項）。これに対し，取締役会設置会社においては，株主総会の権限は会社法に規定する事項および定款で定めた事項に限られる（同法295条2項）。

　このように，取締役会の設置の有無によって，株主総会の権限に差異が設けられたのは，取締役会設置会社の場合には，取締役会は効率的な経営を行うために設けられたものであるから，株主総会を通じて業務執行の意思決定を行う

体制を採用しないのが，株主の合理的意思に合致すると考えられているからである。

　株主総会の権限は会社の意思決定に限られ，業務執行および代表取締役あるいは監査役等の職務に関する行為をすることができない。しかし，これは株主総会の権限を縮小し，株主の企業所有権を制約したものではなく，株主が欲すれば，株主総会の権限を拡張することができる。すなわち，定款にあらかじめ規定すれば，株式会社の本質または強行規定に反しない限り，法定事項以外の事項をも株主総会の権限に属させることができるのである。

(2) 取締役

　取締役は株主総会によって選任される株式会社の必要的機関である。取締役非設置会社における取締役は，定款に別段の定めがある場合を除き，原則として会社の業務を執行し，会社を代表する独任制の機関である（同法348条1項，349条1項）。一方，取締役会設置会社における取締役は取締役会を構成するとともに，取締役会を通じて，会社の業務執行の意思決定および取締役相互の業務の監督に関与する（同法348条1項，362条1項，2項）。

　つまり，取締役会設置会社の場合，取締役会が機関であって，取締役は会社の機関ではなく，取締役会の構成員たる地位および代表取締役の前提としての地位を有するにすぎない。

　なお，取締役は取締役会の構成員であるが，代表取締役の指揮命令下にある従業員と取締役を兼任すること自体は禁じられていない。しかし，指名委員会等設置会社では，取締役と使用人との兼任が禁止されており，取締役会と執行役を分離している。

(3) 取締役会

　取締役会は取締役全員によって構成され，業務執行の意思決定，取締役（指名委員会等設置会社にあっては執行役および取締役）の職務執行の監督，および代表取締役の選定・解職などの権限を有する機関である（同法362条1項，2項）。取締役会を置く株式会社を取締役会設置会社という（同法2条7号）。公開会社，監査役会設置会社，監査等委員会設置会社・指名委員会等設置会社は取締役会の設置が義務づけられる（同法327条1項）。取締役会設置会社は，監査等委員

図1-2 取締役会設置会社の機関構成（例）

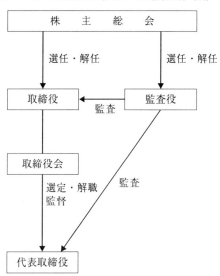

会設置会社・指名委員会等設置会社を除いて，監査役を設置しなければならない。

　取締役会の職務は会社法362条2項，4項に定められているが，この中に内部統制システムの構築がある。これは，大会社である取締役会設置会社では，取締役会は取締役の職務の執行が法令および定款に適合することを確保するための体制その他株式会社の業務の適正を確保するために必要なものとして法務省令で定める体制を整備するというものである（同法362条4項6号）[4]。

　会社法はすべての大会社において，取締役の職務の執行が法令や定款に適合すること等内部統制システムの構築の基本方針を決定することを義務づけている。決定の内容は，事業報告に記載されることにより，開示される[5]。内容の相当性が監査役による監査の対象となる。今日，会社の法令遵守（コンプライアンス）の必要性が一層強く求められていることから，取締役会の重要な職務の1つといえる。

(4) 代表取締役

　取締役会非設置会社を除き，取締役は取締役会の構成員に過ぎず，会社を代

表する,あるいは業務執行を行う権限を有していない。そこで,取締役会は会社を代表し,会社の業務を執行する者として取締役の中から最低1名を選定しなければならない。このような取締役が代表取締役である。

代表取締役は対内的には業務を執行し,対外的には会社を代表する会社の常設の機関である(同法363条1項1号)。代表取締役は1人でも数人でもよいが,定款により員数が定められ,通常,社長という肩書で呼ばれるが,副社長という名称であっても代表取締役である場合がある。ただし,指名委員会等設置会社においては,代表取締役は置かれず,代表執行役が会社代表権を有することになる。

会社の業務執行の対内的側面を担当する者として定めているのは,取締役会設置会社では,①代表取締役,②代表取締役以外の取締役で,取締役会の決議により会社の業務を執行する取締役に指名され,その指名を受諾した者(業務担当取締役)である。業務担当取締役とは,法律上の必須機関ではないが,取締役会から一定の業務執行事項についての決定または行為を委任されたものをいう(同法363条1項2号)。これら取締役は通常,専務取締役や常務取締役等の肩書を有する場合が多い。代表取締役と業務担当取締役は,3カ月に1回以上,自己の職務遂行状況を取締役会に報告する義務を負う。なお,取締役会非設置会社では,原則として各取締役が業務執行を行う。

また,対外的側面では,取締役会設置会社において会社を代表するのは,代表取締役である。取締役会非設置会社においては,原則として各取締役が会社を代表する。しかし,定款,取締役の互選,あるいは株主総会決議によって代表取締役を定めた場合には,代表取締役以外の取締役は代表権をもたない。代表取締役がその職務を行うにつき他人に加えた損害については,会社も不法行為責任を負う。

(5) 監査役

監査役は,取締役会の職務執行の監査をする株式会社の機関である。しかし,会社法は,既述したように監査役を株式会社の必須機関としていない。公開会社または会計監査人設置会社であって,監査等委員会設置会社・指名委員会等設置会社でない株式会社において監査役はその設置が義務づけられる(同

法327条2項, 3項)。監査役を置く株式会社または会社法の規定により監査役を置かなければならない株式会社を監査役設置会社という (同法2条9号)。

　株主総会の権限が会社法および定款に定められた範囲内に限定される場合, 取締役会の権限が相対的に拡大することとなり, 株主の利益が侵害される危険性が生じる。そこで, 監査役を設置することにより, 取締役の職務執行の健全性を制度的に保障する役割を監査役に期待するものである。

　監査役は株主総会の普通決議により選任されるが, 監査役の員数は監査役設置会社においては法定されていないので, 1人以上の監査役がいればよいということになる。定款で最低数を引き上げることは可能である。ただし, 監査役は株式会社もしくはその子会社の取締役もしくは支配人その他の使用人または当該子会社の会計参与もしくは執行役を兼ねることができない (同法335条2項)。監査の独立性と公正を期すためである。

　監査役は原則として会計監査に限られず, 業務監査を行う権限を有する。ただし, 非公開会社で, かつ監査役会および会計監査人も置かない会社は, 定款で監査の権限を会計監査権限に限定することができる。これは, 既存企業の実態として会計監査権限のみを有する監査役制度を廃止してしまうことは妥当でないこと, および監査役として適切な人材が得られない恐れがあることなどが, その理由であるとされる。

　なお, 監査役は数人存在する場合でも, それぞれが独立して権限を行使する独任制の機関であるから, 違法・適法に関する判断については各自が行い, 多数決で決めるものではない。

(6) 監査役会

　監査役会は, 監査役で構成される合議型の機関である (同法390条1項)。大会社 (非公開大会社および監査等委員会設置会社・指名委員会等設置会社を除く) は, 監査役会を設置しなければならない。監査役を置く株式会社または会社法の規定により監査役を置かなければならない株式会社を監査役会設置会社という (同法2条10号)。監査役は会社内部の役員ポストの1つとなっている場合が多く, 監査役が代表取締役や他の取締役と対等に意見をいえるケースは少ない。そのため,「取締役の職務執行の監査」という監査役制度の本来の趣旨が十分

に機能していないのが実情である。そこで，監査役会を設けることにより，集合体として組織的に対応し，経営陣に対する発言力の強化を図るものである。

監査役会設置会社は，監査役は3人以上で，その半数は社外監査役でなければならず，1人以上の常勤監査役を選定しなければならない。監査役会は監査役全員で組織されるが，監査役会決議については，監査役の過半数の賛成によって行われる。

(7) 会計監査人

会計監査人は，計算書類等の監査（会計監査）をする者である。会計監査人は株主総会で選任されるが，公認会計士または監査法人でなければならない。また，会社の機関の1つとして取り扱われるが，役員の中には含まれない。会計監査人を置く株式会社または会社法の規定により会計監査人を置かなければならない株式会社を会計監査人設置会社という（同法2条11号）。大会社および監査等委員会設置会社・指名委員会等設置会社では会計監査人を置かなければならないが，それ以外の会社ではその設置は任意である。

計算書類等の会計に関する監査については，第一次的には会計監査人が行う。監査役（会）はその監査の結果を前提として，その監査の方法または結果を相当でないと認めた場合に，その旨および理由を監査報告に記載することとしている。監査役は職務を行うために必要があるときは，会計監査人に対して，その監査に関する報告を求めることができる。

5　各機関の相互関係

(1) 株主総会と取締役会の関係

株式会社は，個性を喪失した多数の株主が参加して大規模団体を形成して経営を行うが，個々の株主が会社経営に関し積極的に参加しようとする意思をもっているとは限らないことから，会社の所有と経営を分離し，株主によって構成される株主総会では会社の基本的事項を決めるにとどめ，業務執行については経営の専門家である取締役で構成される取締役会に委ねることとしている。

しかし，取締役会の権限が強大化し濫用のおそれがあるため，これを防止するため，取締役の選任・解任は株主総会の権限としている。さらに，会社経営

の根幹にかかわる事項（事業譲渡，合併，定款変更等）については，株主総会の決議事項として，その権限を株主総会に留保させている。

(2) 株主総会と代表取締役の関係

　代表取締役の業務については，監査役や取締役会に監査・監督する地位を与え，代表取締役の権限濫用のおそれがないよう，その防止を図ることとしているが，監査役や取締役は受任者にすぎず，これらによる監査・監督にも限界がある。そこで，これを補完するため，株主総会においても監査機能を補充的に認めている（会社法339条1項，360条，854条1項など）。

(3) 取締役会と代表取締役の関係

　取締役会の決定を実行するため，会社業務を執行し，会社を代表する機関として代表取締役が設けられているが，代表取締役の権限が強大化し，その権限濫用のおそれがあることから，これを防止するため，取締役会に職務執行の監督機関としての地位を与えている（同法362条2項2号）。

6　指名委員会等設置会社

(1) 総　説

　指名委員会等設置会社とは，指名委員会，監査委員会および報酬委員会を置く株式会社をいう（会社法2条12号）。米国の会社の経営機構をモデルとして，コーポレート・ガバナンス強化のため，平成14年の商法改正により，委員会設置会社の制度が導入されたところであるが，平成26年会社法改正により，監査等委員会設置会社が創設されたことに伴い，名称が「指名委員会等設置会社」に改められた。

　指名委員会等設置会社の目的は，執行役に業務執行権限を大幅に委譲して経営の合理化・迅速化を図るとともに，取締役会による業務執行監督を強化することにある。指名委員会等設置会社では，執行役制度を導入し，かつ取締役会の中に，取締役3人以上で構成される指名委員会，監査委員会および報酬委員会という3つの委員会を設け，併せて会計監査人も設置することにした。

　すなわち，指名委員会等設置会社は，①取締役会における業務執行に対する監督機能を強化する（監査役や監査役会を置かない），②執行役に業務執行権限を

図1-3 指名委員会等設置会社の機関構成（例）

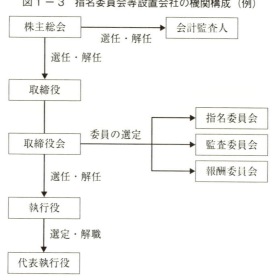

大幅に委譲し，業務執行の効率性の向上を図る，③取締役会の中に，取締役会の内部組織として社外取締役が過半数を占める3つの委員会を設ける，という点に大きな特徴があるといえる。

(2) 取締役会の権限および取締役の職務

① 取締役会の権限

取締役会には，大きく業務執行決定権限と職務執行監督権限がある。業務執行決定権限として，取締役会が決定しなければならない事項は，以下のとおりである。

(i) 経営の基本方針
(ii) 重要な業務執行組織等に係る事項（執行役の選任・解任，代表執行役の選定・解職など）
(iii) 内部統制システムに係る事項
(iv) 定款授権がある場合の自己株式買受に係る事項
(v) 株主総会に係る事項（株主総会の招集の決定，取締役等の選任・解任など）
(vi) 計算書類等の承認

(vii) 中間配当の決定
(viii) 会社の組織再編に係る事項（合併，事業譲渡など）
(ix) 利益相反取引等の承認等・責任の一部免除
(x) その他の事項（取締役会の招集権者の決定，譲渡制限株式の譲渡承認など）

　上記に掲げた事項は取締役会が自ら決定し，業務執行しなければならず，執行役へ委任することができない。

　また，取締役会の職務執行監督権限として，取締役会は，執行役等の職務の執行を監督する。

② 取締役の職務

　取締役は，法令に別段の定めがある場合を除き，会社の業務を執行することができない。取締役会から会社の業務執行の決定の委任を受けることもできない。取締役の職務は，取締役会の構成員として会社の意思決定に参画し，取締役会を通じて執行役等の職務を監督し，指名委員会等の委員として活動することになる。

　なお，取締役は支配人その他の使用人を兼務することはできない。業務執行の監督と執行を明確に峻別する指名委員会等設置会社の趣旨に反すると考えられるからである。

(3) 委員会

　委員会の構成員（委員）は，取締役の中から取締役会の決議に基づいて選定され，各委員会は3名以上の取締役によって構成される。取締役会は取締役の過半数を社外取締役にすることを要求していないが，委員会においては，その委員の過半数は社外取締役で構成することが義務づけられている。これは，委員会の独立性を確保するためである。

　委員会は，取締役会の内部機関として位置づけられるため，職務執行の状況を取締役会に遅滞なく報告すべき義務を負う。

① 指名委員会

　株主総会に上程する取締役および会計参与の選任および解任に関する議案の内容を決定する機関である。これは，取締役の選任および解任に関する議案の決定権を指名委員会に委ねることによって，取締役の人事について社外取締役

によるコントロールを及ぼし，社外取締役からも適任者として評価された者を取締役候補とするというものである。取締役の選任および解任はあくまでも株主総会の決議によってされるが，この決議の前提となる議案を指名委員会で決定することになる。

② 監査委員会

取締役，執行役および会計参与の職務執行の監査および監査報告書を作成し，会計監査人の選任，解任または不再任議案の内容を決定する機関である。監査委員会は，適法性監査だけでなく，妥当性監査も行うことができるとされており，指名委員会等設置会社では，この監査委員会が監査役に置き換わるものとなるため，監査役および監査役会制度は採用できない。

③ 報酬委員会

取締役，執行役および会計参与が受ける個人別の報酬を決定する機関である。指名委員会等を置かない会社では，取締役の報酬は定款または株主総会で決定されるが，指名委員会等設置会社においては，報酬委員会が従来の株主総会の役割を担うことになる。報酬委員会では，執行役等の個人別の報酬等の内容に係る決定に関する方針を定め，この方針に従い，個人別の金額を決定していく。この方針は，事業報告書に記載される。

(4) 執行役，代表執行役

執行役とは，取締役会により委任された会社の業務執行を決定し，会社の業務を執行する者である。指名委員会等設置会社では，上述の委員会とともに，必ず執行役を置かなければならない[6]。執行役制度の趣旨は，会社の業務執行の基本的な経営戦略の決定権限のみを取締役会に残し，その他を執行役に委任し，また執行役に業務執行権限を与えることにより，業務執行と監督を分離し，取締役会の監督機能の強化と業務執行の効率性向上を図ろうとするものである。

執行役は取締役会で選任され，また解任されるが，その員数については制限なく，1名でもよいとされるが，数人いる場合には，取締役会が執行役の職務の分掌，指揮命令関係等の相互関係を決定する。執行役は取締役を兼ねることができるが，取締役のうち監査委員（監査委員会委員）は執行役を兼ねることが

第1章　企業と会社制度　39

できない。また，親会社の監査役，監査委員も執行役を兼ねることができない。

　執行役の中から，会社の代表を行うよう定められた者を代表執行役という。指名委員会等設置会社では，執行役は業務執行権限を有するが，当然に会社を代表する権限を有するものではない。そこで，会社を代表する権限を有する機関として，執行役の中から会社の代表権を有するものとして，代表執行役が選定されることになる。

　代表執行役は，取締役会がした意思決定や執行役が取締役会から委任されてした意思決定を受けて，対外的に業務執行をすることになることから，取締役会設置会社における代表取締役と同じような役割を果たし，権限を有することになる。なお，代表執行役の選定・解職は，取締役会の専権事項とされる。

7　監査等委員会設置会社
(1)　総　説

　平成26年会社法改正によって，株式会社の機関設計として，「監査等委員会設置会社」が新設された。監査等委員会設置会社とは，定款の定めによって，3人以上の監査委員である取締役から構成される監査等委員会を置く株式会社をいう（会社法2条11号の2）。監査等委員会設置会社制度が新設された目的は，社外取締役の活用を促進させ，取締役会の監査強化を図ることにある。

　監査役会設置会社は，少なくとも2人の社外監査役の選任が義務づけられ，さらにそれに加えて社外取締役も選任しなければならず，これには重複感・負担感がある。また，従来の委員会設置会社（会社法改正により，指名委員会等設置会社と名称変更）については，指名，監査，報酬の三委員会をセットで置かなければならず，特に指名委員会を置くことに対する経営者の抵抗感等から，広く利用されていないのが実情である。そこで，監査等委員会設置会社では，指名委員会や報酬委員会の設置を義務づけることはせずに，利用しやすい機関構造を採用することで，社外取締役の活用を促進しようとするものである。

　監査等委員会設置会社は，会社の規模の大小，公開会社か否かを問わず，その形態をとることができる。しかし，監査等委員会設置会社は取締役会設置会社であり，かつ会計監査人設置会社でなければならない。監査等委員会が監

図1-4 監査等委員会設置会社の機関構成（例）

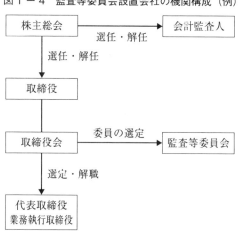

査・監督を行う関係上，監査役は置いてはならない。また，指名委員会等設置会社との関係でいえば，指名委員会等設置会社は監査等委員会を置いてはならないとされ，他方，監査等委員会設置会社は三委員会を置く指名委員会等設置会社の機関設計を採用することはできない。

(2) 取締役および取締役会

監査等委員会設置会社における株主総会での取締役の選任は，監査等委員である取締役とそれ以外の取締役とを区別して行わなければならない。取締役は，監査等委員である取締役の選任議案を株主総会に提出するには，監査等委員の同意を得なければならない。また，監査等委員である取締役は，株主総会において，監査等委員である取締役の選任（不再任）について意見を述べることができる。

監査等委員である取締役の任期は，選任後2年以内に終了する事業年度のうち最終のものに関する定時株主総会の終結の時までである。その任期は，定款・株主総会決議によって短縮することができない。

他方，監査等委員である取締役以外の取締役の任期は，原則として選任後1年以内に終了する事業年度のうち最終のものに関する定時株主総会の終結の時までであるが，定款・株主総会決議によってその任期を短縮することができ

る。このように，両者に任期や任期の短縮につき，差異があるのは，監査等委員である取締役の地位を強化することにあると説明されている。

(3) 業務執行の決定

監査等委員会設置会社における業務執行は，取締役会，取締役会が選定した代表取締役，代表取締役以外の業務執行取締役等によって行われる。

取締役会は，次に掲げる職務を行う。

（ⅰ）経営の基本方針の決定
（ⅱ）内部統制システムに係る事項
（ⅲ）その他業務執行の決定
（ⅳ）取締役の職務の執行の監督
（ⅴ）代表取締役の選定および解職

取締役会は，次に掲げる事項その他の重要な業務執行の決定を取締役に委任することができない。

（ⅰ）重要な財産の処分および譲受け
（ⅱ）多額の借財
（ⅲ）支配人その他の重要な使用人の選任および解任
（ⅳ）支店その他の重要な組織の設置，変更および廃止
（ⅴ）社債の募集に関する重要事項の決定
（ⅵ）役員等の責任の一部免除の決定

ただし，取締役の過半数が社外取締役である場合，または取締役会の決議によって重要な業務執行の全部または一部の決定を取締役に委任することができる旨を定款で定めた場合には，取締役会の決議によって，重要な業務執行（一部の事項を除く）の決定を取締役に委任することができる。

(4) 監査等委員会

① 組　　織

監査等委員会を組織する監査等委員は3人以上で，その過半数は社外取締役でなければならない。しかし，監査役会のように，常勤の監査等委員を選定する義務はない。これは，監査等委員会が行う監査の方法が内部統制システムを利用する形のものだからであると説明されている。

なお，監査等委員である取締役は，社外取締役でない場合であっても，その会社の業務執行取締役・使用人・会計参与または子会社の業務執行取締役・使用人・会計参与を兼任することができない。

② 運営等

監査等委員会の運営等については，指名委員会等設置会社における監査委員会の場合と同じである。

すなわち，監査等委員会は，各監査等委員が招集し，その決議は議決に加わることができる監査等委員会の過半数が出席し，その過半数をもって行う。監査等委員会の要求があったときは，取締役・会計参与は監査等委員会に出席し，監査等委員会が求めた事項について説明しなければならない。

③ 権限

監査等委員会は，取締役・会計参与の職務の執行を監査し，各事業年度ごとに監査報告を作成する。監査等委員会における監査方法は，各委員による実査ではなく，内部統制システムを利用する形で行われる。監査役（会）設置会社では，監査役一人ひとりが監査報告を行うのに対し，監査等委員会では，監査等委員一人ひとりではなく，監査等委員会が監査報告を行う。

選定監査委員は，いつでも取締役・会計参与その他支配人等に対して，その職務の執行に関する事項の報告を求め，または会社の業務・財産の状況を調査することができる。

監査等委員会は，株主総会に提出する会計監査人の選任・解任・不再任に関する議案の内容を決定する。これは，会計監査人の独立性を確保するとともに，監査等委員会と会計監査人が職務上の密接な関係にあることから，その選任等について監査等委員の意思を反映させるという趣旨に基づくものであると説明されている。

上記の他に，監査等委員会には，監査等委員以外の取締役の選任等についての意見陳述権，監査等委員以外の取締役の報酬等についての意見陳述権などの権限が認められている。

第4節　資金調達の形態と方法

1　株式会社の資金調達方法

　株式会社の資金調達は外部資金によって調達する方法と内部資金によって調達する方法がある。外部資金はさらに，自己資本と他人資本に分けられる。内部資金は，社内での利益留保，減価償却等によるもので，自己金融と呼ばれる。

　外部資金における自己資本は，会社が返済義務を負わない資金で，募集株式の発行のほか，新株予約権も含まれる。他人資本は返済義務を負う資金で，社債，金融機関からの借入れ，支払手形，買掛金などの企業間信用がある。

　また，外部資金による調達のうち，会社が株式や社債を発行して，証券市場を通じて投資家から直接的に資金を集める方法を直接金融，銀行等金融機関から資金を借入れる方法を間接金融という。

　なお，自己資本による調達のうち，株式の発行を伴う資金調達をエクイティ・ファイナンス（Equity Finance），銀行等金融機関からの借入れのほか，社債やコマーシャル・ペーパー（優良企業が発行する短期の約束手形による資金調達）等による資金調達をデット・ファイナンス（Debt Finance）といっている。

　会社がどのような資金調達方法を選択するかは自由であり，いずれの方法を選択するかは経営者がさまざまな事情を総合的に考慮して判断することになるが，本書においては外部資金に関して会社法に定めのある募集株式の発行等，新株予約権および社債の発行について概説することとする。

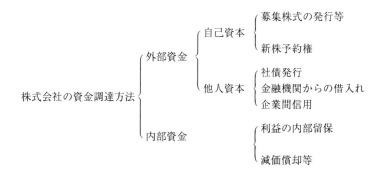

2 募集株式の発行等

(1) 募集株式の発行の態様

募集に応じて株式の引受けの申込みをした者に対して，株式発行または自己株式の処分によって割り当てる株式を「募集株式」とし，株式の発行と自己株式の処分を併せて「募集株式の発行等」と呼んでいる。株式発行の手続と自己株式の処分手続は，会社が株主または第三者に対して株式の引受けを募集し，引き受けた者からの金銭の払込みに対して，株式を交付する点において共通することから，会社法では両者の手続を一体化して，両者を含めて「募集株式の発行等」という概念を用いることとなった。

株式発行は，通常の株式発行と特殊な株式発行に分かれる。前者は，会社の成立後に株主に新たな払込みまたは現物出資によって株式を発行する場合であり，後者は取得請求権付株式・取得条項付株式・全部取得条項付種類株式の取得に当たり株式を対価とする場合，株式分割，株式の無償割当，新株予約権の行使，吸収合併，吸収分割，株式交換等の場合における株式発行によるものである。ここでは，通常の株式発行の場合について述べることとする。

(2) 募集株式の発行等の決定

募集株式の発行等に際する募集事項の決定は，非公開会社が発行する場合は，原則としてその都度，株主総会の特別決議によって行わなければならない。ただし，株主総会の特別決議によって，募集事項の決定を取締役（取締役会設置会社の場合は，取締役会）に委任することができる。この場合は，その委任に基づいて募集事項の決定をすることができる募集株式の数の上限および払込金額の下限を決めなければならない。

公開会社が募集株式を発行する場合は，その都度，募集事項について取締役会で決定しなければならない。この取締役会決議において募集事項の決定を取締役に委任することはできない。ただし，株主以外の者（第三者）に対し募集株式の払込金額が「特に有利な金額」である場合は，既存株主の利益を保護するため株主総会の特別決議を必要とする。この場合，取締役は株主総会において特に有利な払込金額で募集することを必要とする理由を説明しなければならない。

「特に有利な金額」とは，通常募集株式の発行等をする場合に払込金額とすべき公正な金額に比べて特に有利な金額をいう。「特に有利な金額」であるかどうかは，株式の市場価格が基準となる。この点について，日本証券業協会の自主ルール「第三者割当増資の取扱いに関する指針」によれば，取締役会決議の直前日の価格の90％以上の価額または状況によっては取締役会決議の直前日までの6カ月以内の適当な期間における平均価格の90％以上の価格があれば，有利発行に該当しないとしている。

(3) 株式発行の形態

株式の発行形態は，誰に対して募集を行うかによって，株主割当，公募，第三者割当の3つの種類に分かれる。

① 株主割当

既存株主に株式の割当てを受ける権利を与えたうえで，これらの者に募集株式の発行等を行うものである。これを株主割当というが，この形態であれば，既存株主はその有する株式数に応じて募集株式の割当てを受ける権利を有するので，既存株主全員がこれに応じるならば，株主間の持株比率を維持することができる。

株主割当は，会社の支配構造に変更を加えず，時価より安い価額で株式を発行しても株主は不利益を受けず，むしろ株式の時価と額面額との差は株主に対する利益還元とも考えられ，既存株主の保護が図られるほか，会社にとっても確実に資金を調達できる方法でもある。

1970年代までは株主割当が主流であったが，わが国の証券市場が活況を呈し，市場価格が上昇してくると，会社はより効率的な資金調達の方法をとるようになり，1990年代に入ってからは株主割当による資金調達は利用されなくなり，公募，第三者割当による資金調達の方法が増加している（落合編，2011，p.91）。

② 公募

募集の相手方を特に限定せずに，広く一般投資家から募集株式を引き受ける者を募集するものである。この公募による資金調達は，既存株主，あるいは特定の第三者に割り当てるのではなく，広く多数の投資家から資金を集めること

ができるので，公募は大規模の資金調達を行うのに適している。

しかし一方で，公募は既存株主の持株比率の低下（希薄化）という不利益をもたらす可能性がある。また，時価より低い価額で発行するときは，既存株主の保有する株式の一株当たりの価値が低下するという経済的損失が発生するおそれがある。

③ 第三者割当

特定の第三者に募集株式を割り当てて資金を調達するものである。この第三者割当は，経営状態が悪化した会社が資金援助を求めて，支援企業に対して株式を発行する場合，特定企業と資本関係を強化する場合，安定株主工作の一環として株式を発行する場合，さらには株式の買い集めによる乗っ取りの対抗策として友好関係にある会社に株式を発行する場合などにおいて用いられることが多い。

第三者割当も公募の場合と同様，既存株主は希薄化の不利益を受け，また発行価格が時価より低いときは，経済的損失を被るおそれがある。そこで，会社法は，前述したように公開会社についても，時価よりも低い価額で募集株式を発行する第三者割当の場合は，株主総会の特別決議を要求している。

(4) 払込，給付，株式発行の効力発生

募集事項が決定した後，申込みをした申込者は，会社の割り当てた募集株式の数につき株式引受人となる。募集株式の引受人は，払込期日または期間内に，会社が定めた銀行等の払込取扱場所に，払込金額の全額を払い込まなければならない。現物出資財産を給付する募集株式の引受人は，給付期日または期間内に，募集株式の払込金額の全額に相当する現物出資財産を給付しなければならない。

募集株式の引受人は，会社に対して債権を有する場合であっても，払込または給付をする債務と会社に対する債権を相殺することができない。ただし，会社の有する債務を株式に振り替える形で，会社から相殺を主張することができる。これを債務の株式化（デット・エクイティ・スワップ（DES：Debt Equity Swap））と呼んでいる[7]。これは，例えば，A社に3,000万円を貸付けているB社は，A社から発行された3,000万円分の株式を金銭債権の現物出資という

形で取得するものである。

　募集株式の引受人は，払込期日を定めた場合には当該期日，払込みの期間を定めた場合には，出資の履行をした日に，募集株式の株主となる。

3　新株予約権
(1) 意　義

　新株予約権とは，株式会社に対して行使することにより当該株式会社の新株の交付を受けることができる権利をいう（会社法2条21号）。例えば，甲株式会社が乙に新株予約権を発行し，その内容として，乙は甲株式会社新株予約権1個につき，平成00年0月0日から△年△月△日までの間に，甲株式会社1株（現在の株価1,000円）を1,500円で100株まで取得する権利を有すると仮定した場合，新株予約権を有する者（乙）を新株予約権者，権利の行使をすることができる期間（平成00年0月0日から△年△月△日まで）を権利行使期間，権利行使時の株式の取得対価である1,500円を権利行使価格と，それぞれ呼んでいる。

　新株予約権が会社に対して行使された時に，会社は新株予約権者に対し新株を発行し，またはこれに代えて会社の有する自己株式を移転する義務を負う。会社は新株の発行に伴って，新株予約権者から出資の履行がなされるので，会社としては資金調達ができることになる。なお，新株予約権は権利であって，義務ではないので，新株予約権を行使しても差益（儲け）が得られない場合は，新株予約権の権利行使をする必要はない。

　会社が新株予約権を発行するのは，必ずしも資金調達のためだけではなく，ストック・オプション（Stock Option）や敵対的買収を仕掛けられた場合の防衛策として発行されることもある。

　ストック・オプションとは，会社が取締役や従業員に対して，一定の期間（権利行使期間）内に，あらかじめ定めた価額（権利行使価額）で，所定の株式を会社から取得することができる権利のことであり，実務上の呼称である。

　例えば，甲社は株価1,500円の時に，取締役や従業員に対して権利行使価額を2,000円として，権利1個につき権利行使期間内に1,000株まで取得することができる新株予約権を新株予約権者に1個ずつ無償で交付する。この場合，

取締役や従業員は1,500円で購入し，仮に1株2,000円になったときに売却すれば，その差額1株500円（1,000株ならば，500,000万円）の利益（キャピタル・ゲイン）が得られることになる。取締役や従業員はこの利益をインセンティブとして，甲社の株価を上昇させるべく業績向上を目指して努力するであろうという考えがストック・オプション制度の前提となっている。したがって，取締役や従業員のやる気を高めるために，ストック・オプションは無償で発行されることも少なくない。このストック・オプションはアメリカで開発されたインセンティブ報酬の代表といえる。

(2) 新株予約権の発行手続

新株予約権の発行は，新株発行と同様に，株主割当，公募，第三者割当の3つの形態がある。

① 公募または第三者割当の場合

公開会社において，取締役会は新株予約権を発行する時は，募集新株予約権（募集に応じて新株予約権の引受けの申込をした者に対し割り当てられる新株予約権）について，会社法240条1項に規定する募集事項を定めなければならない。

② 株主割当の場合

取締役会は上記の募集事項に加えて，（ⅰ）株主に対し，申込みにより，募集新株予約権の割当てを受ける権利を与える旨，（ⅱ）募集新株予約権の引受けの申込みの期間を定めなければならない。

(3) 新株予約権の行使

新株予約権の権利行使は，権利行使期間中に行うことができる。証券発行新株予約権に係る新株予約権証券が発行されている場合には，新株予約権証券を会社に提出し，その行使に際して払い込むべき価額の全額を払い込まなければならない。

新株予約権証券が発行されていない場合は，行使に係る新株予約権の内容および数，新株予約権を行使する日を明らかにして行使することになる。

新株予約権者は，新株予約権の行使日に募集事項に定められた出資価額の全額を払込みまたは出資財産（現物出資の場合）を給付しなければならない。株式の払込金額の全額が資本金を構成するが，一部，資本準備金とすることもでき

る。なお，会社は自己新株予約権を取得することができるが，出資の空洞化を招くため，自己新株予約権を行使することは認められない。

新株予約権を行使した新株予約権者は，新株予約権を行使した日に，新株予約権の目的である株式の株主となる。

4 社 債
(1) 意 義

会社が必要な資金を調達する手段としては，募集株式や新株予約権の発行のほかに社債の発行があげられる。社債とは，会社法の規定により会社が行う割当てにより発生する当該会社（社債発行会社）を債務者とする金銭債権であって，会社法676条各号に掲げる事項についての定めに従い償還されるものをいう（会社法2条23号）。社債を引き受けた者を社債権者という。社債は株式会社のみでなく，すべての種類の会社が発行することができる。なお，国または地方公共団体が発行するものは通常，公債と称し，会社が発行する社債とは区別している。

社債は，多額かつ長期の資金調達を可能とする。前述した募集株式の発行等も会社の資金調達の方法として有効性が高いが，この場合は，新たに割り当てられた株式にも配当を要するため，配当率の低下が生じ，また配当金は会社の経費扱いとならず，会社の利益処分として行われることから，課税上の問題がある。

社債は無担保社債と担保付社債，普通社債と新株予約権付社債などに分類できる。会社法は一般的な社債について規定し，担保付社債は担保付社債信託法によって規制されている。

(2) 社債と株式の異同

社債と株式は，ともに公衆から多額の資金調達を可能とし，それは多数の区分的単位に分割され，その地位が非個性化されており，集団的な取扱いができるとともに，流通性を高めるため，有価証券の発行が可能である等共通点がある。

一方，株式が株式会社の社員たる地位であり，株主は株式会社の構成員とな

るのに対し，社債は会社に対する債権であり，社債権者は会社に対する債権者としての地位を有するという本質的な差異がある。この本質的な差異の結果，社債権者は株主のように株主総会に出席して会社経営に参加する権利を有しない。また，社債は償還期限がくると，償還金額の支払い（元本の返済）を受けるが，株式は原則として，出資の払戻しは認められない。さらに，株主は分配可能額が生じた場合に剰余金配当請求権が生じるが，社債権者は会社の利益の有無にかかわらず，確定額の利息の支払いが受けられる等の違いがある。

　しかしながら，一般株主の実態として，株主総会に出席して会社経営に参加するケースはあまり多くなく，この点で社債権者との違いは小さく，また利益配当額についても，会社が任意積立金の積立等により剰余金配当の平均化を図っている場合が多くみられ，さらに法律上の制度としても，両者の中間的形態の社債や株式の発行が認められていることから，社債と株式は近接化しているといえる。

(3) 社債の発行方法と管理

　社債発行は，取締役会非設置会社では，取締役が決定し，取締役が複数いる場合には，原則としてその過半数で決定する。取締役会設置会社では取締役会で決定するが，取締役会はその決定を代表取締役に委任することができる。指名委員会等設置会社においても，原則として取締役会で決定するが，執行役に委任することができる。

　社債発行の方法には，公募発行，売出発行，総額引受がある。公募発行は社債を引き受ける者を公衆から募集するものであり，募集事務を社債発行会社自体が行う直接募集と募集事務を社債発行会社から委託された証券会社等が行う委託募集があるが，直接募集は実務上ほとんど行われていない。売出発行は，社債総額を確定することなく，一定の売出期間を定め，その期間内に公衆に対し，個別的に社債を売り出す方法である。総額引受は，社債発行会社と証券会社等の特定人との契約によって社債総額を包括的に引き受ける方法である。

　社債は償還期間が比較的長く，社債権者の利益を保護するため，社債発行会社は，社債を募集するには原則として社債管理者（銀行，信託会社等）を定めて，社債権者のために弁済の受領，債権の保全その他の社債の管理を委託しなけれ

ばならない。また，同じ種類の社債権者は共通の利害関係に立つため，種類ごとに社債権者集会を構成し，団体的行動をとることを認めている。これによって，株主総会の場合と同様に社債権者集会において，会社法が定めたものおよび社債権者の利害に関する事項については決議することができることとしている。

(4) 新株予約権付社債

　新株予約権付社債とは，新株予約権を付した社債である（同法2条22号）。新株予約権付社債権者は，会社の業績が向上して株価が大幅に上昇すれば，新株予約権に基づく予約権を行使して株主となり，より有利な地位を取得することができる。一方，会社としても，普通社債よりも利息を低くして低金利で資金調達ができるとともに，新株予約権の権利行使が行われると，社債が消滅することにより負債が減少し，株式発行により自己資金が増強される等のメリットがある。

　このように，新株予約権付社債は社債の堅実性と株式の投機性を併有し，また会社としても多額の資金をより容易にかつ有利に調達することができるという特徴をもっている。

　新株予約権付社債の発行は，公開会社においては取締役会の決議により，非公開会社では株主総会の特別決議によって発行することができる。ただし，非公開会社の場合は，株主総会の決議により，募集事項の決定を取締役（取締役会設置会社においては取締役会）に委任することができる。

　新株予約権付社債の行使に当たり，証券発行新株予約権付社債に付せられた新株予約権を行使する場合には，新株予約権付社債券を会社に提示し，新株予約権付社債券に新株予約権が消滅したことを記載し，かつ新株予約権の行使に際して払込みをすべき額の全額の払込みまたは金銭以外の財産の給付をしなければならない。新株予約権付社債権者は，これを行使した日に株主となる。

第5節　資本金・準備金・剰余金と計算書類等

1　資本金
(1) 意　義
　株式会社においては，株主は間接有限責任を負うにすぎないことから，会社債権者に対しては，会社財産のみが唯一の担保となる。したがって，会社財産を確保することは会社債権者のみならず，会社自体にとっても必要となる。そこで，会社法は会社債権者を保護するため，株式会社が保有すべき一定の基準を定めている。この一定の金額が資本金の額である。資本金の額は登記および貸借対照表により公示される。貸借対照表上，資本金，資本剰余金および自己株式を株主資本という。

　なお，資本金は会社財産を確保するための基準となる一定の計算上の数額であり，現実に払込金額自体がそのままの形で保有されていることではない。会社法においては，資本金の額に相当する財産が会社の中でどのような形で保有されるかは問題にされない。また，経済上の資本の概念とも異なる。

(2) 資本金の算定
　株式会社の資本金の額は，原則として設立または株式の発行に際して株主となる者が会社に対して払込みまたは給付した財産の額である（会社法445条1項）。例えば，会社の設立時に1,000万円の金銭の出資を受け，さらに会社成立後に1株200円の払込金額で1万株発行したとすると，その会社の資本金は合計で，1,000万円 + 200万円（200円 × 10,000株）= 1,200万円となる。

　しかし，上述した原則には例外がある。すなわち，払込みまたは給付に係る額の2分の1を超えない額は，資本金として計上しないことができる。この場合は，後述する資本準備金として計上しなければならない。例えば，1株当たり500円を払込金額として株式を発行したりすると，資本金に300円，資本準備金に200円，それぞれ計上することができる。このように，払込金額を資本金と資本準備金にどのように割り振るかは，募集事項として決定しなければならない。

2 準備金

(1) 意　義

　準備金とは，法律，定款の規定または株主総会の決議をもって，資本金以上の一定額の金額に相当する財産を会社に留保させる制度である。資本金と同様に計算上の数額であって，貸借対照表の「純資産の部」に資本金とともに記載され，剰余金を算定する場合には純資産から資本金の額とともに控除される。資本金の場合と同様に，特定の財産の形で保管されているものではない。準備金には，資本準備金と利益準備金がある。

　なお，これに似たものとして，任意積立金がある。任意積立金とは，法律上強制されるものではなく，定款または株主総会の決議により積み立てられるもので，利益準備金を積み立てた残余の利益財源として積み立てる積立金である。事業拡張，社債償還等のように目的が特定されているものと，別途積立金のように目的が特定されていないものがあるが，その使用は定款または株主総会により自発的に行うことができる。

(2) 資本準備金

　資本準備金は，準備金として積み立てることが要求されるもの，または将来，会社の経営が悪化し欠損が生じた際に取り崩して，そのてん補に充てることができるよう，その他資本剰余金の中から積み立てることが要求されているものである。

　具体的に，資本準備金となるのは，①設立または株式の発行に際して株主となる者が会社に対し払込み・給付した財産の額のうち資本金として計上されなかった額，②その他資本剰余金を原資とする剰余金の配当をする場合に積み立てが要求される額，③合併等の組織再編行為の際に生ずる合併差益等のうち，合併契約等により資本準備金とする旨を定めた額，④資本金または剰余金（その他資本剰余金）を減少した際に資本準備金に組み入れる旨を定めた額である。

(3) 利益準備金

　利益準備金は，将来，会社経営が悪化した場合に取り崩して欠損のてん補に充てることができるよう，会社がその他利益剰余金を原資とする剰余金の配当を行う際に，その他利益剰余金の一部を割いて積み立てることが要求される準

備金である。

利益準備金は，資本準備金とあわせて準備金が資本金の4分の1に達するまで，その他利益剰余金を原資とする配当額の10分の1を積み立てなければならない。

3 資本金・準備金の額の減少

資本金の額の減少とは，資本金という一定の計算上の数額を減少することをいう。資本不変の原則から，原則として株主総会の特別決議等厳格な手続が要求される。資本金の額の減少は，会社法では単に計算上のものであるが，資本の額を減少した後も剰余金が生じない場合，すなわち資本の欠損をてん補した場合の資本金の額の減少は，将来の剰余金の配当を容易にするために行われる。

準備金の額の減少も所定の手続を経ればこれをすることができる。会社法の下では，欠損のてん補に使用するだけでなく，原則として株主総会の決議により準備金を取り崩して使用することができ，準備金を全額減少することも認められる。減少させた準備金は，資本金に組み入れ，剰余金の額を増加させることも，また欠損の額を減少させることもできる。

4 剰余金の配当

(1) 剰余金の概念

株式会社は，その株主に対し剰余金の配当をすることができる（ただし，自己株式には配当することができない）（会社法453条）。剰余金とは，株主に対する分配可能額を算定する基準となる数値であり，「その他資本剰余金」および「その他利益剰余金」の合計額からなる。

具体的には，会社法446条1項で規定しているが，概説すれば，最終事業年度の末日（決算期末）における貸借対照表に表示された額を基礎に，①資本の額に，②自己株式の帳簿価額の合計額を加え，①＋②の合計額から，③負債の額，④資本金および準備金の額の合計額，ならびに⑤法務省令で定める各勘定科目に計上した額の合計額をあわせた合計額を差し引いた残りの額を剰余金と

して算定する。この他に，最終事業年度の末日後における自己株式の処分等がある場合は加算され，一方，剰余金の配当分等は減算されて，最終的な剰余金を算定する。

(2) 分配可能額と剰余金の配当

剰余金の配当は，分配可能額の存在を前提とする。分配可能額は，会社法461条2項に規定されているが，以下のように算定される。

分配可能額＝（①剰余金の額＋②臨時計算書類につき株主総会等の承認を受けた場合の，㋑その期間の利益の額として法務省令の定める各勘定科目に計上した額の合計額および㋺期間内に自己株式を処分した場合における自己株式の対価の額）－（③自己株式の帳簿価額＋④最終事業年度の末日後に自己株式を処分した場合における自己株式の対価の額＋⑤ ②の場合における期間の損失の額として法務省令で定める各勘定科目に計上した額の合計額＋⑥法務省令で定める各勘定科目に計上した額の合計額）

剰余金を配当する場合には，法務省令で定めるところにより，当該剰余金の配当により減少する剰余金の額に10分の1を乗じて得た額を資本準備金または利益準備金として計上するよう義務づけられている。

剰余金の配当は，事業年度中に回数の制限はなく，また期中いつでも剰余金の配当をすることができる。剰余金の配当に当たっては，原則として株主総会の適法な剰余金配当決議案の承認決議が必要である。ただし，会計監査人設置会社，監査役会設置会社または監査等委員会設置会社・指名委員会等設置会社で剰余金の配当に関する事項を取締役会が定めることができる旨の規定が設けられている場合などにおいては，剰余金の分配権限を取締役会に付与することが認められている。

株主総会の決議等により剰余金の配当が決定されると，株主は会社に対して確定額の剰余金支払請求権（具体的配当請求権）を取得することになる。この権利は，剰余金配当決定前の抽象的配当請求権とは異なり，通常の債権であり，株式とは独立に処分，質入れあるいは差押えの対象となり，独立して時効にかかり（時効期間は10年），株式が譲渡されても当然には譲受人に移転しない。

なお，剰余金の配当は金銭の支払いだけでなく，金銭以外の財産を現物配当

として行うことが認められている。しかし，会社の純資産額が300万円未満の場合には，会社は株主に対する剰余金の配当をすることができない。

5 計算書類の作成と承認手続
(1) 計算書類等とその作成

　会社は，定款所定の決算期ごとに，その事業年度に関する計算書類，事業報告およびこれらの附属明細書を作成しなければならない（会社法435条2項）。

　計算書類とは，貸借対照表，損益計算書，株主資本等変動計算書，および個別注記表をいう。貸借対照表は，会社の一定の時点における財産状態を表す一覧表である。損益計算書は，当該事業年度における純損益を明らかにする書面である。株主資本等変動計算書は，特定の事業年度における純資産の部の各項目の増減を明示する計算書類である。そして個別注記表は，旧商法下において貸借対照表および損益計算書に注記すべきものとされていた事項を独立の計算書類として記載したものである。

　事業報告は，当該事業年度の会社の状況に関する重要な事項を記載した書類である。旧商法下の営業報告書に当たるが，記載される内容が必ずしも計算に関するものとはいえないことから，計算書類から除外された。

　付属明細書には，計算書類の附属明細書と事業報告の附属明細書がある。計算書類の附属明細書は，有形・無形固定資産の各明細，引当金の明細，販売管理費の明細等のほか，計算書類の内容を補足する重要な事項が表示される。また，事業報告の附属明細書は，事業報告の内容を補足する重要な事項が表示される。

　事業報告と附属明細書は，計算書類とあわせて「計算書類等」に含められる。計算書類等は書面だけでなく，電磁的記録による作成も可能である。

(2) 計算書類の承認手続

　計算書類の承認を得るためには，株式会社の種類によっては，事前に計算書類の監査を受けなければならない。計算書類の監査手続は，それぞれの会社の機関設計によって異なる。

　①会計監査人設置会社においては，計算書類およびその附属明細書につい

て，監査役および会計監査人の監査を受け，事業報告およびその附属明細書については，監査役の監査を受けなければならない。ただし，指名委員会等設置会社では，監査委員会，また監査等委員会設置会社では，監査等委員会の監査となる。

②監査役会設置会社においては，計算書類および事業報告ならびにこれらの附属明細書について，監査役の監査を受けなければならない。

なお，取締役会設置会社は，計算書類および事業報告ならびにこれらの附属明細書について，取締役会の承認を受けなければならない。

取締役は，計算書類および事業報告を定時株主総会へ提出しなければならない。取締役会設置会社の取締役は，定時株主総会の招集の通知に際して，株主に対し取締役会の承認を受けた計算書類および事業報告，さらに監査が要求されている場合は，監査報告または会計監査報告を含めて，これらを提供しなければならない。

このように，提出・提供された計算書類等のうち，計算書類は原則として定時株主総会の承認を受けなければならないが，事業報告はその内容について定時株主総会で報告すれば足りる。ただし，会計監査人設置会社において，取締役会の承認を受けた計算書類が法令および定款に従い会社の財産および損益の状況を正しく表示しているものとして法務省令で定める要件に該当する場合には，株主総会の承認を要しない。

会社は株主総会の承認を得たなら，遅滞なく，法務省令で定めるところにより，貸借対照表（大会社では，貸借対照表と損益計算書）を公告しなければならない。

【注】
1) 私企業の形態の分類としては，例えばこの他に，私企業を個人企業と共同企業に分類し，共同企業をさらに非法人企業と法人企業に分けることもできる。非法人企業の例としては，協同組合等があげられ，法人企業は会社ということになる。
2) 会社法上，「中小会社」という用語は用いられていない。旧商法では，大会社，中会社，小会社という区分を行っていたが，会社法制定時に大会社の定義を本文中にあるとおり見直すとともに，中会社，小会社の区分を廃止した。大会社とそれ以外の会

社との区分に加えて，さらに会社の規模により差異を設ける実益は小さいというのがその理由であるといわれている。

3） 通説によれば，監査役の権限は基本的に適法性の問題に限られ，経営の妥当性の問題には及ばないと解されている。したがって，監査役は代表取締役その他業務執行取締役の選任，解任といった人事の問題には介入できず，このため取締役に比べると会社経営を監視，監督する機能が劣らざるを得ないので，妥当性の監査まで認めるべきであるという積極説も主張されている。

4） 内部統制システムに関する主な決定内容は，コンプライアンス体制を含むリスク管理体制の整備と監督の実効性を確保するための体制の整備である。つまり，会社法では内部統制システムの構築までは義務づけておらず，その体制の整備の決定を義務づけているに過ぎない。これは，会社の実情がさまざまであることから，取締役が会社の実情に応じて善管注意義務に従い，内部統制システムの構築の要否を含めて内部統制システムに関する体制の整備を決定すべきこととしたことによるものである。

5） 最近では，内部統制システムの構築における情報開示の一環として，財務情報だけでなく，CSR報告書，環境報告書，情報セキュリティー報告書，知的財産報告書等非財務情報も開示されるようになっている。

6） 執行役と似た用語に執行役員がある。執行役員は会社法上の制度ではなく，取締役会の形骸化対策の一環として，会社が任意に設けたものである。取締役会は取締役の員数を減らすとともに，業務執行の意思決定・監督に専念し，業務執行についてはこれまで使用人兼務取締役であった者などを執行役員として任命し，これらの者に任せて，業務運営の権限・責任の明確化を図るというものである。この執行役員制度は，実務上の要請（会社の人事政策を含めて）から会社が自主的に設けたもので，指名委員会等設置会社における会社法上規定されている執行役とはまったく異なる。

7） DESは，負債の一部を株式に振り替えることによって，当該負債が消滅し，その代わり自己資本の額が増加するため，財務体質の改善を図ることができる。DESは債務超過にある会社の再建の一環として利用される。なお，DESは金銭債権の現物出資であるが，金銭債権をその帳簿価額以下で現物出資する場合には，検査役の調査は免除される。

第2章
企業間取引の形態と仕組み

第1節　企業取引総説

1　企業取引の特徴

　企業は営利を目的として営業活動を行う経済主体であり，企業の取引活動の営利性は経済活動の基本である。企業取引の特徴を法的側面からみると，以下のような特徴がある。

(1) 取引の集団反復性，簡易迅速性

　企業活動は多数の取引を集団的，反復的に行うことを予定している。そのためには取引が簡易迅速に処理されることが要求される。この要請に応えるために，商法では民法の原則の例外としての申込の効力についての特則，申込に対する諾否の通知義務，契約成立後における確定期売買の当然の解除，売買目的物についての売主の供託権等の規定を設けている。

(2) 取引の安全性

　企業取引は大量，かつ迅速に行われることから，取引の安全性が確保されなければならない。そこで，商法では取引上重要な事項について広く社会一般に周知させるために，その公示を当事者に要求し，取引の安全を図る公示制度を強化し，商業登記制度，その他の各種公示制度等が設けられている。また外観主義，すなわち表示された事実と真実とが一致しない場合に，その表示事実の作出に関与した者はその表示を正当なものと信じて取引した者に対して責任を負わなければならないとする制度も取引の安全性を具現化するものである。不実登記の責任，名板貸人の責任，表見支配人等の規定はその例である。さらに，

企業取引の安全性を期するため，企業取引の当事者に対して厳格な義務ないしは責任を負担させている。商事売買における買主の検査義務および瑕疵の通知義務，買主の目的物保管義務，多数債務者の連帯性等の規定はその例といえる。

(3) 取引の営利性

前述したように，企業は利潤獲得を目的として存立する経済主体であることから，企業の行為は原則として有償である。そこで，商法は無償性を原則とする民法の規定を修正し，例えば委託契約の報酬請求権，寄託契約における受寄者の報酬請求権，金銭消費貸借契約における利息請求権等にみられるように，企業取引における有償性を認めている。

2　企業取引の分類

現代の企業は，その形態が会社組織であるか，個人組織であるかその組織を問わず，また大企業であるか，中小・零細企業であるか規模の大小にかかわることなく，いずれも商品を販売あるいはサービスを提供することなどにより，自らの組織体の維持，発展を図っている。このように企業が営利を目的として企業や消費者に商品やサービスを提供したり，あるいは企業から提供を受ける経済行為を一般に，企業取引と呼んでいる。

企業取引は以下に述べるように，いくつかの観点から分類できる（根田，2005，pp.144-145）。

(1) 取引当事者からみた分類

企業取引は，取引当事者の少なくとも一方が企業である取引のことである[1]。この取引には取引の相手方が企業である場合と消費者である場合とがあり，前者を企業間取引，後者を消費者取引と呼ぶこととする。

企業間取引とは，企業と企業との間の取引，つまり当事者双方が企業である取引である。企業間取引では，いわゆる商人間の取引であるので，企業取引の安全性や迅速性などが指導原理となる。

消費者取引は取引当事者の一方が企業であり，他方が消費者である取引である。消費者取引においては，一般に企業が優越的地位にあるので，消費者の利益を擁護する立場から消費者取引を規制する，あるいは適正なルールを講じる

ことが基本原理となる。消費者取引とルールの適正化については、第3章において、その概要を説明している。
(2) 取引の継続性からみた分類

　企業取引が取引当事者にとって継続性であるか否か、その有無によって、スポット取引と継続的取引に分類できる。

　スポット取引は一回限りの取引であり、契約も個別的、一回ごとに締結される。売買契約の場合であれば、契約ごとにその都度商品が引き渡され、代金が決済される。

　継続的取引には、2つの形態がある。1つは継続的供給契約と呼ばれるものである。これは、一定または不定の期間、一定の種類・品質の物を一定の価格で供給することを内容とする取引で、原材料・部品メーカーが完成品組立メーカーに対してその原材料・部品を継続的に供給する場合が典型例である。この場合において、継続的供給に関する基本的事項については、基本契約を締結して取引を行うことが多くみられる。

　今1つは、商品供給者とディーラーとの継続的売買契約にみられる取引形態である。これは、あらかじめ当事者間で継続的に締結される契約のうち、各契約に共通する事項について詳細な契約条件を取り決め、それを基本契約として確定し、その後の個別的取引においては、種類、数量、品質、価格などの条件をその都度決定するという方式の取引である。消費財完成品メーカーと特約店との間、あるいは大手商社と小売店との間等の継続的取引で多くみられる形態である。わが国における企業間取引のほとんどが継続的取引であるといわれている。
(3) 財の種類からみた分類

　企業取引において、取引される財の種類の違いによって、生産財（産業財と呼ばれることもある）取引と消費財取引に分類される。

　生産財とは、企業の生産活動や組織の業務遂行のために使用される財を指し、部品、機械・設備、業務用供給品等が含まれる。生産財は企業間取引で用いられ、企業間で行われる生産財の取引が生産財取引である。

　消費財とは、消費者の用に供せられる財、消費者が直接に消費する財である。

消費財取引は,企業間だけでなく,企業と消費者との間でも行われる。消費者との取引の代表例は,消費者が小売店頭で商品の購入と同時に代金の支払いを行い,購入した商品をもち帰るという売買形態である。これを現実売買と呼んでいる。

(4) 取引の範囲からみた分類

企業取引が国内で行われ,国内で完結するか,あるいは国境を越えて行われる取引であるかにより,国内取引と国際取引に分類される。

国内取引は取引の範囲が国内にとどまり,国内で完結される取引である。例えば,大阪に工場をもつ部品メーカーが東京にある完成品組立メーカーに自社製品(部品)の納入(売買)を行う等国内で取引が行われ,かつ国内で取引が完結する取引形態である。

国際取引(国際商取引ともいう)は,一般に法を異にする国または地域に拠点を有する企業間の取引である(高桑,2011,p.1)。国際取引は売買だけでなく,貿易取引,資本取引,現地法人設立に伴う海外直接投資,技術移転,さらには共同事業等の国際的企業活動を含む取引である。

3 企業取引と商行為

企業取引の具体的内容あるいはこれに含まれる範囲については必ずしも定まったものはないが,商法では企業取引という言葉ではなく,商行為という用語を用いている。商法上の商行為は企業取引の概念と同義ではないが,企業取引と類似する点も多いことから,まず商行為の概念をみてみる。

商行為には,絶対的商行為,営業的商行為および附属的商行為の3種類がある(商法501条,502条,503条)。

$$
商行為 \begin{cases} 絶対的商行為 \\ 営業的商行為 \end{cases} 基本的商行為 \\ 附属的商行為 ─補助的商行為 \end{cases}
$$

そして,商人とは,商法4条1項では「自己の名をもって商行為をすることを業とする者」(これを「固有の商人」という)であり(このほかに,店舗その他

これに類似する設備によって物品を販売する者,鉱業を営む者も商人とみなされる。これを「擬制商人」という),一般的にいう商人(商業を営む人)よりも範囲が広い。それは,現代においては私企業体という意味に近く,したがって,本書においては商人(商法上の商人)と企業をほぼ同じような概念でとらえることとする。

(1) 絶対的商行為

絶対的商行為とは,行為の客観的性質からそれ自体商行為とされる行為である。営業としてなされるか,また行為者が商人であるか否かを問わず,その行為自体から当然に商行為とされるものである。商法では次の4種類を絶対的商行為としている(商法501条)。

図2－1 絶対的商行為

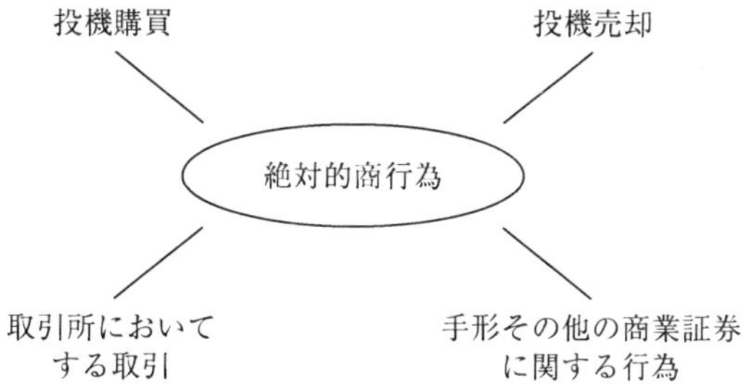

```
  投機購買                    投機売却
       \                    /
        ( 絶対的商行為 )
       /                    \
  取引所において        手形その他の商業証券
    する取引              に関する行為
```

① 投機購買

投機購買とは,利益を得て譲渡する意思をもってモノ(動産,不動産,有価証券)を有償取得し,その取得したモノを譲渡する行為である。つまり,利益を得ようと思って,モノを安く購入し,その後これを高く売却する行為は,いずれも商行為となる。小売店が行う商品の仕入・販売,メーカーが行う原材料・部品の購入・製品化による販売等の活動が典型的な行為として該当し,誰が行っても商行為となる。

② 投機売却

投機売却とは,投機購買の場合と同じように利益を得るのが目的であるが,投機購買とは順序が逆で,あらかじめ売却契約を締結し,後にその履行に充てるため購入する行為である。つまり,最初に高く売っておき,その後に売却し

たモノを安く買う行為であり，これも利益をあげることを目的とすることから，投機売却という。投機売却は動産と有価証券が対象となり，他人から取得した動産や有価証券を売却する供給契約と，後でその履行のために売却対象となっている動産や有価証券を取得する行為が商行為となる。

③ 取引所においてする取引

取引所においてする取引とは，証券取引所や商品取引所における会員の取引である。取引所の会員が自己の計算で行う取引は投機売買であり，また他人の計算で行う取引は営業のためにする附属的商行為であり，いずれもこれら行為は商行為となることから，取引所の取引をことさら絶対的商行為として規定する必要性は乏しいといわれている。

④ 手形その他の商業証券に関する行為

手形その他の商業証券に関する行為とは，振出，引受，裏書，保証等の証券自体に行われる証券的行為を意味する。有価証券について行われる証券の行為はその主体が商人であるか否か，営利意思をもって行われるか否かにかかわらず商行為となる。したがってこれを特に絶対的商行為とする必要性は乏しいといわれている。なお，担保付社債信託法による信託の引受は，特別法により絶対的商行為とされる。

(2) 営業的商行為

営業的商行為とは，これを営業として行う場合に限り商行為とするものである（商法502条）。すなわち，一定の行為が営利の目的をもって反復・継続してなされる場合にのみ商行為となるものであって，この点，行為自体の客観的性質から当然に商行為となる絶対的商行為とは異なる。絶対的商行為と営業的商行為は基本的商行為と呼ばれる。商法では営業的商行為として以下の13種の行為をあげている[2]。

① 投機賃借

これは，利益を得るために賃貸する意思をもって，動産・不動産を有償取得し，あるいは賃借する行為およびその取得もしくは賃借した動産・不動産の賃貸を目的とする行為であり，営業として行う場合に商行為となる。投機賃借に該当する営業として，宅地建物取引業，貸家業，レンタカー，リース等があり，

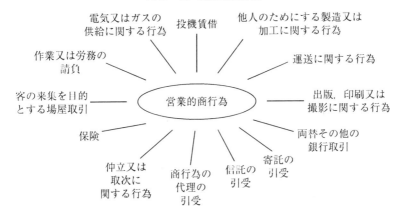

図2-2　営業的商行為

現代における経済社会において多く行われている。
② 他人のためにする製造又は加工に関する行為
　これは，他人から材料の供給を受け，または他人の計算で購入し，これを製造または加工することを引き受け，報酬を得る行為である。典型的な例として，クリーニング，和洋服仕立，食料品の委託加工等があげられる。
③ 電気又はガスの供給に関する行為
　これは，電気またはガスを継続して供給することを引き受ける行為である。これらの行為は，通常大規模な設備を要するため，会社によって行われ，その場合は当然に商行為となる。なお，電波，水，冷気等の供給は厳格に解釈するとこれに該当せず，したがってNTTの行う電話サービスはこの商行為に当たらないとされる。
④ 運送に関する行為
　運送とは物品または人の場所的移転を行うことであり，運送の対象が物品であるときは物品運送といい，人であるときは旅客運送という。また運送される場所が陸上，海上，空中のいずれであるかによって，陸上運送，海上運送，航空運送に分けられる。
⑤ 作業又は労務の請負
　これは，建物の建設，船舶の建造や修繕等に関する工事を請け負うこと，ま

たは労働者の供給を請け負うこととされている。労働者の供給を引き受ける行為は，今日において人材派遣会社等により幅広く行われている。
⑥　出版，印刷又は撮影に関する行為

これは，文書もしくは図画を印刷して発売または頒布したり，印刷や写真撮影を引き受けることである。
⑦　客の来集を目的とする場屋取引

不特定多数の客の来集目的に適する設備を用意し，これら設備を利用または提供する取引を総称して場屋（じょうおく）取引という。ホテル・旅館の宿泊，レストランでの飲食，遊園地・野球場等の入場，ボウリングにおける遊技等さまざまな場屋取引がある。
⑧　両替その他の銀行取引

これは，金銭または有価証券の転換を媒介する行為である。銀行取引とは，他人から預金などの方法により金銭を収受する受信行為と，これを他人に貸し付ける与信行為をいい，これらの行為は不可分的になされなければならない。したがって，受信業務を行うことなく，自己の資金で貸付けを行うことを営業とする貸金業者または質屋の行為は金融取引であっても銀行取引には該当しない（したがって，営業的商行為とはならない）。しかし，これらの企業は会社組織にしていることが多いため，実際上の問題はあまり生じない（会社法5条）。
⑨　保　　険

これは，保険者が収入保険料と支払保険料の差額を利得しようという営利目的でする保険を引き受けることである。これを営利保険といい，営利保険の引受けならば，その保険が生命保険であると損害保険であるとを問わない。保険加入者が社員となり組織した法人（相互会社）が保険者として保険を引き受けるものを相互保険というが，相互保険の引受けは営利目的を欠き，商行為ではないと解されているが，商法の規定が大幅に準用されている。
⑩　寄託の引受

寄託とは，受寄者が物品を支配下に置き，滅失・損傷を防ぎ現状維持の方途を講じることをいい（江頭，2013，p.361），当事者の一方が相手方のために保管をすることを約してある物を受け取ることによって，その効力が生じる。寄託

の引受は特定の物が寄託される単純寄託の引受けのみならず，同種，同等の物と混合して保管し，その中から同種の物を返還することを内容とする混蔵寄託の引受，受寄者が受寄物を消費し，これと同種，同等，同量の物を返還することを内容とする消費寄託の引受も含む[3]。倉庫業，駐車場営業がその典型例である。

⑪ 仲立又は取次に関する行為

仲立とは，他人間の法律行為を媒介することであり，これを営業とする者が仲立人である。また取次とは自己の名において他人の計算で法律行為を行うことであり，これを営業とする者として問屋，運送取扱人等がある。

⑫ 商行為の代理の引受

これは，本人のために商行為となる行為の代理を引き受けることであり，締結代理商がその典型例である。

⑬ 信託の引受

これは，報酬を得ることを目的に営業として信託を引き受けることで，平成18年（2006年）に営業的商行為として追加された。

(3) 附属的商行為

商人がその営業のためにする行為を附属的商行為といい（商法503条），営業を補助する行為の総称であることから補助的商行為とも呼ばれる。営業のためにする行為とは，直接営業のためにする行為のみならず，間接的に営業に関してその維持，便益を図るためにする一切の行為を指し，商人がその営業資金を借入れる行為はこれに該当する。しかし個々の行為が営業のためになされたか否かを具体的に決めることは困難を伴うことが多く，問題を生じることがある。そこで商人の行為はすべて営業のためにするものと推定される。ただし，会社は営業のために存在するものであることから，その行為は常に営業のためにするものと解され，推定規定は適用されない。

以上，商行為の内容を概観したが，商行為と企業取引とは重なる部分も多いが，必ずしも一致していない。例えば，消費者がデパートで宝石を購買する行為はデパート（商人）からみれば宝石を売却する行為は商行為であるが，消費者は非商人であるものの，この購買する行為は商行為となる（これを一方的商行

為という)。他方，最近ではコンピュータソフト，投資コンサルタント，インターネットサービス提供等さまざまなニュービジネスが生まれているが，これらニュービジネスには商法上の商行為のどれにも属しないものがあり，したがって非商行為となり，商法が適用されないということになる。

このように商行為と企業取引は一部において範囲を異にし，商取引法学者の中でも，例えば江頭 (2013) では，商取引を①商人間の売買 (国内売買，国際売買)，②消費者売買 (消費者契約，販売信用取引，特定取引)，③企業金融の特殊形態 (荷為替信用状，ファイナンス・リース)，④商品・サービスの流通に関する諸営業 (仲立人，問屋，代理商・特約店)，⑤運送営業，⑥倉庫営業，⑦電気通信事業，⑧保険業 (損害保険，生命保険等)，⑨信託業に分け，それぞれの法的内容について説明しているが，そこではファイナンス・リース，電気通信事業，販売信用取引等商行為に属しない企業取引を商取引の範疇として扱っている。

本書においては，企業取引を商法上の商行為だけに立脚するのではなく，実際に行われている商取引を幅広く取り入れる形でとらえることとする。

4　企業取引と契約の成立

企業取引は，法的 (民法上) には契約という用語であらわされる。一般に，契約は当事者の意思の合致によって成立し，したがって企業取引における契約についても申込と承諾によって成立する。

(1) 申　込

申込とは，承諾という相手の意思表示があれば契約を成立させるという意思表示である。申込には対話者間のものと隔地者間のものとがある。対話者間の申込とは，直接に意思の交換ができる関係にある場合の申込である。この場合，申込を受けた者が直ちに承諾をしないときは申込の効力を失うとされる。商取引の迅速性を確保するための規定である。

隔地者間の申込の場合においては，隔地者間において承諾期間の定めなくして契約の申込を受けた者が相当の期間内に承諾の通知を発しないときは，申込はその効力を失うとする。つまり，承諾期間を定めないで契約を申し込んだが，相手が相当の期間を経過しても承諾をしないときは，自動的に申込の効力が消

滅するということである。なお、承諾期間の定めをした場合には、その期間の終了とともに申込は効力を失うことになる。

(2) 承　諾

　承諾とは、申込と合致して契約を成立させるという意思表示である。申込がなされたとしても、相手はその諾否の通知義務を負わないのが原則である。しかし今日の企業取引の多くは継続的取引であり、このような継続的取引関係にある企業間においては通知義務を課することが信義則に従うことになり、また取引の迅速性・安定性に資することになることから、一定の場合に相手に通知義務を課している。すなわち、商人（企業）が平常取引をなす者から自己の営業の部類に属する契約の申込を受けたときは、遅滞なく諾否の通知を発することを要し、これを怠ったときは申込を承諾したものとみなすとされる。この規定は申込を受けた者が商人（企業）である場合に適用されるが、申込者は商人（企業）であることを必要とせず、その契約が申込者にとって商行為であるか否かを問わない。

(3) 予　約

　企業取引、特に売買取引においては実務上、売買の予約が行われることが多い。売買の予約は大きく分けて2種類ある。1つは当事者の片方からの一方的な意思表示だけで売買契約が成立する片務契約と、今1つは予約に基づき一方の申込に対して相手が承諾義務を負い、その合意によって売買が成立する双務契約がある。実際に行われているのは前者の片務契約が多く、これを売買の一方の予約といっている。

　売買の一方の予約は相手が売買を完結する意思（予約完結権の行使）を表示したときから、売買の効力が生ずるとされる。つまり、一方の予約によって一方的に本契約（売買契約）を締結させる権利を有する者が本契約をするという意思表示をすると、相手の承諾を待つことなく、売買契約が成立することになる。

　予約は将来の契約締結を確実にしておく必要がある場合には、実務上有効な方法といえる。予約は契約締結に至らない場合には、その後においては特に問題が生じることはないが、事情によっては契約締結上の過失責任が問われる場合があるので、注意を要する。

第2節　売買取引

1　企業間売買取引の意義と特徴

　企業間売買取引，つまり商人間の売買は商人間において商行為として行われる売買を意味する。すなわち，売主が買主に財（財産権）を移転し，買主が売主にその代金の支払いを約することを内容とする商人間（企業間）売買である。

　売買取引は，売主から買主へ完全に所有権が移転するのが原則である。実際にも多くの商品販売においては，この形態による買切制が最も多いといわれている。この形態においても大きく2つの場合がある。1つは，完全買取契約といわれるもので，返品が一切できない場合である。この場合は，買主がすべての商品を買い取ることから，もしも買い取った商品が売れ残ったときは，買主は売主に返品することができず，売れ残りのリスクを負担することになる。今1つの形態は，返品条件付買取契約といわれるもので，この契約では買主は売れ残った商品を売主に買い戻してもらうことができる。したがって，この場合には売主が売れ残りのリスクを負担することになる。

　売買取引は，現代の経済社会において最もよく行われている取引形態である。生産活動は農業，鉱業等の第1次産業，工業のような第2次産業，および流通・サービス業等の第3次産業で行われているが，これら生産活動には，生産活動の基盤となる土地，建物のほか，生産手段である機械，器具等，さらには製品をつくるための原材料，部品等が必要となるが，これらは売買取引によって購買される。加工・組立された商品はさらに売買取引によって消費者によって購入される。

　このように，現代の経済社会においてはほとんどの財（商品）が売買取引によって入手されている。またこのような売買取引の連鎖によって，商品の流通システムが形成されている。

　売買の対象を生産財と消費財に分けると，企業間における生産財の売買は，完成品メーカーと部品メーカーとの間（例えば，自動車組立・完成品メーカーと自動車部品メーカーとの間），あるいは生産財メーカーとそこでつくられた機械等

を使用して製品をつくる企業との間（例えば，食品機械製造メーカーと食料品加工メーカーとの間）で行われる取引があげられる。企業間における消費財の売買は，生産者と商業者との間（例えば，加工食品メーカーと卸売業者との間），あるいは商業者間（例えば，卸売業者と小売業者との間）で行われる取引があげられる。

売買取引を企業間売買取引と消費者売買取引に分けた場合，わが国においては金額ベースでみると，企業間売買取引が全体の80％以上にのぼるといわれており，企業間売買取引が大きなウェートを占めている。

わが国における企業間売買取引の特徴は，第1に固定された企業との長期間の継続的取引が中心であるということである。その理由としては，高品質製品・部品の確保，取引の安定性，信頼関係の構築等の要因があげられている。

長期間の継続的取引においては，例えば製品開発において完成品メーカーが部品メーカーに対して設計仕様を細かく指示するとともに，部品メーカーも製品開発の早い段階から参加して協力するという，いわば相互の協調的信頼関係が醸成されている。第2に，企業間売買取引における実需に基づく取引の割合が高く，先物取引にみられるように，相場を張るような投機形態の取引形態の割合が比較的少ないことである。第3に，売主である企業と買主である企業との売買取引の間に，売買契約の当事者とならない形で取引に関与する企業（商社等に多くみられる）や代理商，取次業，仲立業等企業取引を補助する企業取引補助者が売買取引に介在する例が多くみられるということである。

このような企業間売買取引の特徴がわが国における特有な取引形態，取引慣行を形成しているといわれている。

2 売買取引における基本契約と個別的売買契約

前述したとおり，企業間売買取引は長期間の継続的取引が大部分を占める。この場合，売買取引当事者間で，継続的取引全体に適用される基本的事項をあらかじめ取り決めておくことが多く行われている。この取り決めを基本契約という。基本契約には，以下に掲げる契約条項が含まれていることが多い（江頭, 2013, pp.6-8)。

［基本契約の主要条項］

①継続的取引から生じる債権の保全を目的とする条項。商品の特質に関係なく適用される。

　（ⅰ）営業状況の報告義務（決算書類の提出等）

　（ⅱ）営業上の重大な事項（合併，会社分割，株式交換・株式移転，事業譲渡等）の通知義務

　（ⅲ）期限の利益喪失事由，契約の即時解除事由

　（ⅳ）担保の提供義務

　（ⅴ）相殺，換価処分の許容

　（ⅵ）弁済充当の順序

②商品の特質に関する条項。適用対象たる物品の範囲を定める条項のほか，次のような内容を含む。

　（ⅰ）個別の売買契約の締結方法（契約成立要件）

　（ⅱ）価格の算定方法，商品の納入方法，代金の支払方法

　（ⅲ）検査の条件（検査方法，検査基準，検査時期）

　（ⅳ）危険負担（危険の移転時期）

　（ⅴ）所有権の移転時期

　（ⅵ）瑕疵担保および品質保証条件

　（ⅶ）免責条件

　（ⅷ）当事者の債務不履行時に相手方の取りうる措置

　（ⅸ）損害賠償または損害担保

上記のような内容を含んだ基本契約が締結されている場合には，個別の売買取引の締結に当たっては，次の事項についてその都度合意することとなる。

［個別的売買契約の主要条項］

　（ⅰ）商品明細（品名，規格，品質，数量等）

　（ⅱ）価格（単価，総代金，数量過不足の場合の処理等）

　（ⅲ）納入条件（引渡しの時期・方法・場所，包装等）

　（ⅳ）代金支払条件（支払時期，支払方法等）

以上のように，継続的取引の場合は，売買取引当事者間における長期間の継

続的取引という特殊性から，基本契約と個別的売買契約という2段階の形態をとっていることが大きな特徴である。

3　売買契約の主なルール

(1) 売買契約の成立

　売買契約は，当事者の意思表示が合致するだけで成立する諾成契約であり，売主がある財産権（土地，建物，機械，製品，原材料・部品等）を買主に移転するのに対し，買主がその代金を支払うことによって成立する。この原則は，商人間の売買取引（商事売買）においても変わらない。しかし，商人間の売買取引，すなわち企業間売買取引においては，既述したように，企業間における売買の特質に基づいて，商法はいくつかの特則を設けている（①から③は，すでに説明しているが，本節で他の特則とともに，まとめて述べることとする）。

　①対話者間の申込，すなわち直接に面と向かって意見の交換ができる関係にある場合の契約の申込については，申込を受けた者が直ちに承諾しないときは申込の効力を失う（商法507条）。

　②隔地者間の申込，すなわち直接的に意思の交換ができない関係にある場合の契約の申込については，承諾期間を定めないで契約の申込を受けた者が相当の期間内に承諾の通知を発しないときは，申込はその効力を失う（同法508条）。

　③企業が平常の取引をする者からその営業の部類に属する契約の申込を受けたときは，遅滞なく諾否の通知を発することを要するものとし，その通知を怠ったときは，申込を承諾したものとみなされる（同法509条）。これを「諾否通知義務」といっている。継続的取引が行われる場合に，その申込につき遅滞なく諾否の通知がないときには，申込者は承諾されたと信頼することから，その信頼を保護する必要があるというのが，その趣旨である。

　④企業が自己の営業の部類に属する契約の申込を受けた際に，申込とともに，物品を受領した場合は，申込を拒絶したときであっても，申込者の費用をもって，その物品を保管しなければならない（同法510条。ただし，例外あり）。

(2) 商品の引渡し

　売買契約が成立した場合には，売主はその基本的義務として売買の目的物で

ある商品を買主に引渡さなければならない。商品の引渡しの時期，方法，場所については第1次的には当事者間の約定によって決められるが，商法においてもいくつかの規定をおいている。

①引渡しの時期（納期）には，期日を定める場合，期限を定める場合，期間を定める場合の3種類がある。そのいずれにするかは，当事者の意思によって定められる。当事者の約定がない場合は，商品によってあるいは商慣習によって定められ，それもない時は，買主の請求があったときが引渡しをすべき時期となる。

②引渡しの方法には，（ⅰ）買主に現物を提供する方法，（ⅱ）売主を発行者とする受寄者宛の荷渡指図書の交付を受けた買主が受寄者から現物を受け取る方法，（ⅲ）現物を倉庫営業者等第3者に受寄したまま倉荷証券等の物品証券を買主に提供する方法の3種類に分けられるが，この3つの方法のうち，どれを行えば現実の提供になるかは，当事者間の合意または商慣習による（江頭，2013, p.17）。なお，国内売買において，（ⅲ）の物品証券の提供の方法が選ばれることは，実際上極めて稀であるといわれている。

③引渡しの場所については，一次的には当事者間の約定によって決められるが，それがないときには特定物の引渡しは契約時にその物が存在した場所，不特定物の引渡しは履行時における債権者の営業所または住所において行われることになる。

引渡しの場所は契約の重要な要素となるので，企業間売買取引においては，売主工場渡し，発駅貨車積渡し，着駅オンレール渡し，買主工場渡し，買主指定場所据付け渡し等の取り決めが通常行われる。わが国では，通常の商品については買主の工場・倉庫・営業所等において引渡しを行う契約条件が最も多く行われているという。

なお，危険負担については，不特定物の売買取引の場合は，目的物が確定する前は売主の負担，目的物が確定した以後は買主の負担とされているが，企業間売買取引においては，ほぼ例外なく，特約または商慣習により，商品引渡しのときに目的物の滅失等の危険が買主に移転するという取り決めがなされているといわれている。

(3) 商品の受領

　売買取引においては，商品の受領は買主の代金支払と並んで，最も基本的義務である。企業間売買取引において，売主が売買契約に基づいてその債務の履行の提供を行っても，買主がその履行に必要な協力をしなければ，当該売買契約の履行はいつまでも完成しないことになる。そこで，商法は以下に述べるように，商品の受領に関する義務を買主に課している。

　①企業間売買取引において，買主がその目的物を受け取ったときは，遅滞なくこれを検査しなければならない。検査により目的物に瑕疵もしくは数量不足があることを発見したときは，直ちに売主に対してその通知を発すべき義務を負う。もしもこの通知を発しないときは，売主が悪意である場合を除いて，買主は目的物の瑕疵または数量不足によって契約の解除または代金の減額もしくは損害賠償の請求をすることができない（商法526条1項，2項）。

　また，売買の目的物に直ちに発見することができない瑕疵があった場合に，買主が6カ月以内にこれを発見したときには，買主はその通知を発しなければならない。この通知を発しなければ，売主が悪意である場合を除いて，買主は目的物の瑕疵によって，契約の解除，代金の減額，損害賠償の請求をすることができない（同法526条2項，3項）。これを「買主による目的物の検査・通知義務」といっている。

　この規定が設けられた趣旨は，民法の一般原則（買主がその事実を知ったときから1年以内）を適用すると，売主は長期にわたって不安定な状態におかれ，かつ買主も企業であり，プロであることから，売買取引によって受領した目的物に瑕疵があるか，あるいは数量が不足しているかはすぐにわかるはずであり，かつ公平の観点からこの程度の義務を買主に課しても酷ではないからであると説明されている。

　この規定は，商人間の売買，つまり企業間売買取引である限り，特定物，不特定物を問わず適用される。

　特定物とは，買主が特定の目的物を指定して，この目的物を購買するといえば，その指定した目的物が特定物となる。したがって，指定した目的物を受け取れば，その段階で検査・通知義務が発生する。しかし，このように特定せず，

この目的物と同じような目的物（同じ種類，同じデザイン，同じ価額）を購買するといっただけでは，その目的物は特定されていないので，不特定物となる。この場合，売主が同じ種類，同じデザイン，同じ価額の目的物をもってきて，買主がその目的物の購買の意思表示をし，それを受け取った後は特定物となり，買主は検査・通知義務を負うことになる。

買主の検査・通知義務は，買主が目的物を受け取った場合に認められる。目的物を受け取るとは，目的物を現実に受け取って検査することができる状態に置くことである。

買主が目的物を受け取ったときにしなければならない検査とは，目的物の種類，数量および買主の営業の性質，形態等に応じて，通常の取引過程で要求される合理的な方法，かつ合理的な注意を払って行うものである。実務上は，通例，少量で高価なものは全数個別検査，大量で同質的なものは抜取り検査，機械類は試運転による検査等の方法が行われ，契約によっては検査方法を特定することもある。

なお，検査・通知義務の規定は任意規定である。したがって，売主・買主の合意によって義務内容を修正することができる。例えば，買主の通知期間を3カ月に短縮する，あるいは逆に1年に延長するという取り決めは有効である。

②買主が検査および通知義務を履行し，目的物の瑕疵または数量不足を理由に売買契約を解除した場合，または売主から買主に引渡された物品が注文品と異なり，もしくは注文数量が超過している場合において，売主と買主の営業所（あるいは住所）が同一の市町村にない（異地売買）時は，買主は売主の費用で売買の目的物・数量超過物品を保管・供託しなければならない（同法527条1項本文）。保管は，売主が適当な措置をとるに必要な相当期間に限って行えばよく，相当期間経過後において売主が何の措置も取らない時は，買主は保管義務を免れ，売主に返還することができる。

また，物品の価額が保管の費用を償うに足りない時，また買主が保管によって損害を受ける場合でも保管・供託の義務を負う。買主が売主から引渡しを受けた物品を売主の費用で保管するか，あるいは供託するかは買主の自由である。

もっとも売買の目的物について滅失・毀損の恐れがあるときは，裁判所の許可を得て競売し，その代価を保管または供託をしなければならない（同法527条1項ただし書）。競売したときは，遅滞なく売主に対しその通知を発しなければならない。これに違反した場合には，買主に損害賠償責任が発生する。他方，買主がその義務を履行すれば，売主に対し相当の報酬を請求することができる。

商法の定める買主の保管・供託義務は，保管期間が必ずしも明確でなく，滅失・毀損の恐れがあるときは，必ず競売手続きを取らなければならない等買主の負担が重いため，当事者間の契約により，売主が引取義務を履行すべき期間を定め，かつこの期間経過後においては，買主は任意売却できる旨を特約として設定することがあるとされる（江頭，同上書，p.33）。

(4) 代金の支払

売買代金の支払は，買主の最も基本的，かつ重要な義務である。代金額にはどこまでの範囲を含むのか，例えば包装費用，運賃，保険料等を含むのか，分割払いの場合には金利込みなのか等については法律上の規定がないので，売買契約時に明確に取り決めておくことが重要である。

代金の支払時期は目的物の引渡しと同時に行うと推定する旨の規定があるが，実際は，わが国の企業間売買取引においては，売主が目的物の引渡し義務を先履行し，買主に対し信用を供与する形の契約が圧倒的に多くみられる。この場合，買主が売主を受取人とする約束手形を振り出して代金の支払が行われることのほかに，現金決済の場合でも支払は目的物引渡しと同時ではなく，締日後特定日現金支払という形をとることが多いといわれている。

なお，商人（企業）と平常取引をなす相手方との間に，相互に債権・債務が発生する関係にある場合に，一定期間内（特約のない限り6カ月間）の取引から生ずる債権・債務の総額について，相殺してその残額を支払う支払決済方法として，交互計算という制度がある。

今日では，大部分の企業間売買取引が長期間の継続的取引関係にあることから，互いに相手方に対し債権者となり，また債務者となることが多い。この場合，その都度現金決済をすることは手数と費用がかかり，危険も伴い，また資金の無用な備蓄ともなる。そこで一定期間内に発生した債権・債務を総括して

相殺し，決済の簡易化を図る技術的制度が交互計算である。

　交互計算は当事者間双方に債権・債務が発生する取引関係にあることを要するので，例えば卸売業者や小売業者とその得意先との取引関係では，債権は一方的にしか発生しないのが通常であろうから，交互計算は成立しないといえよう。

第3節　企業取引補助者の営業取引活動

　企業はその規模が拡大し，広範な地域にわたって取引活動を展開するようになると，組織全体の効率化，活性化等のため，自社組織の拠点設置による運営だけでなく，外部組織であるが，自社の取引を補助する者を活用して，取引活動の拡大を図ろうとするようになる。企業取引補助者（補助者企業）の補助業務（営業取引活動）を活用することによって，企業は大規模かつ広範囲な取引ネットワーク網を形成できるようになり，他方これら補助者も独立した企業として存続し，企業から委任等を受けた補助業務を行うことによって自らの組織体を維持するとともに，経済全体における商品・サービスの流通の円滑な遂行に貢献している。

　本節では，このような独立した補助者として，取引の代理または媒介を行う代理商とこれに類似する特約店，仲介業務を行う仲立人，取次業務を行う問屋を取り上げて，これら企業取引補助者の営業取引活動を概説することとする。

1　代理商と特約店

(1) 代理商の形態と事業活動

　代理商は，商人（特定企業）のために，その平常の営業の部類に属する取引の代理または媒介をなす者である（商法27条，会社法16条）。一般に代理店と呼ばれている[4]。特定企業としては，自ら支店，出張所等の営業所を開設する投資負担を軽減することができることのほかに，それぞれの地域の事情に明るい現地の補助者を活用することによって，取引の拡大，円滑化が期待できるというメリットがある。

代理商は，一般に特定企業と継続的な関係に立ち，本人である特定企業のために，その営業の部類に属する取引の代理または媒介を行うことを引き受け，特定企業との間で委任または準委任契約を締結する。代理商の営業の部類に属する取引の代理または媒介の種類には特に制限はなく，商品の販売に限らず，サービスの提供の場合もある。

代理商には，特定企業との代理商契約により営業取引の代理を業とする締結代理商と営業取引の成立を媒介する媒介代理商がある[5]。媒介とは特定企業と相手方との間を仲介することである。

$$\text{特定企業} \xleftrightarrow[\text{委任または準委任契約}]{\text{代理商契約}} \text{代理商} \begin{cases} \text{締結代理商（営業取引の代理）} \\ \text{媒介代理商（営業取引の成立の媒介）} \end{cases}$$

締結代理商とは，営業取引の代理をし，自ら法律行為を行う。問屋等の取次商が自己の名をもって行為をするのに対して，締結代理商は本人である特定企業の名で行為をする点が問屋等と異なる。

締結代理商の例としては，損害保険会社のために損害保険契約の締結の代理をなす損害保険代理店，航空運送事業者のために航空運送契約の締結の代理をなす航空運送代理店，他の旅行業者のために旅行者との契約の締結を代理する旅行業者代理業者などがある。

媒介代理商は他人のために商行為の媒介をする点で仲立人と似ているが，後述するように仲立人が不特定で多数の者のために随時，媒介を行い，かつ原則として媒介をする行為の当事者双方に対して平等の義務を負うのに対して，媒介代理商は特定企業の利益のみのために媒介を行う。

代理商は締結代理商であれ，媒介代理商であれ，一個の代理商契約によって特定企業の営業の部類に属する取引の代理または媒介を引き受けるが，補助者とはいえ独立した商人（企業）として，（ⅰ）代理行為または媒介行為に応じた手数料報酬を受ける，（ⅱ）営業に必要な費用は自ら負担する，（ⅲ）同時に数人のために代理商契約をすることもある等の特徴がみられる。

代理商は本人，すなわち代理や媒介の委任をした特定企業と特別の信頼関係

図2-3 締結代理商の仕組み

図2-4 媒介代理商の仕組み

に立つため，特定企業の行っている営業と同じ行為を行うことは特定企業の利益に反する可能性があることから，原則として禁止され，特定企業の承諾を得た場合にのみこれを行うことができるとする。すなわち，代理商は本人である特定企業の許可を受けなければ，自己または第三者のために特定企業の営業（事業）の部類に属する取引を行い，または特定企業の営業（事業）と同種の事業を行う他の会社の取締役，執行役または業務執行社員となることができない（商法28条）。これを代理商の競業避止義務といっている。

　代理商は特定企業のために平常その営業の補助をすることから，その企業の企業秘密に通じることになる。そのため競業取引を行ったり，または競業会社の取締役・執行役等になる場合には，特定企業の利益が不当に侵害される危険が生じる。そこで代理商が同種の営業を目的とする複数の企業のために代理商となるときには，それぞれの企業の許諾を得ておかなければならないとするのである。このことは媒介代理商にも当てはまる。

　なお，代理商が競業避止義務に抵触しない場合は，特定企業の承諾を得ることなく，一般的に営業を行い，または一般的に会社の取締役等になることはで

きる。禁止されるのは，特定企業の許諾なしに，競業取引を行い，または競業会社の取締役・執行役等になることだけである。

　代理商は独立の企業であり，特定企業のために代理または媒介をしたときは，当然，特定企業に対して報酬を請求できる。一方，代理商は特定企業のために取引の代理または媒介をしたときは，遅滞なく特定企業に対し，その通知をしなければならない。もっとも取引の都度報告することは煩雑であり，必ずしも合理的であるとはいえないことが多いことから，当事者の合意により一定期間ごとの取引の代理または媒介の内容を通知するということもできる。

　また通知義務に加えて，代理商が取引の代理または媒介を行う前に特定企業の指図を受けるために交渉の相手方の事情を本人に通知し，または代理商の媒介によって取引が成立した後に取引上の権利の行使に関して支払能力の変動等相手方の事情を通知する等の義務を負うという特約を設けることもできるし，実際にそのような取決めを行っているケースが多くみられる。

(2) 特約店の特徴と内容

　特約店とは，メーカーまたは卸売業者等の商品供給者から買い取った商品を転売する形をとりながら，商品供給者の販売チャネルとして系列化されたものである（江頭，2013, p.262）。すなわち，有力な大規模メーカーまたは大手卸売業者が自社商品の市場における安定的，継続的な流通を図ることを目的として，卸売業者や小売業者を自社の販売チャネルとして組み込んだものが，特約店である。

　商品供給者と特約店との間には商品を継続的に供給するという売買契約が締結される。これに基づき特約店は商品供給者から自己の計算により商品を買い取り，自己のリスクの下で転売するという形態をとる。

```
                 特約店契約              売買契約
メーカー・卸売業者等  ────────→  特約店  ────────→  顧客
 （商品供給者）    継続的商品供給          転売（再販売）
```

特約店は，実際に代理店，販売店，取扱店等さまざまに呼ばれることがある。特約店は経済的に有力な大規模メーカーや大手卸売業者等，商品供給者に従属し，その法的地位は代理商に類似する点が多いが，それが商法上の代理商かどうか個別に判断しなければならない。多くの場合，特約店は営業取引の代理または媒介を行うのではなく，直接営業取引の当事者となって売買契約を締結するのであって，代理商ではない。また自己の計算で商品を販売することから問屋とも異なる。つまり商品供給者の販売チャネルとして系列化された卸売業者や小売業者という特約店は，自己商なのである。

　なお，国際取引において海外への販売チャネルとして海外代理店が設けられることがある。この海外代理店は代理店という名称がついているが，商品供給者から商品を買い取り転売する者であることが多く，この意味では特約店といえる。したがって，海外代理店契約は特約店契約に国際売買契約の特色を加味したものである。また海外代理店はいわゆる総代理店であることが多い。総代理店契約においては，商品供給者はその国に他の代理店を設けることができなくなるとともに，その国において商品供給者自身が販売活動を行うことも禁じられる（ただし，独占禁止法上，問題となる場合がある）。

　このように，特約店あるいは代理店という名称がついていても，その名称でいずれに該当するのかを決めるのではなく，契約内容と取引の実体に即して判断すべきこととなる。

　商品供給者と特約店の間の契約を特約店契約というが，特約店契約の基本は商品供給者から商品を継続的に購入する継続的売買契約である。このほかに，商品供給者と特約店との継続的関係を維持するために，いくつかの付加的条件が契約条項に盛り込まれるのが通例であり，これらが特約店契約を特徴づける。特約店契約に特徴的な条項として，以下の点をあげることができる（江頭，同上書，pp.267-269）。

① 特約店として指定する条項

　商品供給者が相手方を特約店として指定する旨を表示する。有名な商品供給者の特約店として指定されることは，特約店にとって事実上大きなメリットがある。

② 特約店の販売協力義務

　特約店が商品供給者の製造・販売する商品の販路拡張に努めるべきこと，顧客についての情報を商品供給者に伝達すべきこと等を定める。

③ 商標・サービスマーク等の使用に関する条項

　特約店に対して商品供給者の系列店であることを明示する看板・ネオン等の使用を義務づける旨，商品供給者の有する商標等の使用を認める旨等を定める。

④ 取引数量に関する条項

　特約店が一事業年度に最小限，商品供給者から買い受けるべき商品の数量（金額）または顧客に販売すべき商品の数量（金額）等を定める。

⑤ 競業禁止（専属店，排他条件）条項

　特約店に対し，商品供給者以外が製造・販売する同種または類似の商品を取り扱うことを禁止する旨を定める。

⑥ 販売地域（テリトリー）・販売ルートを定める条項

　特約店が販売できる地域を限定する旨を定めることをテリトリー制というが，同時に商品供給者がその地域に他の特約店を置かないこと（一手販売）を約した場合をクローズド・テリトリー制という。特約店が販売できるサブ・ディーラーを特定する（販売ルートの限定）条項が設けられることもあり，これは「一店一帳合制」と呼ばれる。

⑦ 商品供給者への援助義務条項

　商品供給者が特約店に対し製品・市場等についての情報提供を行う旨，広告・宣伝費の一部を負担する旨，特約店の従業員に対し教育・訓練を実施する旨等を定める。

　以上，特約店契約の特徴的な条項を説明したが，これら条項における具体的な規定の中には，独占禁止法上の「不公正な取引方法」に該当する場合もあるので，注意を要する（第4章　不公正な取引方法　参照）。

2 仲立人

(1) 仲立人と仲立営業

仲立人とは，他人間で行われる商行為の媒介をなすことを業とする者である（商法543条）。媒介とは，他人間，すなわち当事者双方の間に立って，法律行為を成立させるための尽力をなす事実行為をいう。「仲立ち」をするという行為は自らが法律上の意思表示をする行為ではないので，事実行為といわれる。すなわち，媒介という事実行為は，あくまでも契約の締結を促すものであり，この点で代理商や問屋とは異なる。

媒介の対象となる他人とは，商人であると非商人であるとを問わない。また特定の者を意味するのではなく，広く不特定企業を指す。この点で仲立人は特定企業のために継続的に商行為の媒介をなす媒介代理商とは異なる。

仲立人が媒介を業とするとは，商行為の媒介を引き受けること，つまり仲立契約を締結することを営業とすることをいう。この点から，この仲立を特に仲立営業といっている。営業として仲立を引き受けることから，仲立人は当然に商人資格を得ることになる。

仲立人は，前述したように他人間の商行為の媒介という事実行為を行う者であり，媒介という事実行為を引き受けただけであるから，別段の意思表示または慣習がない限り，媒介によって成立した行為について，当然には当事者のために支払その他の給付を受けることができない。というのは，仲立人は契約の当事者ではないからである。したがって，仲立人の媒介によって成立した契約の当事者は，仲立人に支払その他の給付をしても，相手方に対する債務の履行とはならない。

図2－5 仲立営業の仕組み

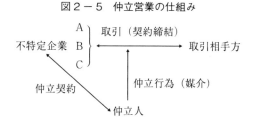

仲立人が媒介するのは他人間の商行為である。したがって，商行為でない法律行為の媒介を行うことを営業とする民事仲立，例えば結婚の紹介や非商人の非投機的な不動産取引の媒介のみを行う宅地建物取引等は仲立営業とはいえない。このような民事仲立を営業とする者を民事仲立人という。民事仲立人も媒介をなすことを引き受けることを業とすることにより商人となるが，商法上の仲立人ではないので，仲立営業の規定は当然には適用されない。

　このような仲立営業がなぜ行われるのだろうか。それは，企業自らの組織のみを活用するだけでは，広く取引の相手方を探し，または接触するには限界があるからである。そこで，取引の相手方を探し，その間に立って取引を結びつける役割を果たす仲立を利用することによって，企業は適切な取引相手と接触し，容易に，しかも迅速・確実に取引を成立させることが可能となり，これにより取引の拡大が図れる。ここに，仲立人が企業取引補助者として取引社会において存立する大きな意義がある。

　今日，仲立人の例をあげると，旅客運送契約や宿泊契約の媒介をする旅行業者，物品海上運送契約等の締結を媒介する海運仲立業者などがある。また外国為替ブローカーは外国為替取引を媒介することにより，仲立人となる。しかし，指示仲立人のように，取引の相手方となりうる者の名称を指示する等情報の提供または紹介し，その対価として報酬を受ける者は仲立人ではない。

(2) 仲立契約

　仲立人とこれに商行為を委託する者との間で，仲立人が商行為の媒介を引き受けることを約する契約を仲立契約という。仲立契約には，一方的仲立契約と双方的仲立契約とがある（江頭，2013, p.220）。

　一方的仲立契約は仲立人が委託者のために取引の成立に尽力する義務を負わず，ただ仲立人の尽力により取引が成立したときは，委託者は仲立人に対して報酬を支払うことを約束するという内容の契約である。委託者に義務が課せられることから，一方的仲立契約と呼ばれる。

　それに対して，双方的仲立契約は，仲立人が委託者のために取引の成立に尽力する義務を負うとともに，取引が成立したときには委託者は仲立人に報酬を支払うことを約束するものである。つまり，この場合には両当事者が双務的な

義務を負うので，双方的仲立契約と呼ばれる。委託者が仲立人に取引成立の媒介を委託する場合，委託者は自社の取引拡大のための補助者として仲立人に取引成立に向けた活動を期待するのが通常であることから，仲立契約は特段の事情がある場合を除き，双方的仲立契約と解され，実際にわが国で行われている仲立契約はほとんどが双方的仲立契約である。

このように仲立契約には2種類あるが，どちらの場合においても仲立人に義務があるか否かを問わず，仲立人が取引の成立に尽力することには変わりなく，契約締結の成否がもっぱら委託者の判断にゆだねられており，また委託者の報酬支払義務の存否も媒介によって契約が成立するかどうかにかかっていることなどから，実質的に大きな差異はないとみられている。

(3) 仲立人と委託者・相手方との関係

仲立人は委託者に対し，受任者として善管注意義務を負うとともに，両当事者の中間に立って媒介をなすという役割から，委託者のみならずその相手方に対しても，公平にその利益を図らなければならない。その代わりに，相手方に対しても報酬の支払いを請求できることとしている。

仲立人がその媒介をする行為に際し，見本を受け取ったときは，その行為が完了するまで見本を保管しなければならない。また媒介により取引が成立したときは，仲立人は遅滞なく，各当事者の氏名・商号，行為の年月日，契約の要領を記載した契約書を作成，署名し，これを各当事者に交付しなければならない。契約成立の事実および契約内容を明らかにして，当事者間の紛争を防止するためである。

一方，仲立人は自己の媒介により当事者間に契約が成立し，契約書の交付手続を終えたとき，報酬を請求することができる。この報酬を仲立料という。仲立料には特約がない限り，仲立人が媒介をなすに当たり支出した費用も含まれるとされる。

仲立料は別段の特約または慣習がない限り，当事者双方が平分（等分）して負担する。仲立人は直接，各当事者に対して仲立料の総額の半額を請求することができる。当事者の一方が仲立料を支払わない場合，他の当事者に対して仲立料の全額の支払を請求することはできない。当事者間で仲立料の分担に関す

る別段の約束をしても，それをもって仲立人に対抗することはできない。仲立人は，相手方とは委託関係にはないにもかかわらず，委託のない相手方に対しても公平にその利益を図り，また媒介行為を行う際，各種の紛争防止に努めていることから，相手方に対しても直接に仲立料の半額を請求できるとしたものである。

3 問 屋
(1) 問屋の性質

　問屋（といや）とは，自己の名をもって他人のために物品の販売または買入れをなすことを業とする者である（商法551条）。自己の名をもって他人のために法律行為をなすことを引き受ける行為を「取次」というが，問屋は取次業者の一類型である。卸売商のことを問屋（とんや）ということがあり，文字（漢字）だけをみると同じであるが，一般に卸売商は生産者から商品を仕入れ，これを小売業者等に販売するもので，商品の売買を業として成立している自己売買商であって，取次を業とする問屋とは異なる。

　問屋とは，前述したように自己の名をもって他人のために物品という目にみえるものの販売または買入れを行う取次の引受を行うことを営業とするものである。すなわち，問屋自らが取引の当事者となって法律行為を行い，その法律行為により生ずる権利義務の帰属主体となる。したがって，問屋は他人のために売買契約を行うが，その売買契約に関しては，自らが当事者となってなすものであり，その売買契約により生ずる法律効果はすべて問屋に帰属することとなる。つまり，取引の相手方にとっては法律上の当事者は問屋であり，委託者ではない。

　このように，問屋は売買行為における権利義務の帰属主体であるが，その売買行為は他人（委託者）の計算において行うことから，売買行為から生ずる経済的効果（利益または損失など）はすべて委託者に帰属する。このように法律上の効果と経済上の効果の帰属主体が分離しているところに，問屋の特徴がある。問屋は，取次行為の対価として手数料を受け取る。もっとも問屋が同時に自己売買商を兼ねることは差し支えない。問屋の取引の対象となる物品は，動

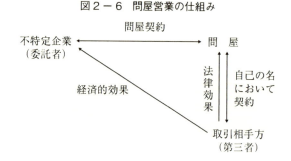

図2-6 問屋営業の仕組み

産，有価証券である。

　問屋は不特定企業からの委託を受けて，自己の名をもって法律行為をなす点で，特定企業を対象に本人の名で行為する締結代理商と異なり，また自ら第三者との間で法律行為をなす点で，単に契約の成立の媒介という事実行為をなす仲立人や媒介代理商と異なる。

　問屋を利用するメリットとして，委託者からすれば問屋に委託することにより，取引に関するその者の信用・手腕を利用できるばかりでなく，匿名で商機を利用できる。また問屋の形式をとれば，代理人を使う場合と異なり，委託者は受託者の権限逸脱を恐れる必要がなくなる。

　問屋の取引相手方からすれば，問屋が契約の相手方となるのであれば，委託者本人の信用や代理権の有無を調査する必要がないことから，迅速な取引が可能となる。問屋の側からすると，儲かるか儲からないか自分の計算で，物品を買入れて転売するという形態をとるにはリスクが大きすぎる類型の取引に関与するのに適している。

　問屋の典型例としては，金融商品取引法上の金融商品取引業者（有価証券の売買取引の取次（いわゆるブローカー業務を行う場合）），商品先物取引法上の商品先物取引業者である。これ以外の物品で問屋形式が利用される例として，返品の割合が高い商品につき卸売業者または小売業者が「委託販売」を引き受けるケース等がある。

　なお，物品の販売または買入れでない行為，主としてサービス（役務）の取次を業とする者を準問屋という。準問屋の例として，広告主からの委託を引き

受ける広告業者などがある。こうした準問屋に関しては問屋に関する規定が準用される。

(2) 問屋と委託者・相手方との関係

問屋は委託者のために善管注意義務を負うことのほかに，問屋営業の特性から次に述べる特別の義務を負担する。

問屋は委託者の指図に従わなければならないことから，委託者が販売または買入れにつき「指値」を指定したとき，問屋は委託者の指値に従って売買しなければならない。問屋が指値よりも委託者として有利に売買を行ったときは，当該利益は原則として委託者に帰属する。

問屋は委託者のために物品の販売または買入れをなしたときは，委託者の請求の有無にかかわらず遅滞なく委託者にその通知を発しなければならない。また委託者のために行った販売または買入れにつき，相手方が債務を履行しないときは，問屋自らその履行をしなければならない。委託者を保護し，問屋制度の信用維持のために定められた履行担保責任である。

問屋は取引相手方との売買処理に要する費用の前払を委託者に請求することができ，またそのために問屋が支出した費用を償還請求できる。さらに，問屋は売買の処理後は委託者に対して報酬を求めることができる。

問屋が取引所の相場のある物品の販売または買入れの委託を受けたときに限り，自ら売主または買主となることができる。これを問屋の介入権という。問屋に物品の売買の委託を行う委託者としては有利な価格で売買が行われるならば，その買主または売主が誰であるかは重要でない。したがって，その場合に物品の買主または売主がたまたま問屋自身であっても，所期の経済的効果を迅速かつ確実に収めることができるならば，委託者にとっても便利である。問屋が自己売買商を兼ねている場合，特に効用がある。介入権の行使により，問屋と委託者に売買関係が成立するとともに委託行為が実行されたことになり，問屋は報酬請求権を有する。

【注】

1) 企業取引において，企業は企業以外の官公庁，病院，学校等の非営利組織と取引する場合もあるが，本書においては，これら非営利組織との取引も含めて，企業取引としている。
2) 営業的商行為として定められている商行為は限定列挙か例示列挙か見解が分かれているが，多数説は限定列挙であると解している。しかし実際の企業取引においては商法に定める営業的商行為に含まれない新しい取引が生まれてきており，限定列挙ではこれら取引を商行為としてカバーできないという問題点も指摘されている。ただ現代経済社会においては新しい取引は，多くの場合，会社形態の企業によって行われ，会社が事業としておよび事業のために取引を行う場合は商行為とされるので（会社法5条），実際上はあまり問題にならないといわれている。
3) ただし，寄託の引受のうち，その目的物が金銭または有価証券であるときは銀行取引に該当する。また消費寄託は倉庫営業に含まれない。
4) 太田（1998, p.191）は，代理店については商品を買い取って，さらに消費者に転売するという転売型代理店と商品の買い取りを行わず，販売の委託を受けるという委託型代理店に分ける。しかし，代理商には転売型代理店は含まれておらず，転売型代理店は本書では特約店として扱っている。
5) このほかに，特定企業から委託を受けて，その営業の部類に属する取引の取次（例えば委託販売の引受け）をなす取次代理商と呼ばれるものもあるが，わが国商法では締結代理商と媒介代理商の2種類しか代理商として認めていないので，取次代理商には代理商の規定は適用されない。

第3章
消費者取引と取引ルールの適正化

第1節　消費者取引における規制とルールの適正化

　取引を取引の当事者の観点から，企業間取引と消費者取引に分類すると，企業間取引は企業と企業，つまり両者とも企業であり，その間で行われる取引である。これに対し，消費者取引は取引の当事者の一方が企業，他方が消費者であり，その間で行われる取引であるということができる。

　企業間取引の場合は，いわゆる商人（私企業）間の取引であり，そこでは当事者が自由に話合い，交渉し，法令等に反しない限り契約内容を自由に決められるという私的自治の原則が適用される。他方，消費者取引の場合は，一般に企業が情報量や交渉力等において取引上優位な立場にあることから，私的自治の原則を修正し，消費者の利益を擁護する観点から，消費者取引に対し法的な介入を行い，その取引を規制する，あるいは適正なルールを講じることが指導原理となる。

　このように，消費者取引においては企業が取引上優位な立場にあることから，行政は消費者が被害に遭わないように，商品やサービスの安全・品質に関する規制，消費者取引のルールの整備や規制を行い，そのための立法化措置として，昭和43年（1968年），消費者保護基本法が制定された。消費者保護基本法の下では，消費者取引における規制や整備は，行政が事業者の活動に関与または介入するという方法で行われた。

　その後，消費者行政は消費者を保護することにとどまらず，消費者が主体者，権利者となって，消費者問題の発生の予防や解決を図ることが必要であるとし

て，平成16年（2004年）6月，消費者保護基本法が改正され，新たに消費者基本法が制定された。消費者基本法は，消費者の権利を明文で定めるとともに，消費者の自立を求めることとなった。

一方で，消費者取引における私法上の規制は，昭和36年（1961年）に消費者に対する信用販売を供与する取引を規制する割賦販売法，昭和51年（1976年）に訪問販売等の無店舗販売におけるトラブルに対応し，これを規制する訪問販売法（「訪問販売等に関する法律」）等の立法化によって行われた。また，一般消費者に対する不当な景品類及び表示による顧客誘引を規制するため，昭和37年（1962年）に景品表示法（「不当景品類及び不当表示防止法」）が制定されている。

このような消費者保護を中心とする行政介入による取引規制や割賦販売法等の個別法（業法）に基づく消費者契約の適正化は一定の効果が認められるが，このような取引規制や取引の適正化措置の制度の枠組みでは，消費者がみずから問題を解決するための手段はほとんどないという限界もみられた。

そこで，企業をはじめとする事業者と消費者が公正な競争の下で，自己責任に基づいて行動し，ルール違反に対しては，ルールに従った司法的な解決を行い，消費者利益の確保が可能となるような新しい民事ルールが必要であるという社会的要請が求められるようになった。

このような社会的要請という状況の中で，平成12年（2000年），2つの消費者取引に関する法律が制定された。1つは，消費者契約法であり，今1つは，特定商取引法（「特定商取引に関する法律」）である。消費者契約法は，契約の取消権や不当な条項の無効を主張できる権利を消費者に認め，消費者契約から生じるトラブルや被害を抑制するとともに，適格消費者団体に差止請求権を認めて，被害の拡大等を防止しようとするものである。特定商取引法は，訪問販売法を改正する形で制定されたもので，特定商取引（訪問販売等7種類の取引類型）を公正にし，購入者等が受けることのある損害を防止し，購入者等の利益を保護し，あわせて商品等の流通および役務の提供を適正かつ円滑にするものである。以下，この2つの法制度を概説し，消費者取引における規制，取引ルールの公正化，適正化等について述べることとする。

第2節 消費者契約における規制と取引の公正化
―消費者契約法の概要―

1 消費者契約法の目的と適用範囲

　消費者契約においては，消費者と事業者の間の情報の量や質，交渉力に格差があることから，事業者が十分な情報提供や説明をせずに勧誘を行い，消費者の意思形成が不十分のまま契約がなされることがある。また，事業者のこれら格差を利用した契約支配に基づく不当な契約条項の押しつけがみられ，契約のトラブルが多発した。しかし，このような契約のトラブルについて消費者個人の力で解決を図ることは難しい。

　そこで，消費者契約法1条は，①消費者と事業者の間にある情報の質・量と交渉力の格差により，事業者の一定の行為により消費者が誤認し，または困惑した場合について契約の申込みまたはその承諾の意思表示を取り消すことができること，②事業者の損害賠償の責任を免除する条項その他の消費者の利益を不当に害することとなる条項の全部または一部を無効とすること，③消費者の被害の発生または拡大を防止するため適格消費者団体が事業者等に対し差止請求をすることができることとすることにより，消費者の利益の擁護を図ることを目的として，平成12年に制定され，平成13年4月1日から施行されている。

　消費者契約とは，消費者と事業者の間で締結される契約である。したがって，消費者が事業者と締結した契約のすべてを対象としている（ただし，労働契約については適用されない）。

　消費者とは，事業として，または事業のために契約の当事者となる場合を除く「個人」である。つまり，事業を行っていない個人である。事業者とは，「法人その他の団体及び事業者として又は事業のために契約の当事者となる場合における個人」をいう。したがって，法人はすべて事業者となり，株式会社のような営利法人のほか，地方公共団体のような公法人，民法33条に定める公益法人，NPO法人，宗教法人，労働組合等の法人も含まれる。その他の団体には，民法上の組合，法人格を有しない社団等がこれに当たる。事業として，または

事業のために契約の当事者になる個人営業者等も事業者である。

2　事業者の情報提供・説明義務

　消費者契約法3条においては，事業者は，①消費者契約の条項を定めるに当たっては，消費者の権利義務その他の消費者契約の内容が消費者にとって明確かつ平易なものとなるよう配慮するよう，また②消費者契約の内容についての必要な情報を提供するよう，努めなければならないと規定する（同条1項）。他方，消費者においても，事業者から提供された情報を活用し，消費者の権利義務その他の消費者契約の内容について理解するよう努めるものとして，消費者の努力義務を求めている（同条2項）。

　消費者と事業者の間には，前述したように，情報の質・量および交渉力に大きな格差がある。この格差を利用して，事業者が十分な情報を提供せず，契約内容も難解で一方的なものとする場合があり，これが契約上のトラブルの一因となる。そこで，消費者契約においては，消費者の権利義務など契約内容についての必要な情報が提供されるとともに，適切な説明がなされなければならない。また，契約内容は，消費者にとって明確で平易なものでなければならないとされる。消費者においても，契約の当事者としての責任を自覚し，その責任を果たす必要があるとして，事業者から提供された情報を活用し，消費者の権利義務など契約内容を理解するように努力すべきであるとしているのである。

　しかし，消費者契約法3条の規定は，事業者，消費者双方の努力義務を定めたものであって，この規定から，直接，法的な権利や義務が生じるものではないと解されている。したがって，事業者が契約の勧誘に当たって情報提供や説明が適切に行われないなど消費者契約法3条1項の規定に違反しても，それに基づいて契約が取り消されたり，損害賠償責任が生じるものではない。また，同様に，消費者が消費者契約法3条2項の規定に違反したとしても，それによって消費者契約法の他の条項に基づく取消が認められなくなったり，損害賠償責任が生じるものでもない。つまり，消費者契約法3条の規定は努力規定であるので，それによって契約の有効や無効，取消など私法の効果は生じないとされるのである[1]。

3 消費者取消権

　事業者が消費者契約の締結について勧誘するに際し，当該消費者に対し，以下のような要件に該当するときは，消費者は当該契約締結にかかわる意思表示を取り消すことができる（消費者契約法4条1項，2項）。

　（ a ）（ⅰ）重要事項について不実告知，（ⅱ）将来の変動が不確実な事項についての断定的判断の提供，（ⅲ）重要事項に関する不利益事実の故意の不告知という行為を行ったこと

　（ b ）（ a ）の行為により，消費者が誤認し，それによって当該消費者契約の申込みまたはその承諾の意思表示をしたこと

　（ c ）（ a ）の要件（事業者の行為）と（ b ）の要件（消費者の意思表示）の間に因果関係が存在すること

という要件に該当するときは，消費者はその意思表示を取り消すことができる。

　ただし，事業者が当該消費者に対し当該事実を告げようとしたにもかかわらず，消費者がそれを拒んだときは，取消権の行使は認められない。

(1) 重要事項の不実告知

　不実告知とは，事業者が消費者契約の締結について勧誘するに際し，重要事項について事実と異なることを告げることである。事実と異なるとは，真実または真正でないことをいうが，事業者が真実または真正でないことにつき必ずしも主観的認識を有していることは必要でなく，告知の内容が客観的に真実または真正でないことで足りる。

　したがって，主観的評価であって，客観的な事実により真実または真正であるか否かを判断できない内容は，事実と異なることを告げることにはならず，不実告知の対象とならない。例えば，この靴のヒールは硬いと告げること，魚屋の店頭で新鮮と告げること，この映画を見れば絶対に感動すると告げることなどは，いずれも主観的評価であって，事実と異なるかどうかは判断できないから，不実告知にならないとされる。

(2) 断定的判断の提供

　断定的判断とは，将来における変動の予測がもともと困難である不確実な事

項について断定的に行う判断である。将来における変動が不確実な事項とは，（a）将来におけるその価格（株取引における将来の株価，不動産取引における将来の不動産価格など），（b）将来における消費者が受け取るべき金額（商品先物取引で将来受け取る利益等），（c）その他の将来における変動が不確実な事項をいう。

　断定的判断の提供は，確実でない事項が確実であると伝達し，誤解させるような勧誘をすることである。例えば，この株取引は，確実に100万円儲かる，ここの土地は将来，必ず値上がりする，この先物取引では元本は絶対に保証するというのは，断定的判断の提供ということができる。

(3) 不利益事実の故意の不告知

　消費者の利益を告げることで，重要事項について消費者の不利益となる事実は存在しないであろうと，通常，消費者が認識するものが，不利益事実の告知である。

　不利益事実の告知は，事業者が故意に行ったことが必要である。故意というためには，その事実が消費者の不利益になることを知っていながら，かつ，消費者がその事実を知らないことを知っていながらあえて告知しないこと，つまり二重告知が必要であると解されている。

(4) 取消権の行使期間

　消費者が取消権を行使した場合には，民法の原則により，消費者が行った契約の申込みや承諾の意思表示は初めにさかのぼって無効となる。しかし，その取消権の行使期間は無制限ではなく，一定の行使期間が設けられている。すなわち，消費者契約法7条1項は，消費者の取消権は，追認をすることができる時から6カ月間行わないとき，または当該消費者契約の締結の時から5年を経過したときは，時効により消滅すると規定する。つまり，消費者取消権は，追認ができる時から6カ月間，契約締結の時から5年のどちらか早い方の期間満了によって消滅する。

　追認をすることができる時とは，取消しの原因となっていた状況が消滅したときである。すなわち，（a）誤認の場合は，事業者において不実告知，断定的判断の提供，不利益事実の故意の不告知があり，消費者がそれによって誤認

したことに気がついたとき，(b) 困惑の場合は，事業者が不退去，退去妨害を行い，消費者が困惑し，それを脱したときが，状況が消滅したときになる。追認があれば，契約関係は有効に確定する。

　取消権は，一方の意思表示によって法律関係を確定する権利であり，これは形成権であることから，その権利行使により直ちに完全な効果を生じ，中断もない。したがって，取消権者は，その期間内に取消しの意思表示をする必要がある。

4　損害賠償の責任免除条項の無効

　現代経済社会における消費者契約は，事業者が大量取引を画一的，合理的に処理するため，あらかじめ契約内容（契約条件）を定めておき，契約に当たってはこれを用いるよう，消費者に求めることが多い。

　消費者契約においては，前述したように，事業者と消費者の間には情報の質・量および交渉力に格差がある。事業者がその格差を利用して，自己に有利な契約条項（約款）を定め，消費者との間でこれに基づいた契約が行われると，事業者側の一方的な利益が主張されることになり，消費者の権利が制限される，あるいは奪われるという事態が生じる。

　そこで，契約条項の中で不当な契約条項により消費者の権利が制限される，あるいは奪われる場合には，その条項の全部または一部を無効とする法的措置が必要となる。消費者契約法8条1項は，消費者契約の条項のうち，事業者の損害賠償の責任を免除する条項については，無効とすると規定する。具体的には，次の5つの条項である。

・事業者の債務不履行責任の全部を免除する条項
・事業者の故意または重過失による債務不履行責任の一部を免除する条項
・事業者の不法行為による損害賠償責任の全部を免除する条項
・事業者の故意または重過失による不法行為損害賠償責任の一部を免除する条項
・事業者の瑕疵担保責任の全部を免除する条項

　以下，それぞれの条項について，具体的に述べることとする。

(1) 事業者の債務不履行責任の全部を免除する条項

　事業者の債務不履行により消費者に生じた損害を賠償する責任の全部を免除する条項は，無効とする（消費者契約法8条1項1号）。

　消費者契約において，事業者が，特約によって債務不履行による損害が発生したとしても，損害賠償責任を一切負わないとする条項を設けた場合，その特約条項は無効である。つまり，事業者は特約条項を盾にとって，当該契約の有効性を主張することができない。

　全部免除の条項の例として，例えば，駐車場の賃貸借契約で，「当社の駐車場において発生した事故については，一切責任を負わない」とする条項，スポーツクラブの契約で，「当クラブで発生した損害については，人的，物的損害ともに一切の責任を負わない」とするなどの条項は，無効であると考えられている。

　特約条項が無効となった場合，事業者は民法の原則に基づく責任の有無が問題となる。すなわち，債務者が債務不履行（履行遅滞，履行不能，不完全履行）により損害が発生した場合には，債権者は損害賠償を請求することができることから（民法415条），事業者が債務者である場合には，事業者に債務不履行があるかどうか調べ，その要件を満たしていれば，事業者の責任が生じることになる。

(2) 事業者の故意または重過失による債務不履行責任の一部を免除する条項

　事業者（当該事業者，その代表者またはその使用する者）の故意または重過失による債務不履行に基づく損害賠償責任を一定の限度に制限し，その一部のみの責任しか負わないとする条項は，無効とする（同条同項2号）。事業者の故意または過失による債務不履行があっても，損害賠償責任の一部が免れるとするのでは消費者契約の趣旨に反し，妥当ではないと考えられるからである。

　故意とは，自分の行為から一定の結果を生じることを知っていながら，あえてその行為をすることであり，過失とは，ある行為をするとき，一定の事実を認識できたにもかかわらず，通常要求される程度の注意をしなかったために，それを認識しなかったことである。過失については，軽過失と重過失（重大なる過失）に分けられるが，本条項が適用されるのは重過失の場合である。重過

失とは，ほとんど故意に近い，著しい注意欠如の状態をいうと解されている。

一部を免除するとは，もともと負担すべき損害賠償責任があるにもかかわらず，例えば，「損害賠償額は〇〇万円を限度とする」というように，事業者の損害賠償責任を制限して，その一部しか負担しないことであり，このような条項は無効となる。

本号の規定により一部免除条項が無効となった場合は，損害賠償額の限度の特約がなかったことになり，消費者は民法の規定に基づいて損害賠償を請求できる。損害賠償の範囲は，原則として，債務の履行から通常生ずべき損害（通常損害）の範囲であるが，特別の事情により生じた損害（特別損害）についても，当事者がその事情を予見したか，または予見することができたときは，損害賠償を請求することができる（民法416条）。

(3) 事業者の不法行為による損害賠償責任の全部を免除する条項

消費者契約における事業者の債務の履行に際してされた当該事業者の不法行為により，消費者に生じた損害を賠償する民法の規定による責任の全部を免除する条項は，無効とする（同条同項3号）。

契約当事者間で，債務の履行（例えば，事業者による役務の提供）に際して不法行為がなされ，これにより損害賠償責任が生じる場合がある。そこで，事業者としては，これを避けるため，あらかじめ損害賠償義務のすべてを免除する条項を定めることがある。例えば，契約書の中に，「当社は，いかなる理由があっても，いっさい損害賠償責任を負わない」，または「事業者側の責に帰すべき事由があっても，いっさい損害賠償責任を負わない」という特約条項を入れる場合がある。しかし，これらの条項は消費者契約法においては，無効となる。

ただし，注意すべきことは，消費者契約における上記特約条項が無効になったからといって，それによって当然に，事業者に責任が生じるものではない。事業者の責任は民法の原則によって，処理されることになる。したがって，事業者に民法の不法行為が認められるかどうか調べ，不法行為が認められるならば，消費者は民法の規定により損害賠償をすることになる。

(4) 事業者の故意または重過失による不法行為損害賠償責任の一部を免除する条項

　事業者（当該事業者，その代表者またはその使用する者）の故意または重過失による不法行為に基づく損害賠償責任を一定の限度に制限し，その一部のみの責任しか負わないとする条項は，無効とする（同条同項4号）。上記2号（上記(2)の記述）は債務不履行責任の場合の規定であるが，4号は不法行為責任の場合を規定している。

　したがって，例えば，「事業者はいかなる理由があっても，30万円を限度として損害を賠償し，それ以外の損害を生じても，消費者は請求権を放棄する」という条項を定めたとしても，本条項は無効である。条項が無効となると，損害賠償額の限度についての特約がなかったことになり，事業者は損害賠償責任を制限できず，民法の規定に従って賠償問題を処理することになる。

　なお，上記2号の場合も同様であるが，4号が適用になる場合は，事業者に故意または重過失があった場合である。したがって，条文上は，軽過失による不法行為の場合の損害賠償責任を一部免除することは無効とはならない。例えば，「事業者の過失により損害が生じた場合には，50万円を限度として責任を負う」と規定することは無効とはならない。また，「事業者に故意または重過失がある場合を除き，損害賠償責任は20万円を限度とする」という条項も，故意または重過失のある場合を除外しているので，消費者契約法8条1項4号との関係においては，無効とはならない。

(5) 事業者の瑕疵担保責任の全部を免除する条項

　消費者契約が有償契約である場合において，当該消費者契約の目的物に隠れた瑕疵があるとき（請負契約である場合には，当該消費者契約の仕事の目的物に瑕疵があるとき）に，当該瑕疵により消費者に生じた損害を賠償する事業者の責任の全部を免除する条項は，無効とする（同条同項5号）。

　売買の目的物に隠れた瑕疵があるときは，売主に瑕疵担保責任を課している（民法570条）。瑕疵とは，そのものが当然有すべき性質を有しないこと，取引上普通に要求される品質が欠けていることなど，不完全な状態のことであり，隠れた瑕疵とは，瑕疵が一般に要求される程度の注意を払っても発見できない

ようなものをいう。売主に瑕疵担保責任がある場合は，契約解除権，代金減額請求権，損害賠償請求権が認められる。

また，請負における瑕疵担保責任とは，仕事を完成し，引渡しがなされた目的物について，契約で定められた内容どおりではない不完全な点があった場合に，請負人が負うべき責任である。請負における瑕疵担保責任が認められる要件は，仕事の目的物に瑕疵があったときであるが，瑕疵は隠れた瑕疵であると明認しうる瑕疵であることを問わないし，また瑕疵の原因が請負人の責めに帰すべき事由によって生じたものかどうかは問題とならない（無過失責任である）。請負人に担保責任がある場合は，注文者は，瑕疵修補請求権，損害賠償請求権，契約解除権が認められる。

このように，民法の規定にもかかわらず，有償契約において，事業者の損害賠償責任の全部を免除するという特約は，無効である。ただし，事業者の瑕疵担保責任については，全部を免除する場合にのみ適用されることから，一部免除などの条項を定めた場合は，本号の適用外となる。

(6) 例外規定

上記第5号（(5)の記述）は，有償契約で，当該消費者契約の目的物に隠れた瑕疵があるときに，当該瑕疵により消費者に生じた損害を賠償する事業者の責任の全部を免除する条項は，無効とすると規定する。しかし，次の2つの場合には，事業者が全部または一部の責任を免除する条項を設けても無効でないとする（同条2項）。

（a）事業者が瑕疵のない物と取り換える責任，瑕疵を修補する責任を負うと定められている場合。

（b）消費者契約の締結に先立ってまたはこれと同時に他の事業者との間で締結された契約などにおいて，他の事業者が損害賠償責任の全部または一部の責任，瑕疵のない物と取り換える責任，瑕疵を修補する責任を負うことが定められている場合。

上記の場合は，責任の免除条項があったとしても，交換や修理などが行われることによって，消費者の正当な利益を侵害しているとはいえないことから，事業者の責任の全部免除条項の特約は無効とはならない。

5 損害賠償額の予定・違約金条項の無効

(1) 損害賠償額の予定等と平均的な損害の超過部分の無効

　当事者に債務不履行があったときに、当事者間であらかじめ賠償すべき損害賠償額を約定する場合がある。これを損害賠償額の予定という。例えば、商品の納入期日を10月1日とし、その納入が遅延すれば、1日につき1万円を支払うという約定などが、その例である。この約定があれば、債権者は債務不履行の事実を証明すれば、損害賠償額を請求できる。損害の発生やその額を立証する必要はない。遅延損害金も基本的に損害賠償額の予定と考えられている。

　当事者が約定した損害賠償額については、それが過大であっても、また過小であっても、原則として裁判所はこれを増減することができない（民法420条1項）。しかし、その額が妥当性を欠き、過大であるときは、それを制限すべきではないかと考えられる。その1つの立法例が消費者契約法9条の規定である（この他に、利息制限法4条では遅延損害金の約定を制限し、割賦販売法6条にも損害賠償額の予定を制限する規定を設けている）。

　すなわち、消費者契約法9条1号は、事業者が消費者契約において、契約の解除に伴う損害賠償額の予定または違約金条項を定めた場合に、これらを合算した額が消費者契約の解除に伴い当該事業者に生ずべき「平均的な損害」の額を超えるときには、その超過部分は消費者に請求できないと規定する。これは、消費者の責に帰すべき事由により、事業者が契約を解除する場合であって、事業者は「平均的な損害」の額を超える損害賠償を請求することができない、つまり超過部分の損害賠償額は無効とするものである。

　しかし、この規定は損害賠償の請求そのものを無効とするものではないので、事業者が損害賠償額の予定、違約金の合算した額が事業者に生じる「平均的な損害」を超えない範囲で損害賠償を請求することは有効である。

　「平均的な損害」とは、同一事業者が締結する多数の同種契約事案について類型的に考察した場合に算定される平均的な損害の額を意味し、当該業種における業界の水準を指すものではないとされている。したがって、この額はあらかじめ消費者契約において算定することが可能であることから、その額が妥当な金額であるかどうかが問題となる。仮にその額が平均的な損害の額を超えて

いる場合は，その超過部分については無効となる。

(2) 年14.6％を超える部分の損害賠償の無効

消費者契約において，消費者が契約に基づく金銭を支払期日までに支払いをすべきところ，その支払いが遅延した場合の損害賠償額（遅延損害金の額）の予定などを定めたときは，年14.6％を超える損害賠償を請求できないとする（同条2号）。

前述したとおり，民法420条1項は，損害賠償の額の予定については，裁判所はその額を増減できないと定めていることから，消費者契約においても過大な損害賠償額が定められる可能性がある。そこで，消費者契約法9条1号は，民法420条1項の特則として，消費者契約において損害賠償の額（遅延損害金の額）が定められていた場合においては，その上限は年14.6％とし，これよりも高い利率を定めていたとしても，その超過部分は無効であるとする（逆にいえば，年14.6％を超えない損害賠償の額は有効となる）。いずれも消費者の過大あるいは不当な金銭的負担が強いられることを排除するものである。

6　消費者の利益を一方的に害する条項の無効

消費者契約法は，前述したように，第8条，第9条で事業者の損害賠償責任を免除する条項や妥当性を欠く損害賠償額の予定・違約金条項については無効としている。しかし，これ以外にも消費者利益を一方的に害する条項は存在する。そこで，同法10条は，民法，商法などの任意規定の適用による場合とくらべて，消費者の権利を制限したり，または義務を加重する条項で，信義則（民法1条2項）に反して消費者の利益を一方的に害するものは，無効とすると規定する。本条の適用には，次の2つの要件が必要である。

1つは，「公の秩序に関しない規定」，つまり任意規定によれば，消費者が本来有しているはずの権利を特約によって制限し，または消費者が本来果たすべき義務を特約によって加重している場合であること。

今1つは，信義則に反する程度に，一方的に消費者の利益を害する場合であること。

これらの要件があれば，その条項は無効とする。無効とするとは，直接に契

約の条項を無効とする効果を示すものではなく，信義則に反して任意規定から乖離する条項を当該任意規定に違反する限りにおいて無効とするものである。

本条により無効となる可能性のある条項の例として，（a）消費者からの解除，解約の権利を制限する条項，（b）事業者の説明責任を軽減し，または消費者の証明責任を加重する条項，（c）消費者の権利の行使期間を制限する条項等があげられている。

7　消費者団体訴訟制度
(1) 適格消費者団体による差止請求権の導入

消費者団体訴訟制度は，平成18年（2006年）消費者契約法の改正により導入され，平成19年（2007年）6月7日から施行されている。消費者団体訴訟制度は，消費者被害が生じ，またはそのおそれがあるときに，個々の消費者に代わって，あるいは全体の消費者の利益のため，内閣総理大臣が認定した「適格消費者団体」が事業者等に対し差止請求する訴権を認めるものである（消費者契約法1条）。

消費者被害は，一般に同種の被害が多数発生するため，これを個別に解決するだけでは，同種の被害の広がりを防止することは難しい。被害の発生や拡大を防止するためには，個別的，事後的な解決だけでなく，事業者等の不当な行為そのものを抑止することが必要である。そこで，消費者全体の利益を守るため，「適格消費者団体」に事業者等の不当な行為に対する差止請求権を認めることとしたものである。なお，消費者団体訴訟制度は，平成20年（2008年）特定商取引法と景品表示法，さらに平成25年（2013年）には食品表示法にも認められるようになった。

適格消費者団体とは，不特定かつ多数の消費者の利益のために差止請求権を行使するのに必要な適格性を有する法人である消費者団体として，内閣総理大臣の認定を受けた者である（同2条4項）。具体的な認定要件は，消費者契約法13条3項において具体的に定められている。

(2) 差止請求の内容

適格消費者団体が，事業者等に対し行うことができる差止請求の要件と具体

的内容は以下のとおりである。

　①事業者等が消費者契約の締結について勧誘するに際し，不特定かつ多数の消費者に対して，

　②（a）不当勧誘行為（消費者契約法4条1項～3項）や不当条項の使用（同8条～10条），

　　（b）商品やサービスの品質・価格等を偽って消費者を誤認させる不当な表示（景品表示法関連）

　　（c）特定の取引における不当な行為（特定商取引法関係）を，

　③現に行い，または行うおそれがあるときに，

当該事業者等に対し，当該行為の停止，予防または当該行為に供した物の廃棄，除去その他の当該行為の停止，予防に必要な措置をとることを請求することができる（消費者契約法12条1項）[2]。この差止請求は，消費者契約法違反の行為を差し止めるものであり，事業者等の業務そのものの停止を求めるものではない。

　ただし，差止請求は，合理的で妥当な運用を図るため，次の2つの場合には，その行使が制限される。

①差止請求が当該適格消費者団体もしくは第三者の不正な利害を図り，または当該事業等に損害を加えることを目的とする場合。

②他の適格消費者団体が差止請求訴訟等を行い，すでに確定判決等がある場合であって，請求内容および相手方である事業者等が同一であるとき（例外あり）。

[補足]

　政府は，平成28年3月4日，高齢化の進展をはじめとした社会経済情勢の変化等に対応して，消費者の利益の擁護を図るため，消費者契約法の一部改正案を閣議決定した（今国会に提出し，来年施行を目指す）。今回の改正案は規定の新設を含む重要な改正内容となっており，消費者取引に大きな影響を及ぼすと考えられることから，本節の補足として，主な改正内容を述べることとする（改正内容は，消費者庁ホームページ「消費者契約法の一部を改正する法律案要綱」に

よっている)。
1 過量な内容の消費者契約の取消し
　消費者は，事業者が消費者契約の締結について勧誘するに際し，物品，権利，役務その他の当該消費者契約の目的となるものの分量，回数又は期間（以下「分量等」という。）が当該消費者にとっての通常の分量等を著しく超えるものであることを知っていた場合等において，その勧誘により当該消費者契約の申込み又はその承諾の意思表示をしたときは，これを取り消すことができる。（新設）
2 重要事項の範囲
　事業者の不実告知があった場合において，消費者がその意思表示を取り消すことができる対象である重要事項として，物品，権利，役務その他の当該消費者契約の目的となるものが当該消費者の生命，身体，財産その他の重要な利益についての損害又は危険を回避するために通常必要であると判断される事情を追加する。（改正）
3 取消権を行使した消費者の返還義務
　民法121条の2第1項の規定にかかわらず，消費者契約の申込み又はその承諾の意思表示を取り消した場合において，給付を受けた当時その意思表示が取り消すことができるものであることを知らなかったときは，当該消費者契約によって現に利益を受けている限度において，返還の義務を負う。（新設）
4 取消権の行使期間
　消費者の取消権は，追認をすることができる時から1年間（現行6箇月間）行わないときは時効によって消滅する。（改正）
5 事業者の損害賠償の責任を免除する条項
　消費者契約における事業者の債務の履行に際してされた当該事業者の不法行為により消費者に生じた損害を賠償する民法の規定による責任の全部を免除する条項を無効とする規定等について，「民法の規定による」という文言を削除する。（改正）
6 消費者の解除権を放棄させる条項の無効
　次に掲げる条項は無効とする。
(1) 事業者の債務不履行により生じた消費者の解除権を放棄させる条項

(2) 消費者契約が有償契約である場合において，当該消費者契約の目的物に隠れた瑕疵があること等により生じた消費者の解除権を放棄させる条項　（新設）

第3節　特定商取引における規制と民事ルール
　　　―特定商取引法の概要―

1　特定商取引法の成立経緯と規制対象取引類型

　消費者取引は，昭和40年代以降の本格的な消費社会の到来により，訪問販売，通信販売等の無店舗販売が利便性の高さなどから広く利用されるようになった。しかし，無店舗販売であるが故の消費者トラブルも多発し，さらに従来の無店舗販売以外に，役務提供型取引やマルチ商法等多様な消費者取引が拡大，増加し，消費者が思わぬ被害を被る事態が生じるようになった。このことから，消費者取引を規制，かつ公正にし，消費者の利益を一層擁護する必要性があると認識されるようになったが，昭和51年（1976年）に制定された訪問販売法では，その後に行われるようになった多様な消費者取引の規制に対応するには十分ではなくなった。そこで，規制対象とする消費者取引類型を拡大するとともに，より公正な取引が確保できるよう，訪問販売法を改正する形で，平成12年（2000年），特定商取引法（以下，条文引用時は特商法という）が制定された[3]。

　現在，特定商取引法に規定される特定商取引は，次の7つの取引類型に分けられる。

① 訪問販売

　事業者が一般消費者の自宅等へ訪問して，商品，権利の販売または役務（サービス）の提供を行う取引のことで，キャッチセールスやアポイントメントセールスもこれに含まれる。

② 通信販売

　新聞，雑誌，インターネット等で広告し，郵便，電話等の通信手段により申込みを受ける取引のことである。インターネット・オークションも含まれるが，電話勧誘販売に該当するものを除く。

③ 電話勧誘販売

　電話により勧誘し，勧誘を受けた相手方（消費者）から申込みを受ける取引のことである。電話をいったん切った後，消費者が郵便や電話等によって申込みを行う場合も，当該取引に該当する。

④ 連鎖販売取引

　個人を販売員として勧誘し，さらに次の販売員を勧誘させるという形で，販売組織を連鎖的に拡大して行う商品または役務の取引のことである。

⑤ 特定継続的役務提供

　長期・継続的役務を提供し，これに対する高額の対価を約する取引のことである。現在，エステティックサロン，語学教室，家庭教師，結婚相手紹介サービス，パソコン教室の6つの役務提供が対象となっている。

⑥ 業務提供誘引販売取引

　いわゆる「内職商法」や「モニター商法」といわれるもので，「仕事を提供するので収入が得られる」という口実で消費者を誘引し，仕事に必要であるとして，商品等を売って金銭負担を負わせる取引のことである。

⑦ 訪問購入

　事業者が一般消費者の自宅等へ訪問し，貴金属等物品の購入（買取）を行う取引のことである。平成24年（2012年）8月，特定商取引法の改正により，「訪問購入」が特定商取引の対象となる新たな取引類型として追加され，訪問購入に関する規制が導入された。平成25年（2013年）2月から施行されている。

　特定商取引に対しては，事業者が守るべき行為については行政規制によって厳正に対処するとともに，消費者にはクーリング・オフ等を認めるなど消費者を保護する民事ルールが定められている。さらに行政規制に違反した事業者は，業務改善の指示，業務停止命令の行政処分のほか，一部については刑事罰の対象となる。特定商取引は，このような行政規制，民事ルールおよび行政処分・刑事罰という3つの側面から複合的に規制し，かつこれらが相互に関連，連携しあって，消費者の保護と適正かつ円滑な商品等の流通および役務の提供を達成しようとするものである。

　本節では，消費者取引の中で重要な位置を占める特定商取引について，上述

した7つの取引類型の内容を概説する。なお，各取引類型によって細かい点では異なるが，大まかには事業者間取引，国・地方公共団体が行う販売または役務の提供，公務員の職員団体，労働組合等がそれぞれの構成員に対して行う販売または役務の提供等の場合には，連鎖販売取引，業務提供誘引販売取引を除き，特定商取引法の規定は適用されない。

2 訪問販売

(1) 総説

　訪問販売とは，①販売業者または役務提供事業者が営業所等以外の場所において，売買契約の申込みを受け，もしくは売買契約を締結して行う商品もしくは指定権利の販売または役務を有償で提供する契約（役務提供契約）の申込みを受け，もしくは役務提供契約を締結して行う役務の提供，②販売業者または役務提供事業者が営業所等において，営業所等以外の場所において呼び止めて営業所等に同行させた者その他方法により誘引した者（特定顧客）から売買契約の申込みを受け，もしくは特定顧客と売買契約を締結して行う商品もしくは指定権利の販売または特定顧客から役務提供契約の申込みを受け，もしくは指定顧客と役務提供契約を締結して行う役務の提供である（特商法2条1項1号，2号）。

　販売業者とは，商品または指定権利の販売を業として営む者であり，役務提供事業者とは役務の提供を業として営む者である。営業所等とは，通常の店舗とみなしうる場所であり，具体的には，(ⅰ)営業所（販売活動を行う場所），(ⅱ)代理店（代理商の営業所），(ⅲ)露店，屋台店その他これらに類する店，(ⅳ)一定の期間にわたり，商品を陳列し，当該商品を販売する場所であって，店舗に類するもの，(ⅴ)自動販売機その他の設備であって，当該設備により売買契約または役務提供契約の締結が行われるものが設置されている場所である。したがって，取引場所が上記(ⅰ)から(ⅴ)のいずれかにあたる場合には，訪問販売には該当しないことになる。

　訪問販売の相手方は商品等の購入者または役務の提供を受ける者であるが，保護の対象となる相手方は，主に消費者である。

　指定権利とは，(ⅰ)保養のための施設またはスポーツ施設を利用する権利

(リゾート会員権，ゴルフ会員権，スポーツ会員権），(ⅱ) 映画，演劇，音楽，スポーツ，写真または絵画，彫刻その他美術工芸品を鑑賞し，または観覧する権利（映画チケット，演劇チケット，音楽会チケット，スポーツ観覧チケット，写真展チケット，美術展チケット），(ⅲ) 語学の教授を受ける権利（英会話サロン利用権）の3種類に限定されている。また役務とは，労務または便益であり，一般にサービスといわれるものである。

訪問販売の最も一般的なケースは，セールスマンが突然自宅を訪問して商品を購入するよう勧誘する場合であるが，このほか喫茶店や路上での販売，ホテルや公民館を一時的に借りるなどして行われる展示会販売のうち，期間，施設等からみて店舗に類似するものとは認められない場所で行う取引の場合についても訪問販売に該当する。

また，上述したように営業所等で行われた契約であっても，(ⅰ) 営業所等以外の場所において呼び止めて営業所等で契約させる場合（いわゆるキャッチセールス），(ⅱ) 電話や郵便等で，販売目的で勧誘をするためのものであることを告げずに，営業所等への来訪を要請する場合（いわゆるアポイントセールス），(ⅲ) 電話や郵便等で，他の者に比して著しく有利な条件で契約を締結できる旨を告げて，営業所等への来訪を要請する場合（例えば「あなたは特別に選ばれたので，高級ブランド品が安く買えます」等。これもアポイントセールスの一形態）についても訪問販売に該当する。

(2) 行政規制

訪問販売に対する行政規制は，開示規制と行為規制に分けられる。行政規制に違反した事業者は行政処分・罰則の対象となる。

① 開示規制

開示規制として，書面の交付が定められている。訪問販売においては，購入者等が取引条件を確認しないまま取引を行ってしまったり，あるいは取引条件が曖昧であったため，後日契約内容等でトラブルを引き起こすことが多い。そこで，事業者は契約の申込みおよび締結の段階で，取引内容・取引条件を明らかにするため，商品（権利，役務）の種類，販売価格（役務の対価），代金（対価）の支払い時期・方法等の事項を記載した書面を購入者等に交付しなければなら

ないとしている。この書面交付はクーリング・オフの起算点としての意味も有している。
② 行為規制
a．氏名等の明示

訪問販売を行うときには，その勧誘をするのに先立って，消費者にその旨を明らかにし，消費者がその商品の購入等の勧誘を受けているという明確な認識をもちうるようにするために，消費者に対し，事業者の氏名（名称），勧誘をする目的であること等を告げなければならない。

b．再勧誘の禁止等

訪問販売を行うときには，勧誘をするのに先立って，消費者に勧誘を受ける意思があることを確認するよう努めなければならない。消費者が契約締結の意思がない旨の意思表示を示したときは，訪問時において勧誘を継続することおよび再度の来訪による勧誘を行うことは禁止されている。

c．禁止行為

訪問販売において，強引な勧誘，虚偽の説明による勧誘，さらには勧誘目的を告げないで公衆の出入りしない場所へ誘い込んで勧誘等を行うなどの不正行為により消費者が適正な判断ができないまま契約をしてしまう等の事態を防止するため，（ⅰ）売買契約等の締結について勧誘を行う際，または申込み後，申込みの撤回もしくは契約の解除を妨げるために，事実と違うことを告げる，故意に事実を告げないこと，または威迫して困惑させること，（ⅱ）勧誘目的を告げない誘引方法（いわゆるキャッチセールスやアポイントセールスと同様な方法）により誘引した消費者に対して，公衆の出入りする場所以外の場所で売買契約等の締結について勧誘を行うことを禁止している。

(3) 民事ルール
① 契約の申込みの撤回または契約の解除（クーリング・オフ制度）

クーリング・オフ制度とは，契約の申込みまたは締結後一定期間内は申込者等が無条件で申込みの撤回または契約の解除を行うことができるという制度である[4]。

すなわち，訪問販売においては，消費者が契約を申込みまたは契約締結後に

おいても，法律で決められた書面を受け取った日から数えて8日間以内であれば，消費者は販売業者・役務提供事業者に対して，書面により申込みの撤回または契約の解除（クーリング・オフ）をすることができる。このクーリング・オフは書面で行うこととなっているので，後日のトラブル防止のため，内容証明郵便，書留，特定記録郵便等で郵送するのが望ましいとされている。

クーリング・オフを行った場合，消費者がすでに商品または権利を受け取っているときには，販売業者・役務提供事業者の負担によって，その商品の引取りや権利の返還をしてもらうことができる。商品が使用されている場合や役務がすでに提供されている場合でも，その対価を支払う必要はない。また消費者は損害賠償や違約金を支払う必要はなく，すでに頭金等の対価を支払っている場合には，販売業者・役務提供事業者は速やかにその金額を返還しなければならない。さらに，土地・建物その他の工作物の現状が変更されている場合には，原状回復の請求をすることができる。

ただし，使うと商品価値がほとんどなくなる，いわゆる消耗品（健康食品，化粧品等）を使ってしまった場合や現金取引の場合であって代金または対価の総額が3,000円未満の場合には，クーリング・オフの規定は適用されない。

② 過量販売契約の申込みの撤回または契約の解除

訪問販売の際，日常生活において通常必要とされる分量を著しく超える商品等を購入する契約を締結した場合，契約締結後1年間は契約の申込みの撤回または契約の解除をすることができる（ただし，消費者にその契約を締結する特別の事情があったときは例外となる）。この際の精算の方法は，クーリング・オフと原則として同様の精算ルールが適用される。

③ 契約の申込みまたはその承諾の意思表示の取消

事業者が不実告知や事実不告知といった禁止行為を行った結果として消費者が誤認し，そのために契約の申込みまたはその承諾の意思表示をしたときは，その意思表示を取り消すことができる。

④ 契約を解除した場合の損害賠償等の額の制限

クーリング・オフ期間の経過後，例えば代金の支払い遅延等消費者の債務不履行を理由として契約が解除された場合には，消費者に支払請求できる上限額

を定め，妥当な額に制限している。
(4) (社)日本訪問販売協会の「訪問販売消費者救済基金制度」

　(社)日本訪問販売協会は，その会員の訪問販売にかかる契約で，申込みの取消または解除がなされた場合に，会員に支払った金銭の返還を請求した消費者が会員から正当な理由なく金銭の返還がなされないときには，「消費者救済基金制度」として会員から積み立てた基金から一定額の金銭の交付を行うこととされる。

3　通信販売

(1) 総　説

　通信販売とは，販売業者または役務提供事業者が郵便等により売買契約または役務提供契約の申込みを受けて行う商品もしくは指定権利の販売または役務の提供であって，電話勧誘販売に該当しないものである（特商法2条2項）。

　例えば，新聞，雑誌，テレビ，インターネット上のホームページ（インターネット・オークションを含む）などによる広告やダイレクトメール，チラシ等を見た消費者が郵便や電話，ファクシミリ，インターネット等で購入の申込みを行う取引方法である。

　通信販売は店舗に出かけていく手間が省け，遠方にある店舗からも商品を購入することができ，また重い荷物をもって帰る必要もないので，消費者にとって便利な購買方法である。しかし他方で，事業者との対面性がなく，隔地者間での取引であるため，消費者は商品を実際に手にとってみることができず，また知りたいこと，質問したいことを伝えることも困難である。そのため，消費者が意思決定を行うための判断材料は販売業者の広告等によらざるを得ない。

　さらに，事業者との対面性がないことから，代金の支払時期と支払方法によってはリスクの問題が生じる。すなわち，代金が前払いの場合は，消費者が代金を詐取される危険を伴い，また代金が後払いの場合は，事業者が商品を詐取される危険を伴う。そこで，通信販売は行政規制として広告および代金の支払時期を中心に規制している。

(2) 行政規制

通信販売に対する行政規制は，広告規制，開示規制および行為規制に分けられる。行政規制に違反した事業者は行政処分・罰則の対象となる。

① 広告規制

a．広告の表示

通信販売は隔地者間取引であるため，消費者にとって広告は通常，唯一の情報である。そのため広告の記載が不十分あるいは不明確であると，後日のトラブルが生じることとなる。そこで，法は販売価格（役務の対価），代金（対価）の支払い時期・方法，商品の引渡時期（権利の移転時期，役務の提供時期）等広告に表示する事項を定めている。

b．誇大広告等の禁止

通信販売では，虚偽・誇大広告等によるトラブルを未然に防止するため，表示事項等について，「著しく事実に相違する表示」または「実際のものよりも著しく優良であり，もしくは有利であると人を誤認させるような表示」を禁止している。

c．未承諾者に対する電子メール広告の提供の禁止

近年，受信者の承諾なく一方的に受信者のパソコンに広告の電子メールを送りつけ，いわゆる迷惑メールの被害が急増してきている。そこで，消費者があらかじめ承諾しない限り，事業者が電子メール広告を送付することを原則として禁止している。これをオプトイン規制といっている。

この規制は通信販売事業者のみならず，通信販売電子メール広告受諾事業者も対象となる。また，当該電子メール広告の提供について，消費者から承諾や請求を受けた場合は，最後に電子メール広告を送信した日から3年間，その承諾または承諾があったことの記録を保存しなければならない。

② 開示規制

開示規制として，前払式通信販売の承諾等の通知義務がある。前払式通信販売とは，商品または指定権利の売買契約および役務提供契約において，商品の引渡・権利の移転・役務の提供に先立って代金（対価）の全部または一部を支払う取引方法である。この前払式通信販売の場合には，事業者は代金を受領し，

その後，商品の引渡しに時間がかかるときには，申込みの諾否等の事項を記載した書面を渡さなければならない。
③ 行為規制
ａ．顧客の意に反して売買契約等の申込みをさせようとする行為の禁止
　事業者が電子契約の申込みを受ける場合に，パソコン等の操作が申込みとなることを消費者が容易に認識できるように表示していないこと，または申込みをする際，消費者が申込み内容を確認し，かつ訂正できるように措置をしていないことを「顧客の意に反して売買契約等の申込みをさせようとする行為」として禁止している。
ｂ．契約解除に伴う債務不履行の禁止
　通信販売において，売買契約の申込みの撤回等ができることから，契約当事者双方に原状回復義務が課せられた場合，事業者が代金返還など債務履行を拒否し，または不当に遅延することは禁止される。
(3) 民事ルール
　民事ルールとして重要なのが，契約の申込みの撤回または契約の解除の制度である。通信販売の際，消費者が契約を申し込んだり，契約をした場合でも，その契約にかかる商品の引渡し（指定権利の移転）を受けた日から数えて8日間以内であれば，消費者は事業者に対して，契約の申込みや解除ができる。ただし，事業者が広告であらかじめ，この契約申込みの撤回や解除につき特約を表示していた場合は，当該特約による。
　なお，事業者が，通信販売の際，返品特約を設ける場合は，「返品の可否」，「返品の期間等条件」，「返品に係る費用負担の有無」の返品に関する事項を広告に表示すべきこととなっている。

4　電話勧誘販売
(1) 総　説
　電話勧誘販売とは，販売業者または役務提供事業者が電話をかけ，または特定の方法により電話をかけさせ，その電話において行う契約の締結についての勧誘（電話勧誘行為）により，その相手方（電話勧誘顧客）から当該売買契約ま

たは役務提供契約の申込みを郵便等により受け，または契約を締結して行う商品，権利の販売または役務の提供のことをいう（特商法第2条第3項）。

電話をいったん切った後，郵便，電話等によって消費者が申込みを行った場合でも，電話勧誘によって消費者の購買意思の決定が行われた場合には，電話勧誘販売に該当する。

(2) 行政規制

電話勧誘販売に対する行政規制は，開示規制と行為規制に分けられる。行政規制に違反した事業者は行政処分・罰則の対象となる。

① 開示規制

a．書面の交付

事業者が契約の申込みを受けたとき，あるいは契約を締結したときには法に定める事項を記載した書面を消費者に交付しなければならない。書面に記載すべき事項は訪問販売における場合と同じである。

b．前払式電話勧誘販売における承諾等の通知

消費者が商品の引渡し（権利の移転，役務の提供）を受ける前に，代金（対価）の全部または一部を支払う前払式電話勧誘販売の場合，事業者は代金を受領し，その後，商品の引渡しを遅滞なく行うことができないときは，その申込みの諾否等について，法に定める事項を記載した書面を渡さなければならない。書面に記載すべき事項は通信販売における場合と同じである。

② 行為規制

a．氏名等の明示

事業者は電話勧誘販売を行うときには，勧誘に先立って，消費者に対し，事業者の氏名（名称），販売しようとしている商品（権利，役務）の種類等の事項を告げなければならない。

b．再勧誘の禁止

事業者が電話勧誘を行った際，契約等を締結しない意思を表示した者に対する勧誘の継続や再勧誘は禁止される。

c．禁止行為

売買契約等の締結について勧誘を行う際，または締結後，申込みの撤回（契

約の解除）を妨げるために，事実と違うことを告げること，故意に事実を告げないこと，および威迫して困惑させることは，禁じられる。

(3) 民事ルール

① 契約の申込みの撤回または契約の解除（クーリング・オフ制度）

電話勧誘販売においても，訪問販売と同じように，消費者が契約を申込みまたは契約締結後においても，法律で決められた書面を受け取った日から数えて8日間以内であれば，消費者は事業者に対して，書面により申込みの撤回または契約の解除（クーリング・オフ）をすることができる。

② 契約の申込みまたは承諾の意思表示の取消

訪問販売の場合と同じように，事業者が不実告知や事実不告知といった禁止行為を行った結果として消費者が誤認し，そのために契約の申込みまたはその承諾の意思表示をしたときは，その意思表示を取り消すことができる。

③ 契約を解除した場合の損害賠償等の額の制限

訪問販売の場合と同じように，クーリング・オフ期間の経過後，例えば代金の支払い遅延等消費者の債務不履行を理由として契約が解除された場合には，消費者に支払請求できる上限額を定め，妥当な額に制限している。

5 連鎖販売取引

(1) 総　説

連鎖販売取引とは，物品の販売または有償で行う役務の提供の事業であって，再販売，受託販売もしくは販売のあっせん（役務の提供もしくはそのあっせん）をする者を特定利益を収受し得ることをもって誘引し，その者と特定負担を伴う取引（取引条件の変更を含む）をするものをいう（特商法第33条）。

つまり，個人の販売員として勧誘し，さらに次の販売員を勧誘させるという形で，販売組織を連鎖的に拡大して商品または役務の取引を行うことである。

(2) 行政規制

連鎖販売取引に対する行政規制は，広告規制，開示規制および行為規制に分けられる。行政規制に違反した事業者は行政処分・罰則の対象となる。

① 広告規制

a．広告の表示義務

統括者（連鎖販売を実質的に掌握している者），勧誘者（統括者が勧誘を行わせる者），一般連鎖販売業者（統括者または勧誘者以外の連鎖販売業を行う者）は，統括者の統括する一連の連鎖販売業にかかる連鎖販売について広告するときは，商品（役務）の種類，取引に伴う特定負担に関する事項，特定利益の広告についての計算方法など法で定める事項を表示しなければならない。

b．誇大広告等の禁止

通信販売の場合と同じように，虚偽・誇大広告を禁止している。

c．未承認者に対する電子メール広告の提供の禁止

通信販売の場合と同じように，消費者があらかじめ承諾しない限り，事業者が電子メール広告を送付することを原則として禁止している（オプトイン規制）。

② 開示規制

開示規制として，書面の交付義務がある。連鎖販売業を行う者は，（ⅰ）契約締結前には，当該連鎖販売業の概要を記載した書面（概要書面），（ⅱ）契約締結後では契約内容を明らかにした書面（契約書面）を交付しなければならない。それぞれの書面には，法の定める事項を記載しなければならない。

③ 行為規制

a．氏名等の明示

統括者，勧誘者または一般連鎖販売業者は，勧誘に先立って，氏名（名称），勧誘をする目的である旨等を告げなければならない。

b．禁止行為

統括者，勧誘者は勧誘に際し，または契約の解除を妨げるため，故意に事実を告げず，または不実を告知してはならない。

(3) 民事ルール

① 契約の解除（クーリング・オフ制度）

消費者（無店舗個人）が契約した場合でも，法律で決められた書面を受け取った日（商品の引渡しの方が後である場合には，その日）から数えて20日間以内であれば，消費者は連鎖販売業を行う者に対して，書面により契約の解除をする

ことができる。

連鎖販売取引においては，契約内容や組織形態が複雑であるため，契約を継続するかどうか冷静に考えるための熟慮期間が他の取引形態以上に必要であることから，訪問販売などと比べ，20日間と長期の権利行使期間が定められている。

② 中途解約・契約の解除

連鎖販売契約を結んで組織に入会した消費者（無店舗個人）は，クーリング・オフ経過後においても，将来に向かって連鎖販売契約を解除（中途解約）することができる。そのようにして退会した消費者が入会後1年を経過していないときは，一定の場合を除き商品販売契約を解除することができる。

6 特定継続的役務提供

(1) 総　説

特定継続的役務提供とは，役務提供事業者が特定継続的役務を一定期間を超える期間にわたり提供することを約し，相手方が一定金額を超える金銭を支払うことを約する契約を締結して行う特定継続的役務の提供のことである（特商法第41条1項1号）。特定継続的役務の提供を受ける権利の販売もこれに含まれる（同条同項2号）。

「特定継続的役務」とは，国民の日常生活に係る取引において有償で継続的に提供される役務であって，役務提供を受ける者の身体の美化，知識・技能の向上などの目的を実現させることをもって誘引されるが，その目的の実現が確実でないという特徴をもつ役務のことである。現在，特定継続的役務として，次の6つの役務が対象となっている。

- エステティックサロン：人の皮膚を清潔にし，もしくは美化，体型を整え，または体重を減ずるための施術を行うこと（期間1月を超えるもの）
- 語学教室：語学の教授（入学試験に備えるためまたは大学以外の学校における教育の補習のための学力の教授に該当するものを除く）（期間2月を超えるもの）
- 家庭教師：学校（小学校・幼稚園を除く）の入学試験に備えるためまたは学校教育（大学・幼稚園を除く）の補習のための学力の教授（いわゆる学習塾以外の

場所において提供されるものに限る）（期間2月を超えるもの）
・学習塾：入学試験に備えるためまたは学校教育の補習のための学校（大学・幼稚園を除く）の児童，生徒または学生を対象とした学力の教授（役務提供事業者の事務所その他の役務提供事業者が当該役務提供のために用意する場所において提供されるものに限る）（期間2月を超えるもの）
・パソコン教室：電子計算機またはワードプロセッサーの操作に関する知識または技術の教授（期間2月を超えるもの）
・結婚相手紹介サービス：結婚を希望する者への異性の紹介（期間2月を超えるもの）

　いずれの場合も入学金，受講料，教材費，関連商品の販売など契約金の総額が5万円を超えている場合が対象となる。

(2) 行政規制

　特定継続的役務提供に対する行政規制は，広告規制，開示規制および行為規制に分けられる。行政規制に違反した事業者は行政処分・罰則の対象となる。

① 広告規制

　広告規制として，誇大広告等の禁止のみが規定されている。通信販売の場合と同じように，「著しく事実に相違する表示」または「実際のものよりも著しく優良であり，もしくは有利であると人を誤認させるような表示」を禁止している。

② 開示規制

ａ．財務内容の開示義務

　特定継続的役務提供は契約期間が長期にわたることが多く，対価を前払いした場合には，事業者の倒産等の事態が生じたときに，すでに支払った金銭の返還が受けられなくなる危険がある。そこで，「前払方式」で5万円を超える特定継続的役務提供を行う事業者に対しては，消費者が事業者の財務内容等を確認できるよう，その業務および財産の状況を記載した書類（貸借対照表，損益計算書等）を備え置き，消費者の求めに応じてその書類の閲覧ができるようにするなどの義務が課せられている。この財務内容の開示義務は，特定商取引の中では，特定継続的役務提供が唯一のものである。

b．書面の交付

　事業者が特定継続的役務提供（特定権利販売）について契約する場合，（ⅰ）契約締結前には，当該契約の概要を記載した書面（概要書面），（ⅱ）契約締結後には，契約内容について明らかにした書面（契約書面）を消費者に交付しなければならない。この規制は，連鎖取引販売と同じ趣旨である。

③　行為規制

　電話勧誘販売の場合と同じように，契約等の締結について勧誘を行う際，または締結後，申込みの撤回（契約の解除）を妨げるために，事実と違うことを告げること，故意に事実を告げないこと，および威迫して困惑させることを禁じている。

(3) 民事ルール

① 　契約の解除（クーリング・オフ制度）

　訪問販売の場合と同じように，法律で決められた書面を受け取った日から数えて8日間以内であれば，消費者は書面により契約の解除（クーリング・オフ）をすることができる。この場合，特定継続的役務提供の際に，消費者が購入する必要がある商品として法令で定めている関連商品（例えばエステティックサロンの場合の健康食品，語学教室の場合の書籍等）についてもクーリング・オフ（または中途解約）することができる。

② 　中途解約

　消費者はクーリング・オフ期間経過後においても，将来に向かって特定継続的役務提供契約（関連商品の販売契約も含む）を解除（中途解約）することができる。その際，事業者が消費者に対して請求し得る損害賠償の上限には制限が設けられている。

③ 　契約の申込みまたはその承諾の意思表示の取消

　訪問販売の場合と同じように，事業者が不実告知や事実不告知といった禁止行為を行った結果として消費者が誤認し，そのために契約の申込みまたはその承諾の意思表示をしたときは，その意思表示を取り消すことができる。

7 業務提供誘引販売取引

(1) 総　説

業務提供誘引販売取引は，物品の販売または有償で行う役務の提供（そのあっせんを含む）の事業であって，その商品または提供される役務に従事することにより得られる利益（業務提供利益）を収受し得ることをもって相手方を誘引し，その者と特定負担を伴う取引（その取引条件の変更を含む）をするものをいう（特商法第51条）。

仕事を紹介するので収入が得られるという口実で，消費者を勧誘し，仕事に必要であるとして商品等を購入させるなどして，相手方に金銭負担をさせる内職商法，あるいは商品を購入し，モニターとなって商品を利用した感想を書くなどの労務を提供すれば，モニター料を支払うとして勧誘を行うモニター商法がその典型例である。前者の場合，実際には仕事の紹介がほとんど行われなかったり，後者の場合もモニター料が次第に支払われなくなり，相手方に商品購入代金の支払いのみが残るなどの被害が多発したことにより，規制の対象となったものである。

業務提供誘引販売取引に該当する例としては，（ⅰ）販売されるパソコンとコンピュータソフトを使用して行うホームページの作成の在宅業務，（ⅱ）ワープロ研修という役務の提供を受けて修得した技能を利用して行うワープロ入力の在宅業務，（ⅲ）販売される着物を着用して展示会で接客を行う業務，（ⅳ）販売される健康器具を使用して感想を報告するモニター業務等が該当する。

(2) 行政規制

業務提供誘引販売取引に対する行政規制は，広告規制，開示規制および行為規制に分けられる。行政規制に違反した事業者は行政処分・罰則の対象となる。

① 広告規制

a．広告の表示義務

業務提供誘引販売業を行う者が業務提供誘引販売取引について広告する場合は，商品（役務）の種類，取引に伴う特定負担に関する事項等法に定められた事項を表示しなければならない。

b．誇大広告等の禁止

通信販売の場合と同じように，表示事項等について「著しく事実に相違する表示」または「実際のものよりも著しく優良であり，もしくは有利であると人を誤認させるような表示」を禁止している。

c．未承諾者に対する電子メール広告の提供の禁止

通信販売の場合と同じように，消費者があらかじめ承諾しない限り，事業者が電子メール広告を送付することを原則的に禁止する等のオプトイン規制が行われている。

② 開示規制

連鎖販売取引等の場合と同じように，業務提供誘引販売取引について契約する場合には，業務提供誘引販売業を行う者は，（ⅰ）契約締結前には，当該契約の概要を記載した書面（概要書面），（ⅱ）契約締結後では契約内容を明らかにした書面（契約書面）を交付しなければならない。

③ 行為規制

a．氏名等の明示

業務提供誘引販売業を行う者が業務提供誘引販売取引を行うときには，勧誘に先立って消費者に対して，事業者の氏名（名称），勧誘をする目的である旨等の事項を明らかにしなければならない。

b．禁止行為

契約を勧誘するに際し，または契約の解除を妨げるため，故意に事実を告げず，または不実のことを告げる行為等を禁止している。

(3) 民事ルール

① 契約の解除（クーリング・オフ制度）

業務提供誘引販売取引の際，消費者が契約をしたときでも，法律で定められた書面を受け取った日から数えて20日間以内であれば，消費者は業務提供誘引販売業を行う者に対して，書面により契約の解除（クーリング・オフ）をすることができる。20日間という期間は，連鎖販売取引の場合と同じである。

② 契約の申込みまたはその承諾の意思表示の取消

訪問販売の場合と同じように，勧誘に際し，事業者が不実告知や事実不告知

といった禁止行為を行った結果として消費者が誤認し，そのために契約の申込みまたはその承諾の意思表示をしたときは，その意思表示を取り消すことができる。

③ 契約を解除した場合の損害賠償等の制限

クーリング・オフ期間経過後，例えば代金の支払い遅延等消費者の債務不履行を理由として契約が解除された場合において，事業者から法外な損害賠償を請求されることがないように，事業者の損害賠償等の請求上限額を決め，妥当な金額に制限している。

8 訪問購入

(1) 総 説

訪問購入とは，物品の購入を業として営む者（購入業者）が営業所等以外の場所において，売買契約の申込みを受け，または売買契約を締結して行う物品の購入をいう（特商法第58条の4）。

物品とは，民法上の動産，すなわち有体物を意味すると説明されているが，訪問購入においては，売買契約の相手方の利益を損なうおそれがないと認められる物品または訪問購入の規制の適用を受けることとされた場合に流通が著しく害されるおそれがあると認められる物品で，政令で定めるものに関する訪問購入は，適用対象から除外されている[5]。現在，政令で適用除外とされている物品として，（ⅰ）自動車（二輪のものを除く），（ⅱ）家庭用電気機械器具（携行が容易なものを除く），（ⅲ）家具，書籍，有価証券，（ⅳ）レコードプレーヤー用レコード，（ⅴ）磁気的方法または光学的方法により音，映像またはプログラムを記録した物が定められている。

営業所等は，「営業所，代理店，露店，屋台店その他これに類する店，一定の期間にわたり購入する物品の種類を掲示し，当該種類の物品を購入する場所で店舗に類するもの，自動販売機その他の設備でその設備により契約の締結が行われるものが設置されている場所」であると規定されていることから，訪問購入はこれら以外の場所（例えば，一般消費者の自宅等）で行う物品の購入が特定商取引法の規制対象となる。

(2) 行政規制

行政規制は，開示規制と行為規制に分けられ，行政規制に違反した事業者は業務改善の指示，業務停止の行政処分のほか，罰則の対象となる。

① 開示規制

開示規制として，書面の交付が定められている。事業者は，契約の申込みを受けたときは直ちに申込書を，契約を締結したら遅滞なく契約書を交付しなければならない。これら書面には，（ⅰ）物品の種類，（ⅱ）物品の購入価格，（ⅲ）物品の代金の支払時期および方法，（ⅳ）申込みの撤回または契約の解除に関する事項，（ⅴ）物品の引渡しの拒絶に関する事項等を記載しなければならない。

書面の交付は，契約内容等取引条件を明確にするために必要となるものであり，書面の受領はクーリング・オフの起算点としての意味を有している。

② 行為規制

a．氏名等の明示

事業者は訪問購入を行うに際して，勧誘に先立って，（ⅰ）事業者の氏名（名称），（ⅱ）契約の締結について勧誘をする目的であること，（ⅲ）購入しようとする物品の種類を相手方に明らかにしなければならない。

b．不招請勧誘の禁止

事業者は，訪問購入に係る売買契約の締結についての勧誘の要請をしていない消費者に対し，営業所等以外の場所において，当該売買契約の締結について勧誘をし，または勧誘を受ける意思の有無を確認してはならない。つまり，訪問購入は，あらかじめ消費者から訪問購入について要請を受けた場合であるか，消費者の同意を得た上で訪問しなければならず，いわゆる「飛び込み勧誘」を禁止している。これに違反した場合で，訪問購入に係る取引の公正および売買契約の相手方である消費者の利益が害されるおそれがあると認めるときは，その事業者に対し，必要な措置をとるべきことを指示することができる。

訪問購入では，消費者がとりあえず買取価格の査定をしてもらうために，事業者に訪問を依頼する場合がある。この場合，査定のために訪問した事業者が査定したうえで，査定額の通知と併せて当該査定物品の購入を勧誘すること

は，不招請勧誘に当たる。消費者は査定の依頼をしただけであり，訪問購入の勧誘を要請していないので，事業者が査定を超えて買取の勧誘を行うことはできず，査定を終えた時点で帰らなければならない。

ただし，事業者が消費者から査定の依頼を受けた場合に，査定をしたうえで，購入契約の勧誘を行ってもよいかと申出をし，確認して消費者の同意を得た後に訪問した場合は，査定のうえで購入契約の勧誘を行うことはできる。訪問購入の勧誘について，消費者から事前に同意を得ているからである。

なお，消費者が査定価格を知った後，消費者の方から購入契約を申込むことは禁止されていないので，事業者はこれを承諾することができる。この場合であってもクーリング・オフ制度は適用される。

c．再勧誘の禁止等

事業者は，訪問購入を行うときには，勧誘に先立って相手方に勧誘を受ける意思があることを確認しなければならない。相手方が契約締結の意思がないことを示したときには，その訪問時においてそのまま勧誘を継続すること，およびその後改めて勧誘（再勧誘）することは禁止されている。

d．物品の引渡しの拒絶に関する告知

事業者は，売買契約の相手方から直接物品の引渡しを受けるときは，相手方に対しクーリング・オフ期間内は物品の引渡しを拒むことができる旨を告げなければならない。クーリング・オフ制度を実効性あるものとするためである。

e．第三者への物品の引渡しについての契約の相手方に対する通知

事業者は，訪問購入取引の相手方から物品の引渡しを受けた後，クーリング・オフ期間内に第三者に当該物品を転売し，引き渡したときは，（ⅰ）転売先である第三者の氏名等，（ⅱ）物品を第三者に引き渡した年月日，（ⅲ）物品名，物品の種類，物品の特徴，（ⅳ）物品等に商標，製造者名・販売者名，型式があるときは，その名称等を遅滞なく，相手方に通知しなければならない。この通知によって，消費者は自分が売り渡した物品の転売先を知ることができる。

f．物品を引き渡した第三者への通知

事業者は，訪問購入取引の相手方から物品の引渡しを受けた後，クーリング・オフ期間内に第三者に当該物品を転売し，引き渡すときは，（ⅰ）第三者

に引き渡した物品が訪問購入取引の相手方から引渡しを受けた物品であること，（ⅱ）相手方がクーリング・オフを行うことができること，（ⅲ）相手方がクーリング・オフできる期間に関する事項，（ⅳ）書面を交付した年月日，（ⅴ）事業者が物品を第三者に引き渡す年月日，（ⅵ）事業者の氏名等，（ⅶ）物品名，物品の種類等の事項を書面にて第三者に通知しなければならない。クーリング・オフされる可能性を第三者に通知するためである。

g．禁止行為

訪問購入においては，以下のような不当な行為を禁止している。

（ⅰ）売買契約の締結について勧誘を行う際，または契約の申込みの撤回（契約の解除）を妨げるために，事実と違うことを告げること，および故意に事実を告げないこと。

（ⅱ）売買契約を締結させ，または契約の申込みの撤回（契約の解除）を妨げるために，相手方を威迫して困惑させること。

（ⅲ）売買契約の対象となる物品の引渡しを受けるため，引渡し時期等に関する重要な事項について，故意に事実を告げない，事実と違うことを告げる，または相手方を威迫して困惑させること。

(3) 民事ルール

消費者被害を救済するための民事ルールとしては，クーリング・オフ制度，損害賠償等の額の制限などが定められている。

① 契約の申込みの撤回または契約の解除（クーリング・オフ制度）

訪問購入は，訪問販売と同様にクーリング・オフ制度を設けている。すなわち，訪問購入の際，売買契約の相手方が契約の申込み，または契約の解除を行った場合でも，法律で決められた書面（特商法第58条の8の書面）を受け取った日から数えて8日間以内であれば，相手方は事業者に対して，書面により申込みの撤回や契約の解除（クーリング・オフ）をできる。クーリング・オフをするに際しては，その理由を示すことは必要とされず，無条件にすることができる。

事業者がクーリング・オフに関する事項につき，事実と違うことを告げたり威迫したりすることによって，相手方が誤認・困惑してクーリング・オフをしなかった場合には，上記期間を経過していても，相手方はクーリング・オフを

することができる。

　クーリング・オフを実行した場合，相手方がすでに物品を事業者に引き渡している，または代金を受け取っている場合には，事業者の負担によって物品の返却を求めることができ，また受け取った代金を返却することができる。相手方は損害賠償や違約金を支払う必要はなく，事業者も損害賠償や違約金の支払を請求することができない。代金の利息も請求できない。

　また，クーリング・オフを実行した場合，転売先である第三者がクーリング・オフされる可能性があったことについて善意かつ無過失であった場合を除き，契約解除の効果を第三者に対抗することができる。したがって，第三者に直接物品の引渡しを請求することができる。なお，クーリング・オフは，その内容の通知書面を発信したときに，その効力を生ずる発信主義をとっていることは，訪問販売と同様である。

② 物品の引渡しの拒絶

　売買契約の相手方は，クーリング・オフ期間が経過するまでは，契約対象の物品の引渡しの期日の定めがあるときであっても，事業者に対し，訪問購入に係る物品の引渡しを拒むことができる。

③ 契約を解除した場合の損害賠償等の額の制限

　クーリング・オフ期間の経過後，例えば物品の引渡し遅延等売買契約の相手方の債務不履行を理由として契約が解除された場合には，事業者から法外な損害賠償を請求されることがないよう，事業者は以下の額を超えて請求できない。

（ⅰ）事業者から代金が支払われている場合，当該代金に相当する額
（ⅱ）事業者から代金が支払われていない場合，契約の締結や履行に通常要する費用の額

　これらの額に法定利率年6％の遅延損害金が加算される。

④ 事業者の行為の差止請求

　事業者が以下の行為を不特定かつ多数の者に現に行い，または行うおそれがあるときは，適格消費者団体は，事業者に対し行為の停止や予防，その行為に供した物の廃棄や除去その他違反する行為の停止もしくは予防に必要な措置を

とることを請求することができる。
- (ⅰ) 契約を締結するため，勧誘するときに，事実と違うことを告げる行為および故意に事実を告げない行為。
- (ⅱ) 契約を締結するため，または解除を妨げるため，威迫して困惑させる行為。
- (ⅲ) 物品の引渡しを受けるため，物品の引渡し時期等に関する重要な事項について，故意に事実を告げない，事実と違うことを告げる，または相手方を威迫して困惑させること。
- (ⅳ) 消費者に不利な特約，契約解除に伴う損害賠償額の制限に反する特約を含む契約の締結行為。

[補足]

政府は，平成 28 年（2016 年）3 月 4 日，高齢化の進展をはじめとした社会経済情勢の変化等に対応して，特定商取引における取引の公正および購入者等の利益の保護を図るため，特定商取引法の一部改正案を閣議決定した（今国会に提出し，来年施行を目指す）。今回の改正案は規定の新設を含む重要な改正内容となっており，消費者取引に大きな影響を及ぼすと考えられることから，本節の補足として，主な改正内容を述べることとする（改正内容は，消費者庁ホームページ「特定商取引に関する法律の一部を改正する法律案要綱」によっている）。

1　指定権利の見直し

　訪問販売，通信販売及び電話勧誘販売において規制対象となる権利の範囲を改め，その名称を特定権利とする。（改正）

2　承諾をしていない者に対する通信販売ファクシミリ広告の提供の禁止等

- (1) 通信販売において販売業者等は，その相手方となる者からの請求又は承諾がない場合に，ファクシミリ広告をしてはならない。
- (2) 通信販売において販売業者等は，ファクシミリ広告の相手方となる者からの請求又は承諾の記録を作成し，保存するとともに，ファクシミリ広告にその相手方がファクシミリ広告の提供を受けない旨の意思を表示するために必要な事項を表示しなければならない。（新設）

3 電話勧誘販売に係る通常必要とされる分量を著しく超える商品の売買契約等の申込みの撤回等の制度の創設
(1) 電話勧誘販売に係るその日常生活において通常必要とされる分量を著しく超える商品の売買契約等の申込者等は，その売買契約等の申込みの撤回等を行うことができる（ただし，申込者等に当該契約を必要とする特別の事情があったときは，この限りではない）。
(2) 当該申込みの撤回等の行使及び当該申込みの撤回等に伴う返金等に係る所要の規定を整備する。（新設）
4 指示制度の整備
(1) 主務大臣が違反行為を行った販売業者等に対して指示することのできる措置として，違反及び行為を是正するための措置並びに購入者等の利益の保護を図るための措置を例示する。
(2) 主務大臣は，販売業者等に対して指示を行ったときは，その旨を公表しなければならない。（改正）
5 業務停止命令制度の強化
主務大臣が販売業者等に対して業務の停止を命ずることができる期間の上限を2年（現行1年）に改める。（改正）
6 業務禁止命令制度の創設
主務大臣は，業務停止を命ぜられた法人の役員等が当該停止を命ぜられた範囲の業務について一定の期間（当該停止と同一の期間）は新たな業務の開始等を禁止することを命ずることができる。（新設）
7 訪問販売等における契約の申込み又はその承諾の意思表示の取消制度の整備
(1) 申込者等は，販売業者等が不実のことを告げる行為等をしたことによって意思表示を行った場合，追認することができる時から1年間（現行6月間），これを取り消すことができる。
(2) 売買契約等に基づく債務の履行として給付を受けた申込者等が意思表示を取り消した場合において，給付を受けた当時その意思表示が取り消すことができるものであることを知らなかったときは，当該売買契約等によって現に利益を受けている限度において，返還の義務を負う。（改正）

【注】

1) 事業者の情報提供・説明義務を法的義務としている立法例もある。例えば、金融商品販売法（「金融商品の販売等に関する法律」）では、預貯金や保険などの金融取引においては、金融商品販売業者は消費者に対する説明義務を法的義務としている（金融商品販売法3条）。また、訪問販売では、事業者の情報義務に関し、消費者に対し書面を交付すべきことを義務づけ、その書面には契約の基本的事項となる一定の事項を必ず記載すべきこととし、消費者が書面により契約内容の理解を容易にするよう求めている（特定商取引法4条）。
2) 適格消費者団体の差止請求については、消費者庁ホームページ「消費者制度」において「消費者団体訴訟制度差止請求事例集」（平成26年3月）がまとめられており、具体的な事例が紹介されている。
3) 訪問販売のような無店舗販売に対する海外主要国の法規制の状況をみると、アメリカでは家庭訪問販売、通信販売を規制する制定法が各州で立法化されている。連邦法の規制としては、連邦取引委員会が1972年に「戸別訪問販売のためのクーリング・オフ期間」という規則を制定している。電話勧誘販売については、1994年に連邦法である「電話勧誘消費者詐欺防止法」が成立している。イギリスでは、1974年消費者信用法が訪問販売に対する規制をしている。ドイツは1985年、訪問販売及び類似取引の撤回に関する法律が制定され、1997年のEU通信販売指令を受けて2000年に通信販売法が制定された。フランスでは1993年の消費者法典の一部に、勧誘行為および訪問販売についての消費者保護に関する規定が制定されている（江頭、2013、p.145）。
4) クーリング・オフ（cooling-off）制度は、1962年、イギリスの消費者保護委員会（モロニー委員会）が訪問販売による割賦販売について72時間の無条件解約を認めるよう勧告したことを起源とし、1964年にイギリスで法制化された（圓山、2010、p.184）。わが国では昭和47年（1972年）の割賦販売法改正の際に導入され、その後、特定商取引法のほかに、宅地建物取引業法、金融商品取引法、特定商品預託取引法、保険業法等において認められている。
5) これら物品取引の適用除外のほかに、一部規定を除いて、（ⅰ）いわゆる御用聞き取引の場合、（ⅱ）常連取引の場合、（ⅲ）住居からの退去に際し、売買契約の相手方から取引を誘引した場合は、訪問購入規制の対象とされず、特定商取引法は適用されない（消費者庁ホームページ「特定商取引法ガイド／訪問購入」）。

第4章
不公正な取引方法

第1節　企業取引関係のマネジメントと不公正な取引方法

1　企業取引関係のマネジメント

　企業が商活動を進めるにおいて，取引関係のマネジメントは重要な要素である。例えば，完成品製造業者が商活動を遂行するためには，原材料・部品供給業者や他の製造業者から自社の事業に必要な原材料や部品を調達し，また製品を販売するに当たっては，流通業者にそれを扱ってもらうだろう。製品の販売がより円滑に行われるように，企業取引補助者を活用して，販売の代理や委託することが行われることもあるだろう。さらに，原材料・部品や製品の運送，保管をするために，輸送業者や倉庫業者にこれら業務を委託するだろう。

　これらはすべて取引を通じて行われる。つまり，企業が商活動を進めるに当たっては，必ず外部の企業との間で取引関係に立つことになる。この場合の取引関係としては，第2章で述べたように，供給業者や流通業者との間では売買取引関係，代理商のような企業取引補助者との間では代理または媒介という取引関係，輸送業者や倉庫業者との間では，運送契約や寄託（保管）契約などの取引関係が成立することになる。

　どのような取引関係に立つとしても，今日における高度に発達した分業社会においては，外部の企業との取引関係の存在なくして，商活動を遂行することはできない。商活動は，市場に存在するさまざまな外部の企業との関係にかかわるものだからである。したがって，企業は商活動が円滑に行われるよう，外部の企業との間の取引関係をしっかりマネジメントしなければならない。この

取引関係のマネジメントの良し悪しが，企業の商活動の成果（業績）を決める大きな要素の1つになるといえる。

　企業取引を契約という観点からみると，企業取引は契約の連鎖によって遂行されている。契約は，一般的に当事者の意思の合致によって成立する。近代社会においては，原則として（公序良俗や公共の福祉，信義則に反するとか，強行法規が存在する場合等を除いて），どのような契約を締結するかは自由であるという契約自由の原則が働く。

　しかし，このような原則の下であっても，企業取引の特殊性に鑑み，企業取引の円滑化，迅速性，安全性に配慮して，第2章で述べたように，企業取引には私法上のルールが定められており，企業取引の当事者はそのルールに従って行動することが要求される。それでもトラブルが生じたときは，民事上のルールに基づいて，基本的には当事者間で（場合によっては，司法機関や公的機関の制度を利用して）解決を図っていくこととなる。企業の商活動においては，外部の企業との取引が一定のルールに従うよう，あるいはトラブルに巻き込まれないよう，外部の企業との取引関係を絶えず適切にマネジメントしていくことが求められる。

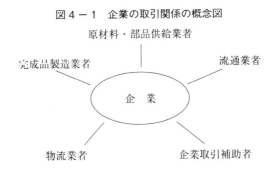

図4-1　企業の取引関係の概念図

2　不公正な取引方法の規制・禁止措置

　上述したように，企業取引においては一定の取引ルールに従えば，どのような契約を締結するかは基本的に自由であるが，一方で，公正かつ自由な競争を促進するために，当該企業取引行為が公正な競争を阻害するおそれがあり，こ

のことにより，消費者の利益の確保や国民経済の健全な発達の促進に支障が生じるような場合には，国家が法に基づき，当事者間で行われた企業取引に直接介入して，そのような取引行為を規制，禁止する措置をとっている。すなわち，企業取引のうち，独占禁止法に定める行為類型で公正競争を阻害するおそれがあるものを「不公正な取引方法」とし，これに該当する取引行為については，国家（公正取引委員会）が排除措置命令を出すなどの規制，禁止措置を行っている。

企業取引が独占禁止法に該当する不公正な取引方法である場合には，公正取引委員会から当該取引の排除措置命令が下されるばかりでなく，行為の種類によっては課徴金が徴収され，さらに刑罰が科せられることもあり得る。このような事態に陥った場合には，企業の経済的，社会的損失は大きく，また企業の信用問題にかかわり，企業のイメージダウンにもつながり，企業は重大な局面をむかえることになる。

したがって，企業としては商活動を進めるに当たって，外部の企業との取引関係が私法上のルールに従って円滑に維持されるよう，絶えず適切にマネジメントしなければならないと同時に，国家との関係において，企業取引が不公正な取引方法に該当しないように，当該取引行為を適正に規律していく取引統制システムの構築という，今1つの企業取引関係のマネジメントが必要となる。

第2節 不公正な取引方法の規制類型と規制の意義

1 不公正な取引方法の定義

不公正な取引方法の規制は，私的独占の禁止および不当な取引制限の禁止と並んで，独占禁止法（正式名称：私的独占の禁止及び公正取引の確保に関する法律，以下条文を引用する場合は，独禁法という）の主要な柱の1つである。また，企業取引を規律する重要な規制措置である。

不公正な取引方法は独禁法2条9項によって規定されており，これによれば不公正な取引方法は2つの方法により定義されている[1]。

第1は，独禁法2条9項1号ないし5号までに直接定義されているもので，「共

同の取引拒絶」,「差別対価」,「不当廉売」,「再販売価格の拘束」,「優越的地位の濫用」の5つの行為である。これを「法定の不公正な取引方法」といっている。

第2は,独禁法2条9項6号により定義されるもので,①独禁法2条9項6号のいずれかに該当する行為であって,②公正な競争を阻害するおそれがあるもののうち,③公正取引委員会が指定するものである。

第2の不公正な取引方法は,公正取引委員会が独禁法2条9項6号の規定を受けて告示という形で指定を行っているが,これは2つの種類に分かれる。

その1つは,不公正な取引方法の一般指定と呼ばれるもので,あらゆる事業分野の事業者に一般的に適用されるものである。公正取引委員会では「不公正な取引方法」(昭和57年6月18日公正取引委員会告示15号,改正昭和21年10月28日公正取引委員会告示18号)を公表し,現在では後述するように,15項からなる不公正な取引方法が一般指定されている。

今1つは,特殊指定といわれるもので,特定の事業者・業界に固有な行為を不公正な取引方法として指定し,当該事業者・業界にのみ適用される。現在,大規模小売業による納入業者との取引,特定荷主の物品の運送または保管の委託,および新聞業の3つについて指定されている。

このように,公正取引委員会の指定は一般指定と特殊指定の2つに分かれるが,特殊指定は事業分野が限られており,一般性に欠けることから,独禁法2条9項6号にいう不公正な取引方法という場合には,通常,一般指定のことをいうとされている。

事業者は,不公正な取引方法を用いてはならず(独禁法19条),事業者の不公正な取引方法に違反する行為があるときは,公正取引委員会は事業者に対し,当該行為の差止め,契約条項の削除その他当該行為を排除するために必要な措置を命ずることができる(独禁法20条)。これを排除措置命令といっている。

この排除措置命令は,法定の不公正な取引方法であれ,公正取引委員会の指定した不公正な取引方法であれ,同じように適用されるが,課徴金の対象となるか否かで差異がある。すなわち,法定の不公正な取引方法は課徴金の対象行為となるが,公正取引委員会の指定する不公正な取引方法は課徴金の対象とは

図4-2　不公正な取引方法の類型

- 不公正な取引方法
  - 法定の不公正な取引方法（独禁法2条9項）
    - 共同の取引拒絶（1号）
    - 差別対価（2号）
    - 不当廉売（3号）
    - 再販売価格の拘束（4号）
    - 優越的地位の濫用（5号）
  - 一般指定（公正取引委員会告示）
    - 共同の取引拒絶（1項）
    - その他の取引拒絶（2項）
    - 差別対価（3項）
    - 取引条件等の差別的取扱い（4項）
    - 事業者団体における差別的取扱い等（5項）
    - 不当廉売（6項）
    - 不当高価購入（7項）
    - ぎまん的顧客誘引（8項）
    - 不当な利益による顧客誘引（9項）
    - 抱き合わせ販売等（10項）
    - 排他条件付取引（11項）
    - 拘束条件付取引（12項）
    - 優越的地位の濫用（13項）
    - 競争者に対する取引妨害（14項）
    - 競争会社に対する内部干渉（15項）

備考：1）共同の取引拒絶，差別対価，不当廉売，優越的地位の濫用の4つの行為類型については，法定の不公正な取引方法と一般指定の両方に規定されているが，規制の内容が異なる。
　　　2）特殊指定を除く。

ならない。ただし，法定の不公正な取引方法の中でも違いがあり，優越的地位の濫用の行為は1回でも行えば課徴金が課せられるが，それ以外の行為（共同の取引拒絶，差別対価，不当廉売，再販売価格の拘束）については，10年以内に繰り返し行った場合にのみ課徴金の対象となる。

2　不公正な取引方法の規制の社会的機能

　不公正な取引方法は公正な競争を阻害するおそれがあるとして，前述した一定の行為類型が規制対象となっているが，不公正な取引方法を規制する社会的機能として，以下の3点があげられる（松下，2011, pp.145-147）。
　第1は，不公正な取引方法の禁止は，私的独占の予防措置として機能すると

いうことである。私的独占の禁止その他の独占禁止法の規制は、市場を競争的環境の下に置くことになるが、まったくそれ以上、独占禁止法の規制を行わないとすると、各種の不公正な取引方法が行われ、これによりこれを用いる事業者が他社に比較して経済的に有利になり、ひいては私的独占が可能となるような経済力の形成が行われ、あるいは、不公正な取引方法がそれ自体として一定の取引分野における競争を実質的に制限するようになり、私的独占が行われるに至る。そこで、このような事態にならないようにするため、不公正な取引方法の禁止を行って、私的独占を予防するということである。

つまり、不公正な取引方法の禁止は、放置すれば私的独占に発展する可能性のある行為を萌芽のうちに規制することによって、私的独占を予防しようとすることに特色がある。

第2は、消費者保護と密接に関係して機能していることである。例えば、再販売価格の拘束、抱き合わせ販売等の規制、ぎまん的顧客誘引および不当な利益による顧客誘引の禁止等は消費者保護と密接な関係がある。このような規定は私的独占の予防というよりも、競争のあり方を適正にすることによって消費者の保護を図ることに、その社会的役割がある。

第3は、経済的弱者の保護として機能するということである。その典型例は、優越的地位の濫用の禁止である。優越的地位の濫用とは、簡単にいえば事業者が取引の相手方に対して取引上の優越した地位を不当に利用して、相手方に不利な条件で取引することである。当該取引の相手方はその競争者との関係において競争上不利となり、交渉力の弱い者は不利な条件を甘受せざるを得なくなる。不公正な取引方法は、このような優越的地位の濫用を禁止し、もって経済的弱者の保護の機能を果たしている。

3　公正競争阻害性の内容

不公正な取引方法は、独禁法2条9項および一般指定に規定されているように、「正当な理由がないのに」、「不当に」、または「正常な商慣習に照らして不当な」という要件が定められているが、これは「公正な競争を阻害するおそれ」があるという意味であり、「公正競争阻害性」といっている。つまり、不公正

な取引方法は公正競争阻害性を有する行為がある場合に，規制の対象としている。

　公正競争阻害性の内容については，大きく3つのタイプに分かれ，自由競争の減殺，競争手段の不公正，自由競争基盤の侵害の3つである（川濱・瀬領・泉水・和久井，2010，pp.165-167）。

　自由競争の減殺とは，事業者間の自由な競争が妨げられることである。それは，（ⅰ）市場支配力を形成，維持，強化するとまではいえなくても，その力の行使を促進する行為，（ⅱ）市場支配力より低いレベルの力，またはその前段階の（萌芽的な）力を形成，維持，強化する行為に，自由競争の減殺が認められる。

　競争手段の不公正とは，能率競争による競争を妨害するような競争手段を不公正であるとして非難するものである。消費者を誤認させて顧客を獲得しようとする表示等がその例にあたる。手段自体の不当性は，競争者の事業活動に対するあからさまな妨害を行うなど，取引相手や競争者を傷つけ，または侵害することが明瞭な場合で，それによって競争が行われなくなるおそれがある場合にも認められる。

　自由競争基盤の侵害とは，取引主体が取引の諾否・取引条件について自由で自主的に判断することによって取引が行われることが自由競争の基盤であり，そのような基盤が侵害されることを不当だとするものである。これは，優越的地位の濫用の禁止を説明するためにつくりだされた考え方である。

　以上のように，公正競争阻害性は3つのタイプに分けることができるが，不公正な取引方法は公正な競争を阻害する「おそれ」があれば足りるとされる。したがって，ある行為が公正な競争を阻害する可能性があれば不公正な取引方法の構成要件を充足しているわけであり，必ずしも現実に公正な競争が阻害されたとか，阻害される公算が極めて高いということまでは考える必要はないと考えるべきであろう。すなわち，ある行為が公正な競争を阻害する「性格」を備えていれば，不公正な取引方法の要件は充たされたということができるだろう（松下，2011，p.146）。

第3節　不公正な取引方法の類型別概要

　図4-2に掲げた不公正な取引方法の類型として，法定の不公正な取引方法と公正取引委員会が告示した一般指定をとりあげ，いくつかの共通するグループに分類して，その概要を述べる。

1　不当な差別的取扱い
　これには，共同の取引拒絶，その他の取引拒絶，差別対価，取引条件等の差別的取扱い，事業者団体における差別的取扱い等がある。
(1)　共同の取引拒絶
　独禁法2条9項1号に規定する法定の「共同の取引拒絶」とは，「正当な理由がないのに，競争者と共同して，次のいずれかに該当する行為をすること」であるとし，不公正な取引方法としている。
イ　ある事業者に対し，供給を拒絶し，または供給に係る商品もしくは役務の数量もしくは内容を制限すること
ロ　他の事業者に，ある事業者に対する供給を拒絶させ，または供給に係る商品もしくは役務の数量もしくは内容を制限させること
　上記のイについては直接の取引（供給）拒絶を，ロについては間接の取引（供給）拒絶を規定している。
　共同の取引拒絶は，原則として公正競争阻害性をもち，違法と考えられている。その理由として，共同の取引拒絶は競争者がその経済力を糾合して，ある特定の者を排除する行為であり，それの対象となった者は他に取引先を見つけるのが困難で市場から排除される可能性があるからである。また，それの対象となった者が他に取引先を容易に見出すことができる状況において共同の取引拒絶を行っても効果が薄く，共同の取引拒絶を行っただけ損だということになるので，通常は，共同の取引拒絶は競争者の共同行為によって行われることとなる。
　さらに，共同の取引拒絶は競争者の共同行為によって行われるものであるので，競争者相互間において取引の相手方選択の自由が制限され，カルテルに類

似した効果をも有する。このことから，共同の取引拒絶は競争政策の観点からは，通常は価値を認めがたいことから，原則的に違法であると考えられている（松下，2011，p.164）。

共同の取引拒絶は，一般指定1項にも規定されている。法定の共同の取引拒絶は，供給に係る取引拒絶のみが規定され，購入に係る取引拒絶は規定されていないことから，購入に係る共同の取引拒絶（共同の購入拒絶）は一般指定1項によることになる。したがって，共同の取引拒絶のうちで，共同の供給拒絶は課徴金徴収の対象とされ，共同の購入拒絶は課徴金徴収の対象とされないということになる。

共同の取引拒絶は，いわゆる共同ボイコットであり，「流通・取引慣行に関する独占禁止法上の指針」（平成3年7月11日，平成22年1月1日改正。以下，「流通・取引慣行ガイドライン」という）において，共同ボイコットを原則的に違法としている。すなわち，事業者が競争者や取引先等と共同してまたは事業者団体が，新規参入者の市場への参入を妨げたり，既存の事業者を市場から排除しようとする行為は，競争が有効に行われるための前提条件となる事業者の市場への参入の自由を侵害するものであり，原則として違法となるとする。

共同ボイコットにはさまざまな態様のものがあるが，共同ボイコットが行われ，行為者の数，市場における地位，商品または役務の特性等からみて，事業者が市場に参入することが著しく困難となり，または市場から排除されることとなることによって，市場における競争が実質的に制限される場合には不当な取引制限として違法となる。市場における競争が実質的に制限されるまでには至らない場合であっても，共同ボイコットは一般に公正な競争を阻害するおそれがあり，原則として不公正な取引方法として違法となる。また，事業者団体は共同ボイコットを行う場合にも，事業者団体による競争の実質的制限行為または競争阻害行為として原則として違法となる（「流通・取引慣行ガイドライン」第1部 第二共同ボイコット）。

以下の事例は，共同の取引拒絶に該当するとして，新潟市に所在するタクシー事業者20社に対し，公正取引委員会が排除措置命令を行った審決例である（平成19年6月25日審決）。その審決例の概要は以下のとおりである。

第4章 不公正な取引方法　141

［審決例］
　低額なタクシー運賃等を適用しているタクシー事業者が共通乗車券事業に係る契約を締結することができないようにすることを目的として，（株）新潟ハイタク共通乗車券センターを解散させるとともに，新たに共通乗車券事業者3社を設立し，当該3社と低額なタクシー運賃等を適用していた3社との間の共通乗車券事業に係る契約を締結することを認めないようにすることとし，これに基づき，共同して，（株）新潟ハイタク共同乗車券センターおよび共通乗車券事業者3社に，低額なタクシー運賃等を適用していた3社との新潟交通圏における共通乗車券事業に係る契約を拒絶させている。
　これに対して，公正取引委員会は上記行為を取りやめ，その措置および今後同様の行為を行わないことを，契約を締結していた官公庁，企業等に通知し，今後，正当な理由がないのに，共通乗車券を営む者をして，低額なタクシー運賃等を適用する事業者との間に共通乗車券事業に係る契約を締結させないようにしてはならないとの排除措置命令を行った。
　なお，新潟ハイタクセンターは，平成14年ごろ，公正取引委員会に対して本件違反行為と同様の行為について独占禁止法に抵触するか否かについて相談を行った際，同行為が原則として独占禁止法に違反する旨の回答を受けていたものである。
　上記事例にみられるような共同の取引拒絶は，競争を排除し，価格形成にも影響を与えることから，公正な競争を阻害することになり，しかも本件事例では事前相談において原則として独占禁止法に違反すると回答を受けているにもかかわらず，同行為を行ったことは事業者のコンプライアンスからみて問題視されるケースである。

(2) その他の取引拒絶
　一般指定2項は，「不当に，ある事業者に対し取引を拒絶し若しくは取引に係る商品若しくは役務の数量若しくは内容を制限し，又は他の事業者にこれらに該当する行為をさせること」を「その他の取引拒絶」として，不公正な取引方法とする。共同の取引拒絶は独禁法2条9項1号で規定されているので，一般指定2項で規定する「その他の取引拒絶」は，単独の事業者による取引拒絶

である。

　一般に，事業者がどの事業者と取引するかは，基本的に取引先の選択は自由である。事業者が価格，品質，サービス等の要因を考慮して，独自の判断によって，ある事業者と取引しないこととしても，基本的には違法とはいえない。しかし，「流通・取引慣行ガイドライン」によれば，事業者が単独で行う取引拒絶であっても，例外的に①独占禁止法上違法な行為の実効を確保するための手段として取引を拒絶する場合には違法となり，また②競争者を市場から排除するなどの独占禁止法上不当な目的を達成するための手段として取引を拒絶する場合には，独占禁止法上問題になるとしている。

(3) 差別対価

　独禁法2条9項2号に規定する法定の「差別対価」とは，「不当に，地域又は相手方により差別的な対価をもって，商品又は役務を継続して供給することであって，他の事業者の事業活動を困難にさせるおそれがあるもの」であり，不公正な取引方法とする。一般指定3項では，差別対価は，「独占禁止法2条第9項第2号に該当する行為のほか，不当に，地域又は相手方により差別的な対価をもって，商品若しくは役務を供給し，又はこれらの供給を受けること」と規定する。

　両者の規定を比較すると，法定の差別対価では，一般指定3項の要件に，継続性および他の事業者の事業活動を困難にするおそれの2つの要件を追加し，また法定の差別対価には供給を受けることは含まれないことから，供給を受ける際の差別対価は一般指定によるということになる。

　差別対価は，同じ事業者が実質的に同一の商品について異なる地域または相手方により価格に差をつけることであるが，それが競争を不当に阻害することが立証される場合に違法となる。実際の取引において，競争の結果，地域によってまたは相手方によって異なる価格が設定されることはよくみられることであり，それ自体をもって直ちに差別対価として違法であるとはいえないだろう。

　例えば，ある事業者が異なる地域に商品を供給する場合，運賃，包装等に要する費用が異なるのであれば，その費用の差異を反映して卸売価格が異なるのはあり得ることである。また取引の相手方によって，販売数量，取引条件，保

証条件，販売促進援助等が異なり，そのために価格差が生じることもあるであろう。このように，地域の違いによる費用差に基づく価格の差，あるいは相手方との販売数量，取引条件等の違いによる価格の差は正当化されるだろう。したがって差別対価は，それが「不当に」，つまり公正な競争が阻害される場合に違法とされるということになる。

公正取引委員会の相談事例集によれば[2]，差別対価の相談事例として，化学品メーカーの卸売業者に対する仕切価格の差の設定（引下げ）の事案については，独占禁止法上問題ないと回答した事例がある（平成12年相談事例）。この相談事例の概要は以下のとおりである。

[相談事例]

A社は，化学品のP製品市場で有力なメーカーであるが，ほかにも有力なメーカーが複数存在する。P製品はメーカーから卸売業者を通じてユーザーに販売されるが，昨今，ユーザーからの値引要求が強まっている。A社製P製品についても，取引先卸売業者はある程度はユーザーからの値引要請に応じざるを得ないが，A社の現在の仕切価格（卸売業者への販売価格）のままでは値引要請に対応し得なくなってきている。

A社では，これまで仕切価格を一本とし，事後値引きは一切行わないこととしてきたが，このような状況であることから，平成12年以降は，他メーカーと競合する一部のP製品について，品目ごとに仕切価格の修正（品目により一律に1～3%引き）を行うこととしている。仕切価格の修正の対象となる卸売業者は，当該卸売業者におけるP製品のメーカー別購入額順位の上位10位以内にA社が入るものとしたいが，独占禁止法上問題ないかという相談内容であった。

この相談に対し，公正取引委員会は差別対価の観点から検討し，①事業者が自己の商品または役務の対価をどのように設定するかは，本来事業者の自由であり，取引先によって価格差が存在すること自体，直ちに違法となるものではない。②本件の場合，A社の仕切価格の修正がA社の競争者や卸売業者に与える影響をみると，（ⅰ）P製品市場には，A社のほかにも複数の有力なメー

カーが存在すること，(ⅱ) 仕切価格の修正は，品目により一律1～3%引きにとどまり，累進的なものでないこと，(ⅲ) 仕切価格修正の基準は，A社製P製品の購入額が上位10位以内に入ればよいというのみであることから，本件の仕切価格の修正がA社の競争者や卸売業者に与える影響は小さいと考えられ，直ちに独占禁止法上問題となるものではない。

以上のような考えを示したうえで，A社が自社製P製品の購入実績に応じて卸売業者への仕切価格を引き下げることは，独占禁止法上問題ないと回答している。

上記事案は，同一商品について異なる相手方に対し，仕切価格を修正し，価格に差を設ける相談であるが，価格差は少なく，他の事業者に与える影響は小さいと判断されることから，購入実績に応じて価格差を設けることは，通常の取引の範囲内に入ると判断されたものである。

(4) 取引条件等の差別的取扱い

一般指定4項は，「不当に，ある事業者に対し取引の条件又は実施について有利な又は不利な取扱いをすること」を「取引条件等の差別的取扱い」とし，不公正な取引方法とする。価格以外の取引条件，例えば代金決済条件，リベート等について差別的取扱いをする場合がこれに該当する。

(5) 事業者団体における差別的取扱い等

一般指定5項は，「事業者団体若しくは共同行為からある事業者を不当に排斥し，又は事業者団体の内部若しくは共同行為においてある事業者を不当に差別的に取り扱い，その事業者の事業活動を困難にさせること」を「事業者団体における差別取扱い等」とし，不公正な取引方法とする。

2 不当対価

不当対価には，不当廉売と不当高価購入がある。不当廉売はさらに，法定不当廉売（独禁法2条9項3号）と一般指定6項の不当廉売がある。

(1) 法定不当廉売

独禁法2条9項3号に規定する法定の「不当廉売」とは，「正当な理由がないのに，商品又は役務をその供給に要する費用を著しく下回る対価で継続して

供給することであって，他の事業者の事業活動を困難にさせるおそれがあるもの」であるとし，不公正な取引方法とする。

　公正取引委員会では不当廉売の禁止について，「不当廉売に関する独占禁止法上の考え方」（平成21年12月18日。以下，不当廉売ガイドラインという）を公表している。

　この不当廉売ガイドラインによれば，独占禁止法上，企業努力による価格の安さ自体を不当視するものではないことは当然であるが，逆に価格の安さを常に正当視するものでもない。企業の効率性によって達成した低価格で商品を提供するのではなく，採算を度外視した低価格によって顧客を獲得しようとするのは，独占禁止法上の目的からみて問題がある場合がある。正当な理由がないのにコストを下回る価格，いいかえれば他の商品の供給による利益その他の資金を投入するのでなければ供給を継続することができないような低価格を設定することによって競争者の顧客を獲得することは，企業の努力または正常な競争過程を反映せず，廉売を行っている事業者（廉売行為者）自らと同等またはそれ以上に効率的な事業者の事業活動を困難にさせるおそれがあり，公正な競争秩序に影響を及ぼすおそれがある場合もあるからであると，不当廉売規制の目的を述べている。

　不当廉売ガイドラインでは，法定不当廉売の要件は，廉売の態様（価格・費用基準および継続性），他の事業者の事業活動を困難にさせるおそれ，および正当な理由の3つの面からとらえることができるとする。

① 廉売の態様（価格・費用基準および継続性）

　不当廉売規制の目的の1つは，廉売行為者自らと同等またはそれ以上に効率的な事業者の事業活動を困難にさせるおそれがあるような廉売を規制することにあり，事業者が自らの企業努力または正常な競争過程を反映した価格設定を行うことは妨げられていない。例えば，商品の価格が「供給に要する費用」，すなわち総販売原価を下回っても，供給を継続した方が当該商品の供給に係る損失が小さくなるときは，当該価格で供給することは合理的である。

　しかし逆に，商品の供給が増大するにつれ損失が拡大するような価格設定行為は，むしろ供給しない方が費用の負担を免れることができることから，特段

の事情がない限り，経済合理性はないものといえる。したがって，価格設定についての経済合理性の有無は，廉売の対象となった商品（廉売対象商品）を発生する費用と価格との比較により判断することが適当である。

総販売原価を著しく下回る価格であるかどうかは，廉売対象商品を供給することによって発生する費用を下回る収入しか得られないような価格であるかどうかという観点から，事案に即して算定されることになる。この算定に当たっては，次の点に留意する。

(ⅰ) 供給に要する費用には，廉売対象商品を供給しなければ発生しない費用（可変的性質を持つ費用）とそれ以外の費用とがある。可変的性質を持つ費用でさえ回収できないような低い価格を設定すれば，廉売対象商品の供給が増大するにつれ損失が拡大する。したがって，可変的性質を持つ費用を下回る価格は，「供給に要する費用を下回る対価」であると推定される（他方，可変的性質を持つ費用以上の価格は「供給に要する費用を著しく下回る対価」ではないので，その価格での供給は，法定不当廉売に該当することはない。）。

(ⅱ) 可変的性質を持つ費用に該当する費用かどうかについては，廉売対象商品の供給量の変化に応じて増減する費用か，廉売対象商品の供給と密接な関連性を有する費用かという観点から評価する。

また不当廉売となるためには，一般的には，廉売がある程度「継続して」行われる場合である。「継続して」とは，相当期間にわたって繰り返し廉売を行い，または廉売を行っている事業者の営業方針等から客観的にそれが予想されることであるが，毎日継続して行われることを必ずしも要しない。

② 他の事業者の事業活動を困難にさせるおそれ

他の事業者とは，通常の場合，廉売対象商品について当該廉売を行っている者と競争関係にある者を指すが，廉売の態様によっては，競争関係にない者が含まれる場合もあり得る。事業活動を困難にさせるおそれがあるとは，現に事業活動が困難になることは必要なく，諸般の状況からそのような結果が招来される具体的な可能性が認められた場合を含む。

③　正当な理由

　上記①および②の要件に当たるものであっても，廉売を正当化する特段の事情があれば，公正な競争を阻害するおそれがあるものとはいえず，不当廉売とはならない。例えば，需給関係から廉売対象商品の販売価格が低落している場合や，廉売対象商品の原材料の再調達価格が取得原価より低くなっている場合において，商品や原材料の市況に対応して低い価格を設定したとき，商品の価格を決定した後に原材料を調達する取引において，想定しがたい原材料価格の高騰により結果として供給に要する費用を著しく下回ることとなったときは，正当な理由があるものと考えられる。

　例えば，生鮮食料品のようにその品質が急速に低下するおそれがあるものや季節商品のようにその販売の最盛期を過ぎたものについて，見切り販売をする必要がある場合は，可変的性質をもつ費用を下回るような低い価格を設定することに「正当な理由」があるものと考えられる。きず物，はんぱ物その他の瑕疵のある商品について相応の低い価格を設定する場合も同様に考えられる。

(2)　一般指定6項の不当廉売

　不当廉売は，一般指定6項においても規定され，「法第二条第九項第三号に該当する行為のほか，不当に商品又は役務を低い対価で供給し，他の事業者の事業活動を困難にさせるおそれがあること」を不公正な取引方法とする。

　不当廉売ガイドラインによれば，法定不当廉売の要件である価格・費用基準および継続性のいずれかまたは両方を満たさない場合，すなわち廉売行為者が可変的性質をもつ費用以上の価格（総販売原価を下回ることが前提）で供給する場合や可変的性質をもつ費用を下回る価格で単発的に供給する場合であっても，廉売対象商品の特性，廉売行為者の意図・目的，廉売の効果，市場全体の状況等からみて，公正な競争秩序に悪影響を与えるときは，一般指定6項の不公正な取引方法に該当し，不当廉売として規制されるとする。

　次の事例は不当廉売に該当するとして，栃木県小山市において給油所を運営する石油製品小売業者2社に対し排除措置命令を行った審決である（平成19年11月27日審決）。その審決例の概要は以下のとおりである。

［審決例］

　事例1　(株)シンエネコーポレーションは，栃木県小山市において運営する3つの給油所のいずれかにおける普通揮発油の販売価格が小山市に所在する給油所の販売価格の中で最も低い価格となるよう販売価格を設定し，それぞれの給油所の店頭に掲示して一般消費者に周知していた。当該3給油所において，いずれも平成19年6月28日から同年8月3日までの37日間，それぞれの仕入価格（運送費を含む）を最大で10円以上下回る価格で販売し，小山市における石油製品小売業者の事業活動を困難にさせるおそれを生じさせた。

　事例2　(株)東日本宇佐美は，栃木県小山市において運営する3つの給油所のいずれかにおける普通揮発油の販売価格が小山市における販売価格のうち最も低い価格よりも1円程度高い価格となるよう当該3給油所における販売価格を設定した。それぞれの給油所においていずれも平成19年6月28日から同年8月3日までの37日間，1給油所において同年6月28日から同年8月2日までの36日間，それぞれの仕入価格を最大で10円以上下回る価格で販売し，小山市における石油製品小売業者の事業活動を困難にさせるおそれを生じさせた。

　これに対し，公正取引委員会は，これら2社に対し，普通揮発油をその仕入価格を下回る価格で販売する行為を取りやめ，それを周知し，今後このような行為をしてはならないという排除措置命令を行った。

　上記事例は，いずれも原価（仕入価格）よりも下回る価格（最大で10円以上）で販売しており，これによって，他の事業者の事業活動を困難にさせるおそれを生じさせているのは，不当廉売に該当すると判断したものである。

(3) 不当高価購入

　一般指定7項は，「不当に商品又は役務を高い対価で購入し，他の事業者の事業活動を困難にさせるおそれがあること」を「不当高価購入」とし，不公正な取引方法とする。市場価格を上回る価格で購入することにより，競争者の原材料等の入手を困難にさせる等の例がこれに該当する。

3　不当な顧客誘引・取引の強制

　不当な顧客誘引・取引の強制（独禁法2条9項6号ハ）には，ぎまん的顧客誘引，

不当な利益による顧客誘引および抱き合わせ販売等がある。

(1) ぎまん的顧客誘引

　一般指定8項は、「自己の供給する商品又は役務の内容又は取引条件その他これらの取引に関する事項について、実際のもの又は競争者に係るものよりも著しく優良又は有利であると顧客に誤認させることにより、競争者の顧客を自己と取引するように不当に誘引すること」を「ぎまん的顧客誘引」とし、不公正な取引方法とする。

　ぎまん的顧客誘引は、顧客誘引行為自体が競争手段として不公正であり、原則として公正競争阻害性をもつものと考えられ、その例として、不当表示、虚偽広告、不当な特殊販売等があげられる。

　ぎまん的顧客誘引は事業者に対するものと消費者に対するものがあるが、消費者に対するぎまん的顧客誘引は、景品表示法（正式名称は不当景品類及び不当表示防止法）によって規制されていることから[3]、一般指定8項に規定するぎまん的顧客誘引は、事業者に対する不当表示および表示以外のぎまん的顧客誘引行為が実質的な規制対象となる。

　ぎまん的顧客誘引については、その多くが対消費者販売においてみられ、対事業者向けに一般指定8項が適用される事例は、マルチ商法における不当な特約店勧誘方法等比較的少ない。

(2) 不当な利益による顧客誘引

　一般指定9項は、「正常な商慣習に照らして不当な利益をもって、競争者の顧客を自己と取引するように誘引すること」を「不当な利益による顧客誘引」とし、不公正な取引方法とする。

　この規定は、具体的には景品、供応、その他の経済的利益を提供することによって、顧客を不当に誘引することを規制するものである。このうち、景品付販売については景品表示法によって規制されているので、一般指定9項が適用されるのは、景品以外の不当な利益による顧客誘引、例えば取引付随性がないもの、取引の直接の相手方でない者への提供などであるとされる。

　過度の景品の提供は購買者の射幸心を煽り、競争手段として不公正であり、顧客の正しい選択を歪めることとなるので、景品表示法ではこれを違法として

排除命令が発動されたケースはあるが，一般指定9項に規定する不当な利益による顧客誘引によって違法とされた例は少ない。

(3) 抱き合わせ販売等

一般指定10項は，「相手方に対し，不当に，商品又は役務の供給に併せて他の商品又は役務を自己又は自己の指定する事業者から購入させ，その他自己又は自己の指定する事業者と取引するように強制すること」を「抱き合わせ販売等」とし，不公正な取引方法とする。

この規定の前段は抱き合わせ販売であり，後段はそれ以外の取引強制である。後段に該当する例として，買い手に対して売り手が販売する全商品の購入を強制すること（全量購入条件付取引），あるいは商品を販売する際の条件として，買い手の商品を売り手に販売させること（互恵取引または相互取引）などの形態がある。抱き合わせ販売とそれ以外の取引強制とは共通点が多く，不公正な取引方法としての要件もほぼ同じであることから，ここでは抱き合わせ販売について述べることとする。

抱き合わせ販売とは，売り手が買い手に対し，自己の抱き合わせ商品と被抱き合わせ商品を一括して購入等をするように強制することである。一般的には抱き合わせ商品は人気商品，被抱き合わせ商品は不人気商品であることが多い。

抱き合わせ販売は，しばしば売り手が抱き合わせ商品について独占力，ないし独占力とまではいかなくても十分な経済力を有している場合，これと他の商品（被抱き合わせ商品）を結合させて販売するという形をとる。このような販売が行われると，被抱き合わせ商品を販売している他の競争者は販売機会を奪われ，また新規参入が妨げられることになる。他方，買い手側にとっても，このような販売が行われることによって，自らの判断によって商品を選択して購入するという自由が奪われることになる。このような点からみると，抱き合わせ販売は売り手が抱き合わせ商品について独占力または十分な経済力を有し，被抱き合わせ商品の購入を買い手に押し付けることができる場合に不当性があるということができよう（松下，2011, p.180）。

抱き合わせ販売が違法とされた重要事件の1つがマイクロソフト事件であ

る。この事件の概要は以下のとおりである（平成10年12月14日審決）。

　日本マイクロソフト社は，表計算ソフト「エクセル」では業界1位であったが，ワープロソフト「ワード」およびスケジュール管理ソフト「アウトルック」は他社が有力であった。そこで，同社はパソコン製造業者に対して，「エクセル」（抱き合わせ商品）と「ワード」（被抱き合わせ商品），「アウトルック」（被抱き合わせ商品）を結合させてライセンスすることとした。これに対し，パソコン製造業者はワープロソフトおよびスケジュール管理ソフトについてはすでに他社の製品を使用していたので，「エクセル」のみのライセンスを要請したが，同社がこれを拒絶したため，パソコン製造業者はこれら3つのソフトを受け入れ，その結果，同社はワープロソフト「ワード」およびスケジュール管理ソフト「アウトルック」の分野においてもシェアを拡大し，それぞれ業界1位となった。

　公正取引委員会は，このような販売形態は一般指定10項の抱き合わせ販売に該当するとして，同社に勧告し，これを応諾したため勧告審決が出され，このような抱き合わせ販売を取りやめ，今後ともこのような抱き合わせ販売を行わないこととされた。

　抱き合わせ販売はすべてが違法となるのではなく（「不当に」が必要），抱き合わせを行う正当化事由があれば，抱き合わせは問題とならないとされる。以下の事例は，バイオ検査機器メーカーによる検査機器と検査試薬のセット販売の事前相談であるが，この事例では直ちに独占禁止法上問題となるものではないと回答している（平成17年度相談事例）。

［相談事例］
　A社はバイオ検査機器，検査試薬などの開発・製造・販売を行うメーカーであり，食品メーカー等の企業等と直接取引している。通常，検査機器メーカーは検査機器については企業等にリースし，検査試薬は別途販売して，それぞれの代金を個別に請求しているが，A社は検査試薬の売上の安定化を確保するため，検査機器と検査試薬を合わせて販売することを検討している。具体的には以下のとおり，1検査当たりの料金を設定する新方式の取引方法を用いたい

としている。

①新方式では，企業等が検査機器を購入する場合に要する費用と，その検査機器の稼動期間に想定される検査試薬の総費用を合わせた金額を当該稼動期間に想定される検査回数で割ることで，検査項目ごとの検査1回当たりの料金を設定する。実際の請求は企業等が一定期間に行った検査回数に当該検査1回当たりの料金を乗じた額を利用料として請求する。

②新方式の導入が検討されているのは，検査分野のうちX分野の取引である。X分野については，検査機器はA社が自社で製造しているが，これに使用できる検査試薬はA社製のものに限らず，複数メーカーの検査試薬が使用可能である。また，A社を含めこれら複数メーカーの検査試薬は，他社製の検査機器においても使用可能である。X分野におけるA社の国内シェアは検査機器では40％，検査試薬では20％であり，順位はいずれも2位である。なお，A社はX分野の取引において企業等からの申し出があれば，検査機器や検査試薬を別途個別に販売するとしている。

上記のA社の相談に対し，公正取引委員会はこの事案に対する独占禁止法上の考え方を示し，以下のように回答している。

本件について，国内のX分野における検査試薬の販売における競争に及ぼす影響について検討すると，A社製の検査機器に使用可能な検査試薬は複数存在し，企業等は取引条件等を勘案のうえ，いずれかの検査試薬を選択し，購入することとなるが，本件においてA社が検査機器に組み合わせて供給するのは，検査において使用する検査試薬であることから，企業等に対して不当に不利益を課すものとは認められない。

他方，A社が本件新方式の取引方法をX分野において取引を行うすべての企業等に対して用いるとした場合，A社の市場での地位を鑑みれば，他の検査試薬メーカーはA社の検査機器を使用する企業等との取引から排除され，公正な競争が阻害されるおそれが強い。

しかしながら，A社は企業等からの申し出があれば，検査機器や検査試薬を別途個別に販売することとしており，企業等は取引条件等を勘案の上，検査試薬を選択し，ほかのメーカーから購入することも可能である。したがって，

本件新方式の取引方法がX分野の検査試薬の販売における公正な競争を阻害するとまでは認められない。

以上の点から、A社が本件新方式の取引方法を用いることは、直ちに独占禁止法上問題となるものではない。ただし、本件新方式における取引条件を別途個別の取引を行った場合と比べて著しく有利とするなど、事実上、本件新方式以外の取引方法を選択することが妨げられる場合には、この限りではない。

上記の相談事例に対する公正取引委員会の回答は以上のとおりであるが、公正取引委員会としては上記バイオ検査機器メーカーによる検査機器と検査試薬の抱き合わせ販売は、公正競争を阻害する段階に至っておらず、違法ではないと判断したものである。

4 事業活動の不当拘束

事業活動の不当拘束（独禁法2条9項6号ニ）には、排他条件付取引、再販売価格の拘束および拘束条件付取引がある。再販売価格の拘束は、平成21年の改正により、法定の不公正な取引方法として規定され、課徴金の対象となった。

(1) 排他条件付取引

一般指定11項は、「不当に、相手方が競争者と取引をしないことを条件として当該相手方と取引し、競争者の取引の機会を減少させるおそれがあること」を「排他条件付取引」とし、不公正な取引方法とする。

排他条件付取引には、①排他的受入契約と②排他的供給契約がある。前者は売り手に対して自己の競争者に販売しないことを条件として購入するもので、一手販売契約、輸入総代理店契約などがある。後者は買い手に対して自己の競争者から購入しないことを条件として販売するもので、専売店制、特約店制、全量購入義務などがある。両者の違いは、拘束する事業者が売り手か買い手かであって、それを除けば自己の競争者と取引をしないことを条件として取引をするという点では同じである。

排他条件付取引は、例えば専売店制の場合のように、競争者のただ乗りを排除するために排他条件付取引を行うことには、事業上の利点があり得るから、一概には違法とはいえないであろう。しかし、排他条件付取引が市場における

有力な事業者によって行われる場合には、競争者が市場から排除され、競争者の取引の機会を減少させるおそれがあることから、排他条件付取引を規制する必要がある。

　排他条件付取引については、「流通・取引慣行ガイドライン」において具体的な規定を置き、違法性の判断基準を示している。このガイドラインによると、市場における有力な事業者が取引先事業者に対し、自己または自己と密接な関係にある事業者の競争者と取引をしないよう拘束する条件をつけて取引をする行為または取引先事業者に自己または自己と密接な関係にある事業者との取引を拒絶させる行為を行い、これによって競争者の取引の機会が減少し、他に代わり得る取引先を容易に見いだすことができなくなるおそれがある場合には、当該行為は不公正な取引方法に該当し、違法となるとする（「流通・取引慣行ガイドライン」第1部 第四 取引先事業者に対する自己の競争者との取引の制限）。排他条件付取引として、以下のものがあげられている。

①市場における有力な原材料製造業者が取引先製造業者に対し、自己以外の原材料製造業者と取引する場合には原材料の供給を打ち切る旨通知し、または示唆して自己以外の原材料製造業者とは取引しないよう要請すること

②市場における有力な完成品製造業者が有力な部品製造業者に対し、自己の競争者である完成品製造業者には部品を販売せず、または部品の販売を制限するよう要請し、その旨の同意を取り付けること

「市場における有力な事業者」とは、当該市場（行為の対象となる商品と機能・効用が同様であり、地理的条件、取引先との関係等から相互に競争関係にある商品の市場）におけるシェアが10％以上またはその順位が3位以内であることが一応の目安となる。しかし、この目安を超えたのみで、その事業者の行為が違法とされるものではなく、当該行為によって、「競争者の取引の機会が減少し、他に代わり得る取引先を容易に見いだすことができなくなるおそれがある場合」に違法となるとする。では、どのような場合がそれに該当するのか、「流通・取引慣行ガイドライン」では、次の事項を総合的に考慮して判断することとなるとする。

　①　対象商品の市場全体の状況（市場集中度、商品特性、製品差別化の程度、流

通経路，新規参入の難易性等）
② 行為者の市場における地位（シェア，順位，ブランド力等）
③ 当該行為の相手方の数および市場における地位
④ 当該行為が行為の相手方の事業活動に及ぼす影響（行為の程度・態様等）

　上記①の市場全体の状況としては，他の事業者の行動も考慮の対象となる。例えば，複数の事業者がそれぞれ並行的に自己の競争者との取引の制限を行う場合には，1事業者のみが行う場合に比べ市場全体として競争者の取引の機会が減少し，他に代わり得る取引先を容易に見いだすことができなくなるおそれが生じる可能性が強いとする。

　また，「流通・取引慣行ガイドライン」（第2部 第二 非価格制限行為）では，流通業者の競争品の取扱いに関する制限として，「市場における有力メーカーが競争品の取扱い制限を行い，これによって新規参入者や既存の競争者にとって代替的な流通経路を容易に確保することができなくなるおそれがある場合には，不公正な取引方法に該当し，違法となる」とする。

　このように，上記のような行為によって，競争者の取引の機会が減少し，他に代わり得る取引先を容易に見いだすことができなくなるおそれがある場合には，排他条件付取引として違法となるが，このような場合でも正当化事由はあり得る。その例として，「流通・取引慣行ガイドライン」は次の2つをあげている。

①完成品製造業者が部品製造業者に対し，原材料を支給して部品を製造させている場合に，その原材料を使用して製造した部品を自己にのみ販売させること
②完成品製造業者が部品製造業者に対し，ノウハウ（産業上の技術に係るものをいい，秘密性のないものを除く）を供与して部品を製造させている場合で，そのノウハウの秘密を保持し，またはその流用を防止するために必要であると認められるときに自己にのみ販売させること

　以上の場合は，自己の競争者と取引することを制限することについて独占禁止法上正当と認められるとする。

(2) 再販売価格の拘束

独禁法2条9項4号に規定する法定の再販売価格の拘束とは,「自己の供給する商品を購入する相手方に,正当な理由がないのに,次のいずれかに掲げる拘束の条件を付けて,当該商品を供給すること」であるとし,不公正な取引方法とする。

イ 相手方に対してその販売する当該商品の販売価格を定めてこれを維持させることその他相手方の当該商品の販売価格の自由な決定を拘束すること。

ロ 相手方の販売する当該商品を購入する事業者の当該商品の販売価格を定めて相手方をして当該事業者にこれを維持させることその他相手方をして当該事業者の当該商品の販売価格の自由な決定を拘束させること。

上記イは,売り手(メーカー)がその直接の取引先である買い手(卸売業者)に対して,その再販売価格を拘束することであり,ロは再販売先である買い手の再々販売先(買い手の買い手)に対して再々販売価格を拘束することである(さらにその先の買い手(再々々販売先)に対して,販売価格を拘束する場合も含む)。

つまり,再販売価格の拘束は,直接の取引先を通じて,その再販売先を拘束する行為(直接の価格拘束)が典型であるが,ロの場合のように,直接の取引先(買い手)ではなく,再販売先という間接の取引先を通じて,再販売先の取引先(再々販売先)を拘束する行為(間接の価格拘束)も含まれる。

図4-3 ロの場合における再販売価格の拘束の例

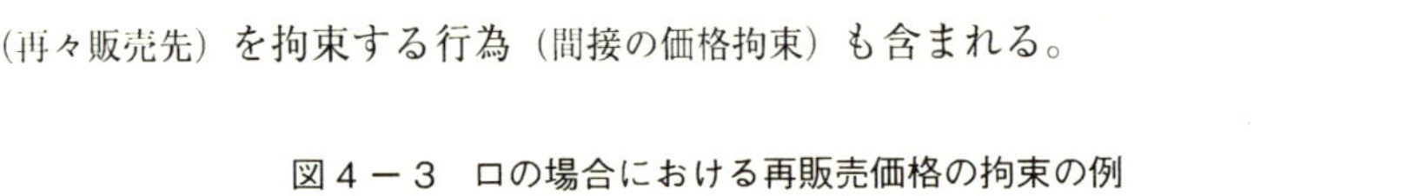

```
       販売              再販売             再々販売
売り手 ──→ 直接の取引先 ──→ 間接の取引先 ──→ 間接の取引先の取引先
(メーカー) (1次卸売業者)   (2次卸売業者)      (小売業者)
              直接の価格拘束      間接の価格拘束
```

公正取引委員会によれば,事業者が市場の状況に応じて自己の販売価格を自主的に決定することは,事業者の事業活動において最も基本的な事項であり,かつ,これによって事業者間の競争と消費者の選択が確保される。したがって,例えば,メーカーがマーケティングの一環として,または流通業者の要請を受けて,流通業者の販売価格を拘束する場合には,流通業者間の価格競争を

減少・消滅させることになるから，このような行為は原則として不公正な取引方法として違法とするのである（「流通・取引慣行ガイドライン」第2部 第一 再販売価格維持行為）。

　再販売価格維持行為が違法とされるのは，売り手による買い手（さらには買い手の買い手）に対する価格の拘束が行われることが要件となる。希望小売価格，推奨価格，標準価格などの価格表示がみられることがあるが，それが拘束力のない単なる希望，あるいは推奨等に過ぎないのであれば，それ自体は違法要件を欠くといえる。しかし，名称が何であれ，事実上拘束されていれば，違法とされる。例えば，売り手が買い手に対して形式的には希望再販売価格を表明したに過ぎない場合でも，それを遵守しない買い手に対しては出荷停止等の措置をとる等，事実上拘束となっている状況下では，再販売価格維持行為として違法となる。この点，何が価格拘束であるかについて，「流通・取引慣行ガイドライン」（第2部 第一 再販売価格維持行為）では，以下のように述べている。

　再販売価格の拘束の有無は，メーカーの何らかの人為的手段によって，流通業者がメーカーの示した価格で販売することの実効性が確保されていると認められるかどうかで判断される。次のような場合には，「流通業者がメーカーの示した価格で販売することについての実効性が確保されている」と判断される。

①文書によるか口頭によるかを問わず，メーカーと流通業者との合意によって，メーカーの示した価格で販売するようにさせている場合
（例）
a　メーカーの示した価格で販売することが文書または口頭による契約において定められている場合
b　メーカーの示した価格で販売することについて流通業者に同意書を提出した場合
c　メーカーの示した価格で販売することを条件として提示し，条件を受諾した流通業者とのみ取引する場合
d　メーカーの示した価格で販売し，売れ残った商品は値引き販売せず，メーカーが買い戻すことを条件とする場合

②メーカーの示した価格で販売しない場合に経済上の不利益を課し，または課すことを示唆する等，何らかの人為的手段を用いることによって，当該価格で販売するようにさせている場合

（例）

a メーカーの示した価格で販売しない場合に出荷停止等の経済上の不利益（出荷量の削減，出荷価格の引上げ，リベートの削減，ほかの製品の供給拒絶等を含む。以下同じ）を課す場合，または課す旨を流通業者に対し通知・示唆する場合

b メーカーの示した価格で販売する場合にリベート等の経済上の利益（出荷価格の引下げ，他の製品の供給等を含む。以下同じ）を供与する場合，または供与する旨を流通業者に対し通知・示唆する場合

c 次のような行為を行い，これによってメーカーの示した価格で販売するようにさせている場合

（ⅰ）メーカーの示した価格で販売しているかどうかを調べるため，販売価格の報告徴収，店頭でのパトロール，派遣店員による価格監視，帳簿等の書類閲覧等を行うこと

（ⅱ）商品に秘密番号を付すなどによって，安売りを行っている流通業者への流通ルートを突き止め，当該流通業者に販売した流通業者に対し，安売り業者に販売しないように要請すること

（ⅲ）安売りを行っている流通業者の商品を買い上げ，当該商品を当該流通業者またはその仕入先である流通業者に対して買い取らせ，または買上げ費用を請求すること

（ⅳ）安売りを行っている流通業者に対し，安売りについての近隣の流通業者の苦情を取り次ぎ，安売りを行わないように要請すること

以上のように，メーカーと流通業者との合意によるメーカーの提示価格での販売のほか，メーカーの提示した価格で販売しない場合に経済上の不利益を課す，または課すことを示唆する等の場合においても，販売価格の拘束に該当し，原則として違法となる。

再販売価格の拘束に関する審決は数多くみられるが，以下においては公正取

引委員会が日産化学工業(株)に対し,排除措置命令を行った事例をとりあげる(平成18年5月22日審決)。その概要は次のとおりである。

［審決例］
　日産化学工業(株)は正当な理由がないのに,ラウンドアップハイロード3品目の販売に関し,自らまたは取引先卸売業者を通じて,ホームセンターに対し,(ⅰ)要請に応じないときは出荷を停止することを示唆して,同社が定めた希望小売価格で販売するよう要請し,この要請に応じないホームセンターに対し,自らまたは取引先卸売業者を通じて,出荷を停止またはその数量を制限すること,(ⅱ)新規に「ラウンドアップハイロード」の商標を付した5リットル入りボトルまたは500ミリリットル入りボトル3本パックを供給するに当たり,希望小売価格で販売することを取引の条件として提示し,これを受け入れたホームセンターに対し当該除草剤を供給することにより,希望小売価格で販売するようにさせていた。

　これに対し,公正取引委員会はこのような行為は再販売価格の拘束に該当し,これを取りやめる等の排除措置命令を行った。

　この事例は,文言上は,メーカーの希望小売価格であるが,小売店に対し希望小売価格を遵守しない場合は,出荷を停止する等,実質上,再販売価格を拘束しているものとして,違法と判断したものである。

　次に,委託販売の場合において,販売先に対し最終需要者への販売価格を指示することは,再販売価格の拘束になるのかが問題となる。この点については,「流通・取引慣行ガイドライン」によれば,委託販売の場合であって,受託者は受託商品の保管,代金回収等についての善良な管理者としての注意義務の範囲を超えて商品が滅失・毀損した場合や商品が売れ残った場合の危険負担を負うことはないなど,当該取引が委託者の危険負担と計算において行われている場合のように,メーカーの直接の取引先が単なる取次ぎとして機能しており,実質的にみてメーカーが販売していると認められるので,メーカーが当該取引先に対して価格を指示しても,通常,違法とはならないとされる。

　なお,再販売価格の拘束については適用除外がある。現在,独禁法23条4

項により，著作物については適用除外となっている。具体的には，書籍，雑誌，新聞，レコード，音楽用テープ，音楽用CDの6品目については再販売価格の拘束，いわゆる定価販売が認められている。

(3) 拘束条件付取引

一般指定12項は，「法第二条第九項第四号（再販売価格の拘束）又は前項（排他条件付取引）に該当する行為のほか，相手方とその取引の相手方との取引その他相手方の事業活動を不当に拘束する条件をつけて，当該相手先と取引すること」を「拘束条件付取引」とし，不公正な取引方法とする。

この規定によれば，再販売価格の拘束や排他条件付取引も拘束条件付取引に含まれるが，この2つの行為については，別の規定（再販売価格の拘束は独禁法2条9項5号，排他条件付取引は一般指定11項）に定められていることから，12項はそれ以外における拘束条件付取引を規制するということになる。

このような意味での拘束条件付取引に該当する行為類型として代表的なものは，流通業者の販売地域に関する制限，流通業者の取引先に関する制限，そして小売業者の販売方法に関する制限である。これらの行為については，「流通・取引慣行ガイドライン」において，非価格制限行為として規制しているので，これとかかわらせて説明することとする。

① 流通業者の販売地域に関する制限

流通業者の販売地域制限とは，メーカーが流通業者に対して一定の営業地域を割り当てることであり，テリトリー制といっている。「流通・取引慣行ガイドライン」では，流通業者の販売地域に関する制限として，次の4つを例示している。

(ⅰ) メーカーが流通業者に対して，一定の地域を主たる責任地域として定め，当該地域内において，積極的な販売活動を行うことを義務づけること（主たる責任地域を設定するのみであって，下記(ⅲ)または(ⅳ)に当たらないもの）（責任地域制）

(ⅱ) メーカーが流通業者に対して，店舗等の販売拠点の設置場所を一定地域内に限定したり，販売拠点の設置場所を指定すること（販売拠点を制限するのみであって，下記(ⅲ)または(ⅳ)に当たらないもの）（販売拠点制）

（ⅲ）メーカーが流通業者に対して，一定の地域を割り当て，地域外での販売を制限すること（厳格な地域制限）
（ⅳ）メーカーが流通業者に対して，一定の地域を割り当て，地域外の顧客からの求めに応じた販売を制限すること（地域外顧客への販売制限）

　上記4つの制限形態のうち，メーカーが商品の効率的な販売拠点の構築やアフターサービス体制の確保等のため，流通業者に対して責任地域制や販売拠点制を採ることは，厳格地域制限または地域外顧客への販売制限に該当しない限り，違法とはならない。

　しかし，市場における有力メーカーが流通業者に対し厳格な地域制限を行い，これによって当該商品の価格が維持されるおそれがある場合には，不公正な取引方法に該当し，違法となる。市場における有力メーカーと認められるかどうかについては，当該市場におけるシェアが10％以上，またはその順位が上位3位以内であることが一応の目安とされる。

　また，メーカーが流通業者に対し地域外顧客への販売制限を行い，これによって当該商品の価格が維持されるおそれがある場合には，不公正な取引方法となり，違法となる。では，どのような場合に価格維持効果があるのかについて，「流通・取引慣行ガイドライン」では，次の4つの事項を総合的に考慮して判断するとしている。

（ⅰ）対象商品をめぐるブランド間競争の状況（市場集中度，商品特性，製品差別化の程度，流通経路，新規参入の難易性等）
（ⅱ）対象商品のブランド内競争の状況（価格のバラツキの状況，当該商品を取り扱っている流通業者の業態等）
（ⅲ）制限の対象となる流通業者の数および市場における地位
（ⅳ）当該制限が流通業者の事業活動に及ぼす影響（制限の程度・態様等）

　その具体的な状況として，例えば，市場が寡占的であったり，ブランドごとの製品差別化が進んでいて，ブランド間競争が十分に機能しにくい状況の下で，市場における有力なメーカーによって厳格な地域制限が行われると，当該ブランドの商品をめぐる価格競争が阻害され，当該商品の価格が維持されるおそれが生じることとなるとされる[4]。

② 流通業者の取引先に関する制限

流通業者の取引先制限とは，以下のように，例えば，
（ⅰ）メーカーが卸売業者に対して，その販売先である小売業者を特定させ，小売業者が特定の卸売業者としか取引できないようにすること（帳合取引の義務付け）
（ⅱ）メーカーが流通業者に対して，商品の横流しをしないよう指示すること（仲間取引の禁止）
（ⅲ）メーカーが卸売業者に対して，安売りを行う小売業者への販売を禁止すること（安売り業者への販売禁止）

等があげられる。

上記（ⅰ）から（ⅲ）において，これら行為によって当該商品の価格が維持されるおそれがある場合には，不公正な取引方法に該当し，違法となる。

③ 小売業者の販売方法に関する制限

小売業者の販売方法の制限とは，具体的には，メーカーが小売業者に対して，
（ⅰ）商品の説明販売を指示すること
（ⅱ）商品の宅配を指示すること
（ⅲ）商品の品質管理の条件を指示すること
（ⅳ）自社商品専用の販売コーナーや棚場を設けることを指示すること

等があげられる。

メーカーが小売業者に対して，販売方法（販売価格，販売地域および販売先に関するものを除く）を制限することは，商品の安全性の確保，品質の保持，商標の信用の維持等，当該商品の適切な販売のための合理的な理由が認められ，かつ，他の取引先小売業に対しても同等の条件が課せられている場合には，それ自体は独占禁止法上問題とはならない。

しかし，メーカーが小売業者の販売方法に関する制限を手段として，小売業者の販売価格，競争品の取扱い，販売地域，取引先等についての制限を行っている場合（例えば，当該制限事項を遵守しない小売業者のうち，安売りを行う小売業者に対してのみ，当該制限事項を遵守しないことを理由に出荷停止等を行う場合には，通常，販売方法の制限を手段として販売価格について制限を行っていると判断される）

には，再販売価格の拘束，排他条件付取引等で述べた独占禁止法上の考え方に従って違法とされる。

また，販売方法の1つである広告・表示の方法について，次のような制限を行うことは，これによって価格が維持されるおそれがあり，原則として不公正な取引方法に該当し，違法となる。

（ⅰ）メーカーが小売業者に対して，店頭，チラシ等で表示する価格について制限し，または価格を明示した広告を行うことを禁止すること

（ⅱ）メーカーが自己の取引先である雑誌，新聞等の広告媒体に対して，安売り広告や価格を明示した広告の掲載を拒否させること

以上からみると，販売地域制限および取引先制限は，それが有力メーカーによって行われ，それによって価格が維持される可能性がある場合に，また販売方法の制限は価格維持効果を生じるおそれがある場合に，それぞれ不公正な取引方法に該当し，違法となるということとなる。

5　取引上の地位の不当利用

取引上の地位の不当利用には，優越的地位の濫用と取引の相手方の役員選任への不当干渉があるが，その中心は優越的地位の濫用である。

(1) 優越的地位の濫用

独禁法2条9項5号に規定する「優越的地位の濫用」とは，「自己の取引上の地位が相手方に優越していることを利用して，正常な商慣習に照らして不当に，次のいずれかに該当する行為をすること」であるとし，不公正な取引方法とする[5]。

イ　継続して取引する相手方（新たに継続して取引しようとする相手方を含む。ロにおいて同じ）に対して，当該取引に係る商品または役務以外の商品または役務を購入させること

ロ　継続して取引する相手方に対して，自己のために金銭，役務その他の経済上の利益を提供させること

ハ　取引の相手方からの取引に係る商品の受領を拒み，取引の相手方から取引に係る商品を受領した後，当該商品を当該取引の相手方に引き取らせ，

取引の相手方に対して取引の対価の支払いを遅らせ，もしくはその額を減じ，その他取引の相手方に不利益となるように取引の条件を設定し，もしくは変更し，または取引を実施すること

　上記条文上における「取引上の地位が相手方に優越していること」，すなわち，地位の優越性とは，市場全体において優越的地位にあることは必要ではなく，個別取引において取引の相手方に対して優越していればよい。つまり，取引の相手方との関係で相対的優位性があれば足りると解されている。

　また濫用とは，優越的地位を利用して，正常な商慣習に照らして不当と評価される場合に限られると解すべきだとされている。

　上記の点について，松下（2011, p.203）は，「優越的地位の濫用の禁止は，独占禁止法のいわば外延にあるものであり，それ自体は社会的に重要なものであるが，これをあまりにも厳格に適用すると，かえって競争が阻害されることとなる。この意味から，優越的地位の濫用禁止は，例外的な場合に適用されるべきものであろう」と述べる[6]。

　このような見解に対し，公正取引委員会は，平成22年（2010年）11月30日「優越的地位の濫用に関する独占禁止法上の考え方」（以下，「優越的地位濫用ガイドライン」という）を公表し，優越的地位の濫用規制についての基本的考え方を以下のように述べている。

　事業者がどのような条件で取引するかについては，基本的に，取引当事者間の自主的な判断に委ねられる。取引当事者間における自由な交渉の結果，いずれか一方の当事者の取引条件が相手方に比べてまたは従前に比べて不利となることは，あらゆる取引において当然起こり得る。

　しかし，自己の取引の地位が相手方に優越している一方の当事者が取引の相手方に対し，その地位を利用して，正常な商慣習に照らして不当に不利益を与えることは，当該取引の相手方の自由かつ自主的な判断による取引を阻害するとともに，当該取引の相手方はその競争者との関係において競争上不利となる一方で，行為者はその競争者との関係において競争上有利となるおそれがあるものである。このような行為は，公正な競争を阻害するおそれがあることから，不公正な取引方法となる。

以上のように，公正取引委員会としては，優越的地位の濫用は取引の相手方の自由かつ自主的な判断による取引を阻害し，かつ競争上不利な立場に置かれることから，不公正な取引方法とし，独占禁止法により規制されるというものである。

　このガイドラインでは，「自己の取引上の地位が相手方に優越していることを利用して，正常な商慣習に照らして不当に利益を与えること」の考え方を示した上で，独禁法2条9項5号イからハまでのそれぞれに該当する行為の態様ごとに，優越的地位の濫用の考え方を示している。さらに，どのような行為が優越的地位の濫用に該当するのかについて具体的に理解することを助けるために，「具体例」（過去の審決または排除措置命令において問題となった行為等の例）および「想定例」（問題となり得る仮定の行為の例。ここに掲げられた行為が独禁法第2条9項5号に該当すれば，優越的地位の濫用として問題となる）をあげている。これらの具体例および想定例は，具体的なケースを理解するうえで参考となるので，これを参照してもらうこととして，以下では，優越的地位の濫用に該当するとした審決例として，セブン－イレブン・ジャパンの事例をとりあげ，その概要を述べることとする（平成21年6月22日排除命令措置）。

［審決例］
　セブン－イレブン・ジャパン（以下，同社という）は，加盟者との間で，加盟者が使用することができる商標等に関する統制，加盟店の経営に関する指導および援助の内容等について規定する「加盟店基本契約」を締結している。

　同社は，加盟店基本契約に基づき，加盟店で販売することを推奨する商品（推奨商品）およびその仕入先を加盟者に提示している。加盟者が当該仕入先から推奨商品を仕入れる場合は同社のシステムを用いて発注，仕入れ，代金決済等の手続を簡便に行うことができるなどの理由により，加盟店で販売される商品のほとんどはすべて推奨商品となっている。

　加盟店にとって，同社との取引を継続することができなくなれば事業経営上大きな支障を来たすこととなり，このため，加盟店は同社からの要請に従わざるを得ない立場にある。したがって，同社の取引上の地位は，加盟店に対し優

越している。

　同社は，加盟店基本契約に基づき，推奨商品についての標準的な販売価格（推奨価格）を定めてこれを加盟者に提示しているところ，ほとんどすべての加盟者は推奨価格を加盟店で販売する商品の販売価格としている。

　同社は，推奨価格のうちデイリー商品について，メーカー等が定める消費期限または賞味期限より前に，独自の基準により販売期限を定めているところ，加盟店基本契約等により，加盟者は当該販売期限を経過したデイリー商品についてはすべて廃棄することとされている。

　加盟店で廃棄された商品の原価相当額については，加盟店基本契約に基づき，その全額を加盟者が負担することとされているところ，同社は，同社が加盟者から収受しているロイヤルティの額について，加盟店基本契約に基づき，売上総利益に一定の率を乗じて算定することとし，ロイヤルティの額が加盟店で廃棄された商品の原価相当額の多寡に左右されない方式を採用している。

　同社は，かねてからデイリー商品は推奨価格で販売されるべきとの考え方について，オペレーション・フィールド・カウンセラー（OFC．以下，経営指導員という）をはじめとする従業員に対し，周知徹底を図ってきているところ，加盟店で廃棄された商品の原価相当額の全額が加盟者の負担となる仕組みの下で，

（ⅰ）経営指導員は加盟者でデイリー商品に係る見切り販売を行おうとしていることを知ったときは，当該加盟者に対し，見切り販売を行わないようにさせる

（ⅱ）経営指導員は加盟者が見切り販売を行ったことを知ったときは，当該加盟者に対し，見切り販売を再び行わないようにさせる

（ⅲ）加盟者が前記（ⅰ）または（ⅱ）にもかかわらず見切り販売を取りやめないときは，経営指導員の上司に当たるディストリクト・マネジャーらは当該加盟者に対し，加盟店基本契約の解除等の不利益な取扱いをする旨を示唆するなどして，見切り販売を行わないようまたは再び行わないようにさせる

など，見切り販売を行おうとし，または行っている加盟者に対し，見切り販売の取りやめを余儀なくさせている。

このような行為によって，同社は加盟者自らの合理的な経営判断に基づいて廃棄に係るデイリー商品の原価相当額の負担を軽減する機会を失わせている。

上記のような事実に対して，公正取引委員会は，セブン－イレブン・ジャパンは自己の取引上の地位が加盟者に優越していることを利用して，正常な商慣習に照らして不当に，取引の実施について加盟者に不利益を与えているものであり，これは優越的地位の濫用に該当するとして，排除措置命令を行った。

優越的地位の濫用は，上記事例のように小売業においてもよくみられ，最近では，例えば（株）島忠に対する件（平成21年6月19日排除措置命令），（株）山陽マルナカに対する件（平成23年6月22日排除措置命令および課徴金納付命令），（株）エディオンに対する件（平成24年2月16日排除措置命令および課徴金納付命令）などがある。また，「流通・取引慣行ガイドライン」においても小売業者による優越的地位の濫用行為について判断指針を示している（第2部 第五）。

優越的地位の濫用は，事業者が市場全体において優越的地位にあることは必要ではなく，相対的優位性で足りることから，業種を問わずさまざまな行為が優越的地位の濫用の対象となると考える。

(2) 取引の相手方の役員選任への不当干渉

一般指定13項では，「自己の取引上の地位が相手方に優越していることを利用して，正常な商慣習に照らして不当に，取引の相手方である会社に対し，当該会社役員（独禁法第二条第三項の役員をいう。以下同じ）の選任についてあらかじめ自己の指示に従わせ，又は自己の承認を受けさせること」を「取引の相手方の役員選任への不当干渉」とし，不公正な取引方法とする。平成21年改正前には優越的地位の濫用（一般指定の旧規定14項）の中に規定されていたが，改正後においては一般指定13項として規制されることとなったものである。近時，規制実績がない。

6 競争者の事業活動の不当妨害

競争者の事業活動の不当妨害には，競争者に対する取引妨害と競争会社に対する内部干渉がある。

(1) 競争者に対する取引妨害

一般指定 14 項は，「自己又は自己が株主若しくは役員である会社と国内において競争関係にある他の事業者とその相手方との取引について，契約の成立の阻止，契約の不履行その他いかなる方法をもってするかを問わず，その取引を不当に妨害すること」を「競争者に対する取引妨害」とし，不公正な取引方法とする。

つまり，不当に取引を妨害することが公正競争を阻害するとし，その例として契約の成立の阻止，契約の不履行の誘引等をあげている。一般指定 14 項に関する審決例は少ないが，近年では，国内の輸入総代理店による並行輸入の妨害行為について，一般指定 14 項を適用して，これを規制する審決例が数件みられる。

(2) 競争会社に対する内部干渉

一般指定 15 項は，「自己又は自己が株主若しくは役員である会社と国内において競争関係にある会社の株主又は役員に対し，株主権の行使，株式の譲渡，秘密の漏えいその他いかなる方法をもってするかを問わず，その会社の不利益となる行為をするように，不当に誘引し，そそのかし，又は強制すること」を「競争会社に対する内部干渉」とし，不公正な取引方法とする。

例えば，競争会社の株主や役員に金銭を与えて不当に誘引し，競争会社の意思決定や業務執行に影響を及ぼし，その結果，良質廉価な商品を供給するという能率競争をできなくするという例などがこれに当たる。一般指定 15 項が適用された例は現在のところない。

【注】

1) 不公正な取引方法には，このほかに事業者団体が事業者に不公正な取引方法をさせること，不公正な取引方法に該当する行為を内容とする国際的協定・契約を締結すること，不公正な取引方法によって企業結合をすることも規制されており，いずれも排除措置命令の対象となる。
2) 相談事例集は，「事業者等の活動に係る事前相談制度」により，公正取引委員会が事業者等の事前相談の申出に対し回答した事例をまとめて，公表したものである。この事前相談において，法律の規定に抵触するものではない旨を回答した場合においては，当該相談の対象とされた行為について，法律の規定に抵触することを理由として

法的措置がとられることはない。ただし，事前相談申出書等に事実と異なる記載があった場合，または申出に係る行為と異なる行為が行われた場合等はこの限りではない。
3) 景品表示法4条では，一般消費者に対する不当な景品類および表示による顧客誘引を防止するため，①商品または役務の品質，規格その他の内容について，実際のものまたは他の事業者のものよりも著しく優良と一般消費者に誤認させる表示（優良誤認表示），②商品または役務の価格その他の取引条件について，同様に著しく有利であると誤認させる表示（有利誤認表示），③商品または役務の取引に関する事項について一般消費者に誤認されるおそれがある表示であって，内閣総理大臣が指定するものを禁止している。なお，景品表示法の施行権限が，平成21年に公正取引委員会から消費者庁に移管されている。
4) ブランド間競争とは，製造業者A社がXというブランド品を製造し，これを流通業者を通じて販売し，また別の製造業者B社がYというブランド品を製造し，これを流通業者を通じて販売すると，XブランドとYブランド品という異なるブランド品をめぐり，製造業者および流通業者間に競争が生じる。これがブランド間競争である。これに対し，ブランド内競争とは，同一ブランド品を販売する販売業者間の競争である。製造業者1社であっても，ブランド品を扱う販売業者が複数あると，複数の販売業者間に同一ブランドをめぐる競争が生じる。このように複数の販売業者間に存在する競争がブランド内競争である（松下，2011，p.159）。
5) 特定業種にのみ適用される不公正な取引方法（特殊指定）にも優越的地位の濫用の規定が置かれており，優越的地位の濫用の規定がある特殊指定は次のとおりである。
   ・新聞業における特定の不公正な取引方法（平成11年公正取引委員会告示第9号）
   ・特定荷主が物品の運送又は保管を委託する場合の特定の不公正な取引方法（平成16年公正取引委員会告示第1号）
   ・大規模小売業者による納入業者との取引における特定の不公正な取引方法（平成17年公正取引委員会告示第11号）
   なお，親企業と下請企業の取引における優越的地位の濫用問題については，「下請代金支払遅延等防止法」で規制され，また小売業者による優越的地位の濫用行為については，「流通・取引慣行ガイドライン」（第2部 第五）において指針が示されている。
6) 村上（2005, pp.137-138）は，優越的地位の濫用の禁止は，日本独自の規制であり，外国には存在しない規制であるため，外国競争法上の事例との比較は不可能であると述べた上で，優越的地位の濫用の禁止は，継続的取引関係にある契約当事者間におけるあらゆる不公正な契約条項や取引慣行を規制対象とすることになりかねない。その限界は明白ではなく，ルールは本質的に曖昧なものとなる。さらに，契約当事者間の個別取引の公平性の確保は，第一次的に一般民事法の役割である。そこで，私法秩序への過剰な介入とならないように留意する必要があると主張する。

第5章
マーケティング

第1節 マーケティングの概念

1 マーケティングの定義とコンセプト
(1) マーケティングの定義

マーケティングは，20世紀初頭，アメリカにおける資本主義の進展に伴う生産の集中化と大規模化による寡占の形成を通じて生起してきた商品流通，あるいはその流通過程に関する諸問題にいかに対処するかという時代的要請によって生まれてきた概念である。したがって，マーケティング概念はそれぞれの時代の状況や推移に応じて変化し，マーケティングの定義も変遷を重ねてきた。

アメリカ・マーケティング協会は，今までにマーケティングの定義を数回にわたって提示，そして改訂を行ってきたが，2007年10月に改訂した定義では以下に示すように新たな定義を行っている。

2007年改訂マーケティングの定義（アメリカ・マーケティング協会）

> Marketing is the activity, set of institutions, and processes for creating, communicating, delivering and exchanging offerings that have value for customers, clients, partners, and society at large.

（出所：AMAホームページ「Definition of Marketing」http://www.marketingpower.com/About AMA/Papers/Definition of Marketing.aspx）

> 「邦訳：マーケティングとは，顧客，依頼人，パートナー，社会全体にとって価値のある提供物を創造，伝達，提供および交換するための活動であり，一連の制度，過程である」

2007年のマーケティング改訂定義は，2004年の定義と比べると，顧客との関係性マネジメントのような具体的内容が削除されるなど，全体的に一般的，概括的な内容となっているのが特徴といえるだろう。

アメリカ・マーケティング協会におけるこれまでのマーケティング定義改訂にみられるように，上記に掲げたマーケティング定義も経済社会や市場環境の変化，企業の対市場戦略の拡大化，競争構造・競争条件の変化対応等により，マーケティング領域の拡大あるいは新しい体系化の試みによって，今後変わることが予想される。マーケティングは，上述したように時代的要請によって生まれてきた概念であるからである。

(2) マーケティング・コンセプト

マーケティング・コンセプト（Marketing Concept）とは，マーケティング行為，マーケティング戦略体系，あるいはマーケティング技術といったものではなく，企業経営にあたって必要とされる企業の市場に対する考え方，もしくはアプローチの仕方ということができる。

マーケティングは，企業の市場対応という時代的要請により生まれてきたことから，マーケティング・コンセプトも市場の変化，顧客ニーズの多様化，個性化等とともに変化してきた。今日，マーケティング・コンセプトとは，一般に，選択した標的市場に対して競合他社よりも効果的に顧客価値を生み出し，供給し，コミュニケーションすることが企業目標を達成するための鍵となる，という考え方であると説明されている（Kotler and Keller, 2009, p.19）。

マーケティング・コンセプトが他のコンセプトと大きく異なる点は，外から内への視点，すなわちマーケット・イン（Market-in）の視点に立っていることである。マーケティング・コンセプトでは，顧客を企業の中心とし，社内の全部門が一致協力して顧客に対応し，満足させる顧客志向を実践することが，その中核的考え方となる[1]。

2 顧客価値と顧客満足

企業が顧客を獲得し，かつ競合他社との競争に打ち勝つためには，顧客に製品・サービスがもたらしてくれる価値を提示し，それにより顧客のより大きな

満足を生み出す取り組みが求められる。この意味で，顧客価値と顧客満足は，マーケティングの基本概念である。

(1) 顧客価値 (Customer Value)

　顧客は，数ある商品・サービスの中からどれか1つを選択する場合，最も価値がありそうだという判断（評価）のもとで決める。顧客価値とは，総顧客価値と総顧客コストの差である。総顧客価値とは，特定の製品・サービスに顧客が期待するベネフィットを総合したものであり，総顧客コストとは，顧客が製品・サービスを評価，獲得，使用，処分する際に発生すると予測したコストの総計である（コトラー，2000，邦訳，p.45)。ベネフィットには有形，無形のものがあり，コストには金銭的コスト以外にも時間コスト，エネルギーコスト，心理的コストなどといったコストが含まれる。

$$顧客価値 = \frac{ベネフィット（有形および無形）}{コスト（金銭的コスト＋時間的，エネルギー的，心理的などのコスト）}$$

　したがって，顧客価値を高めるためには，次の5つの組み合わせが考えられる。

① ベネフィットの増大，コストの削減
② ベネフィットの増大，コストの据え置き
③ ベネフィットの据え置き，コストの削減
④ ベネフィットの縮小，それ以上のコストの削減
⑤ コストの増加，それ以上のベネフィットの増大

　①から③は，絶対的価値の増大，④から⑤は，相対的価値の増大をあらわしているといえる。

　今日では，多くの製品がコモディティ化しており，顧客にさまざまな選択肢が与えられている。このような状況の下では顧客ニーズに適した製品を生産し，販売する仕組み作りを構築するだけでは競争優位を実現することができない。いくら顧客ニーズに合致していても，競合するライバル企業と同じような内容であったならば，顧客の支持を得られるとは限らない。そこで，顧客を獲得するためには，顧客にとっての明確な価値を生み出し，その価値を顧客に伝

達し，説得することが必要となる。つまり，今日のマーケティング・プロセスは，顧客価値を創造し，伝達し，説得するという顧客価値提供のシークエンス（Sequence）としてとらえることができる（恩蔵，2004, pp.47-48）。

(2) 顧客満足（Customer Satisfaction）

今日の企業経営にとって顧客満足は大きな目標の1つであり，また重要なマーケティング・ツールである。顧客満足は，ある製品における知覚されたパフォーマンス（あるいは成果）と購買者の期待との相関関係で決まる。製品に対する成果が期待に比べて低ければ，顧客は不満を抱く。成果が期待に見合うものであれば，顧客は満足する。そして，成果が期待以上であれば，顧客は大きな喜びを得る（コトラー，2000, 邦訳, p.47）。

顧客の期待は，過去の購買経験，友人の意見，販売員や競合他社から得た情報などが土台となっている。期待値の設定が低すぎると，一部の購買者の満足を得られるかもしれないが，多くの購買者を引き付けることはできない。逆に，期待値の設定が高すぎると，購買者の満足を得ることが難しく，失望してしまう可能性が生じる。したがって，製品のもつ有用性と期待が適切にバランスが取れるような関係をつくることが求められる。

ここで，顧客満足を得るということは，顧客満足を最大化するという意味ではない。顧客満足を獲得するためには，価格を大幅に引き下げる，あるいは品質，サービスを高度に向上させる等の方法を用いれば，顧客満足が得られるかもしれないが，それでは利益を確保することは難しい。マーケティングでは，顧客に価値を提示して満足をもたらすと同時に，自らも利益を得るものでなければならない。

3 マーケティング・ミックス

(1) マーケティング・ミックスの概念と諸要素

マーケティング・ミックス（Marketing Mix）とは，企業が標的市場でマーケティング目標を達成するために用いるマーケティング・ツールの組み合わせである（コトラー，2000, 邦訳, pp.20-21）。マーケティング・ミックスは，今日のマーケティング・マネジメント論における基本要素である。

マーケティング・ツールにはいくつか考えられるが，マッカーシー（E. J. McCarthy）は，統制可能なマーケティング要素を4つのP（4P），すなわち製品（Product），価格（Price），流通（Place），プロモーション（Promotion）に分類した。製品では，企業が提供する有形，無形の製品にかかわる課題が検討される。製品ミックスと製品ライン，サービス，ブランド，新製品開発等が扱われる。価格では，製品の価格設定にかかわる課題が検討され，価格設定方針，割引と価格対応，価格変更・管理等が主な内容となる。流通では，製品の伝達にかかわる課題が検討される。チャネル設計・管理，マーケティング・システム，チャネル・コンフリクト，ロジスティクス等が対象となる。プロモーションでは，製品の消費者への購入促進にかかわる課題が検討される。広告，人的販売，販売促進，PR等が含まれる。

　4Pという概念を用いることによって，マーケティングにかかわる諸問題の認識と実践がより的確に行われるという利点が指摘されているが，一方では4Pは買い手の視点に立ったものではなく，売り手の見方を表現したものであるという批判がなされている。この点について，ロバート・ラウターボーン（Robert Lauterborn）は，4Pを設定する前に，4つのCの検討から入るべきだと述べる。4つのCとは，顧客ソリューション（Customer Solution：製品対応），顧客コスト（Customer Cost：価格対応），利便性（Convenience：流通対応），コミュニケーション（Communication：プロモーション対応）である。これら4つのPと4つのCを対応させたマーケティング・ミックスの概念図が図5-1である。

(2) マーケティング・ミックスにおける内的，外的一貫性

　マーケティング・ミックスは，製品，価格，流通，プロモーションといった4Pの単なる寄せ集めではない。マーケティング・マネジメント戦略においては，マーケティング・ミックスを構成する諸要素が相互に内的な整合性がとれていると同時に，企業が直面する外部のマーケティング環境に対しても外的な整合性が確立されていることが必要となる。つまり，マーケティング・ミックスのマネジメントにおいては，この内的な整合性と外的な整合性という2つの局面における整合性を確立することが中心的課題となる。内的整合性はマーケティング・ミックスの内的一貫性，外的整合性はマーケティング・ミックスの

第5章 マーケティング 175

図5－1 マーケティング・ミックスにおける4つのPと4つのC

出所：恩蔵, 2004, p.30を一部改訂。

外的一貫性と呼ばれることがある。企業が顧客関係の創造・維持を図るためには，マーケティング・ミックスの内的一貫性と外的一貫性の双方を兼ね備えていることが求められるとする（石井・栗木・嶋口・余田，2013, p.38）。以下，この考え方に沿ってその内容を述べる。

① マーケティング・ミックスの内的一貫性

マーケティング・ミックスの内的一貫性とは，前述したように4Pの諸要素が相互に整合性がとれているということである。この重要性を認識させる例が紹介されている。

「ある大手の消費財メーカーは，流通チャネルのカバー率が小売業全体の20数パーセントしかないにもかかわらず，大量の広告キャンペーンを打って新製品を発売した。その結果は，より高いチャネル・カバーをもつ競争会社の同種製品の売上増に貢献したのみで，自社の新製品の売上には結びつかなかったという。同社の知名度をあげて消費者の足を店頭にまで向けたが，少ない店頭配荷ゆえに，店頭地点で競争会社に売上げを奪われた」というものである（嶋口，1984, p.154）。このような失敗を回避するためには，大量な広告を打つならば，同時に流通チャネルのカバー率もそれと整合性をもった形で高めておき，広告で商品の存在を知った消費者が近くの小売店ですぐに買えるようにしておくべ

きだったと述べる。

　このようにマーケティング・ミックスにおいては，4Pにおける各要素の最適化を個別ごとに追求するだけではなく，それが組み合わさったとき，4Pの各要素が相互に補完し合う関係を構築しなければならない。

② マーケティング・ミックスの外的一貫性

　マーケティング・ミックスは内的一貫性と同時に外的一貫性も形成されなければならない。外的一貫性とは，マーケティング・ミックスの諸要素がそれらを取り巻くマーケティング環境と整合性がとれているということである。マーケティング環境との整合性を判断するためには，消費対応，競争対応，取引対応，組織対応という4つの対応を検討することが求められる。

　消費対応とは，企業が採用するマーケティング・ミックスは顧客にとって魅力的か，ということであり，競争対応とは，自社が展開するマーケティング・ミックスが競合他社に対して優位性があるか，ということである。ここにおいて，顧客にとって魅力的な製品を提供するだけでは不十分である。競合他社がそれと類似する製品をより低価格で提供してしまったならば，自社製品は売れなくなるかもしれない。それとは逆に，競合他社の製品よりも技術的な面で優れていたとしても，それが顧客にとって満足のいく魅力的なものでなければ，消費の拡大は難しいだろう。このように外的一貫性を実現するためには，買い手にとって魅力的であるという消費対応と競合他社に対する優位性があるという競争対応という2つの条件を満たさなければならない。

　さらに，マーケティング・ミックスを実現するための活動は，多くの場合，流通業者，情報サービス業者，広告業者等との取引が必要となる。自社にとってふさわしい相手を探し，適切なサービスを安定的に提供してもらうためには一定のコストが必要となる。マーケティング・ミックスを策定するに当たっては，ふさわしい取引相手の探索，取引内容の交渉，取引関係の締結，取引結果の検証にどれだけの時間と労力がかかるのか検討しなければならない。しかし，取引によってすべてのマーケティング・ミックスを実現する活動を調達できるものではない。自社組織内においてもマーケティング・ミックスに必要な部分を実行する能力がなければ事業は遂行できない。研究開発，生産設備，人

的資源，営業力，資金調達等，自社の経営資源や能力等からみて自社組織で実行可能かどうか検討しなければならない。したがって，外的一貫性を実現するための，今1つのマーケティング・ミックスは，取引を結ぶことができるか，という取引対応と自社組織で実行可能であるかどうか，という組織対応の2つの条件が満たされることが必要となる。

第2節　市場機会の分析と発見による戦略策定

マーケティング戦略策定の第1歩は，組織の外側にある関連要素を分析する外部分析と組織の内側にある諸要素を分析する内部分析を通じて，鍵となる成功要因（KSF：Key Success Factors）を把握し，自社にとっての市場機会を見極めようとすることである。

市場機会の分析を行ううえで極めて有益な考えを示してくれるのが，デービット・アーカー（David A. Aaker）が著した *Strategic Market Management* および *Developing Business Strategies* 等の著作である[2]。アーカーは，外部分析と内部分析を行うことによって，市場の機会と脅威，および戦略的強み，弱みを認識し，それを踏まえて戦略の識別と選択を行うという戦略市場経営（Strategic Market Management）の枠組みを提唱しているが，本節ではアーカーが戦略市場経営の中で示した外部分析と内部分析という戦略的分析の内容を紹介しながら説明し，その後SWOT分析による戦略課題の設定について述べることとする。

1　外部分析

外部分析（External Analysis）とは，組織の外側にある関連要素を分析することである。そのねらいは，組織が直面している機会と脅威を認識し理解することである。機会とは，適切な戦略を構築して対応することによって，将来の売上・利益の向上が見込まれるような傾向や事象のことである。脅威とは，戦略的対応を欠いたならば，現在の売上・利益が低下してしまうような傾向や事象である。また外部分析によって戦略的な疑問点や問題点を把握し，浮き彫りに

することも，外部分析の今1つのねらいである。外部分析は，顧客分析，競合分析，市場分析，および環境分析に分けられる。

(1) 顧客分析

顧客分析 (Customer Analysis) は，大きく顧客セグメント，顧客モチベーション，顧客ニーズの分析からなる。ここで顧客とは，潜在的に購買の意思と能力がある顧客のことを指すが，顧客分析は外部分析の第1歩であり，マーケティング戦略，さらには企業戦略の出発点である。

顧客セグメント分析とは，いわゆる市場細分化のことである。市場細分化とは，顧客はそれぞれ個性をもっており同質的ではないが，ある基準からみると，それぞれの個性を超えた共通の特徴をもっていることがある。そのような共通点に着目して同じようなニーズをもち，同じような反応を示す市場部分（セグメント）に識別し，分解することである。逆にいえば，他のセグメントとは異質な反応を示すセグメントを識別し，分解することである。

市場細分化は，顧客の消費需要が同質ではない，つまり異質集合であるとの認識に立って進められるマーケティング戦略の手法の1つであるが，今日におけるマス・マーケティング (Mass Marketing) からワン・トゥ・ワン・マーケティング (One-to-One Marketing) へという流れの中では，市場細分化は重要な概念であり，顧客分析の出発点であるといえる。

顧客セグメントをどのような基準で行うかは，意外と難しい。難しいという意味は，どのような基準で分類（細分化）するかという選択性の問題と分類するに当たっての変数は考えられる限りいくらでも列挙できるという際限性の問題があるということである。細分化する際の基準は，実務界では軸という言葉で表現されることが多いが，その軸は，一般には地理的軸，人口統計的軸，心理的軸，購買行動軸に分けられることが多い。このような細分化で重要なことは，どのように分類すれば意味のある細分化といえるのかということである。細分化を行う際の軸の発見こそが，セグメンテーションの中心的課題であるといえる。市場細分化については，第3節において詳述する。

セグメントの顧客グループを識別したならば，次に顧客モチベーションを把握する。同じセグメントの顧客グループであっても，顧客の購買決定の背景に

あるニーズや目的は異なっていることが多いからである。どのようなモチベーションが実際の購買決定に結びついているか，しっかりと把握することが大切である。顧客分析の第3は，顧客ニーズが現在どの程度満たされているか，未充足ニーズはないかを識別することである。持続的競争優位をもつ製品の開発は，顧客の未充足ニーズを明らかにし，それに対応することによって初めて実現されるのである。

(2) 競合分析

競合分析とは，競合相手（競争業者）の分析（Competitor Analysis）である。競合分析は，1つは誰が競合相手であるかを識別，特定することである。現在の競合相手だけでなく，潜在的な競合相手も含まれる。今1つは，競合相手とその戦略を理解することである。

① 競合相手の特定

競合相手を特定する方法は，顧客は購買者としてどのような選択を行っているかという顧客の視点から，および関連製品でどれだけ激しく競争しているかという観点から競合相手を識別することである。さらに，類似した競争戦略を取っている，類似した特性をもっている，類似した資産と能力をもっているというような類似性の観点から競合相手を特定するという方法もある。

これら類似した競合相手グループを戦略グループと呼ぶと，戦略グループの間で移動障壁が存在することが多い。たとえば，持続可能な競争優位を確立している戦略グループは，競合他社に対して障壁となるような資産と能力によって，競合から守る，あるいは回避するような戦略を取っている。戦略グループ間の移動障壁を識別することができれば，環境変化が戦略グループに与えるインパクトやグループ構成の変化を予測することができる。同一の戦略グループに属する企業は，環境変化にすべて一様に影響され，かつ一様に反応するからである。

② 競合相手の理解

競合相手を識別し特定できたならば，次には競合相手を理解することである。競合相手を理解することは，いくつかのメリットが得られる。第1に，競合相手の現在の戦略的強みと弱みを理解することによって，対応に値する機会

図5-2 競合相手の行動に影響を与える要素

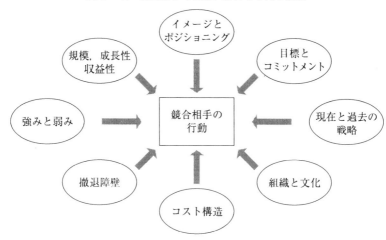

出所:Aaker, 2001, p.63.

と脅威を示唆してくれる可能性がある。第2に,将来の競合相手の戦略を洞察することによって,脅威と機会への予測を可能にする。第3に,戦略代替案についての意思決定は,重要な競合相手が取るであろう反応を予測する能力によって決まる。最後に,競合分析の結果として,綿密に監視するに値するいくつかの戦略的不確実性の認識に帰着するかもしれない。競合相手の行動は,図5-2に示すように8つの要素によって影響を受けるとされる。

(ⅰ) 規模,成長性,収益性

競合相手グループの規模,市場占有率の成長とレベル,および収益性などによって測定される財務的業績は,競合相手の行動に影響を及ぼす。

(ⅱ) イメージとポジショニング

競合相手の製品,品質,技術革新,環境対応等の面におけるイメージ戦略およびそのポジショニング戦略によって,競合相手の行動は影響を受ける。

(ⅲ) 目標とコミットメント

競合相手の目標に対する知識は,現在の業績が満足できるものなのかどうか,あるいは戦略の変更がありそうかどうかを予測することができる。競合相手に親会社があれば,その親会社の目標も大いに関係する。

(ⅳ) 現在と過去の戦略

競合相手の現在および過去の戦略は吟味すべきである。過去に失敗した戦略は，その経験によって再度同じような戦略は取らないだろうし，また競合相手の新製品や市場における行動パターンは，その将来の成長方向性を予測するのに役立つ。

(ⅴ) 組織と文化

競合相手の経営者の経歴や経験等を知ることによって，将来どのような行動を取るか洞察することができる場合がある。また組織の文化は戦略に対して広範囲な影響を及ぼすことが多い。

(ⅵ) コスト構造

競合相手のコスト構造を知ることによって，特に競合相手がローコスト戦略を取っている場合には，競合相手の将来の価格戦略とその持続可能性についての兆候を見つけ出すことができる等の情報が得られる。

(ⅶ) 撤退障壁

撤退障壁は，企業がある事業領域から撤退できるか否かという点で重大な要素であり，競合による事業へのコミットメントの重要な指標となる。

(ⅷ) 強みと弱み

競合相手の強みと弱みを知ることによって，競合相手がさまざまなタイプの戦略をどの程度追求できる能力があるかどうかの洞察を得ることができ，また戦略代替案を識別，あるいは選択するに当たってのプロセスへの重要なインプットとなる。

競合相手の強みと弱みの分析には，革新力，製造，財務，経営，マーケティング，顧客基盤といった領域が含まれるが，これらの要素を細かく分析することによって，競合相手の強みと弱みを明確に把握することが必要とされる。

(3) 市場分析

市場分析（Market Analysis）は，現在および潜在的な市場規模と成長性，市場収益性，コスト構造，流通システム，市場トレンド，主要成功要因を含む。

① 市場規模と成長性

市場規模は，市場全体の売上規模でみるとどの程度であるかを知ることは重

要である。現在の市場規模だけでなく，潜在市場を分析することも有益である。しかし潜在市場の分析によって成長の潜在性が明らかであるような場合であっても，この潜在性は資金不足，ノウハウ不足，政府規制等によって，幻影となることもあり得ることに留意すべきである。

　市場規模が測定されたら，次はその成長性を予測する。市場における売上予測は不確実性が大きく働く領域であるが，人口統計データ，関連器具の販売状況等の先行指数を用いたり，あるいは製品ライフサイクルにおける売上の推移等を参考にして行うことになる。

② 市場収益性

　ある市場あるいはある産業（業界）の収益性は，業界構造によって決まる。これを提唱したのが，マイケル・ポーター（Michael E. Porter）である。業界の収益性を左右する要素として，競争業者（業者間の敵対関係），新規参入業者（新規参入の脅威），供給業者（売り手の交渉力），買い手（買い手の交渉力），および代替品（代替製品・サービスの脅威）の5つをあげる（ポーター，1980，邦訳，p.18）。これら5つの競争要因は，業界の収益性を説明するに当たって重要な意味をもち，5つの競争要因が強ければ強いほど，収益性が下がることになる。

③ コスト構造・流通システム・市場トレンド

　市場のコスト構造を理解することによって，現在および将来の鍵となる成功要因を見出すことができる。コスト構造の分析に当たっては，1つには製品の生産段階ごとにどこで付加価値がつくのかを分析することである。競合相手は価値連鎖（Value Chain）の中の付加価値が高い段階で，低コストで操業できる企業になろうと努力するからである。今1つの分析は，経験曲線戦略（Experience Curve Strategies）がどの程度採用可能かを明らかにすることである。

　流通システムの分析においては，流通チャネルの選択肢，流通チャネルのトレンド，チャネル内パワーの存在とキャプテンが含まれる。流通チャネルについては，直接流通チャネルか仲介業者を通じた間接流通チャネルか，あるいはこれらの併用かというチャネルの選択性は，鍵となる成功要因に大きな影響を与える。また流通チャネルは，業界によってパワーの所在地が異なることから，

誰がチャネル・キャプテンかを見極めることが重要である。

さらに市場のトレンドを認識することは有益なことであり，戦略の収益性と鍵となる成功要因の両方に影響を及ぼすからである。

④ 鍵となる成功要因

以上述べた市場分析によって，鍵となる成功要因を明らかにする。鍵となる成功要因とは，市場で成功裡に競争するための基礎を提供する資産あるいは能力のことである。この成功要因は，戦略上絶対に必要となる資産あるいは能力であり，これを欠く場合は相当な弱みとなるものと，競合相手より優れた資産あるいは能力であって，その企業の優位性の基礎となるものの2種類がある。自社の現在最も重要な資産あるいは能力はどれか，また将来最も重要になるのはどれかを識別することになる。

(4) 環境分析

環境分析（Environmental Analysis）は，企業および市場を取り巻く環境を分析することで，技術，政府規制，経済，文化，人口動態の5つの領域に分けて行われる。

① 技　術

市場あるいは産業の外部で生じている技術のトレンドまたは技術的事象は，それを活かせる企業にとっては機会となるし，また新たな代替技術の出現は脅威となる可能性をもたらすことになるかもしれない。新技術の創出，技術のライフサイクル等を分析することも重要となる。

② 政府規制

政府規制の追加または廃止等は企業戦略を左右し，企業にとって脅威になったり，機会となったりする可能性がある。また国際政治の動向は，特に多国籍企業にとっては極めて大きな影響を与える。

③ 経　済

経済成長，インフレーション，失業等の経済状況は，企業の戦略策定の評価に影響を与える。また多国籍企業が参加している産業では，外国為替相場の予測は重要であり，国際収支その他の要因の分析を行うこととなる。

④ 文化

　文化のトレンドは，企業に脅威と機会の両方をもたらす。ライフスタイルの変化は，製品ラインと価格決定戦略に対して重要な意味をもつし，消費者が経済的，文化的に自立すれば，流行に従うファッションの減少を招くことになるであろう。

⑤ 人口動態

　人口動態のトレンドは，市場の基底をなす力であり，予測可能なものもある。人口動態変数には，年齢，所得，教育，地理的位置等がある。高年齢層の増加は，そのセグメントに適した製品開発が必要となるであろうし，異なる地域への人口移動は証券会社，不動産会社，さらには保険会社のようなサービス企業にとって重要なかかわり合いがでてくる。

2　内部分析

　内部分析 (Internal Analysis) は，前述したとおり組織内部の重要な戦略的側面を詳細に理解することである。組織における戦略上の強みと弱み，制約を認識し，最終的には強みを生かし，あるいは弱みを補正するなどしてその組織にふさわしい戦略を立案することが，内部分析の主要目的である。内部分析は，自社分析といわれるように，大きく業績分析と戦略代替案の決定要因に分かれ，業績分析には，さらに財務業績の分析と非財務業績の分析が含まれる。

(1) 業績分析

① 財務業績の分析

　財務業績の分析は，自社の財務要素を分析することであり，事業単位の見通しを立てるための重要なステップである。代表的な財務要素としては，売上，市場シェア，収益性があげられる。

　売上や市場シェアは，市場が今どこに立脚しているかを知る基本尺度になる。またそれは顧客満足と大いに関係する。顧客が自社の製品・サービスに満足すれば，あるいは新しい顧客がロイヤルティをもてば，売上や利益の増加が見込まれる。市場シェアの増加は，規模の経済や経験曲線効果 (Experience Curve Effect) により持続可能な競争優位を獲得することにつながり，逆に売上

の減少は顧客基盤の弱体化や規模の経済の逸失をもたらすことになる。

収益性は，財務業績の分析における重要な尺度である。収益性の分析でよく用いられる指標の1つが，資産利益率（ROA：Return On Assets）である。資産利益率は以下のように算出される。

$$資産利益率 = 売上利益率\left(=\frac{利益}{売上}\right) \times 資産回転率\left(=\frac{売上}{資産}\right)$$

つまり，資産利益率は，売上利益率と資産回転率に分解することができる。前者は，売上に対してどの程度の利益をあげているかということであり，販売価格とコスト構造に依存する。また後者は，資産がどの程度有効に活用されているかということであり，在庫管理と資産稼動率に依存する。したがって資産利益率は，この2つの側面から分析することとなる。

② 非財務業績の分析

非財務業績の指標としては，顧客満足度やブランド・ロイヤルティ，製品・サービスの品質，ブランド・企業イメージ，相対コスト，新製品開発活動，経営者・従業員の能力と力量が含まれる。これらは，現在および将来の持続可能な競争優位の基礎となり，かつ長期的な利益を図るための資産および能力であるといえる。

顧客満足度とブランド・ロイヤルティは，企業にとって最も重要な資産である。ブランドを選んだ顧客グループの規模と強さ，競合相手との相対的比較等の分析が求められる。製品・サービスの品質は，顧客の期待，ニーズからみてどの程度の価値があるのか，競合相手のそれと比較・検討する。顧客がブランドや企業をどう見て，どう感じるかというブランド・企業イメージも重要な戦略的資産であることから，定期的にモニターすることが必要である。相対コストの分析は，戦略がコスト優位や対等なコストに基づく場合には，特に重要である。また新製品開発活動においては，継続的な新製品コンセプトの創出，新製品開発に至るまでのプロセス管理，市場への影響度，特許取得件数等を明らかにする。さらに企業の戦略を実行するのは人であるから，経営者・従業員といった人的資源の能力と力量は，戦略の遂行，組織ニーズ等からみて妥当であるか検討する。

(2) 戦略代替案の決定要因

　複数の戦略代替案から1つを選択するに際して，どのような特性が重要であるか，あるいは戦略代替案の採用を不可能にしているのはどのような特性に基づくものか，という戦略代替案の決定要因を考慮することも内部分析の今1つのアプローチである。このような戦略代替案の決定要因として，過去および現在の戦略，戦略上の問題点，組織の能力と制約，財務的資源と制約，組織上の強みと弱みがあげられる。

　自社分析において過去と現在の戦略の正確な状況を把握することの重要性はいうまでもないことであり，そこにおける戦略上の問題を検討することとなる。組織の能力と制約においては，会社の組織構造，システム，人などの内部組織を戦略の実行と適合の点から考慮することとなる。また財務的資源に当たっては，投資の原資を確保する企業の能力を考慮してその制約を検討することとなる。

　さらに重要なことは，自社の資産と能力に基づく組織上の強みと弱みを認識することである。具体的には，自社の革新性，製造，財務，マーケティング，顧客基盤，さらには経営陣等について組織上の強みと弱みを分析することとなるが，単に組織上の強みと弱みを認識するだけではなく，競合相手の強みと弱みも分析し，自社の強みと競合相手の弱みを利用し，自社の弱みと競合相手の強みを意味のないものにする戦略の立案へと進めていくことである。

3　SWOT分析と戦略課題の設定

　上述したように，外部分析によって市場の機会と脅威を識別し，また内部分析によって自社の強みと弱みを見極めるという作業はSWOT分析と呼ばれる。SWOT分析では，単に過去や現在のトレンドや事象を分析するだけでなく，外部分析による市場の機会と脅威の識別と内部分析による自社の強みと弱みの見極めを行ったうえで，これら4つを組み合わせて適合化することにより，戦略課題を設定することとなる。市場の機会の魅力度，脅威の深刻度と発生確率，また自社の強み，弱みの保有の度合によって，これらを組み合わせた戦略課題は多様化し，細かな対応が求められることとなるが，一般的な戦略課題の設定

表5-1 SWOT分析による戦略課題の設定

	自社の強み	自社の弱み
機 会	魅力的な市場機会に対し，自社の強みを発揮した事業にはどのようなものがあるか	市場の機会は魅力的であるが，自社には弱みがあるので，その弱みをどう改善すれば，機会を活用できるか
脅 威	脅威はあるが，自社の強みでこの脅威を乗り越える方策にはどのようなものがあるか	脅威に対し，自社には弱みがあるため，不測の事態をどのように防御し，あるいは回避するか

は表5-1のように例示することができよう。

　SWOT分析においては，外部分析による機会と脅威の識別という視点と内部分析による自社の強みと弱みという視点のどちらか一方に偏してはならず，両方の視点から同時に，あるいは両方の視点を適切に組み合わせることが必要である。ある特定の環境は機会となるからとか，あるいは自社には独自技術の強みがあるからという理由で，一方に片寄った要素にとらわれて戦略を立案することはバランスに欠ける議論である。また市場の機会は，すべての企業に平等に訪れるわけではない。市場環境の変化が多くの企業にとって市場の機会となる場合であっても，ある企業は大きな市場機会となるかもしれないが，ある企業にとっては小さな市場機会にしかならないかもしれない。逆にある企業にとってはむしろ市場の脅威にすらなる可能性もある。

　さらに，市場の機会と脅威には二面性がある。例えば規制緩和は規制に守られている業界や企業にとっては脅威のようにみえる。しかし規制緩和によって従来規制されていた業務を新たに展開することができたり，あるいは他業界へ参入することも可能となるなど，機会という側面も併せてもっていることもある。

　このような現象は自社の強みと弱みについてもいえる。一般に流通チャネルがしっかりと構築されていることは強みと解釈することができ，流通チャネルがないことは弱みと認識されるだろう。しかし，既存の流通チャネルがしっかりと構築されているがゆえに，むしろそれが足かせとなって環境変化に適応す

るような新しい流通システムの設定に踏み切ることができないこともあろうし、逆に流通チャネルがないがゆえに、既存の流通業者の行動にとらわれることなく、新業態の流通システムを作りだすことができるということもあり、実際にそのような形で成功している企業も見受けられる。

つまり、外部分析、内部分析とも単に過去や現状のトレンドや事象を整理して認識するということだけでなく、外部分析と内部分析によって得られた要素を一方に片寄ることなくバランスよく組み合わせながら適合化を図り、脅威と考えられていた要素を機会に変える、あるいは弱みと認識していた要素を強みに転換していくという見方や視点を変えた発想の切り換えによって、市場機会を発見し、戦略課題を設定していくことが求められるといえる。

第3節 市場細分化,ターゲティング,ポジショニング

マーケティング・マネジメント論では、市場を細分化し、それによって区分された市場セグメントに対し適切なターゲットを設定し、そのターゲットにおいて競合製品との比較で顧客の心の中で望ましいポジショニングを設計し、それに適応した製品、価格、流通チャネル、プロモーション活動等についてのマーケティング・ミックス活動計画を策定するというアプローチをとる。この一連の流れにおける「細分化」(Segmentation)、「ターゲティング」(Targeting)、「ポジショニング」(Positioning)は、その頭文字をとって、STPアプローチと呼ばれる。本節では、細分化-ターゲティング-ポジショニングというSTPアプローチとその相互関係について述べる。

1 市場細分化

(1) 市場細分化の概念

市場細分化の概念は、マス・マーケティング (Mass Marketing) に対し、市場そのものから遡って考えるというマーケティングの視点転換を迫るものとして発展してきた。マス・マーケティングは、1つの製品をすべての購買者に対し、大量生産、大量流通、大量プロモーションを行って大量消費を呼び込むも

のである。つまり，マス・マーケティングは商品の均一化，ブランド化を行い，ナショナル・ブランドのマーケティングとして展開するものとして発展してきた。市場の成長期に当たっては，品質の均一化・安定化，大量生産による単位当たりのコスト削減，大量流通による流通カバレッジの拡大等が成功の条件とされたことから，マス・マーケティングは市場の成長期において積極的に展開された。

　しかし，市場が成熟化してくると，顧客ニーズの多様化，個性化が顕在化するとともに，競争激化等により不特定多数の顧客を平均的な顧客として一元的にとらえることに限界が生じ，マス・マーケティングを行うにしても，不特定多数の顧客がどのようなニーズ，特性，行動様式をもつ顧客であるかを把握することが極めて重要となってきた。そもそも顧客のニーズや特性等は同一的，同質的ではないのである。そこで，顧客一人ひとり違ったニーズ，特性，行動様式に合わせて，それぞれの顧客ごとに個別的に対応するマーケティングが求められ，このようなマーケティングをカスタマイズド・マーケティング (Customized Marketing)，もしくはワン・トゥ・ワン・マーケティング (One-to-One Marketing) と呼んでいる。

　このようなマーケティングはそれぞれのニーズに合わせて1つずつ違ったテイラーメード型の製品をつくるということであることから，確かに個々の顧客のニーズに適合するかもしれないが，このような特注品はコストがかかり，したがって高価なものとなることから，これを購買できる顧客は高所得者など特定の顧客層となり，市場としてみると限定されたものとなってしまう。

　しかしながら，確かに顧客一人ひとりはそれぞれの個性，ニーズ，購買行動等が異なるけれども，ある特徴に注目すると類似点や共通点を見つけ出すことができる。そこで，不特定多数の顧客を共通的なニーズをもち，マーケティング・ミックスに対して類似の反応を示すような同質的市場部分にグループ分解し，その特徴を明確化することが市場細分化であり，分解された市場のそれぞれが市場セグメント (Market Segment) である。市場セグメントは，類似したニーズや欲望を共有する顧客グループであり，分解された市場セグメントのうち，自社が狙っている市場をターゲット・セグメント (Target Segment) と呼

び，このような市場細分化によってセグメントを特定し，そのセグメントにアプローチするのがセグメント・マーケティング（Segment Marketing）である。

このように，マス・マーケティングとカスタマイズド・マーケティング，もしくはワン・トゥ・ワン・マーケティングの中間線上に位置して展開するセグメント・マーケティングを行うための基礎となる考えが市場細分化である。別の言葉でいえば，市場ニーズを同一ととらえた単一製品の大量生産，大量販売による経済の効率化追求と個々の市場ニーズ満足の徹底的追求という2つの相反関係の妥協点を図ることが市場細分化の哲学であり，この意味では市場細分化はある程度の経済効率が追求される範囲内で同質的なニーズをもつ市場セグメントを導き出す過程であり，その結果が細分化市場となるのである（嶋口，1984，pp.159-160）[3]。つまり，市場細分化とは市場を同質的な部分に細分化して分割するという考えであり，したがって細分化された市場内では共通なニーズをもち，製品の認識，価値観，購買行動等は同質的であるが，他方細分化された市場間ではこれらの要素は異質的である，というのが市場細分化の基本原理であるといえる。

(2) 市場細分化の基準

細分化された同一セグメントでは同質的，セグメント間は異質な反応を示すような細分化の基準，すなわちどのような細分化変数によって市場を細分化するかは極めて困難な作業であるとともに，市場細分化の有効性はこの変数の発見と抽出によって決まるといっても過言ではない。

市場細分化についての基準アプローチは，2つの方法によって収斂されている。1つは，細分化に際して既存製品から出発する方法，つまりある特定の製品を取り上げ，その製品の多様なブランドの購買者間に差異があるか否か，ないしはどのファクターが重要か，などを研究する方法である。今1つは，あらかじめ想定された重要と思われる細分化基準で市場を区分し，それらの細分市場間に差異が出るような情報を各細分市場ごとに集め分析する方法である（嶋口，同上書，p.162）。

市場細分化の基準については，上記2つのアプローチのいずれか，あるいは組み合わせながら実に多くの方法がとられているが[4]，消費財市場においては

表5−2 主要変数による細分化基準と例示的項目(消費者市場)

変数	例示的項目
地理的変数	
地　　　域	関東,関西,北海道,九州…
都　市　規　模	5万人未満,10万人未満,50万人未満,それ以上
人　口　密　度	都市,郊外,地方
気　　　候	北部,南部,太平洋側,日本海側,など
人口統計的変数	
年　　　齢	6歳未満,6〜12歳,13〜15歳,16〜18歳,19〜22歳,23〜30歳,……60歳以上
性　　　別	男,女
家　族　数	1〜2人,3〜4人,5人以上
家族ライフサイクル	若年独身者,若年既婚者子供なし,若年既婚者末子6歳未満,若年既婚者末子6歳以上,高年既婚者子供あり,高年既婚者18歳以下の子供なし,高年独身者,その他
所　　　得	年収300万円未満,300万円〜500万円,500万円〜800万円,800万円〜1,000万円,1,000万円〜1,500万円,それ以上
職　　　業	事務職,技術職,専門職,営業職,管理職,公務員,自営業,職人,工員,運転手,農民,定年退職者,学生,主婦,無職
教　育　水　準	中学卒,高校卒,大学卒,大学院卒,など
社　会　階　層	最下層,下流階級,中流階級,上流階級,最上流階層
心理的変数	
ライフスタイル	文化志向,健康志向,自然志向
性　　　格	社交的,権威主義的,野心的
購買行動変数	
購　買　機　会	定期的機会,特別機会
ベネフィット	経済性,便宜性,迅速性
使　用　者　状　態	非使用者,旧使用者,潜在的使用者,初回使用者,定期的使用者
使　用　頻　度	少量使用者,中程度使用者,大量使用者
ロイヤリティ	無,中間,強,絶対
購　買　準　備　段　階	無知,知識あり,関心あり,願望あり,購買意欲あり
マーケティング要因感受性	品質,価格,サービス,広告,セールス・プロモーション

出所:コトラー&ケラー,2006,邦訳,p.137をもとに作成。

一般に表5−2のような細分化の基準が紹介されている。ここで示した細分化基準は,地理的変数,人口統計的変数,心理的変数,購買行動変数という大きく4つの変数による基準に分けられている。以下,各変数による細分化基準の内容を概説する。

① 地理的変数による細分化

　これは,市場を関東と関西といった地域,都市規模,人口密度,気候等という変数によって細分化するものである。地域の違いによって市場の反応は

異なり，確かに関東と関西では味の好みが異なり，また気候条件（例えば北海道と沖縄における違った気候条件）が異なれば，その地域の消費者のニーズが違ってくるのはむしろ当然であろう。このような地域区分に従ってそれぞれの地域のニーズや特徴に合わせて製品，流通チャネル，広告，販売活動等に関するマーケティングを展開しようとするのが，エリア・マーケティング（Area Marketing）という考えであり，その地域概念は国内だけでなく，多国籍企業等は市場単位を国単位でとらえて，それに取り組んでいる。

このように，地理的変数による細分化は変数に属する項目の抽出がしやすいため，比較的容易に行うことができるというメリットがあるが，細分化の1つの目的である個別需要単位のニーズを満足させるという課題にはそぐわない場合も生じるといわれている。もちろんそのことによって，地理的変数による細分化の重要性を損なうものではない。

② 人口統計的変数による細分化

これは，年齢，性別，家族構成，所得，職業，教育水準，社会階層等の変数に基づいて細分化するものである。人口統計的変数は顧客のグループ分けに最もよく使われるが，その理由として，1つには消費者のニーズ，欲求，使用割合と製品やブランドの選好は人口統計的変数と密接に連動して変化すること，今1つには，人口統計的変数が他の変数より測定しやすいことがあげられている。

性別による差別化は，衣料品，化粧品，雑誌の市場では以前からよく行われているが，男性と女性では態度や行動の志向が異なるからである。市場を年齢とライフサイクル別にグループ分けすることも行われている。これは，年齢やライフサイクル・ステージの異なるグループに対して，それ相応の製品を提供したり，マーケティング・アプローチを変えたりするもので，消費者のニーズは年齢とともに変化するという前提に立っている。また社会階層は，自動車，衣料品，レジャー活動，小売店等に対する選好に強い影響を及ぼす。しかし，社会階層の好みは年月とともに変化することにも注意しなければならない。この他に，所得，職業，教育水準等の変数によって細分化することが行われる。

③ 心理的変数による細分化

これは，ライフスタイル，性格という特性に基づいて顧客グループ分けを行うものである。同一人口統計的変数による細分化グループ内でも，まったく異なる心理的特性を示すことがある。

ライフスタイルとは，個人やグループの生活価値観に基づく生活のパターンや生活の仕方であり，それに応じて市場を細分化する方法がライフスタイルによる細分化である。ライフスタイルによる細分化は，消費者の製品選択およびブランド選択の理由を説明し，包括的マーケティング戦略，とりわけ広告制作のための情報提供，媒体戦略，新製品機会の示唆などに役立つとされるが，他の細分化基準（使用頻度別，人口統計別等）で区分されたターゲットの性格をさらに質的に求めるような場合に，その有効性が一層発揮されるといわれている。

また性格という変数を利用することにより，商品に消費者の個性に応じた属性を与え，化粧品，タバコ，保険，酒などの商品では人それぞれの性格に基づいた市場細分化戦略が用いられている。

④ 購買行動変数による細分化

これは，購買者を製品に関する知識，態度，使用形態，反応に基づいてグループ分けするものである。

購買機会による細分化は，購買者が購入を考える機会，実際に購入する機会，購入した製品を使う機会によってグループ分けするもので，企業が製品の使用法を確立する時に役立つ。また製品に求めるベネフィットを基準にして購買者をグループ分けすることも行われる。例えば，練り歯磨き市場では，経済性（安価），薬効性（虫歯予防），美白効果（白い歯），センス（味がよい）という4つのベネフィット・セグメントがあるとされている。企業は，ベネフィットによる細分化を行うことにより，自社が訴えたいセグメント，そのセグメントの特性，主要な競合ブランドを明らかにすることができ，また新たなベネフィットを掘り出して，それを提供するブランドを打ち出すことができる。

さらに，よく利用される変数として購買者の特定ブランドに対するロイヤルティで細分化する方法もある。購買者はブランド・ロイヤルティの状態によ

って，（ⅰ）確固たるロイヤルティを示す消費者（Hard-core-loyals），（ⅱ）ロイヤルティの対象が複数ある消費者（Split loyals），（ⅲ）ロイヤルティの対象が移り変わる消費者（Shifting loyals），（ⅳ）ロイヤルティがなく移り気な消費者（Switchers），の4つのタイプに分けられる（Kotler and Keller, 2009, p.224）。

　このようなブランド・ロイヤルティの程度によって消費者をグループ分けすることによって，確固たるロイヤルティを示す消費者を分析すれば，自社製品の強みが明らかになるし，他方，自社ブランドから別のブランドに移っている消費者に着目すれば，自社のマーケティング上の弱みを知ることができ，それを改善することができる。

(3) 効果的な細分化基準の評価

　前述したように，市場細分化はいくつかの変数を用いることによってアプローチすることができるが，すべての細分化が効果的であるとは限らず，その有効性は評価されなければならない。市場セグメントが効果的であるためには，以下の5つの主要基準によって評価される（Kotler and Keller, 同上書, p.228）。

①	測定可能性（Measurable）	セグメントの規模，購買力，特性が測定できる。
②	利益確保可能性（Substantial）	セグメントが製品やサービスを提供するのに十分な規模と収益性をもっている。セグメントは，それに適合したマーケティング・プログラムを使って追求するに足る規模の同質集団でなければならない。
③	接近可能性（Accessible）	セグメントに効果的に到達し，製品やサービスを提供することができる。
④	差別化可能性（Differentiable）	セグメントが概念的に区別でき，マーケティング要素とプログラムが違えば，それに対する反応も異なる。2つのセグメントがある市場提供物に同じような反応を示すならば，この両者は別々のセグメントを構成することにはならない。

第5章 マーケティング 195

⑤ 実行可能性（Actionable） 効果的なプログラムがセグメントを引き付けて，製品とサービスを提供するために設計できる。

　上記のような基準により市場細分化の有効性を評価することによって，市場細分化は実際の戦略や政策の中で効果的に遂行されることになろう。

2 ターゲティング

(1) 市場セグメントの評価

　市場を細分化したならば，次の課題は細分化された市場セグメントのうち，どの市場セグメントを標的市場として選択するか，つまりターゲティングである。標的市場（Target Market）とは，企業が対応しようと決めたニーズまたは特性を共有する購買者の集団である。ターゲティングは市場セグメントを評価することからはじめなければならない。市場セグメントの評価を行うには，セグメントの全体的な魅力と企業の目的および経営資源という2つの要素に注目する。

　市場セグメントの全体的な魅力とは，規模，成長性，収益性，規模の経済性，低リスクといった点で，どの程度の魅力的な特性をもっているかということである。セグメントの規模が大きければ，生産力を強化して販売量の拡大を図れるという機会が増えるし，また生産量が確保されれば，1単位当たりのコストが低減できるといった規模の経済性を達成できる。また，現状では市場規模が小さいとしても，将来においては大きくなる可能性がある，つまり市場としての成長性が見込まれるならば，魅力ある市場セグメントとなり，そのセグメントに先行的に参入し先発者優位を獲得するという戦略の下で，その市場セグメントを高く評価する場合もある。

　望ましい規模と成長性があっても，収益性の点で魅力に欠けるセグメントもある。例えば，そのセグメントですでに強力で攻撃的な競合他社が存在しているような場合には，市場シェア獲得競争が激しく，その結果，価格競争に巻き込まれて収益性が低下したりすることから，あまり魅力がないということになる。また，そのセグメントに自社製品の代替品が多数存在する，あるいは潜在

的に存在するという場合も価格を抑えざるを得ないという状況になってしまう。

このように，市場セグメントの全体的魅力を考えるに当たっては，市場セグメントの規模の大きさ，成長性の他に，現在および将来における当該セグメントの競争状態や価格競争の見通しを予測するなど収益性の点からもアプローチする必要がある。

市場セグメントが魅力的であるといっても，そのセグメントを選択することが自社の目的や経営資源からみて妥当かという点からも考慮しなければならない。標的とするセグメントが企業の長期的目的や本来の使命に合わないとすれば，魅力的なセグメントであるとしても，そのセグメントに参入すべきでないだろう。また，そのセグメントで成功するだけの研究開発能力，生産能力，技術者，ネットワーク，資金力，ブランド力等，経営資源が十分かどうか判断しなければならないし，この点における自社の強み，弱みも見極めなければならない。標的とするセグメントで競合他社との競争に勝てるだけの強みがあり，優れた価値を提供し，競争優位に立てる状況であるならば，そのセグメントへの参入という選択は妥当な結論であるといえる。

(2) 市場セグメントの選択と組み合わせ

各市場セグメントを評価したら，次にはどのセグメントを標的として選択するかという課題である。セグメントの選択に当たっては，細分化した市場の中から1つのセグメントを選択する場合もあるし，いくつかのセグメントを選択して組み合わせるという場合もある。その組み合わせのパターンは，1つの製品事業の場合におけるセグメントの組み合わせと複数の製品事業の場合におけるセグメントの組み合わせがあり，それぞれアプローチの仕方が異なる。

1つの製品事業の場合における組み合わせとしては，1つの製品事業の中で1つの市場セグメントを標的市場として選択する方法と1つの製品事業の中で複数の市場セグメントを組み合わせる方法とがある。前者は集中型マーケティング（Concentrated Marketing），後者は分化型マーケティング（Differentiated Marketing）と呼ばれることがある。

次に，多様な製品事業を展開している場合，それぞれの製品についてどのよ

うに市場セグメントを選択し組み合わせるかについては，2つの方法が考えられる。1つの組み合わせパターンは，いずれの製品事業においても共通した市場セグメントを追求する方法である。今1つの組み合わせパターンは，各製品事業においてそれぞれ適切な市場セグメントを選択する方法である。

このように，標的市場選択パターンの分類の仕方にはいくつかの方法があるが，コトラー＆ケラー（2006，邦訳，pp.327-328）は，これらの組み合わせを整理して，図5－3のように5つの組み合わせパターンを提示している。

① 単一セグメントへの集中

これは，1つのセグメントを選択しそこに特化する方法で，前述した集中型マーケティングに相当するものである。この方法は，特定の市場セグメントに経営資源を集中することによって，当該セグメントにおいて競争優位の獲得をめざそうとするものである。特定セグメントにおける消費者ニーズについて多くの豊富な知識を得て，それを新製品開発に反映させることで，市場において強力な存在感の確立を図る。また，生産，流通，プロモーションを専門化することにより，経済的に事業活動を行うことができる。当該セグメントにおいてトップ企業になれば，企業の投資収益性は高くなる。

しかし，集中型マーケティングはリスクも高い。競合企業が当該セグメントに参入すれば競争が激化したり，あるいはセグメントにおける需要状況の悪化等環境が変化したりするような場合には，市場リスクの分散を図ることが難しい。そこで，このような理由から多くの企業はセグメントに事業を分散させる行動をとる傾向が強い。ただこのような複数のセグメントに参入する場合に当たっては，自社の経営資源の制約を十分に分析し，規模の経済性だけでなく，範囲の経済性も考慮すべきであるとされている。

② 選択的専門化

これは，企業の目的に照らして魅力的で適切な複数のセグメントを対象に選択する方法で，いわばマルチセグメント戦略といえる。この方法は，セグメント間での相乗効果はほとんどみられないが，それぞれのセグメントに高い収益性の確保が期待され，また企業リスクが分散されるというメリットもある。

図5-3 標的市場選択の5つのパターン

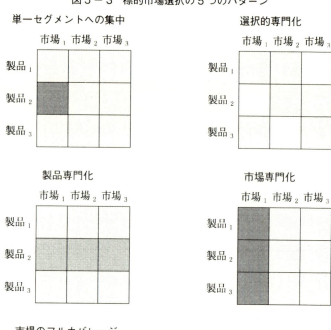

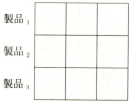

出所:コトラー&ケラー, 2006, 邦訳, p.327。

③ 製品専門化

　これは、いくつかのセグメントに販売できる1種類に特化する方法である。たとえば、靴メーカーが子供向け市場, 大学生向け市場, 中高年向け市場別に、さまざまな靴を提供するような場合である。特定製品分野で高い評価を築けるという反面、ハイテク製品のような場合に、画期的な新製品が出現したときには、それにとって代わられるというリスクもある。

④ 市場専門化

　これは，特定の市場セグメント，つまり特定の顧客集団に特化し，それに対して多数のニーズを満たすことに集中する方法である。市場セグメントが同一で特定化していることから，チャネルが共通であるうえに，プロモーションを複数の製品について同時に行うことができるので，効率的なマーケティング活動を展開できる。一方，この顧客集団の需要が減少した場合には，売上低下というリスクが生じる。

⑤ 市場フルカバレッジ

　これは，すべての市場セグメントを対象とし，そこで求められているあらゆる製品を提供する，つまり市場のフルカバレッジ戦略である。主として巨大企業によって採用されている。フルカバレッジ戦略は，無差別型マーケティングと差別型マーケティングという2つの戦略で市場がカバーされる。

　無差別型マーケティングは，市場セグメント間の違いを無視して，単一の製品やサービスで市場全体の獲得をめざすものである。企業は，最大多数の購買者にアピールする製品やマーケティング・プログラムを設計する。製品ラインが少ないため，生産，流通にかかわるコストを抑えることができるが，すべての消費者が満足する製品やブランドを開発することは難しい。そこで，無差別型マーケティングは低価格の市場セグメントをねらう場合を除いては，あまり効果的でないといわれている。

　差別型マーケティングは，複数の市場セグメントをターゲットに定め，それぞれのセグメントに対して異なる製品を設計し提供するものである。市場セグメントごとに製品を開発し，個別のセグメントごとに異なるマーケティング活動を行うことにより，当該セグメントにおける消費者のニーズに適合した製品を適切なマーケティング・ミックスで提供できるため，全体の売上拡大が期待できる。しかし一方で，このような方法で市場セグメントごとに製品開発を行い，マーケティング活動を展開することは，コストの増加という問題が発生する。

3 ポジショニング

(1) 概　念

ターゲティングを終えたならば，次にはマーケティング・ミックスを考える前に，標的となる顧客が自社製品を選択したくなるようなポジショニングを明確に規定する。

ポジショニングとは，企業の提供物やイメージを標的市場のマインド内に特有の位置を占めるように設計する行為である（Kotler and Keller, 2009, p.268）。ポジショニングは，製品からはじまるが，製品に対して行うものではなく，潜在的ベネフィットが最大になるよう，消費者のマインド内にブランドをうまく位置づけることが目的である。消費者は企業側の働きかけがあろうとなかろうと製品に対してマインド内にポジショニングをするので，自社製品のポジショニングを偶然まかせにすることはできない。標的市場で自社製品が最も有利になるようなポジショニングを計画しなければならないし，計画どおりのポジショニングを獲得するためのマーケティング・ミックスを設計しなければならない。この意味で，ポジショニングは，マーケティング・ミックスの方針を最終的に決定づけるといえる。

(2) ポジショニングと差別化戦略

ポジショニングは製品自体による差別化を起点とするが，製品自体による差別化だけが製品差別化ではなく，製品差別化には製品とともに提供されるサービスやスタッフを通じての差別化を図る場合もあれば，チャネルや広告によって差別化を行う場合もある。コトラー＆ケラー（2006, 邦訳, pp.398-401）は，差別化変数として，製品，サービス，スタッフ，チャネル，イメージをあげている。

① 製品による差別化

製品による差別化とは，製品の属性や物理的特徴などによって差別化を図ることである。差別化の要素としては，形態，特徴，性能，適合品質，耐久性，信頼性，修理可能性，スタイル，デザインがあげられる（コトラー＆ケラー，同上書，邦訳，p.465）。

形態とは，製品の大きさ，形状，あるいは物理的構造といった要素であり，

これら要素で差別化する。

　特徴とは，製品の基本的な機能を補う多様な特徴であり，その製品のどこが気に入ったのか，満足度をさらに高めるためにはどのような追加的特徴がほしいのかなどを消費者にたずねることによって，製品の特徴を見極めることができる。

　性能品質とは，当該製品の主要な特徴が機能する水準のことである。相対的な製品品質と投資収益率の間には強い正の相関関係があるといわれているが，だからといって企業は必ずしも可能な限り最高の性能水準を設計する必要はない。標的市場と競合他社の性能水準に応じて，適切な性能を設計すべきであるとされる。

　適合品質とは，生産された製品すべてが等しく同一性をもち，約束された仕様を満たしている程度のことである。買い手は製品の適合品質が高いことを期待しているので，適合品質が低い場合は，その製品が一部の買い手を失望させてしまうことになる。

　耐久性とは，自然な状態あるいは過酷な使用状態で，その製品が機能すると予測される耐用期間のことである。一般に買い手は，耐久性に優れている製品には高額を支払うが，価格があまりにも割高であったり，あるいは技術革新が激しく技術が急速に陳腐化してしまうような製品には高額を支払うことにはならないだろう。

　信頼性とは，製品がある一定期間内に誤作動しない，あるいは作動しなくならない見込みのことである。信頼性は製品の中枢部分の１つであり，買い手は信頼性の高い製品に対しては割増価格を支払うだろう。

　修理可能性とは，製品が誤作動したり，あるいは作動しなくなった場合における修理の容易さのことである。顧客自らが修理しづらい場合には，企業側が顧客に修理方法や解決のためのアドバイスを与えたり，技術サポートを提供するなどの対応が求められる。

　スタイルとは，製品の外観と買い手に与える印象のことである。特に食品，化粧品，トイレタリー等の製品では，スタイルが美的価値として製品差別化の重要な要素の１つとなる。もちろん，スタイルがいくら優れているといっても，

それ自体が高性能であることを意味するものではないので，ほかの差別化要素と同様に，バランスを保つことが求められる。

デザインとは，顧客の要求に対して製品の外観と機能に影響を及ぼす特徴のまとまりをいう。デザインは上記で述べてきた品質すべてを統合したものであり，製品とサービスを差別化し，ポジショニングするための強力な武器となる。

② サービスの差別化

企業の供給する製品には，サービスを伴う有形財，有形財とサービスの混合型などサービスが含まれていることが多い。したがって製品差別化は，製品とともに提供されるサービスによっても差別化することができ，物理的な製品が容易に差別化できない場合，評価されるサービスの付加とサービスの質の向上が競争に勝つキーポイントとなる。サービスによる差別化の要素としては，主に注文の容易さ，配達，取付，顧客トレーニング，顧客コンサルティング，メンテナンスと修理があげられる。

注文の容易さとは，顧客がその企業に注文するのにどれだけ容易かということである。例えば，その企業にわざわざ行かなくても，インターネットや携帯電話などで注文できるというような場合である。

配達とは，製品やサービスがいかにうまく顧客のもとへ届けられるかということである。この場合，単に届けるだけでなく，顧客が求めるスピード，正確さ，配慮等に応えることが差別化戦略のポイントとなる。

取付とは，予定された場所で製品を作動させるための作業のことである。特に重量設備，組立設備等の場合は，買い手は十分な取付サービスを期待しているし，配送と取付をワンセットにした特徴のあるサービスを提供して，他社との差別化に取り組んでいる企業もみられる。

顧客トレーニングとは，売り手の販売する機器，設備を適切かつ効率的に使用できるように，顧客の従業員に対して訓練や研修を行うことである。特に最新型の機器やプラント等は使い方，動かし方，トラブルが生じた場合の対処方法等についてのしっかりとした教育が必要となる。

顧客コンサルティングとは，売り手が買い手に提供するデータ，情報システム，アドバイス・サービスのことである。例えば，製品売上状況を分析した

データを示して，アドバイスしたり，効果的な販売促進のための資料を提供するなどである。

メンテナンスと修理とは，顧客が購入した製品を良好な作動状態に保つためのサービス・プログラムのことである。製品によっては，しっかりとしたメンテナンスの実施がその製品の価値を継続的に高める方法である場合があり，また最高の修理サービスの提供が受けられるか否かで，売り手の選別が行われることもあり，売り手の中にはこの点を差別化戦略の1つとして位置づけている企業もある。

③ スタッフによる差別化

スタッフによる差別化とは，よく教育された従業員を通じての人的要素による差別化である。製品やサービスはすぐに模倣される可能性があるが，従業員の独特のノウハウ等は模倣されにくく，かつ長時間高く評価されるものである。

よく教育されたスタッフには，コンピタンス（要求される技能と知識をもっている），礼儀正しさ（親しみやすく，丁寧かつ親切である），安心感（信頼できる），信頼性（一貫性のある正確なサービスを行う），迅速な対応（顧客の要求や問題へ迅速に対応する），コミュニケーション（顧客を理解し，わかりやすく伝える努力をしている）という特性をもっている。

④ チャネルによる差別化

これは，流通チャネルのカバレッジ，専門技術や専門知識，パフォーマンスを適切に設計することであり，チャネルによる差別化によって，競争優位を獲得しようとするものである。

例えば，開放型流通チャネル政策を選択し，全国どこでも製品をたやすく購入できるようにすれば，製品の入手の容易さという属性による差別化が可能となるし，他方，選択的流通チャネル政策あるいは排他的流通チャネル政策によってチャネルを厳選ないしは特定し，そのチャネルに対し専門知識や情報を提供したり，あるいは品揃え形成活動を統制することによって，消費者の購買時の利便性や選択可能性を高めることにより，効果的な製品差別化をもたらすことができる。

⑤ イメージによる差別化

　イメージとは，人々がその企業や製品をどのようにとらえるかということであり，購買者は企業イメージおよび製品イメージにさまざまな反応を見せる。

　イメージには，シンボル，メディア，雰囲気，イベントなどが含まれ，これらの要素を用いて購買者に製品の属性を伝達することにより，製品差別化を図ることができる。

(3) 差別化要素のプロモーション対象数

　顧客が多数の商品の中から最終的にある製品を選択する時の決定打となる要因をKBF（Key Buy Factor：購買決定要因）といっている。そこで各企業は標的顧客に対して，このKBFに影響を与える差別化要素（例えばベネフィットや特徴）をいくつプロモーション対象とすべきかを決定しなければならない。

　この点については，1つの中心的なベネフィットだけをプロモーションすべきであると主張する意見が多い。ポジショニング・メッセージは一貫した1つの要素とし，各ブランドは1つの属性を選び出し，その属性では「ナンバーワン」であると売り込むべきであるという。ナンバーワンのポジショニングとしては，例えば「最高の品質」，「最高のサービス」，「最低価格」，「最高の価値」，「最先端の技術」等があり，これらの特性のうちどれか1つに熱心に取組み，一貫してそれを提供し続ける企業は，おそらくその強みで最も有名になり，顧客の記憶に残ることであろう。

　しかし実際には，顧客は1つの要因だけで商品を選択しているかというと，そうともいえないだろう。また，2社以上の会社が同一の属性についてそれぞれ自社が最高であると主張する場合もあるであろう。そこで，2つの差別化要素を設定し，それに基づいてポジショニングする，つまりダブルベネフィット・ポジショニングが必要であるという意見もある。例えば，「どこよりも迅速に対応する」と「最高のメンテナンス」という2つのベネフィットを訴求したり，「最高の品質」と「最高の持久力」を有するというポジショニングの仕方である。

　さらに，自社のポジショニング戦略を拡大しようとして，3つの差別化要素，つまりトリプルベネフィット・ポジショニングを追求している企業もみられ

る。例えば，この商品は洗浄力，脱臭力，保湿力の3つのベネフィットを有しているというような場合である。この場合，問題となるのは，1つのブランド商品でこの3つのベネフィットすべてを兼ね備えていると，いかにして消費者に納得してもらうか，という課題である。もちろん，この課題をうまく解決している例もみられるが，企業が自社ブランドについて多くのベネフィットを訴求しすぎると，その真実性を疑い，かえって不信感を買ったり，あるいはポジショニングが不明瞭になったりして，ポジショニングに失敗する恐れが生じることなる。

(4) ポジショニングの伝達とマーケティング・ミックスの関係

ポジショニングを選択したら，標的とする消費者に自社が望むポジショニングを伝達し，広めていくための手段を講じなければならない。企業はより良い品質とサービスを基盤としてポジショニングすることを決定したら，そのポジショニングにふさわしい内容を提供しなければならず，企業のマーケティング・ミックスはポジショニング戦略を支援するものでなければならない。製品，価格，流通，コミュニケーションというマーケティング・ミックスの設計には，ポジショニング戦略の詳細な戦略計画を踏まえて行う必要がある。したがって，高品質のポジショニングを占めている企業は，製品戦略では高品質の製品を製造し，価格戦略では高価格を設定する。また流通戦略では質の高いチャネルを選択して提供し，コミュニケーション戦略では高級なメディアを使って広告するという一貫性のある戦略をとらなければならない。

このような企業は，これを実施するためより多くのサービス担当者を雇用して教育訓練し，サービスで評価の高い小売業者を確保し，優秀なサービスを伝達するような販売および広告メッセージを考案する。こうした戦略が一貫した信頼できる高品質，優秀なサービスのポジショニングを構築する唯一の方法である。

さらに，企業は希望のポジショニングを選択し，構築したならば，一貫したパフォーマンスとコミュニケーションでそのポジションを維持するようにしなければならず，それと同時に自社のポジショニングを絶えず注視し，かつ観察し，時の経過とともに変化する消費者のニーズや競合他社の戦略に適合していくことが必要である。

第4節　製品ライフサイクルとマーケティング戦略

1　製品ライフサイクルの概念
(1) 製品ライフサイクルの考え方と4つの段階

　製品ライフサイクル（PLC：Product Life Cycle）とは，人（ヒト）の一生が誕生からはじまって思春期 → 青年期 → 壮年期 → 熟年期 → 老年期を経て，最終的には死を迎えるというライフサイクルを描くように，製品も市場に導入され，それが市場に受け入れられたとしても，やがては市場から姿を消す，つまり製品にも寿命があり，その寿命には一定のサイクルがあるという考え方である。

　一般に，製品ライフサイクルは，売上高，利益，単位当たりコストについて図5－4に示すようなS字型曲線として描くことができるとされる。そしてこの曲線は時間の経過とともに，導入期，成長期，成熟期，衰退期という4つの段階に分けられる[5]。

　導入期（Introduction Stage）は，製品が市場に導入され，しばらくの間売上

図5－4　製品ライフサイクル

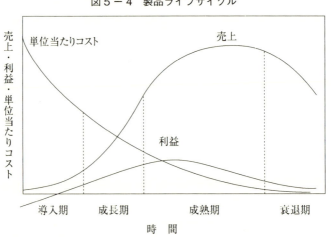

出所：コトラー&ケラー，2006，邦訳，p.403 によって作成。

は低調であるが，やがて売上がゆっくりと成長する期間である。この段階は製品の市場導入に伴う費用を多く要するため，利益はマイナス，あるいは少ない。成長期（Growth Stage）は，製品が急速に受け入れられ，売上が大きく伸び，利益も向上する時期である。成熟期（Maturity Stage）は，製品がすでに潜在的な買い手のほとんどに受け入れられてしまったために売上はピークに達しており，次第にその成長率が衰える時期である。この期間は，利益は安定するか，または競争激化により減少する。衰退期（Decline Stage）は，製品の売上が低下傾向を示し，利益も減少する時期である。

　製品ライフサイクルを4つの段階に分けているが，このモデルには2つの想定がおかれている（高嶋・桑原，2008，p.75）。第1は，製品ライフサイクルが示す4つの段階は，その順番が共通しており，製品によって順番が変わることがないということである。したがって各段階ごとに，次にはどのような段階がくるのか予測できることになる。第2に，売上成長率は各段階を通じて連続的に変化するが，それぞれの段階の中では市場の状態は同じような傾向を示して安定していると考えるのである。つまり各段階ごとに共通してみられる市場の状態，特徴をとらえることで，それぞれの段階に合わせた適切な戦略を打ち出すことができることになる。

　このように製品ライフサイクルは，一方では4つの段階ごとにその違いに注目するとともに，他方では各段階間で取るべき戦略を転換する必要性を強調し，各段階に応じたマーケティング活動を行うというモデルとなっている。もちろん，すべての製品が図5－4に示したものとまったく同じような曲線を描くことはあり得ないし，現実はさまざまな形の曲線を描いたサイクルとなるだろう。しかしそれでも，製品ライフサイクルがたとえラフな形であっても，何らかのパターンを描くことが認められれば，各段階ごとにどのようなマーケティング戦略を構築すればよいかを示唆してくれるので，その点ではこの製品ライフサイクルのモデルは十分な意義があるといえる。

(2) 市場の変化の要因

　上述したように，製品ライフサイクルは市場の状態が時間の経過によって変化するという考え方に基づくが，なぜそのように変化するのだろうか。その要

因は，供給者側，および需要者側の双方が変化するからである。

　供給者側，つまり生産者側においては，まず業界内の産業構造が変化する。導入期においては，最初に製品開発をした企業は独占状態であるが，その後成長期になって多くの企業が参入し，成熟期になるとこれら企業は競争の過程で淘汰され，業界が寡占に向かう中で，参入障壁が形成されるという産業構造の変化がみられるようになる。このような産業構造の変化が企業の競争優位獲得のための，さまざまなマーケティング活動を要請することとなり，その影響を受けて市場の状況は変化するといえよう。

　次に，生産者側の製品差別化戦略の変化があげられる。製品の市場導入期や成長期の間では，各企業が新製品における技術革新や生産プロセスの革新を図るため，製品属性についての差別化が行われる。しかし，各企業が成熟期を迎える時期になると，差別化をもたらす技術革新の頻度が低下し，規模の経済性や生産プロセスの革新において優位性を確保しようとする行動をとり，高い市場シェアを獲得するようになり，こうした行動が市場の状況を変化させることとなる。

　需要者側，つまり消費者側も時間の経過とともに変化する。まず消費者個人における変化があげられる。製品が市場に導入されはじめた頃は，消費者のほとんどはその製品に対する情報をもち合わせていないが，時間の経過とともに製品知識が蓄積されて，製品の理解度が変化する。このような消費者個人の製品に対する認識の変化が市場の状態を変化させる。

　次に，消費者の購買行動における意思決定プロセスが変化する。同一の消費者であっても，時間の経過とともに購買行動は変化する。消費者は製品に対する知識の修得や購入経験の積み重ねによって，購買に際しての意思決定プロセスを変えていく。消費者は新製品が導入された場合，それは自分のニーズをどのように満たしてくれるか，どのようなブランドが自分のニーズに適しているか等，時間をかけながら情報を収集して購買の意思決定を行うだろう。他方，購買経験を積んで製品の基本的特徴や使用方法を知っている状況の下では，その後に登場した製品については購買の意思決定は単純化，簡素化されるだろう。このような購買行動に関する意思決定プロセスの変化もまた市場の状況を変化させるといえる。

2 導入期の特徴とマーケティング戦略

(1) 導入期の特徴

製品の導入期（Introduction Stage）においては，製品に対する消費者の認知があまり進んでおらず，今までの購買行動を変えることに消極的であるため，売上の成長は緩やかである。したがって導入期の段階では市場規模が小さいので，売上は少なく，また流通とプロモーションに多くの費用を要するため，利益はマイナスか，あっても少ない。

しかし消費者の中には新製品ということでの付加価値を認め，積極的にこれを受け入れる消費者層もみられる。このような消費者は革新者と呼ばれ，新製品に対する抵抗感を抱くどころか，冒険心にあふれ，新しいアイディアを試そうとする。このような革新者は少数であるが，市場導入期の最も初期の段階で現れる。これに続いて，新製品を採用する顧客層が出るようになり，これは早期採用者と呼ばれる。この早期採用者は地域や職場などのコミュニティーにおけるオピニオン・リーダー的存在であり，新しい製品やアイディアを早期に採用し，周囲の追随者に情報発信をするという特徴をもっている。

このように導入期においては，革新者や早期採用者が製品の購買者であるから，市場規模は小さく，市場の拡張も遅い。したがって，導入期の市場は製品開発を行った企業がしばらく独占し，上述のような購買者層やこれらに続く追随者が少しずつ拡大していくにつれて，他の企業が追随して現れるというのが，一般的な傾向である。

(2) 先発優位性

新製品の導入に当たって考慮しなければならないことは，市場導入の順序である。一般に先発者の方がその後の競争の中で優位に立てるといわれている。他者に先発して新製品を市場導入することのメリットは，経験曲線効果（Experience Curve Effect）により有利なコスト競争を展開できる，切り換えコストが発生するため先発ブランドへの固執が生じる，供給業者や流通業者との排他的取引を先行して行うことができる等があげられている。

しかし，先発優位性は必然的なものではないといわれている。先発者の中には失敗しているものもみられ，これら先発者は，（ⅰ）新製品があまりにも未

完成，(ⅱ) ポジショニングが不適切，(ⅲ) 強い需要が生まれる前の市場導入，(ⅳ) 製品開発コストをかけすぎたことによるイノベーターの資源の枯渇，(ⅴ) 自社よりも大きな参入企業と競争するために必要な資源の不足，(ⅵ) 管理能力の欠如，(ⅶ) 不健全な現状への自己満足等の点でいくつかの弱点があり，逆に成功した模倣者は先発者よりも価格を下げ，製品改良を重ね，さらには激変する市場の力を先発者の追い越しに利用するなどして，成長していたと指摘されている（コトラー＆ケラー，2006，邦訳，p.406）。

もっとも，このような状況がみられるからといって，先発者の優位が減じるものではないだろう。上記の例は先発者の戦略が不十分であったり，あるいは実行上の力不足を露呈したものであり，先発者が抜け目ない多様な戦略を構築し，それを的確に遂行することによって，後発参入者に対して市場導入期におけるリーダーシップを維持することができるといえよう。

(3) マーケティング戦略

導入期のマーケティング戦略は市場拡大である。特に新製品や新技術は，消費者の製品知識に対する認知が少なく，また購買するときにリスクを知覚しやすいため，市場拡大のためには製品認知とリスクの問題を解決しなければならない。

マーケティング・ミックスを中心に具体的な戦略をあげると，製品戦略ではその製品特性や本質的サービスを顧客に認知し，理解してもらうことである。そのためには，プロモーション戦略は製品試用の促進を目的とした大規模な販売促進活動を行い，広告においては早期採用者とディーラーに対する製品認知作戦をとることになる。流通戦略については，プロモーションがプッシュ戦略を行うことから，広範囲な流通業者を活用することができないので，選択的流通チャネル，あるいは閉鎖的流通チャネル政策を採用することとなる。

問題は価格戦略である。価格戦略は，一般に高価格政策がとられることになる。導入期においては，製造コストやマーケティング・コストが高く，これを回収するにはこれらコストを上乗せして価格を設定するため，高価格となるのである。特に，革新者や早期採用者は，一般に新製品に対する価格弾力性 (Price Elasticity) が小さく，少しくらい高い価格でも購買するという行動をとるので，

この顧客層に対しては高価格を設定し，導入期における初期の製品開発費やプロモーション費等さまざまなコストを早期に回収してしまうという戦略がとられる。このような価格戦略を上澄み吸収戦略と呼んでいる。その意味は，一番美味しい上澄みの部分を先に取ってしまうということである。

これに対し，成長期を早めに迎えるためには，価格弾力性の高い顧客層に市場を拡大させる必要があるとして，短期的な生産コストを下回る低価格を設定する方法も考えられる。このような価格政策は市場浸透戦略と呼ばれている。市場を急速に成長させて，規模の経済性が達成される段階で利益を確保するという価格戦略である。この市場浸透戦略は，市場が大きく，顧客が価格に敏感であって，販売数量の増加が見込まれる場合に有効である。

3 成長期の特徴とマーケティング戦略

(1) 成長期の特徴

新製品が導入されて消費者に受容されるようになると，市場は成長期（Growth Stage）に移行する。成長期は売上が急速に上昇し，それに伴い利益も向上する。早期採用者が購入を続ける一方，新規購入者がそれに続いて製品を買いはじめ，特に口コミなどでよい評判が広がった場合は市場拡大に拍車をかけることになる。また，市場拡大に伴う利益機会を獲得しようとするため，新たな競争企業が市場に参入し競争が激化する。

その一方で，競争相手が増えると流通経路の数が増え，流通が拡大する。この成長期では企業は価格を低下させる方法を一般的に採用するが，それは需要がどの程度速く増加するかによって決まる。広告や販促といったプロモーション費用については，市場への啓蒙を続けながら競争に勝ち抜くために導入期と同じか，あるいは市場の広がりとともに高いレベルで維持，増加することとなる。このような政策をとったとしても，売上が急速に上昇するため，プロモーション費の対売上高比率は低下する。

このように，成長期には売上高の大きさにくらべプロモーション費が相対的に小さくなり，また単位製造原価が下がるため，利益は増加する。

(2) 新規参入企業への対応

 導入期においては，市場拡大の可能性が不確実であるため，市場への参入に慎重な企業が多かったが，成長期になるとこれまでの慎重な態度から脱し，新たなビジネスチャンスをとらえようとして，競争相手が市場に参入してくるようになる。

 これら後発的参入企業は先発企業の技術を模倣したり，その製品を改良することができるため，初期の研究開発費をあまりかけないですむことができる。また成長期への市場拡大の状況を把握することによって，市場における売上の見通しが立ち，それにより生産量の予測がしやすくなり，生産部門への効率的な投資を行うことができる。さらに消費者に対しては，導入期において先発企業が製品の特徴等を理解してもらうような活動を行っていることから，後発的参入企業はそれらの広告や販促活動をある程度省略することができるので，コスト面でも有利となる。

 このような状況の下で，先発企業がその地位を維持，発展させるためには，先発ブランドとしてのイメージや経験効果を最大限活かして，競争相手よりも高い成長率を追求し，市場シェアを高める必要がある。そのためには，自社のブランドを浸透させてブランド選好を獲得することが不可欠となる。ブランド選好のためには，成長期に入っても技術革新を行い，製品技術の優位性に基づく製品差別化を行うことが重要となる。

(3) マーケティング戦略

 成長期におけるマーケティング戦略は，市場シェアの拡大のためにブランド選好を確立するという基本戦略を念頭においてマーケティング・ミックスを構築することが求められる。

 製品戦略は，製品がもつ本質的機能に加えて，2次的機能，あるいは補助的サービスを付加していく。成長期では本質的機能だけでは競合他社との差を訴求することは難しいので，他社と違った2次的，あるいは補助的な部分での製品差別化政策が必要となる。価格戦略は，販売数量の拡大に伴い製造コストが相対的に低下するので，製品を市場により一層浸透させる価格，つまり低価格政策をとることになる。低価格政策によって，さらに市場シェアの拡大も期待

できる。

　流通戦略は，導入期で採用された店頭における説得や推奨の役割が低下し，不特定多数の消費者に販売する必要があるため，開放型チャネル政策を採用するのが一般的である。またプロモーション戦略は，プッシュ型からプル型へと変えていくことが必要である。導入期においては，流通業者による消費者への情報提供という役割があったから，プッシュ型プロモーションが有効であったが，成長期では消費者に対しては広くマスコミなどを利用したプル型プロモーションを活用することによって，市場シェアの拡大を図ることが重要となる。したがってこのことから，成長期においては流通業者へのマージンを減らすことも考慮に入れながら，その分をマス広告への配分を増やすという政策もとられることになる。

4　成熟期の特徴とマーケティング戦略

(1) 成熟期の特徴

　ある時点になると，製品の売上増加率は低下し，製品ライフサイクルは成熟期（Maturity Stage）に入る。成熟期は売上の成長率が鈍化し，やがて売上がわずかな増減を伴いながら横ばいになる段階である。成熟期は，さらに成長成熟，安定成熟，衰退成熟の3つの期間に分けられるとされている。成長成熟期は売上の成長率が低下しはじめ，新たに満たすべき流通チャネルはなくなる。次の安定成熟期には市場飽和のため，1人当たりの売上が横ばいになる。大半の潜在的消費者がすでに製品を試みているため，将来の売上は購買人口増加と買い替え需要に支配される。さらに衰退成熟期には売上の絶対的レベルが減少しはじめ，顧客が他の製品カテゴリーに流れはじめる。

　前述したように，成熟期における売上増加率は鈍化することから，多くの生産者は販売すべき製品を大量にかかえることになる。このような過剰生産状態の連続は競争激化を招く。競合他社は値下げをはじめ，広告や販促費を増加し，研究開発の予算を増やすなどして，製品改良に取り組む。また過剰生産能力から価格競争も発生しやすく，プライベート・ブランド供給のための取引も行われはじめる。

こうした競争激化により，成熟期では競争力の弱い競合他社はその製品事業から撤退し，市場シェアの獲得あるいは維持を重視する基盤のしっかりとした企業がその市場を奪っていく。最終的にその産業を支配するのは，品質，サービスおよびコストの面で競争優位を形成する少数のトップに位置する大企業であり，そうした企業が市場全体に製品を提供し，主に大量生産と低コストによって利益をあげる。これら支配的企業のまわりに，特殊な市場に特化したニッチ企業が取り巻くという状況がつくられる。

(2) マーケティング戦略

成熟期における市場では需要が多様化する。したがってこの成熟期におけるマーケティング戦略は，需要の多様化にいかに対応するかが重要となる。その方法として差別化があげられる。差別化は競争を回避する方法であり，それには模倣されない製品差別化と製品差別化に限定されない他のマーケティング要素にかかわる差別化が含まれる。前者には製品の属性からみた製品差別化が考えられる。すなわち，製品品質，耐久性，信頼性，スタイルといったパフォーマンスを改良したり，製品の実用性，安全性，利便性を高める新しい特徴を付け加えることである。消費者の購買意欲を活性化するために，新しい味，色，成分，パッケージの製品を導入することもこの製品差別化に含まれる。後者については，サービスの差別化，広告やチャネルといったマーケティング要素を通じての差別化があげられる。

次に成熟期においてもなお成長を図るためには，購買者数の増加，購買者の使用量の増加，あるいはその両方を達成することが重要となる。購買者数の増加のためには，現在購買していない消費者を購買者へ転換させることによる購買者数の拡大，新しい市場セグメントへの参入による購買者数の拡大，および競合他社の顧客を奪うことによる購買者数の拡大という方法が考えられる。また購買者の使用量を増加させるためには，(ⅰ) 製品の使用機会を増やす，(ⅱ) 1 回当たりの製品使用量を増やす，(ⅲ) 製品を新しい用途に使うなどの方法がある。

マーケティング・ミックスについては，業界における競争の展開状況の相違やマーケティング・ミックスを構築する企業が業界トップのリーダー企業か2

番手以後の企業なのか等，市場における地位によって大きく異なる。

5 衰退期の特徴とマーケティング戦略
(1) 衰退期の特徴

　ほとんどの製品は時の経過とともに需要が減退し，それに伴って売上も下がってくる。売上が低下する理由は，技術革新，消費者嗜好の変化，競争の激化などさまざまである。売上の衰退はゆっくりと進むかもしれないし，急速に起きるかもしれない。いずれの場合も売上がゼロにまで下降してしまうこともあれば，低いレベルで安定し，数年間その水準を維持することもある。これが衰退期（Decline Stage）の特徴である。

　売上と利益が低下してくると，市場から撤退する企業が出てくる。市場にとどまった企業も需要減少に対応して販売製品の数を減らしていく。比較的小さな市場セグメントやあまり重要でない取引経路を打ち切ったり，あるいは販促費を減らして価格をさらに引き下げることも行われる。

　衰退期において製品を維持する強い理由がない限り，その製品事業を継続することは企業にとって大きな負担となる。というのは，衰退期の製品はマネジメントの手間がかかりすぎ，価格調整や在庫調整が頻繁に必要となる等の損失が発生するからである。他方で，健全な製品の収益性を上げるために使えば，もっと有効に使えるはずの広告や営業活動が奪われてしまう。さらに衰退期の製品をもち続けると，代替製品の考案が遅れ，この結果，過去の主力製品が多くて未来の主力製品が少ないといったアンバランスな製品ミックスを生み出し，将来の企業基盤を弱めることになる。

(2) マーケティング戦略

　衰退期において取り得るマーケティング戦略は衰退期にある製品を見極めたうえで，以下の戦略が考えられる。

　第1の戦略は，需要量をもう一度増大させるために，イノベーションを行うことである。コモディティ化した商品を画期的な新技術を用いて大きく変え，従来の製品と完全に異なる製品であるとして消費者に訴求するのである。しかしイノベーションによって市場需要を再び活性化できればよいが，イノベーシ

ョンを意図するといっても，衰退期を克服するだけのイノベーションはそう簡単に達成されるものではない。したがって，このイノベーションという戦略はいつでも選択できる方法とはいえない。

　第2の戦略は，製品ポジショニングの変更を行うことである。この戦略はその製品の別の使用目的を付与し，まったく別の市場に販売するものである。例えば，すでに需要が存在しない家庭用白黒テレビのブラウン管をビルの監視用モニターとしてポジショニングし直すことにより需要の拡大を図るというものである。製品ポジショニングの変更によってとらえられる市場はニッチ市場になりやすいことから，一般に需要は小規模であり，その拡大にも限度がある。

　第3の戦略は，ブランド・ロイヤルティの高い顧客に焦点を絞って，製品供給のほかに，メンテナンスや修理部品の供給を行い続けることである。高いブランド・ロイヤルティをもっている顧客は，現在使っている製品は使い慣れていることから他の代替製品にスイッチすることに抵抗感をもつ等，需要の価格弾力性が低いことが多く，高価格政策を採用しやすい。また製品ラインの絞り込みやマーケティング支出を減らすことによって，相当の利益を確保しやすい。この戦略は衰退期において最も有利な市場セグメントが存続する時，そこに経営資源を集中するという政策である。

　第4の戦略は，製品事業の継続を断念し，当該製品市場から撤退することである。自社の目標とする売上が伸びず，利益も確保できないという理由で撤退するのは市場原理からみて合理的であるようにみえるが，実際には難しい問題がある。それは撤退障壁の問題である。生産者は当該製品事業から撤退したいと思っても，流通業者としては顧客ニーズがあり，まだ売上に貢献している製品であるとして，当該製品事業の継続を要求する。しかもその流通業者とは別の製品で取引関係が構築されており，その流通業者のチャネルを切り換えることができない場合は，自社の都合だけで撤退という意思決定を下すことは難しい。それが撤退障壁である。そこで撤退する場合であっても，取引先など関係者に対しては，一定期間の終了まではその製品を継続して提供し，顧客には迷惑をかけないような方法を講じるなどして理解を得る方法が取られることが多くみられる。

6 製品ライフサイクルに対する批判

　製品ライフサイクルは，既述したとおり製品の寿命は限られており，製品が市場に導入され，市場から姿を消すまでいくつかの段階を経過し，各段階によって売上や利益は上昇したり下降したりするという概念である。

　しかし，製品ライフサイクルの概念については，以下に示すような批判が提起されている（ポーター，1980，邦訳，pp.220-221）。

　①ライフサイクルの中の各段階ごとの期間は，業界によって大きな差がある。そしてその業界が現在どの段階にあるかがはっきりとわからないことが多いため，計画手法としての価値が低くなっている。

　②業界の成長は必ずしもＳ字型のパターンをとるとは限らない。成熟段階を飛び越えて，成長からいきなり衰退段階へ移行することもある。また衰退期のあとで再び生き返り，成長することもある。さらにはゆっくりした導入期を飛び越えて，いきなり成長期に入るような業界もいくつかみられる。

　③企業は，製品イノベーションや製品のポジショニングを変えることによって，成長段階のカーブの形を変えることは可能であり，いろいろなやり方で成長段階を長引かせることができる。ライフサイクルのパターンを必然のものと考えてしまうと，それは企業にとっては自らを縛る好ましくない予言になってしまう。

　④ライフサイクルの各段階ごとの競争は，業界によってその性格がさまざまに異なる。例えば，いくつかの業界では導入段階から参入企業は少数に限定され，それ以降もずっとそのまま推移するものもある。また導入段階では少数のメーカーしかなかったものが次第にメーカーの数が増えてくるような業界もあれば，参入企業の数が最初から非常に多い業界もある。このように業界間での競争パターンがさまざまに異なることから，ライフサイクルの考え方がはたして戦略的な意味をもつのかという疑問がでている。

　上記の批判は，製品ライフサイクルの考え方が業界変化の必然的なパターンのうちの１つについてしか説明できておらず，現実には業界はさまざまな道筋を通って変化していくから，製品ライフサイクルの示すパターンがいつも当てはまるわけではないという点である。

確かに上記の批判には合理的な点があり，製品ライフサイクルが示すS字型曲線はわかりやすい反面，単純すぎてそのまま活用するのは無理であるという問題点もある。しかしこのような限界があるにしても，製品ライフサイクルの概念は，製品ライフサイクルの全過程を計画化することの重要性を示すという意味があり，さらに厳密なタイミングまでは示せないとしても，段階間でのマーケティング活動の切り換えについての指針を導き出すうえで，有効な概念であるいえよう（髙嶋・桑原，2008，p.95）。

第5節　サービス・マーケティング
　　　　　―パーソナルファイナンシャル・サービス・マーケティングを中心に―

1　サービス・マーケティングにおけるサービスの概念，特徴
(1) サービスとは何か

　経済財は，財とサービスとして対置して分類される。これは社会科学において一般的な区分である。財は有形財（物理的な実体のある財）を指しており，サービス（役務）は無形財（それ自体に物理的な実体のない財）を指している。サービスという言葉は，日本の日常語では「無償の奉仕」や「無償の提供」といった意味でも用いられる。

　サービスは，さらに「対価を伴う直接の取引対象としてのサービス（サービス財）」と「物財の販売に伴って提供されるさまざまな付帯サービス」に分けられる。前者は，例えば，鉄道会社や航空会社は輸送というサービス，ホテルと旅館は宿泊というサービス，また旅行会社は旅行というサービスを提供していることを指すのである。後者は，人間が行う活動の結果として得られるもの，例えば，医者による医療サービス，商品を購入した時の商品の包装・袋詰め，配達・発送，据え付け・機器設定，保守・点検・整備，下取り等の各種アフターサービス，また商品を購入する前に行うコンサルティング・情報提供，商品説明等のサービス，さらに前貸しの代わりに将来にわたって条件を付ける低金利ローンサービス等がある。これらは，人間の労働の成果である狭い意味で

の「サービス」であるため，広義の意味での「サービス」と分ける必要がある。

　サービスの概念や特性については，諸説が展開されている。コトラー&ケラーは，サービスとは，「一方が他方に対して与える，本質的に無形の活動またはベネフィットであり，結果として何も所有権をもたらされないものである。サービスの生産には有形製品がかかわる場合もあれば，かかわらない場合もある」と定義する（コトラー&ケラー，2006，邦訳，p.498）。グリョンローズは，サービスを「顧客とサービス企業の従業員の間，物的資源ないし財との間，および／またはサービスの提供者のシステムとの間の相互作用において必然的にというわけではないが，通常生ずる多かれ少なかれ無形の性質の活動あるいは一連の活動である。そしてそれは顧客の問題の解決として提供される」と定義している（Grönroos, 1990, p.27）。

　またスタントンらは，サービスを「取引の主要な目的が，顧客に対する欲求の満足を提供することを意図しているような，確認することのできる無形の活動である」と定義している（Stanton et al., 1991, p.486）。さらに，ジョンソンらは，サービスを「他の個人あるいは企業に対して遂行される活動として定義される」としているが，それだけでなくサービスを「得られた総価値の50％以上が，その性質において無形のものであるような購買として表される」とも定義している（Johnson et al., 1986, p.12）。

　こうしたさまざまな論者による定義からみられるように，消費者・顧客に提供される財としてのサービスは，概ね顧客の欲求を満足させるためになされる無形の活動であると定義されるといえ，さらにそうした活動を通じて消費者・顧客に提供されるのは所有することができない無形のものであるととらえている。ただし，サービス財は主として無形になるもの，何らかの有形のものを伴うことがある。その反対もありうるため，サービス財と有形財を区分するためにサービス財をその購買から得られた総価値の50％以上が無形のものであるようなものとしても定義される。この場合，得られた総価値の50％以上としているのは，サービスがまったく無形のものばかりからなっているのではなく，有形のものもそれに含まれているからである（高橋，1998, pp.7-8）。

(2) サービスの特性
① 一般的なサービスの特性
　サービス・マーケティングには製品のマーケティングとの共通点があるが，根本的に異なる点もいくつかある。それは，サービスが製品とは本質的に異なった特性をもっているからである。サービスが製品と異なるのは，一般にはサービスに無形性，不可分性・同時性，変動性・異質性，消滅性といった4つの特性があるからだといわれている。サービスは，実体上物理的な形をもたず，購入するに先立って見ることも，触れることも，表示することも，感じることも，試すこともできない。さらに顧客満足の基準も異なり，サービスの場合はその提供プロセスに顧客も参加する。提供プロセスにおいても顧客のニーズに基づいてサービスを微調整することが可能である。サービスの一般的な4つの特性は以下のように説明されている。

（ⅰ）無形性（不可視性）
　無形性とは，購入していないサービスは見ること，味わうこと，触れること，聞くこと，表示すること，試すこともできないということである。つまりサービスのもつ機能に形がないため，実際に購入するまでどのような成果（ベネフィット）が得られるか知ることができない。美容整形は購入するまで効果を目にすることはできないし，建築家を雇い着工に同意しない限り完成した建物を見ることはできない。対照的に有形財は購入に先立ってより容易に評価され，特性である調査の質の優勢さによって特徴づけられる。例えば，車の潜在購買者は販売店で試乗することができるかもしれないし，テレビの購入者はお店で画質を調査することが可能である。

（ⅱ）生産と消費の不可分性・同時性
　不可分性とは，プロセスまたは経験としてのサービスの本質は消費と生産が同時に行われるためサービス提供者と需要者は不可分な関係にあるということである。そのためサービス提供者個人のプロ意識，外見，態度といった特性すべてがプロフェッショナル・サービスの質を判断する材料となる。したがって，サービス提供者である従業員はサービスの一部となる。サービスが作られる場には必ず顧客が存在することから，サービス提供者と顧客との相互作用が

あるのもサービス・マーケティングの特徴である。

生産と消費の同時性は,サービスとサービス提供者を分離することが困難であることを意味する。例えば,大学教授,医師,弁護士等によって提供されるサービスをサービス提供者自身から切り離して理解することは難しいのである。それぞれにおいてサービスの役割を担う人々がサービスそのものである。実際に顧客は特定の個人の技能を購入しているのである。

(iii) 変動性・異質性

変動性は不可分性と密接に関連している。なぜならサービスは人間の行動,特に顧客とサービス提供者の相互作用に大いに依存しているからである。サービスと人とを切り離すことができないため,誰が,いつ,どこで,どのように提供するかによってサービスの質は変化する。継続的に優れたサービスを提供することはサービス部門において難しいのである。

物財とは違って,サービスはしばしば人間の行動遂行能力に左右される。人間の能力は従業員や顧客が異なると,同じサービスが顧客に与えられたとしても,感じ方は顧客によって異なり,また時間によっても異なる。これは変化する顧客ニーズのために生じるのではなく,主として顧客とサービス供給者の間の相互作用の本質の結果である。このようなサービスに異質性という特性がある結果,サービス業は常に多くの品質管理問題を抱えこむ。したがって,法律事務所やファイナンシャルアドバイザーにしてもプロフェッショナルと呼ばれるすべてのサービス提供者は,調子が悪いときでも常に顧客対応技能の重要性を認識しなければならない。

(iv) 消滅性

消滅性とは,サービスはいったん保留して,後で販売したり使用したりすることができないという意味である。サービスは貯蔵できない。サービスは生産と消費が同時的であるという事実は,サービスが消滅的であるということも意味する。サービスは顧客が買いたいと願うときに生産されるにすぎない。需要が高いときに販売のための余剰サービスを製造することができない。

消滅性という特性は,サービス・マーケティングが直面する多くの需要と供給の問題にとって最大の原因となっている。裏を返せば,入手可能な能力を最

良に利用するための需要と供給を管理する課業をマーケティングにもたらしているのである。需要が安定している場合はサービスの消滅性はあまり問題にならないが、需要が変動している場合にはサービス提供者はその変動に合わせてサービスを提供しなければならない。

② ファイナンシャル・サービスの特殊的特性

上記で述べたサービスの4つの特性は、サービス一般論の特性としては、受け入れられているところであり、ファイナンシャル・サービスもサービスの1つの形態であるから、これらの特性をもっている。しかし、ファイナンシャル・サービスの場合、これらサービス一般論の特性だけではファイナンシャル・サービスの特性や特質を的確に説明することはできないと指摘されている。例えば、エニュー&ウェイトは、ファイナンシャル・サービスの特性として、上述の無形性、不可分性・同時性、変動性・異質性、消滅性のほかに、ファイナンシャルプロバイダーの受託責任、不確定消費、消費デュレーションという3つの特性を追加し、その内容を以下のように述べる (Ennew and Waite, 2013, pp.72-75)。

（ⅰ）ファイナンシャルプロバイダーの受託責任

受託責任は、ファイナンシャルプロバイダーが顧客に提供するファンドマネジメントやファイナンシャルアドバイスに関して有する暗黙の責任に関連する。いかなるビジネスも供給する商品の質、信頼、安全面の点から顧客に責任を有する。例えばローンについて顧客が計画的に利用することで多額の負債を起こさないように、ファイナンシャルプロバイダー側はさまざまなアドバイスを行うが、これは同時に暗黙の責任と関連する。

（ⅱ）不確定消費

ファイナンシャル・サービスに消費される金銭は直接的な消費ベネフィットを生まないということは、多くのファイナンシャル・サービスの本質内にある。いくつかの場合には、将来における消費機会を作り出すかもしれないし、他の場合には買い物をする個人にとって実体消費の感覚がないかもしれない。例えば一般保険の場合には、多くの個人顧客にとって、この種のサービスは本質的に興味のもてないものであり、窃盗、病気または死のような喜ばざる出来

事としばしば結び付けられるものではない。ファイナンシャル・サービスは多くの人があまり考えることを好まない商品であり、確かなファイナンシャルニーズが認識されない危険がある。多くのファイナンシャル・サービスの複雑性とマーケティングにおける透明性の欠如は、顧客がこれらのサービスのニーズと適合するという道筋を認識することができないことを意味する。

(ⅲ) 消費デュレーション

消費デュレーションとは、消費が継続される期間のことである。ファイナンシャル・サービスの大多数は、顧客との継続的関係（当座勘定、モーゲージ、クレジットカードなど）を必要とすること、またはベネフィットが実現する前に時間的ずれ（長期間貯蓄や投資）が生じること等により、サービス期間が長期間または長期間である可能性をもっている。ほとんどの場合において、この関係は契約であり、それは顧客についての情報を機関に与え、供給者を代えることを思いとどまらせる顧客との結びつきを築き上げる機会を作り出すのである。

③ パーソナルファイナンシャル・サービスの独自的特性

ファイナンシャル・サービスの中でも、個人顧客を対象とするパーソナルファイナンシャル・サービスにおいては、さらにサービスの独自的特性があると指摘されている。戸谷（2006）は、パーソナルファイナンシャル・サービスを特殊なものにしている最大の要因は「金銭」であるという。「金銭」そのものは単独での存在価値がない財であり、金銭と何かを交換することによって価値が生まれる。したがって金融サービスは、上述した4つの特性のほかに金銭の特殊性である「媒介性」、「価値変動性」、「予約性」、「複合性（補完性）」という特質も考慮されなければならないとし、その内容を以下のように述べる（戸谷、2006, pp.25-28）。さらに加えて、田村（2002）は金融商品の選択について、「一次選択行動の非完結性」という特性を述べている。

(ⅰ) 媒介性

人は家を買うために住宅ローンを借りるのであって、住宅ローンそのものを買いたいと思っている人はいない。これを媒介性といっている。そもそも金銭は他の財やサービスを得る（買う）ための媒介手段である。生活者[6]にとってファイナンシャル・サービスの本質は、個人の人生の価値観や目的（ライフデ

ザイン)を実現するための道具に過ぎない。決済は買った「後」の媒介，運用商品は今使わないお金をためておき，将来何かを買うために使う「将来」の購買の媒介，ローン商品は現在不足している必要な資金を借りて何かを買うという「現在」の購買の媒介である。いずれの金融サービスもそれ自体が目的とされず，真の目的を達成する手段として使われる。

(ii) 価値変動性

資産運用商品やローン商品は，購買後の市場環境によって市場価値が上下に変動することから，金銭は価値変動性という性質をもつ。金銭の価値変動性によって生活者は継続保有をするか，解約・売却し他の金融商品へスイッチするか等，次の選択行動が迫られる。株式・外貨預金・債券・投資信託等，市場価格の変動する投資商品だけでなく，元本保証の定期預金も金利が高くなれば解約して預け直すし，ローン商品も市場金利が大幅に下がれば借り換えが発生する。

(iii) 予約性

銀行で決済取引をしたい顧客はまず普通預金口座を開設する。これは，決済サービスの「予約」を行うことに当たる。その後，決済サービスは店舗やATM，インターネット等で生産と消費が行われる。入出金であれば，生産と消費はその場で完了する。株式市場や証券市場は商品の種類や取引の種類によって約定日と決済日に多少のズレが生じるが，これは市場ルールで決められていることである。

クレジットカードも同様に予約性がある。カードの申し込み与信審査が終わってカードを取得し，それによって買い物などでクレジットカードを使う権利が発生する。カードローンや当座借越等一定の金額枠を設定して，その範囲内で繰り返し借入・返済を行える仕組みも同じで，借入という「予約」に当たるのである。

(iv) 複合性(補完性)

モノやサービスの購買という本来の目的を達成するために，生活者はさまざまなファイナンシャル・サービスを組み合わせて利用する。これらファイナンシャル・サービスは，連続性や補完性をもって，お互いに関連しながら生活者ニーズを満たしている。これを複合性(補完性)と呼んでいる。

例えば，定期預金の満期がくる資金でネット取引による株式購入を利用したいと考えているとして，顧客は銀行口座からより簡単で早く資金移動ができる証券会社を探すであろう。これらには手数料や諸費用なども考慮した上での合理的な判断を行う。このように金融サービス間の相互の関係を無視して金融サービスのビジネスは成立しないのである。

（ⅴ）一次選択行動の非完結性

　金融商品の選択は一次的な商品選択（加入，契約締結）だけでは選択行動が完結せず，時間経過に従って選択可能な複数の行為で構成される複合的存在（選択行動プロセス）としてみるべきである。ファイナンシャル・サービスをいつまで継続し，いつ解約するかといった2次的選択がサービス効用を特定化，顕在化させるために不可欠である。

　選択行動プロセスとは，サービスの購入・加入，サービスの継続，サービスの解約・換金，サービスの変更・転換，サービスの完了・満期をさす。ファイナンシャル・サービスの選択行動は，「選択連鎖」といった連続的であり状態的なものである。生命保険は，「加入」，「継続」，「解約」などを一連の選択群とみることができる。株式においては，「購入」という選択行動とともに「どのタイミングで売るか」が重要な意思決定事項となり，運用益を出すことによって顧客にとって初めて満足度の高い選択行動として完結する（田村，2002，p.134）。

④　ファイナンシャル・サービスの特殊的・独自的特性による一連の流れ

　上記②によるファイナンシャル・サービスの特殊的特性と，上記③によるパーソナルファイナンシャル・サービスの独自的特性をまとめると，購入前，継続（消費），購入後（結果）と分類することができる。購入前は，銀行側のサービス特性であるファイナンシャルプロバイダーの受託責任と予約性，生活者側の心理性質である媒介性と分類される。継続（消費）している間は，不確定消費，消費デュレーション，市場の流れによる価値変動性が生じる。購入後の結果として，生活者側に一次選択の非完結性や複合性が生じる。

　このことから生活者の流れを具体的に表すと，媒介性という手段から時間や市場の流れによって価値変動性が生じ，一次選択の非完結性から複合性へと選

択した結果，自然とパーソナルファイナンシャル・サービスの連続性が行われているのである。これはリスク分散投資にも行われる。こういった選択行動プロセスによって，さまざまな特性を通じてファイナンシャル・サービスの真の特徴に気づいていくのである。

一方，企業側は短期収益に振り回されないような顧客維持を行っていかなければならない。一生涯にわたって発生し続ける顧客ニーズを対象とし，企業はこのニーズに応え続け，超長期的な顧客維持を図ることで収益は最大化する。これから個人のライフプランを考えようとする若者や既存顧客に対し，新たなパーソナルファイナンス・サービスを提案することで，サービス提供が行える魅力を与えることが重要である。

2　市場細分化とターゲティング：パーソナルファイナンシャル・サービス・マーケティングの観点

第3節において，マーケティング一般論における市場細分化，ターゲティング，ポジショニングの内容と相互関係について述べたが，パーソナルファイナンシャル・サービス・マーケティングにおいては，既述したようにサービスの特殊的，独自的特性があるため，マーケティング一般論における市場細分化やターゲティングの方法をそのまま適用することには無理がある。そこで，本節ではパーソナルファイナンシャル・サービス・マーケティングの市場細分化につき，生活者市場における戦略的フィルターという概念を紹介し，世代別ターゲティング戦略の必要性を述べることとする。

(1) パーソナルファイナンシャル・サービス・マーケティングにおける市場細分化

パーソナルファイナンシャル・サービスは，人の生から死まで関係してくるサービスである。またファイナンシャル・サービス自体がより複雑で煩雑な商品であるため，顧客の理解とニーズを得るためにも時間がかかるサービスだといえる。人々は生まれてから死ぬまでいくつかのビジョンをもっているはずである。

パーソナルファイナンスは，ライフプランを作成するにあたり3つの資金設

計が必要といわれている。1つ目は「教育資金設計」，2つ目は「住宅資金設計」，3つ目は「老後に対する資金設計」である。この3つはファイナンシャル・サービスを利用した資金からの捻出が求められる時代へと加速している。しかし，時代の変化による生活者市場の二極化も一因となって，パーソナルファイナンシャル・サービスを購入したくてもできない現実や，購入しても諸事情によりサービスを解約せざるを得ない状況が生じている等，日本の所得状況の変化（格差）がみられる。

　社会経済の成長に伴って市場が多様化したことから，人においてもモノにおいても資源は限界に達している。さらにICTやSNSによる情報発信が活発となり，情報量が膨大な量に達し，個々のニーズ判断の処理までもが限界に達しているところがみられる。このようなことを受けて，生活者の価値観の多様化による市場細分化を行う必要性が生じている。また市場細分化によって，経営資源が限界に達している中での標的顧客の明確化，競争相手の明確化，そして明確化した顧客ターゲットに対応したマーケティングコストの有効利用をメリットとし，より的確なマーケティング・プログラムの立案が可能となる（山口，2010，pp.26-29）。

　パーソナルファイナンシャル・サービス・マーケティングにおいても独身市場や家族向け市場等それぞれにおける顧客ターゲットを区分し，それぞれの標的市場に最も適したマーケティング戦略を構築する必要がある。しかし，従来の市場細分化の方法ではすべてのニーズを網羅しているとはいい難く，今一度市場細分化の方法を再考する必要がある。

(2) 生活者市場における戦略的フィルター：世代とライフステージの相関性

　時代背景の変化により，戦前から現在の世代まで各世代の心理的要素は異なる。ここでいう世代とは，同年代生まれの集団が心理，道徳の発展段階や同じ社会的な役割を担うライフサイクル時期に社会的節目となるような同時代体験をすることによって同質的な価値観や考え方を共有し，社会的現象を生む社会的集団を指している。

　またライフステージは，人間の一生において節目となる出来事（出生，入学，卒業，就職，結婚，出産，子育て，退職等）によって区分される生活環境の段階の

表5-3 年齢ごとのフィルター一覧表

生年	年齢	心理	30	ライフ	生年	年齢	心理	30	ライフ	生年	年齢	心理	30	ライフ	生年	年齢	心理	30	ライフ
1934	80	戦中世代			1954	60	断層世代		シニアファミリー(子供の独立)	1974	40	団塊ジュニア世代	経済成長期世代	ヤングファミリー(出産・子育て)	1994	20	ゆとり世代	新世紀世代	ヤング(結婚前)
1935	79				1955	59				1975	39				1995	19			
1936	78				1956	58				1976	38				1996	18			
1937	77				1957	57				1977	37				1997	17			
1938	76		シニア(セカンドライフ)		1958	56		経済成長世代		1978	36				1998	16			
1939	75	戦後復興世代			1959	55				1979	35	バブル後世代			1999	15			
1940	74				1960	54				1980	34				2000	14			
1941	73	戦後世代			1961	53				1981	33				2001	13			
1942	72				1962	52				1982	32				2002	12			
1943	71				1963	51				1983	31				2003	11			
1944	70				1964	50	新人類世代			1984	30				2004	10			
1945	69				1965	49			ミドルファミリー(子供の教育)	1985	29	少子化世代	新世紀世代		2005	9			
1946	68	団塊世代			1966	48				1986	28				2006	8			
1947	67				1967	47				1987	27			ヤング(結婚前)	2007	7			
1948	66				1968	46				1988	26				2008	6			
1949	65		経済成長世代		1969	45				1989	25				2009	5			
1950	64				1970	44				1990	24	ゆとり世代			2010	4			
1951	63	断層世代			1971	43	団塊ジュニア世代			1991	23				2011	3			
1952	62				1972	42				1992	22				2012	2			
1953	61				1973	41				1993	21				2013	1			

備考:表中のライフのカッコ内はパーソナルファイナンシャル・サービスのターゲット層を指す。
出所:高津,2014,資料抜粋。

ことを指している。それぞれの段階は連続性があるものの,節目によって次の段階の生活環境や生き方は大きく変容し,場合によっては,環境に適応するために生活スタイルや考え方等さまざまなものを変化させる必要がでてくると考えられる。そして生活環境や人間の一生をいくつかの過程に分けたものをライフサイクルといい,各年代の世代としての心理状況と現在における各年齢のライフステージをフィルターごとに示すと表5-3のように示すことができる。

年齢や世代をフィルターごとに区分けすると,世代とライフステージの相関性が明らかになる。各世代は加齢段階を進んでいくと同時に,ライフステージもまた通過する。ライフステージ自体に連続性があるため,ステージごとに生活環境などが大きく変容するたびに,通過する世代は影響を受ける。一方,各個別ステージは一定のフレームをもつが,通過する各世代の価値観や考え方によりそのライフステージでの生き方には多少の違いが生じる。これにより世代ごとにライフサイクルが繰り返され,影響を受ける各世代は,その世代として

の同質的な価値観や考え方を共有することとなり，また高齢になるに従い多世代を把握できる立場となる。したがって世代とライフステージの相関性は非常に高いものだといえる。

(3) 世代別へのアプローチ

出産や子育てまたは教育資金にかかわるパーソナルファイナンシャル・サービスを必要とする団塊ジュニア世代やバブル後世代は，2つの世代を合わせると約2,200万人いるといわれている。しかし，これらの世代は就職する時代に氷河期だったことから節約志向が強く，近年における給与水準も伸び悩んでいたことから，パーソナルファイナンシャル・サービスに対するアプローチは彼らのニーズがあってもアプローチを図りづらい状況にあった。しかし，これらの世代は消費支出が増加するライフステージへ突入していることから，各世代の価値観や生き方の特徴を把握し，そのニーズに合わせたアプローチ戦略の策定をしなければならない。

そのためには団塊世代を中心としたシニア層を視野に入れたターゲット戦略が必要となってくる。さらに老後のために健康維持と良好な家族関係の構築を求めていることから，クロス・マーケティングによるパーソナルファイナンシャル・サービスの購入も十分考えられる。今日において二世帯住宅の増加や祖父母からの教育資金贈与における非課税制度は，シニア世代が消費支出の増大する子育て世代を助ける仕組みとしてとられた措置であるだろう。その点からみても世代とライフステージの相関性は高いものだといえる。価格面では安くて，安全なサービスを納得して消費することが理想ではあるが，価格にこだわることがなく，価格が高くても利便性を有した消費であるならば，価格のみの重視から脱却を求める顧客ニーズを得ることができるであろう。

(4) 世代別ターゲット戦略の絞り込み

ターゲット戦略においては，年齢やエリア層など特定の1つの的に絞って展開させることが成功へと導くのであるが，パーソナルファイナンシャル・サービスは生から死までかかわるものであるため，同様のファイナンシャル・サービスでもニーズや使用方法が異なることがある。このようなことから，パーソナルファイナンシャル・サービスは1つのターゲットを絞り込む前に，若年層

からシニア層までライフステージを経ることによっていろいろなものを変化させる必要がある。そのためにまず各年代のパーソナルファイナンシャル・サービスの必要性を網羅してから，各年代のパーソナルファイナンシャル・サービスのターゲット戦略を展開することが望ましいだろう。

例えば，パーソナルファイナンシャル・サービスの1つである生命保険契約について考えてみる。結婚をして子供がいる家族の保険のニーズは高く，ミドルファミリー，ヤングファミリーによるターゲット競争は激しさを増している。マーケットボリュームが小さくても，ヤング（未婚・既婚者）世代がパーソナルファイナンスについてしっかりとした考えをもっているのであれば，パーソナルファイナンシャル・サービスのニーズも高くなっていくはずである。

3 マーケティング・ミックス：4Pから4Cへの視点による考察

従来のマーケティング理論における伝統的なマーケティング・ミックスの要素は，エドモンド・ジェローム・マッカーシー（1960）（Edmund Jerome McCarthy）によって，「製品（Product）」，「価格（Price）」，「流通チャネル（Place）」，「プロモーション（Promotion）」という4つのPに分類されてきた。一方で清水（1996）は，4つのPは，企業側からの利益（Profit）を目的とした発想により整理された枠組みであるため，顧客側の視点に立った4つのCの信頼性（Confidence）について考慮する必要があると述べる。そこで本節では，清水の考え方のもとに，パーソナルファイナンシャル・サービス・マーケティングにおけるマーケティング・ミックスの説明については，4P（Profit）から

表5－4 4Pから4Cへの視点

4P 利益（Profit）		4C 信頼性（Confidence）
製品（Product）	→	商品（Commodity）
価格（Price）	→	コスト（Cost）
流通チャネル（Place）	→	チャネル（Channel）／利便性（Convenience）
プロモーション（Promotion）	→	コミュニケーション（Communication）

出所：清水，1996, p.1。

4C（Confidence）への視点に変換して考察し，さらにわが国における市場環境変化を含めて述べることとする。

(1) 製品（Product）から商品（Commodity）へ

　銀行では，普通預金口座・定期預金・住宅ローン・教育ローン・自動車ローン・カードローンなどのファイナンシャル商品と，決済の自動引き落としや給与・年金振込・入出金などのサービスがこれに当たる。また証券会社では，株式・債券など有価証券の売買の取次ぎ，生命保険会社では，終身保険・定期保険・傷害保険などが商品となる。またFP（ファイナンシャル・プランナー）が提案するライフプランにおける提案書も含まれる。さらに提案書によって提案された個々のライフプランにかかわる通信，教育サービス，さらに有形物となる不動産や自動車も対象となる。

　パーソナルファイナンシャル・サービスは単に金融サービスだけでなく，生活を営むすべての商品やサービスが含まれる。規制緩和による金融商品の自由化によって商品そのものに差が出てきたため，個々の商品は同じでも，それを組み合わせた新商品が増加している。また銀行は保険や証券取次業務など，扱える商品・サービスの範囲が拡大した中で，どの商品・サービスを取り扱い，また顧客はどの商品・サービスを購入するかの選択も重要となっている（戸谷，2006，p.29）。

　しかし，顧客は，ファイナンシャル・サービスには媒介性という性質があることから，上記であげた商品すべてが欲しいわけではない。例えば給与や年金振込は，お金が振り込まれ顧客がお金を引き出すことによって初めてお金を手にする。銀行はあくまで保管するサービスを行っている。ローンについてはローンそのものを好む顧客はないといってよいだろう。ローンを契約することによって対象となる商品が使えるようになる。しかしローンの種類によって契約と消費がバラバラである。これは保険についても同様なことがいえる。したがって金融サービスでいわれている商品は，商品といっても消費タイミングを計ることが複雑であり煩雑であることから，サービス・マーケティングの特性とファイナンシャル・サービスの特性・特質について頭を悩ませる。

　ここで製品と商品の違いを述べると，製品（Product）は，あくまで生産され

た財であり，Product固有で生活は成り立たない。商品（Commodity）は，生活者に購入・使用されはじめて商品と生活者がそれを活用して行う「コト」＝生活シーン（モノ×コト＝生活シーン）を創造する。住宅・自動車ローンは，生活者に購入・使用されはじめて住宅・自動車が生活の一部として活用され生活シーンを創造している。

　自動車市場では，電気自動車やハイブリッドといったエネルギー効率性・効果性の概念や運転時の自動ブレーキやハイテク機能によって生活消費を大きく転換させている。これは自動車市場だけでなく，家電製品や住宅も含めて，省エネルギーについてより消費者にお得感を与えるコンセプトで強力にアプローチを行っている。これにより安全や環境面だけでなく，パーソナルファイナンシャル・サービスの経費削減にも影響を及ぼしている。自動車については燃費によるガソリン代のみならず，運転中の車内ブザーによって事故を軽減し，結果的に自動車保険の見直しが図れたかもしれない。コストについては後述するが，省エネルギー対策やハイテク技術が搭載された車や家屋によって新生活を迎えられるのであれば，それを使用しエネルギー対策に貢献していることやハイテク装備を身につけたことは，それぞれの満足感や価値観を共有し，それが1つの生活シーンとなり得るものだといえる。

(2) 価格（Price）からコスト（Cost）へ

　ここでいう価格には，決済口座の口座維持手数料，売買手数料，入出金・振込などの各種手数料，定期預金やカードローンの金利，保険会社の保険料，クレジット会社の年会費や加盟店手数料などの設定のみだけではなく，割引や優遇条件の設定も含まれる。

　日本の金融業界では価格設定への注意は十分といえない。1社が価格を下げると連鎖的に価格ディスカウントが起こり，容易に価格競争に陥ってしまうからである。金融業界でよく使われる価格戦略として，「価格ハンドリング」と「プレミアム・プライシング」がある。「価格ハンドリング」は，簡単にいうと，セット販売の時に安く価格を設定することである。例えば，定期預金と投資信託をセットで買えば，定期預金金利を通常より高くすることや投資信託の手数料を安くする方法である。また「プレミアム・プライシング」は，普通の低価格サー

ビスと高価格のプレミアム・サービスを提供し，価格に敏感な顧客層には前者，価格よりもサービスの質にこだわる顧客層には後者を提供する方法である。

　またクレジットカードには，価格によって区分されているものが多くみられ，年会費が高価なものもあれば無料のものもある。これは，高品質のサービスやブランドに高価格を払ってもよい顧客層と，基本レベルのサービスに最低価格を支払う顧客層という異なる顧客層が市場に同じく存在することから，価格設定の区分が成り立っている前提によるものである。また企業としてはプレミアム価格に見合うサービスを提供できる能力があるというブランドが確立していることがあげられる（戸谷，2006，p.31）。

　しかし，パーソナルファイナンシャル・サービスについては，すべてを価格としてとらえるのは適切ではない。保険商品や住宅ローンの支払いは，将来へ向けての投資と考えるべきである。パーソナルファイナンシャル・サービスにおいて一番頭を悩ませるコストは金利であろう。金利は，顧客がサービス提供に支払うコストであり，顧客はそれに見合う金利というコストを自ら選ぶことができる。特に住宅ローンの金利は複雑すぎるため，FPによって長期間にわたってのコスト計算シミュレーションをしていかないと健全な対策はできないであろう。

　さらに，同時にサービス維持のために手数料の支払いが継続する。手数料の支払い継続ができる生活と手数料の支払い継続すらままならない生活の2極化もあることを忘れてはならない。サービスにかかわるコストを支払わなくてもよい，あるいは軽減できる顧客層もあれば，コストの支払いの生活に陥っている，いわばコスト生活の顧客層もいるという状況がみられる。

　上記（1）「製品から商品へ」において触れた自動車市場と自動車保険の関係を経費削減を含めた価格面で見てみると，まず電気自動車やハイブリッド車の本体価格は，通常のエンジン車と比べて50万〜100万円またそれ以上割高である。割高である分，ハイテク技術が搭載されているのは間違いない。それに対して自動車保険は，仮に車に環境配備や安全な機能を装備したことによって事故が減り，自動車保険料が割安になったとしても，長期的に見て車両の購入時点に支払う割高分がカバーされているのかは結果的判断によるものだと思わ

れる。実際，自動ブレーキなど安全装置を搭載した車には保険料の割引の動きがあるといわれている。しかし顧客はランニングコストを嫌がる傾向にある。したがって生活者はハイテク自動車を選択して，省エネ，安全性，環境対応等の諸問題に貢献する満足感や価値観を共有し，また販売店は購入時点では割高であるが，燃費，安全性や環境対策でのお得感を提供することによって，消費者の購買意欲を喚起している。

住居面でみると，新築や改装をするにあたり環境配備やハイテク技術，バリアフリー等を含めた設置をしたとしよう。設置することにより便利にはなるが，建築費は割高になったとして，後に住宅ローンを含めた税金対策や保険の負担が割安になったとしても，将来的にかかるであろうコストは住居にこれらを設置しない場合と比べて予測できないものとなるだろう。したがってパーソナルファイナンシャル・サービスにおいては，商品の価格設定にあたって，1つの商品の価格というより，商品の選択によって継続するコストを視野に入れて考えた方がわかりやすいのかもしれない。

(3) 流通チャネル（Place）からチャネル（Channel）／利便性（convenience）へ

パーソナルファイナンシャル・サービスにとって店舗・ATM・電話・インターネットなどのサービスは，提供するチャネルに関する戦略すべてに含まれ，また各産業における製販分離の進む中，顧客が利用する販売経路が変化してきている。わが国では高齢化社会やICTの普及によって販売チャネルが多様化してきたことから，顧客の求める価値に合致した入手容易性も変わってきている。パーソナルファイナンシャル・サービス・マーケティングにおけるチャネルは，保険会社についても教育資金についてもサービスが多様化し，それによってチャネル体系が多様化していることから，1つの流通チャネルだけでニーズが満たされるものでもないのである。

ICTの普及によって販売チャネルが多様化してきたことや市場環境変化の影響によって，利便性を求めることが1つの価値創造へとつながっている。スマートフォンは歩くPC機能を備えた生活機能の拡大によって，いつでもどこでも自創または他と共創できる存在となった。スマートフォンからの発信によって，情報検索から購入後の受取まで多数あるチャネルから自分の受け取りた

い方法や時間まで選択を行い，利便性を求めながら時間消費を効率よく進めている。例えば，通信教育をスマートフォンにダウンロードしたり専用Webを開設することによって，通勤時間中に学習することができる。また短期間のみの損害保険に契約する場合に，現地において思いつきだけで申込から契約までできる機能は，チャネルの利便性のみならず時間の効率化と生活の自己実現の欲求以上の価値を求めている[7]。

(4) プロモーション（Promotion）からコミュニケーション（Communication）へ

プロモーション（Promotion）は，広告宣伝やボーナス・キャンペーンなどの販売促進活動，顧客と直接相対する従業員の使う商品説明資料などが含まれる。商品性がどれほど優れていても，顧客にその価値を理解してもらわないとその商品は売れない。そもそもどの商品・サービスがどのような顧客のどのようなニーズを満たすかということを，今までマス・マーケティングによって成功してきた企業はあまり深く考えなかったことだろう。

コミュニケーション戦略は，そもそもファイナンシャル・サービス自体が特有な特性をもつ商品であったため，金融業界が最も苦手としているものの1つであった。サービス業は実際に体験しないで商品内容を認識することは難しいため，従業員の行動すべてが顧客とのコミュニケーションとなり得るものと考えられる。例えばFPは顧客との相談業務を行う前に，FPバッチやライセンスカードを提示することによって顧客に信頼性をもたせている。コミュニケーション戦略は，どのような技術・手法を用いて行うかが重要である。まずは顧客接点の場を設けるにあたって，インターナル・マーケティングの実践とチャネルの多様化をどう行うかが1つの課題である。さらにリレーションシップの構築によるコンサルティングサービスの提供などが重要なものの1つとなる。

現代においては，SNSによる口コミもまたデジタルツールの利便性を利用した1つのコミュニケーションツールとなっている。特にパーソナルファイナンシャル・サービスについては，利便性によるチャネル活用が1つの重要な位置づけとなっている。したがって金融業界や保険業界も含め，今後大変革が求められている。次々と新しいコミュニケーションツールやデジタルツールが開発され，また利便性によるマーケティングコミュニケーションツールとの関係

性については,顧客にとってみればサービス購入の入口が広がると同時に,購入までたどり着くルートも多様化してきたといえる。

4 サービス企業の3つのマーケティングタイプ

(1) サービス企業におけるサービスマーケティングのトライアングル

　サービス企業におけるマーケティングは,ここ20年あまりで必要不可欠な技術,手法となっている。弁護士の法律事務所や公認会計士の会計事務所のような専門サービス業において,競争の激化,顧客ニーズの高度化,技術の急速な変化というさまざまな外的環境の変化に対応することが専門サービス業には求められている。

　コトラー&ケラーは,サービス企業のマーケティングは3つのマーケティングタイプからなると述べる。すなわち,①企業と顧客の関係によるエクスターナル・マーケティング (External Marketing),②企業と従業員 (サービス提供者) の関係によるインターナル・マーケティング (Internal Marketing),③従業員 (サービス提供者) と顧客との相互作用によるインタラクティブ・マーケティング (Interactive Marketing) の3つのタイプのマーケティングが必要となるという (コトラー&ケラー,2006,邦訳,pp.508-510) (図5-5)。

図5-5　サービス企業におけるサービスマーケティングのトライアングル

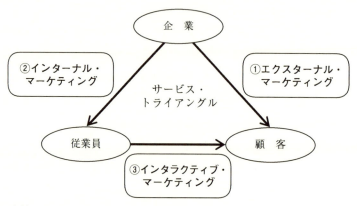

出所:コトラー&ケラー,2006,邦訳,p.510。

① 企業と顧客の関係によるエクスターナル・マーケティングは，顧客に提供するサービスを用意し，価格を設定し，流通し，プロモーションを行う，いわゆる通常のマーケティング活動のことである。
② 企業と従業員（サービス提供者）の関係によるインターナル・マーケティングは，顧客に満足してもらえるサービスができるように従業員を教育し，動機づけすることによって，1つのチームとして機能させ，顧客に満足を与えるような取組みをすることである。
③ 従業員（サービス提供者）と顧客とのインタラクティブ・マーケティングは，従業員であるサービス提供者と顧客の相互作用によるマーケティングである。サービス品質は顧客への応対における従業員のスキルによって大きく左右される。また顧客はサービスの善し悪しを技術的品質（提供者の手腕，技能等）だけでなく，機能的品質（提供者の気配り，配慮，安心感等）によっても判断する。したがってサービス提供者は生産性も高めなければならない。

(2) ファイナンシャルサービス・マーケティングにおけるインタラクティブ・マーケティングの重要性

ファイナンシャルサービス・マーケティングにおいて，上記3つのタイプのマーケティングの中で，個人顧客，企業顧客を問わず特に重要なのが，従業員（サービス提供者）と顧客の相互作用というインタラクティブ・マーケティングである。このインタラクティブ・マーケティングの中心的領域はリレーションシップ・マーケティングということになるが，個人顧客を対象としたリレーションシップ・マーケティングと企業顧客を対象としたリレーションシップ・マーケティングでは，基本的な考え方や内容は異ならないが，サービス提供者は個人顧客か企業顧客かによってマーケティング・プログラムを変える。また情報，知識，交渉力等の点で大きな格差があることからリレーションシップ・マーケティングにおける個人顧客と企業顧客へのマーケティングアプローチ，手法が異なることは明らかである。

上記のサービス・トライアングルの関係は，企業と顧客，そしてサービス提供者によって作られる関係性を指している。したがってサービス・トライアン

グルは各辺の長さを均等に保ち、いわゆる正三角形の状態が望ましいと考えられている。従業員と顧客の関係は、その関係が近すぎても遠すぎてもいけないように考える必要性がある。なぜなら従業員も顧客もこの関係から満足することが難しくなるからである（山本，2007，p.42）。

【注】

1） コトラー＆ケラーは、ホリスティック・マーケティング・コンセプト（Holistic Marketing Concept）という新しいマーケティング・コンセプトを提唱している。ホリスティック・マーケティング・コンセプトとは、全体観的マーケティング、あるいは全体的マーケティング・コンセプトと和訳されるが、それはリレーションシップ・マーケティング、統合型マーケティング、インターナル・マーケティング、パフォーマンス・マーケティングという4つの構成要素を包括した全体的マーケティングである（Kotler and Keller，2009，pp.19-20）。

2） Aaker（1984）*Strategic Market Management*は、これまでのマーケティング戦略論に新たなアプローチを迫る先駆的研究といえるが、その後版を重ね、2007年9月に改訂第8版が出版されている。改訂第8版では、個々の項目の記述内容が変更されているところがみられるが、基本的な内容はあまり変わっていない。なお、アーカーは上記書に先立って1976年に出版された*Developing Business Strategies*において、すでに戦略市場経営について論じており、本書は2001年に第6版が出版されている。

3） 嶋口は、このように市場細分化の意義を述べるが、市場細分化そのものがマーケティング戦略上の市場ターゲット設定に必ずしも直接結びつくものではないとして、市場細分化の有効性をマーケティングの有効性に結びつけるための意図的な努力が必要となると指摘する。その具体的な内容として、市場細分化そのものの性格のほかに、自社資源状況、所与の特性、製品ライフサイクル上の位置、競合他社のマーケティング戦略等をあげている（嶋口，1984，p.161）。

4） 例えば、アーカーはセグメント定義のアプローチ例として顧客特性（地理的特性、組織タイプ、ライフスタイル、性別、年齢、職業など）と製品に関連したアプローチ（ユーザータイプ、使用度合、求められる便益、価格センシティビティ、用途、ブランドロイヤルティなど）に分けて、セグメント定義上の変数を提示している（Aaker，2008，p.25）。

5） すべての製品がこのような形をとるものではなく、この例として、「成長急落成熟パターン」、「サイクル・リサイクル・サイクル・パターン」、「波型パターン」という製品ライフサイクルのパターンが示されている。またスタイル、ファッション等の製品カテゴリーについては、さらに異なったライフサイクルを描くとされ、ファッション製品は、独自性、模倣、大流行、衰退という4つの段階を経るとされる（コトラー＆ケラー，2006，邦訳，pp.403-404）。

6) 消費者と生活者の用語表現について付記すると，マーケティングの戦略原理は，もともと生産から消費に至るさまざまな営みを生産部門も含めて円滑な需給活動をなさしめるために機能する種々の活動にあるため，その原理の出発点は消費者そのものの生活にあるといえる。マーケティング活動において消費者（Consumer）という用語に代わって生活者（Consumer Citizen）といった用語が用いられるようになったのも，消費者そのものの生活の充足や充実（生活創造）をいかに満たそうとするかによるものである。つまり，単にモノを消費する概念でとらえる消費者といった言葉は，自らの生活について，商品の選択をはじめとして，自ら主張をもって生活を営もうとしてさまざまな生活創造を行おうとする人間に対しては必ずしもふさわしい使い方ではない。生産と流通に携わる企業としても，サービスにかかわる企業としてもこうした人間の生活へのさまざまな取り組みを認めたうえでの種々のマーケティングアプローチが求められることから，本節では消費者と生活者の使い分けをしている。
7)「自己実現の欲求」とは，マズローの欲求階層における最終段階を指している。

第6章

流通の仕組みと商業

第1節 流通の概念

1 流通の社会的役割

　市場経済における製品市場では，企業が自ら生産した製品を家計に販売するが，この場合，企業は労働，土地，資本といった生産要素を用いて製品を生産する生産者であり，企業が生産した製品を購入，消費する家計は消費者となる。流通は，このような生産と消費の間に介在して，生産と消費の懸隔を架橋し，その橋渡しをすることである。それは，経済活動の中で流通に課せられた社会的役割であり，これを流通課業と呼ぶならば，流通とは流通課業を遂行することである（田村，2001，p.5）。

　今日，われわれが生活に必要な多種多様な商品を必要なときに必要なだけ入手することができるのは，生産—流通—消費という経済システムの中で，流通が生産と消費の間に介在し，両者の橋渡しを行って需給を結合するという機能

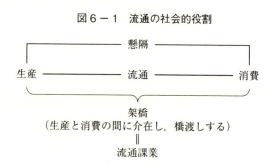

図6-1　流通の社会的役割

を有効に遂行しているからである。

　生産と消費の橋渡しが行われず，需給がうまく結合されなければ，われわれの生活がたちまち行き詰まってしまうことは，想像するに難くないし，また実際にそのような経験もしてきた。

　では，流通が介在する生産と消費とはどのようなものであるか，一般に，以下のように説明されている。

① 生　産

　生産とは，自然に働きかけて採取，採掘，栽培等をしたり，あるいはこれらを原材料にして製品を製造する活動であり，これらの活動を行うのが生産者である。通常，生産というと加工，あるいは製造する工業を想定するが，採取（水産業），採掘（鉱業），ならびに栽培（農業），あるいは飼育（酪農）という活動も生産活動に含まれる。生産活動の主体は企業であり，その生産活動は，産出した財を市場で販売して利益を得ることを目的として行われる。市場において交換を目的として生産される財は，商品と呼ばれる（石原，2002，p.26）。

② 消　費

　消費とは，衣食住の基本的欲求やレジャー等の社会的欲求等を充足するために必要な商品を購入することである。消費の単位は，人間としての個人であり，その個人は消費者と呼ばれる。消費とは，使ってなくなってしまうことではなく，例えば，食料品を食べるという商品使用行為によって，自らの身体と生命をつくり出すと積極的に解すべきである。つまり，消費という行為は，消費する側の生命と生活を支えるための生産的行為であるといえる。消費者を「生活者」と呼ぶこともあるが，これは消費者を，生活を創造する人と位置づける生産形成的発想によるものである。

　消費の単位は，個人としての消費者に限られるものではない。企業も消費活動を行う。企業は，その生産活動のために種々の財（製品）を購入するからである。企業が購入する財は産業財（Industrial Goods，生産財ともいう）と呼ばれ，消費者がその消費のために購入する消費財（Consumer Goods）と区別される。産業財とは，機械・設備などの資本財と原材料などの生産財（中間財）の両方を含めた財である。企業のこのような消費活動は，通常，産業用使用と呼ばれ，

産業用使用を行う企業を産業用使用者といい，個人としての消費者と区別して用いられることが多い。

2　流通部門における流通活動の担い手

　経済における生産の領域を生産部門，流通の領域を流通部門，消費の領域を消費部門と呼ぶこととすると，それぞれの部門はその担い手と活動という2つの視点からみることができる。

　流通部門は流通業者によって担われ，彼らは専ら流通活動そのものを遂行する。生産部門は主体からみれば生産者によって担われ，活動面からみると，生産活動が主たる業務であるが，生産者が行う広告宣伝活動，あるいは取引先・消費者に対する営業活動は流通活動であるといえる。また，消費部門における主体は消費者である。消費者は消費活動を主として行っているが，流通活動も行っている。例えばウインドー・ショッピングを通じて商品の情報を収集したり，自ら自動車を運転して商品を購入，あるいは受取を行う活動は流通活動としてとらえることができる（田村，2001, pp.3-4）。

　このようにみると，流通部門は，担い手からみると，その主体は流通業者であるが，流通活動という側面からみると，流通部門における流通活動には流通業者の活動だけでなく，生産者や消費者の活動の一部にもまたがっていることになる。流通活動は生産者や消費者も遂行しており，流通業者だけが行うものではない（図6-2参照）。言い換えれば，流通部門における流通活動は流通業者の独占物ではなく，生産者や消費者による流通活動行為によって代替され得るのである（田村，2001, p.23）。実際に，産地直売，インターネット通販等では，生産者自らが流通活動を遂行して，生産と消費の橋渡しを行っている。この点は，流通機能の機関代替性として後述する。

図6-2 流通部門における流通活動と担い手

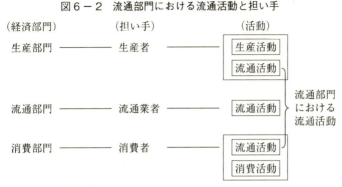

出所:田村, 2001, p.4 によって作成。

3 生産と消費の懸隔の架橋と流通フロー

　流通部門は,生産と消費の間に介在し,両者の橋渡しをしてそれを繋ぐ部門であるから,生産部門および消費部門と密接に関係している。生産部門は,生産を行う生産者の集まりであるが,彼らはその製品を市場において販売したいと思っている。一方,消費部門は消費者の集まりであるが,自らは製品を生産することなく,生活に必要な製品を購入したいと思っている。市場経済においては,生産者と消費者はこのような相互依存関係に立っているが,それは両者の間で一方では販売したい,他方では購入したいという商品交換の主体が存在していることを示しているだけであって,そのような関係が存在するというだけでは現実の商品交換は生じない。その理由は,生産と消費の間に,以下のような懸隔があるからである(田村, 2001, pp.6-8)。

① 所有懸隔

　商品の所有権が生産者と消費者で分離していることから生じる懸隔である。つまり,商品の所有権を生産者が所有し,消費者はそれを所有していないということである。消費者は,その商品を消費するためには,その商品の所有権を取得して,自己の所有物としなければならない。人的懸隔ともいう。

② 空間懸隔

　生産場所と消費場所が離れていることにより生じる懸隔である。生産者は,

水源・気候等の自然環境，労働力・地価・原材料・部品調達等の社会環境等の諸要因を考慮して生産拠点を決定する。一方，消費者は就業機会や種々の生活条件等の諸要因によって居住場所を決める。この結果，両者の間に空間懸隔が生じる。

③　時間懸隔

　生産時点と消費時点が時間的に相違していることにより生じる懸隔である。米は一般に秋に収穫されるが，消費は1年間にわたって行われるというのが典型例である。生産リードタイムも時間懸隔を生じさせる。消費者が必要とする製品を完成させるためには，生産に必要となる一定の時間を要するからである。

④　情報懸隔

　生産者の消費部門に対する，あるいは消費者の生産部門に対する情報が不確実であることにより生じる懸隔である。生産者は商品生産に対する消費者需要についての情報を十分にもっていない，また消費者も商品の供給先等生産部門についての情報が不足しているからである。

⑤　価値懸隔

　商品とその提供様式の価格について，生産者の提供価格と消費者の納得価格が相違し，合意が欠如していることにより生じる懸隔である。生産者は競合他社との競争や利益確保等の観点から価格を設定するが，消費者はコストと対比したベネフィットの大きさによって納得価格を設定するだろう。両者は一致することもあるが，一致しないことも多くみられる。

　上記のような懸隔がある状態では，生産から消費の流通を生じさせることは難しい。それを克服するためには，両者の間にまたがる懸隔を架橋する必要がある。それが流通フローである。流通フローとは，生産部門から消費部門へ移動する諸要素の流れである。その諸要素とは，所有権，商品，資金（貨幣），情報などであり，これら諸要素が移動する流通フローによって，懸隔が架橋されるのである。

　流通フローは，いくつかの要素に区分されるが，基本的な要素フローは，以下のとおりである（田村，同上書，p.9）。

① 生産部門から消費部門への商品の所有権の移動（商流）
② 生産部門から消費部門への商品それ自体の移動（物流）
③ 消費部門から生産部門への商品の対価としての資金（貨幣）の移動（資金流）
④ 生産部門と消費部門の間の双方向的な情報の移動（情報流）

所有権が移動することにより，所有懸隔は架橋される。価値懸隔も所有権の移動により架橋される。商品が輸送されることにより空間懸隔が，また商品が保管されることにより時間懸隔が，それぞれ架橋される。いずれの場合も商品それ自体の移動により，懸隔が架橋される。資金の移動は，所有権の移動とは逆に消費部門から生産部門へと反対方向に，商品の対価として貨幣が移動するものであるが，資金の移動と所有権の移動とは一対の移動をなしているとみることができる。情報は，生産部門と消費部門との間で所有権の移動や商品それ自体の移動にかかわる情報が双方向に移動することにより，情報懸隔が架橋される。

このように，生産部門と消費部門の間の懸隔が架橋されるよう，所有権が生産部門から消費部門へと移動することを商流，同様に商品それ自体が輸送，保管等により生産部門から消費部門へと移動することを物流，資金（貨幣）が商品の所有権移動の対価として消費部門から生産部門へ移動することを資金流，情報が生産部門と消費部門の間で双方向に移動することを情報流という。ただ，資金流は，所有権の移動に伴って，その対価として資金（貨幣）が移動することから，ここでは，商流の中に含めることとする[1]。

第2節　流通機能と機関代替性

1　流通機能

生産と消費の間の懸隔を架橋するためには，流通フローが必要となることは前述したが，しかし，上記で述べた流通フローは，自動的には生じない。流通フローを生じさせるためには，それに対応した流通活動が必要となる。またそれを担当する流通機関がいる。流通活動の内容は多様であるが，一般には以下のような基本類型が考えられ，これらは流通機能と呼ばれる（矢作，1996，p.28

および田村，2001，p.9)。流通機能には主に以下に述べるような種類がある。

① 所有権機能

商品の所有権を移転するための売買活動が中心となる。具体的には購買と販売からなる。価格その他の取引条件の交渉もこれに含まれる。

② 物流機能

商品（貨物）の輸送，保管，荷役，包装，在庫管理，流通加工等の活動からなる。

③ 補助機能

補助機能とは，所有権機能と物流機能を促進する活動である。具体的には，(ⅰ) 売買代金の決済や代金の支払・回収などにかかわる資金機能，(ⅱ) 売買活動による所有権移転と商品の引渡しに生じる，および購入後における商品の保管に伴う危険負担機能（前者は資金機能と関係し，後者への対応は保険制度と関係することになる），(ⅲ) 取引活動に関する情報を売主，あるいは買主に知らせる情報伝達機能に分けられる。

また，流通機関が流通フローに参加するためには，以下のような流通機能を遂行することが必要となる（田村，同上書，p.21）。

すなわち，商流に参加する流通機関は所有権機能と危険負担機能の遂行が必要となる。物流に参加する流通機関は輸送，保管等の物流機能の遂行が必要となる。情報流に参加する流通機関は情報伝達機能の遂行が必要となる。また，すべての流通機関は資金流に参加することになる。

ここで注意すべきことは2つある。1つは，流通フローの参加の状態によって，必要とされる流通機能が付加されるということである。例えば，商流と物流の2つに参加する流通機関は，上記の例でいえば，所有権機能，危険負担機能および物流機能の3つの機能を遂行することが必要となる。今1つは，流通機関には専ら流通活動そのものを遂行している流通業者だけでなく，生産者や消費者も含まれていることである。この点については，前述したとおりである。

2　流通機能の機関代替性

流通機能の機関代替性とは，流通機能の担当者を異なる流通機関に代えるこ

とができるということである（田村，同上書，p.23）。

　一般に，卸売業者や小売業者といった流通業者は，専ら流通機能を遂行する流通機関であるが，機関代替性があるかぎり，彼らのみが流通機能を遂行するわけではなく，この意味で，流通機能の遂行は流通業者の独占物ではないのである。

　すなわち，流通機能の遂行は流通業者のみによって遂行されるとは限らない。生産者も消費者も流通機関として流通機能を遂行する可能性がある。例えば，生産者は生産活動を行うとともに，製品の販売や原材料・部品の購入等に当たって営業活動等の流通活動を行っており，また消費者も消費活動のほかに，彼らが行うウインドーショッピングや商品カタログ等によって情報を収集したり，また買った商品を自宅まで運ぶという活動は一種の流通活動といえる。これらの活動は，生産者や消費者による流通機能の遂行であり，そのための費用も支出している。つまり，流通業者の行っている流通機能は，卸売業者や小売業者といった流通業者相互間だけでなく，生産者や消費者の機能遂行行為によって代替することができるのである。

　流通チャネルの構造は，大きく直接流通と間接流通に分けられる。図6－3は，直接流通と間接流通に分けて流通チャネルの基本類型を示したものである。

　間接流通とは，1つ以上の流通業者の段階が介在する形態である。図6－3では，3段階チャネルは小売業者が1つ入っている形態で，4段階チャネルは卸売業者と小売業者の2つが入っている形態を示している。間接流通では，生産者と消費者の間に流通業者が中間業者として介在し，その機能遂行行為によ

図6－3　流通チャネルの基本類型（消費財流通の場合）

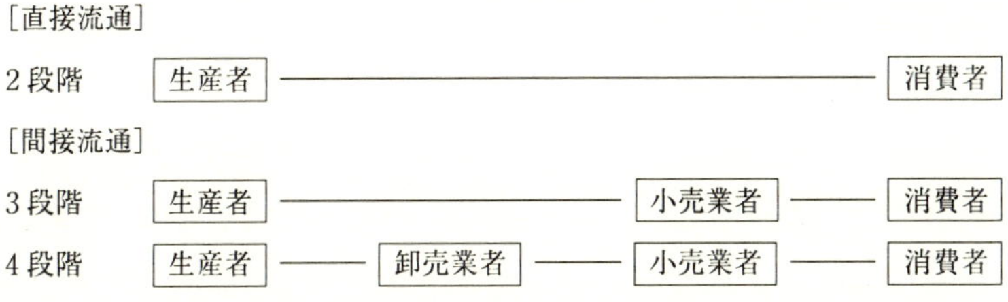

[直接流通]
2段階　　生産者　────────────────　消費者

[間接流通]
3段階　　生産者　──────────　小売業者　─────　消費者
4段階　　生産者　──　卸売業者　──　小売業者　──　消費者

って双方の取引の円滑な進行が実現されるが，この場合，流通業者が生産者と消費者の流通機能を代わって行うことになる。

　他方，直接流通とは2段階のチャネルであり，生産者と消費者が直接取引を行い，その間に流通業者が介在しない形態である。この場合，生産者と消費者はそれぞれ生産活動，あるいは消費活動だけでなく，取引の成立のためにすべての流通機能を遂行することになる。例えば，生産者は消費者に直接販売するために，流通業者が行っているような所有権機能，物流機能，危険負担機能，情報伝達機能等の流通機能を担当することになる。つまり，生産者は企業組織内において，生産機能のほかに流通機能をもつことになり，流通機能は企業内部の管理階層によってコントロールされることになる。製造業者による流通チャネルの組織化などはその典型例であり，この例のように，生産者の流通機能遂行行為によって機関代替されるのである。

　流通機能の機関代替は，流通機関の機能統合と分化をもたらし，また新しい流通機関が登場したり，流通経路の構造が変動することも生じることがある。

第3節　商流と取引

1　商流と売買取引

(1) 商流の領域

　第1節で述べたように，生産部門から消費部門への商品の所有権の移動を商流と呼び，所有権の移動によって所有懸隔が架橋される。所有権の移動は，機能面からみると，所有権を移転するための売買取引活動となってあらわれる。

　売買取引は，売主が買主へ商品の所有権を移転し，買主が売主に対してその代金の支払を行うことを内容とするので，売買代金の決済，代金の回収等にかかわる資金流を含むことになる。また，売買取引の成立後，商品の引渡しまでに生じた損害を誰がどのように負担するかという危険負担についても，それは所有権を移転するための活動の一部であると考えられるから，商流の範囲となる。さらに，委託販売，交換（バーター取引），買主に対する信用の供与も広く商流の中に含めることができる。

このように，商流には，売買取引に伴う所有権の移転という直接的な機能だけでなく，売買取引にかかわるさまざまな附随的な機能が含まれることになるが，これら附随的な機能は所有権の移動という機能が果たされることにより生じるものであるから，商流の中心は所有権の移動，つまり売買取引ということになる。

(2) 売買取引関係

売買取引は，法律上（例えば，民法上）売買契約という用語であらわされるが，ここでは売買契約という法律上の行為を売買取引，あるいは単に取引という言葉で表現することとする。

売買取引における所有権移転は，所有権を取得する行為（購買）と所有権を譲渡する行為（販売）という2つの面からアプローチすることができる。今日における企業取引（ここでは，企業間売買取引を意味する）は，さまざまな外部の企業との取引関係のもとで売買取引が行われている。

図6－4は，生産者（ここでは，完成品製造業者を例としている）における原材料・部品等の購買から，自社で生産した製品の販売までの取引関係を描いた概念図である。

この図から明らかなように，今日における企業間売買取引は他の組織（外部企業）との購買を通じた売買取引，および他の組織との販売を通じた売買取引から成り立っている。例えば，生産者が製品を開発し，それを新製品として販売する場合には，まず製品をつくるための原材料や部品を供給業者から調達しなければならない。また，製品をつくるために新たに生産設備が必要となるときには，機械製造メーカー等から生産設備を購入することも必要となるであろう。これらは，すべて購買による売買取引である。もちろん，購買に当たっては，購買先の信用のリサーチ，価格の妥当性，品質のチェックと確認，納期，代金支払の時期と方法等さまざまな交渉と調整が行われるが，これも売買取引の中に含まれる。

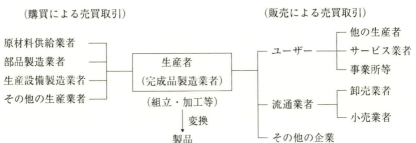

図6-4 生産者（完成品製造業者）の売買取引の例

また，製品が完成し，それを市場に送り出す場合には，製品の形態の違い（産業財か消費財かなど）によって，その製品を直接使用するユーザーに販売することもあるだろうし，また流通業者にその製品を取り扱ってもらい，これら流通業者を通じて市場に販売することもあるだろう。直接ユーザーに販売する場合と流通業者に取り扱ってもらい，彼らを通じて販売する場合とでは，具体的な取引活動の内容は異なることになろう。直接ユーザーに販売する場合は，一般的に相手側が直接的な使用者であることが多いので，技術的側面や価格，保証，納期，代金決済，危険負担の問題等が主な交渉・調整の対象となるであろう。

他方，流通業者に取り扱ってもらい，彼らを通じて販売する場合は，委託販売等の場合を除いて，一般には，生産者→(販売)→流通業者→(再販売)→購入者という販売形態がとられるように，生産者の製品は購入者に再販売されるために，流通業者に販売されるのである。つまり，流通業者への販売で完成されるものではなく，購入者に販売されてはじめて，最終的な販売が完了するということになる。したがって，この場合には，生産者としては再販売が実現されるために，流通業者との間で製品の品質，販売価格（再販売価格を含めて），代金支払等のほかに，流通業者への営業支援，商品を取り扱うことのメリット等について，交渉・調整が行われることになる。

以上のように，今日の企業間売買取引は外部にある他の組織（外部企業）との取引関係の存在のもとで成り立っているといえる。

2 売買取引における取引関係の選択

(1) 組織取引と市場取引

　前頁に掲げた図6－4では，売買取引関係は，企業（生産者）が必要とする原材料や部品等を購買したり，あるいは製品を販売するに当たって外部の組織との取引関係の存在を前提として説明した。しかし，これら取引のすべてが外部の組織との取引によらなければならないというわけではない。自社工場が必要とする原材料や部品の調達を外部の組織に頼らず自社で内製化（内部調達）することもあるだろうし，また，製品の販売を流通業者に取り扱ってもらうのではなく，直営店を設け，あるいはインターネットを通じて，自ら購入者に対して直接販売することもあるだろう。実際に，このような生産活動や取引活動を行っている企業は少なからずみられる。

　つまり，企業は購買による売買取引，あるいは販売による売買取引において，購買または販売という活動（それは所有権の移転を伴う取引活動である）を自社内（あるいは自社グループ内）で自ら行うか，あるいは外部の組織にゆだねるかという取引関係の選択ができることになる。前者を組織取引（企業内部の組織で購買取引や販売取引が行われることから，組織取引という），後者を市場取引（自社の外側にある外部企業の組織，つまり市場を利用して，購買取引や販売取引を行うことから，市場取引という）と呼ぶが，組織取引は外部の組織との取引を自社に内部化することから，統合と呼ばれることもある。つまり，組織取引は統合を伴うことになる。

　統合とは，従来，別々の企業が遂行していた機能を1つの企業が統合的に遂行することである。この統合が異なる流通段階で行われるとき，それは垂直統合と呼ばれる。例えば，生産者による卸売や小売の段階への統合である。また，同じ流通段階で別々の企業が遂行する異なる機能を1つの企業がそれを統合化するとき，水平統合が生じる。例えば，複数の卸売段階がより少ない卸売段階に統合化されるような卸売部門内部の統合である。

　このように，企業は売買取引に当たって，組織取引によるか，それとも市場取引によるか，2つの方法が存在するので，いずれかを選択することになる。

(2) 取引関係の選択

　組織取引か，市場取引か，この2つの方法のどちらが優れているかは，その企業が置かれているさまざまな外的・内的環境条件によって異なるであろう。一般に，組織取引か，市場取引かの選択・決定は取引コストと内部化費用の大小で決まるとされる。この点に関して，ウィリアムソン（O. E. Williamson）に代表される取引コストの経済学では，以下のように述べている（和田・恩蔵・三浦，2012，p.249）。

　ウィリアムソンによれば，取引コストとは，製品・サービスの取引に伴い取引参加者が負担しなければならない費用のことで，具体的には，情報収集費用，取引契約に係わる費用，取引契約の実行・確認に係わる費用，危険負担に伴う費用等がある。

　取引コストが生じる理由には，取引当事者の「制約された合理性」と「機会主義的行動」があるとする。「制約された合理性」とは，完全な情報をもたず，完全に合理的な意思決定もできない状況のことをいい，このもとにおかれている取引当事者は，取引契約等の複雑さが増してくると，その複雑さを克服するために多大なコストを必要とする。

　また，「機会主義的行動」とは，それぞれの取引当事者が自分の組織に有利になるように取引を進めようとする「駆引き」的行動のことをいうが，このような機会主義的行動を取引相手が取りそうだというまさにその可能性が取引を複雑にし，取引コストを高める。取引相手が機会主義的行動，つまり駆引きをしてくる可能性があるなら，相手が提案する取引条件や内容の真意は何かを探索する必要があるだろうし，また取引が締結された後も，決められた内容どおりに実施されているかどうか監視しなければならないだろう。特に，メーカーと卸売業の間の取引のように取引当事者が少数になってくると，こうした傾向はますます顕著になり，これも取引の複雑さを増して取引コストを増加させる。

　以上にあげた2つの要因が取引を複雑にし，取引コストを増加させる。そこで，市場取引ではなく，組織取引を行えば，取引活動は企業内に内部化され，情報も容易に入手でき，機会主義的行動も減るので，取引コストは減少するという点では，組織取引の有利性は認められる。しかし，組織取引においても，

企業内部で行う組織化(例えば,販社の設立等)に伴う投資負担やその管理のための費用が必要となる。したがって,取引コストと組織内部化の費用を秤にかけて,取引コストが大きいならば組織取引を,取引コストが小さいならば市場取引を,それぞれ選択すればよいということになるとされる。

3 中間組織

(1) 中間組織の形態

　組織取引は,前述したように,企業内部での取引であるため,逐次的な適応ができること,機会主義的行動の可能性が小さいこと,情報の偏在をコントロールできること,組織内に信頼関係が生まれること等のメリットがあるが,他方で,管理のためのコストや固定費の負担等,内部化費用がかかる。これに対応しようとしたのが中間組織(準市場,準組織といわれることもある)である。中間組織とは,広義には,市場取引でも組織取引でもない,いわば両者の中間に位置し,制度的には独立した企業間の取引形態であるといえるが,そこには組織取引でみられるような命令や権限に似た関係が存在する性格をもっているところに特徴がある。

　図6-5は,ウェブスター(Webster)の市場と組織のスペクトラム(変動範囲)

図6-5　市場と組織のスペクトラムと中間組織

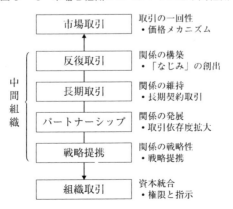

出所:矢作,1996,p.54。

における取引形態の分類を参考に矢作敏行教授が作成したものを一部加筆したものである。この図によれば,市場取引と組織取引を両極として中間組織が位置づけられ,その分類として,反復取引,長期取引,パートナーシップ,戦略提携がある(矢作,1996,pp.55-59)。

市場取引は,取引の1回性を原則として,その場かぎりの交換を特徴とする。スポット取引等がその典型である。1回ごとに完結するその場かぎりの関係であるから,機会主義的行動となりやすいので,取引コストは多く発生する。この市場取引に対して,取引が1回かぎりでなく,反復して行われるような反復取引になると,取引当事者間で「なじみ」といった人間関係が構築され,取引関係が安定するので市場取引にくらべ,取引コストは削減される。また,このような反復取引が長期間継続される長期取引では,通常,取引当事者間で継続的取引(売買)契約が結ばれることが多いので,契約という公式的な取引関係のもとでその関係は一層安定する。

パートナーシップは,取引当事者間関係の相互依存性・長期継続性が大幅に高められた取引形態である。初期のパートナーシップの原型として,ウォルマートとプロクター&ギャンブル(P&G)社のQRの取り組みがあげられる。パートナーシップは,取引当事者の継続的取引を前提にし,共同計画の構築等相互依存関係が極めて高められた取引形態といえる。

パートナーシップに経営戦略が加味されたのが戦略提携であるといわれている。戦略提携は多くの場合,製販提携として具体的にあらわれるが,戦略提携による製販提携は,中間組織の中でも,関係の相互依存性・長期継続性,ネットワーク組織化,関係特定的資産の形成が最も進展した段階であり,取引当事者間(例えば,メーカーと小売企業間)で長期的な共通課題(提携課題)の実現をめざして経営資源の相互補完・共有による,競合他社に対する競争優位の確立を図る戦略的な協働関係組織であるといわれている。

(2) 中間組織の長所と限界

中間組織は,市場取引と組織取引の中間に位置する取引形態で,そこには,取引当事者間の相互依存,長期継続の取引関係がみられる。この中間組織には,以下に述べるような長所と限界があると指摘されている(嶋口・石井,1995,pp.156-158)。

① 長　所

中間組織は，一般に，企業内部の組織取引にくらべ，次のような長所がある。

（ⅰ）環境への適応性

中間組織は，戦略提携のような高度に発達した取引当事者間の垂直的協働関係の形態であったとしても，制度的には，独立した企業組織間の取引システムである。それぞれの組織は，独自の経験と学習を蓄積していることから，異化効果が働いて多様な環境変化に対して適応する能力が高い。

（ⅱ）管理・運営コストの低さ

組織取引は，企業内部で取引が統合されることから，そのための管理・運営コストが必要になるが，中間組織は独立した企業組織間の取引であるから，内部組織で必要となる管理・運営コストは不要になる。

（ⅲ）自立性の発揮

中間組織は，取引当事者がそれぞれ独立企業体として運営されており，自立性・参加意欲が高い。また，それぞれのノウハウ等も相互利用できる。

このような長所があることから，中間組織という取引形態が利用されるのであるが，その反面，以下のような限界もある。

② 限　界

（ⅰ）それぞれの企業が取引相手を規制するための直接的な権限や命令をもっていないため，各企業組織がそれぞれの資源を使うことが起こる。

（ⅱ）中間組織で生じた望ましい革新が，組織間システム全体に拡散しないことがある。各企業間の相互依存的・長期継続的で密接な関係から生まれた知識，ノウハウ等は局部的にとどまり，それが，それぞれの企業全体の中で共有されず，したがって，別の企業と取引を行う場合にその知識，ノウハウ等が生かされない。

（ⅲ）安定的な取引関係を求めるあまりに，組織内に統合した場合と同じように経営資源を固定化してしまうと，中間組織のメリットはなくなる。

（ⅳ）取引当事者は密接な関係があるといっても，企業内部の組織ではないので，より有利な条件があれば，その関係性はいつでも解消される可能性がある。また，他方において取引先の一方の企業の失敗に対して，他方の企業は支援できない。

第4節　物流とロジスティクス

1　物流の概念と物流活動
(1) 物流機能と物流主体

　流通懸隔の中には，①生産場所と消費場所が離れていることにより生ずる懸隔（空間懸隔）および②生産時点と消費時点が時間的に相違していることにより生じる懸隔（時間懸隔）があり，このような懸隔は商品が生産部門から消費部門へ移動することによって架橋される。このように，商品それ自体の移動により懸隔を架橋するという物流機能を遂行することが物流の役割である。

　上記のような物流活動を行う主体としては，大別すると，以下の2つのグループに分かれる。

　①　荷主グループ
　②　物流専業グループ

　荷主グループは，生産者，卸売業者，小売業者等であり，商品の所有権をもっている。また，物流専業企業には，陸運業者，鉄道会社，海運会社，航空会社等，荷主から商品の輸送活動の委託を受けるグループと，倉庫会社のように荷主から商品の保管の委託を受けるグループとがある。輸送会社や倉庫会社は商品の所有権を有している荷主から物流活動を委託されて，その業務を遂行することから，物流活動の代理行為者と位置づけられる。しかし，実際の物流活動は物流専業企業に実行してもらうにしても，荷主はその物流活動に責任を負うものであるから，荷主においても物流機能を担当していることになる。

　物流活動は，大きく，荷主が自社で行う，物流専業企業に完全委託する，あるいは荷主自らの実行と物流専業企業への委託の併用，と3つの形態が考えられるが，このうち，どの形態を選択するかは，その荷主の物流戦略と大いにかかわってくる。今日においては，荷主は本業に徹し，それ以外の業務のうち，委託可能な業務は外部に委託する，つまりアウトソーシングをする傾向が多くみられ，このことは物流業務においても例外ではなく，物流活動の外部委託，すなわち物流のアウトソーシングはますます増加するとみられている。

(2) 物流活動の構成要素

物流活動は，次の要素によって構成されている。

① 輸　送

空間懸隔を架橋するためには，商品を場所的に移動することが必要であり，この物流活動を担うのが輸送である。

輸送方式は，主として自動車輸送，鉄道輸送，船舶輸送，航空輸送のいずれかによって行われるが，陸上輸送では，かつては鉄道輸送が中心であったが，わが国の場合，今日では，完全に自動車輸送，特にトラック輸送が中心になっている。トンキロ（輸送量×距離）ベースでみると約6割，トン（輸送量）ベースでは約9割がトラック輸送によって占められている。これは，トラックの大型化，性能向上，あるいは高速道路網の整備拡大という社会的要因もあるが，トラック輸送は，ドア・ツー・ドア輸送が可能であること，顧客ニーズに合わせた小回りのきく機動性があること，近距離輸送では輸送料金が割安であること，荷造包装が比較的簡単であること等のメリットによるところが大きいといえる。

② 保　管

保管は，生産と消費の間の時間懸隔を架橋するための物流活動で，輸送と並ぶ重要な機能をもっている。保管は，文字どおり，商品を物理的に保存することであるが，商品を備蓄したり，取り崩したりすることによって，その商品の取引相場を安定させるという価格調整機能ももっている。

保管は，倉庫によって行われる。倉庫では，商品の安全な管理や劣化の防止，保管スペースの効率的な使用等，物流管理が課題になるが，これ以外に，保管商品の仕分け，入出庫・ピッキング，流通加工等，輸送や出荷作業のための準備機能や商品統合機能が付加されてきており，さらに近年，これらの機能はコンピューターによる情報処理技術と結びついてきており，この意味で，倉庫は従来型倉庫から，いわゆる「流通倉庫」（流通センター，ロジスティクス・センターと呼ぶこともある）として機能するよう転換してきている。

③ 荷　役

荷役（にやく）は，商品の輸送・保管の活動に伴って発生する搬出入作業で

ある。具体的な作業としては，もち込まれた商品の受け入れ（納品荷役），倉庫内での商品の横もち移動（運搬荷役），出荷のための商品の取り出し，荷揃え（品揃え荷役），輸・配送のための車への積みつけ（出荷荷役）がある。

荷役活動は，フォークリフト，コンベア，クレーン等の機器を使って作業することが多く，人手に依存する割合が高い。そのため，荷役の合理化，機械化，省力化が大きな課題になっており，物流業界では，コンテナやパレットによって一定の単位にまとめ，輸送，保管，荷役を一貫して行うユニットロード・システム（Unit Load System）に取り組んでいる。

④ 包　装

日本工業規格（JIS）によれば，包装とは，「物品の輸送・保管などにあたって，価格および状態を保護するために，適切な材料，容器などを物品に施す技術および施した状態をいい，これを個装，内装，外装の３種に分ける」と定義される。また，販売のために行われる商業包装と物流過程における商品の保護や荷役の便宜の目的で行われる工業包装に分けることができる。

包装作業は，従来は人手によるところが多かったが，現在では製造工程の中で包装されたり，自動包装機が採用されている。また，包装材料については，近年，ポリエチレン等の化学素材が多く使われ，紙や布の場合もビニール・コーティングがされるなど，新しい包装材料が開発されている。

⑤ 流通加工

流通加工とは流通段階で行われる商品の加工のことであり，切断（カット），小分け，再包装，詰め合わせ，塗装，組立，値札付け等があげられる。例えば，ステンレスやガラスを工務店の注文に応じてカットする作業や小売店で行う食肉・鮮魚の解体・小分け等の作業は，代表的な流通加工である。

流通加工は手間のかかる仕事で，その多くは人手に頼っているため，物流の中でもコストのかかる活動の１つであることから，その効率化が課題となっているが，それ自体が物流活動の付加価値を高める側面をもっているため，差別化戦略の一環としてその役割は高まっている。

2 物流チャネル

　生産者から消費者に商品が物理的に移動するルートを物流チャネルという。この物流チャネルは商流における流通チャネルと同様に重要な役割を占めているが，そのチャネル構造は商流におけるものとは異なる。物流チャネルは大きく，企業間物流チャネルと施設間物流チャネルとに分けることができる。以下，それぞれについて説明する。

(1) 企業間物流チャネル

　流通チャネルにおいてそれぞれの企業がチャネルの構成メンバーとなるが，これら企業の取引主体を生産者，卸売業者，小売業者，消費者とすると，企業間物流チャネルは生産者から消費者に商品が直送される場合と，生産者と消費者の間に卸売業者，あるいは小売業者といった中間業者が介在し，彼らを経由して商品が配送される場合がある（このほかに，仲買人等が介在する場合もあるが，ここでは省略する）。前者を直送型物流チャネル，後者を中間業者経由型物流チャネルと呼ぶことにしよう。中間業者経由型物流チャネルには，小売業者のみが中間業者として介在する場合（小売業者経由型）と卸売業者と小売業者の双方が介在する場合（卸売業者・小売業者経由型）とがある（図6－6参照）。

　直送型物流チャネルは，生産者から消費者に商品が直送される形態である。この場合，生産者と消費者が直接取引した場合とは限らない。消費者が生産者の代理店（独立企業）と取引し，取引の相手方は代理店であるが，商品は生産

図6－6　企業間物流チャネル

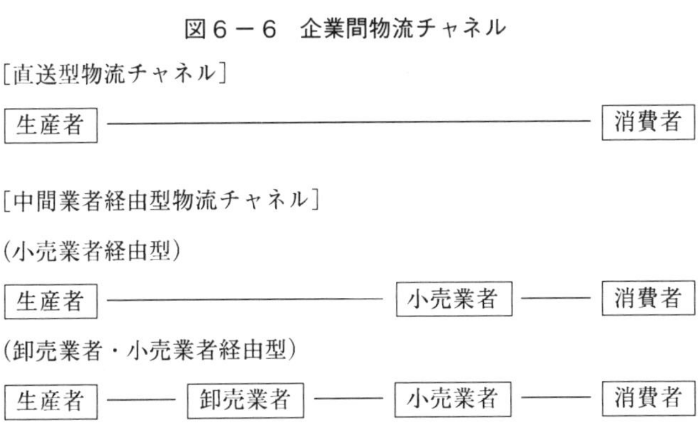

［直送型物流チャネル］

　生産者 ──────────────────── 消費者

［中間業者経由型物流チャネル］

（小売業者経由型）

　生産者 ──────────── 小売業者 ──── 消費者

（卸売業者・小売業者経由型）

　生産者 ──── 卸売業者 ──── 小売業者 ──── 消費者

者から消費者に直接配送される場合を含むものである。つまり，商流における所有権移転の流通チャネルと物流チャネルとは異なるのである。

直送型物流チャネルの例として，生鮮食料品の産地直送，あるいはウインドベーカリーによる自家製パンの直接販売・直接配送などがあげられる。

中間業者経由型物流チャネルの場合では，小売業者経由型の例として，大規模消費財メーカーが総合スーパー等小売業者と取引し，商品を直接小売店舗に納品する場合，あるいは自動車メーカーが系列ディーラー（特定メーカーの系列となっている場合がほとんどである）と取引し，系列ディーラーに車を配送し，同ディーラーが消費者に納車する場合などがあげられる。

また，卸売業者・小売業者経由型の例として，洗剤やケア商品等を販売する日用品メーカーが卸売業者（または販社）の物流機能を活用し，そこを経由して小売業者に配送し，小売業者が消費者に販売（再販売）する場合などがあげられる。この場合，中間業者である卸売業者と小売業者は輸送，保管，荷役，包装，流通加工，在庫管理・調整等の物流活動をそれぞれの役割において分担することになる。まさに，卸売業者，小売業者は商取引の主体として所有権移転機能を遂行する流通チャネルの役割を担うとともに，併せて物流チャネルにおけるノード（Node）である結節点として物流機能を遂行する活動主体でもある。

このように，企業間物流チャネルとして大きく2つの形態があるが，それは固定化されたものではなく，時代の要請等により変化し，また同一商品であっても，複数の物流チャネルが利用されて商品が流通することもあることに注意しなければならない。

(2) 施設間物流チャネル

施設間物流チャネルとは，ノードにおける施設間の商品の流通を対象とする。施設とは，工場，倉庫，流通センター，保管施設，加工センター，店舗，および消費者でいえば自宅あるいは事務所等がその代表例となるだろう。

図6-7は，消費財の施設間物流チャネルと農産物の施設間物流チャネルの例を示したものである。

消費財の物流においては，製造メーカーが工場で製品を製造し，それを市場に送り出すため，倉庫に一時保管し，市場需要に応じて卸売業者に出荷する。

第6章 流通の仕組みと商業 261

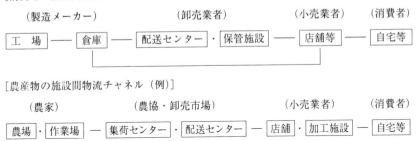

図6-7 施設間物流チャネル

卸売業者はメーカーから出荷された製品を検品の上，配送センター等に入庫，保管する。小売業者は小売店頭の在庫状況等をみて，卸売業者に発注し，卸売業者は小売店舗別にコンテナ等に仕立てて，商品を小売流通センターに配送，あるいは小売店舗に直送する。小売業者は在庫棚の商品補充を行い，店頭陳列の上，消費者に販売することになる。卸売業者を経由しない場合は，メーカーの倉庫から小売業者に向けて商品が直接に店舗に（または小売流通センターを経由して）配送され，小売店頭に陳列の上，販売されるという物流ルートをたどることになる。

　上記の場合，生産者である製造メーカーは，輸送業務および輸送に伴う商品の包装，倉庫内に保管する場合の荷役，在庫管理といった物流活動を行うことになる。また卸売業者・小売業者も配送，保管に伴う荷役，在庫調整，コンテナ仕立て業務，ピッキング，あるいは流通加工等の物流活動をそれぞれの役割分担に応じて遂行する。

　農産物の物流についてキャベツの場合を例に説明すると，生産者である農家は農地（畑）で収穫したキャベツを作業場において仕分け，選別等を行った上で，農協・卸売市場の集荷センター等に出荷し，場内施設等に一時保管され，セリにかけられて，配送センター等から小売店舗等に納品される。キャベツは消費者が買いやすいように，小売業者の加工施設で必要に応じ小口にカットされ，あるいはラップに包むなどして小売店頭で販売される。ここでも，農家，農協・卸売市場，小売業者はそれぞれの役割に応じて，配送，保管，荷役，在

庫管理，包装，流通加工等の物流活動を行うことになる。

(3) 企業間物流チャネルと施設間物流チャネルの違い

以上のように，物流チャネルは企業間物流チャネルと施設間物流チャネルに大別されるが，企業間物流チャネルと施設間物流チャネルとは必ずしも1対1で対応するものではない。例えば，生産者は工場や倉庫といった施設だけでなく，中間業者がもつ配送センター等の物流施設をもっている企業もある。水産業者の中には魚介類の貯蔵を行うための保管施設をもつとともに，自らパック詰めを行う加工センターや小売業者・消費者に直接配送するための倉庫・配送センターを設置，運営しているところもある。

また，卸売業者においても，配送，保管，在庫調整等のための倉庫・配送センターだけではなく，生産機能をもった流通加工センターをもっている企業もみられる。さらに，小売業者は本来，商品を仕入れ，店舗陳列し，それを販売（再販売）することが主たる業務であるが，大規模小売業者は自ら流通センターを設置，運営し，生産者から商品の一括仕入れ，保管，個店配送といった卸売機能の一部を遂行したり，調理施設または加工センターを設置し，流通加工を行っている企業もある。これらの活動は，まさに物流面からみた機関代替性が具体的にあらわれたものである。

このように，生産者，卸売業者，小売業者という業種（企業）が本来的に果たす機能を遂行するための企業間物流チャネルとこれら企業が有している物流施設とは直ちに対応するものではない。企業間物流チャネルが生産者 → 卸売業者 → 小売業者となっていても，施設間物流チャネルでは，工場 → 倉庫 → 店舗，あるいは，倉庫 → 配送センター → 調理加工施設というような物流施設間だけの商品の流通もあり，企業間物流チャネルと施設間物流チャネルとは別なのである。つまり，企業間物流チャネルは，取引の主体，いわば企業からみた商品の流通であるのに対し，施設間物流チャネルは商品の発着を施設単位からみた商品の流通であるといえる。したがって，両者の物流チャネルは必ずしも一致せず，別個のものとなる。

3 ロジスティクスの概念と3PL

(1) ロジスティクスの概念

　ロジスティクス（Logistics）という用語は，フランス語のlogistiqueから派生された言葉で，宿営を意味する動詞logerに由来し，戦略（Strategy），戦術（Tactics）と並ぶ軍事の3つの構成要素の1つである。つまり，この言葉は，もともと，軍隊が戦場で野営することを意味する軍事用語で，現に戦っているか，または戦おうとしている前線に対し，兵員・武器・爆薬・部品・食料等を適時，適量，適所に補給する軍隊の後方支援業務である。

　わが国では，ロジスティクスに「兵站」（へいたん）という言葉をあてている。兵站とは，広辞苑では，「作戦軍のために，後方にあって車両・軍需品の前送・補給・修理，後方連絡線の確保などに任ずる機関」と書いてあり，軍隊における後方支援の意味合いが強い。しかし，ロジスティクスというのは，後方支援というよりはもっと広い意味で，前述した兵員・食料品・武器・弾薬等の単なる補給だけでなく，そのための基地の設営や兵士の休養のための準備まで含めた戦略的概念である。

　軍事用語であったロジスティクスをビジネスの世界で最初に導入したのは，1960年代におけるアメリカであるといわれており，当初はビジネス・ロジスティクスとかマーケティング・ロジスティクスと呼ばれ，その後，単にロジスティクスというようになった。

　もともと，物流，あるいは物的流通というのは，アメリカのフィジカル・ディストリビューション（PD：Physical Distribution）の和訳である。アメリカにおけるフィジカル・ディストリビューションという概念は，経済の領域を示す言葉であり，企業で実際に行われる物流という概念ではなかった。しかし，企業経営における商品の流通に適応する新しい思想，あるいはアプローチの必要性が生じ，そこで登場したのが，本来的には軍事用語であったロジスティクスであった。つまり，ロジスティクスは，経営のある領域に対してどのようにアプローチしていくかという一種の経営における新しい管理技術として導入され，そして定着していったのである。今日では，アメリカだけでなく，ヨーロッパの国々でもロジスティクスという用語と概念は完全に普及している。

物流を社会経済的な視点からみて社会全体の商品の流れやその取扱を取り上げるのをマクロの物流，企業経営的な観点からみて個々の経営活動の一環として物流活動を取り上げるのをミクロの物流と呼ぶならば，ロジスティクスはミクロの物流の対象となる。

　日本では，1970年代にはロジスティクスという概念が紹介され，1980年代には企業経営の中に一部導入されたが，それが企業経営に体系的，組織的に実践されるようになったのは，概ね1990年代からである。わが国ではアメリカからロジスティクスという概念が導入される以前においても，物流管理という形で物流活動をコントロールしていたが，その後ロジスティクスの考え方や手法を取り入れて，企業経営の一環として企業物流をマネジメントするようになった。従来の物流管理とロジスティクスの違いは以下のように説明されている（宮下・中田，2004, pp.182-184）。

① マネジメントの目標

　物流管理においては，合理化・効率化・コスト削減が中心課題であったのに対し，ロジスティクスは市場適合・サービス水準のアップ・企業戦略への貢献が中心課題となる。

② 領　域

　物流管理活動においては，商品の生産時点からそれが市場に流れるまでの過程を対象としていた。商品がいかに生産され，それをいかに流していくかという「プロダクト・アウト」的な考え方であった。これに対し，ロジスティクスは市場に照準を合わせ，調達から販売に至るすべての流れを対象とする「マーケット・イン」的な考え方に基づいている。

③ 活動内容

　物流管理においては，輸送，保管，荷役など個々の活動を改善，高度化していくことが主たる活動内容であったが，ロジスティクスは商品の流れの全体を1つの体系としてとらえ，その全体をどうマネジメントするか，という体系管理を行う活動である。したがって，物流管理においては，物流作業や物流機器，輸送機関等に関する技術が論じられたが，ロジスティクスでは情報が重視され，かつ経営戦略の1つの柱として位置づけられている。

(2) 3PL とロジスティクス・サービス

 3PL (Third Party Logistics) は,米国で1980年代から90年代にかけてサプライチェーン・マネジメントが進展し,企業の物流業務やサプライチェーンのロジスティクス機能を高めるため,物流・ロジスティクス業務の外注化の一環として登場してきたものである[2]。日本では1990年代に入って3PLの概念が導入され,物流企業の新しい取組みとして注目されるようになった。

 日本で3PLが注目されるようになった背景は,政府の政策,荷主の動向,および物流企業の新事業開拓という3つの観点から指摘できる。すなわち,政府は90年代に入り運輸・物流分野の規制緩和政策を推進し,これは先進国の規制緩和の流れに沿うものであった。また荷主側では,競争力強化へ向けて経営資源を自社の得意分野に集中させる,いわゆる「選択と集中」の戦略をとり,本業回帰傾向が強まり,物流の合理化,効率化の必要性を認識しつつも,これを自社で取り組むのではなく,物流業務等,本業以外の分野については外部の専門業者へ委託するというアウトソーシングを進める動きが強くなってきた。

 一方,物流企業としては,政府の規制緩和政策の下で新規参入の増加による事業者間の競争激化という環境の中で,競合他社との差別化のために特徴のある新しい物流サービスを展開する必要性に迫られていた。このような政府の規制緩和政策の下で荷主の物流分野でのアウトソーシングの高まり,そして物流企業の新たなロジスティクス・サービスの開拓という環境要因の中で発展してきたのが,3PLであるといえる。

 3PLの概念については,確定的,統一的な定義は存在しない。1997年4月閣議決定された「総合物流施策大綱」では,3PLとは,「荷主に対して物流改革を提案し,包括して物流業務を受託する業務」と述べているが,特に政府としてこうした定義に基づいて規制を行っているわけでもないし,3PLそのものを規制する法律も存在しない。

 3PLにおけるサードパーティとは誰を指すのかについては議論があるが[3],筆者はつくり手・売り手であるメーカーをファーストパーティ,買い手である商業者等をセカンドパーティとみて,これら荷主側の物流・ロジスティクス機能を担う第三の勢力,つまり物流企業をサードパーティとし,この物流企業

の中にはキャリア（実運送事業者）と利用運送業者を含むととらえ，3PL とは，これらサードパーティが荷主に対し物流改革，物流合理化を提案し，物流業務を一括して受託し，荷主に代わってロジスティクス・サービスを提供する物流業務である，と定義している。

しかし，このように定義したとしても，物流企業が 3PL として実際に提供するサービス内容，受託範囲，レベル等は物流企業により異なり，かなり幅があるのが実情である。これは，前述したように 3PL が政府の規制緩和政策，荷主側の物流アウトソーシングの高まりの中で，物流企業が自主的に開発してきた新しいロジスティクス・サービスであるということに起因している。

それでは，日本の物流企業や荷主は 3PL をどのようにとらえているか，国土交通省『日本における 3PL ビジネスの育成に関する調査報告書』（2004 年）を要約すると，物流企業，荷主とも，3PL とは，荷主企業の物流改善・効率化を目的とする物流サービスである，提案・コンサルティングを含む物流サービスである，および荷主の物流コストの低減を目的とする物流サービスであるという点に共通の認識を示している。また，物流企業はこのほかに，3PL は在庫管理，流通加工などを含む幅広いサービスであるという特徴をあげるのが多くみられる。

上記調査結果から，3PL とは従来の物流サービスと異なり，以下のような特徴をもっているとまとめることができる（図 6 - 8）。

① 荷主の物流改善・効率化を目的とする物流サービスである

3PL は，荷主の指示に従って運送，保管，荷役等の作業を行うこと自体が目的ではなく，荷主の物流改善・効率化を目的としている。これは，荷主が求めている物流コストの低減という要請にもこたえることにもなる。

② 物流改革のための提案，コンサルティングを含んだ物流サービスである

3PL は，単に物流作業を受託するのではなく，荷主の物流合理化，効率化のために提案したり，コンサルティングを行うことなどによって物流改革を実現するものである。

③ 幅広い，多様なロジスティクスを提供する物流サービスである

3PL は，運送，保管等の単一物流サービスを提供するだけではなく，在庫管

図6－8　3PLの特徴・要素

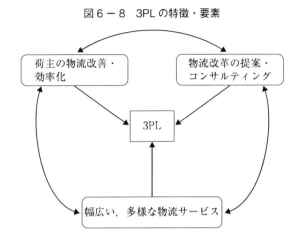

理（VMI：Vender Managed Inventoryを含む），流通加工，設備の据付け等を含めた幅広い，多様なロジスティクス・サービスを提供するものである。

3PLの特徴を以上のようにまとめることができるが，ここに掲げた3つの要素は個々に独立して存在するのではなく，これら3つの要素が統合され，最適に組み合わされて提供されているところに3PLの特徴があることに注意する必要がある。

(3) 国際フォワーダーの提供する3PLサービス

3PLは，国境を越えた国際物流の分野においても行われ，これを国際3PLと呼ぶこととする。国際3PLを行う担い手（事業主体）の1つとして，国際フレイト・フォワーダー（International Freight Forwarder，ここでは単に国際フォワーダーという）がある。日本の国際フォワーダーには，輸送系事業者，倉庫系事業者，利用運送系事業者，メーカー系子会社，商社系子会社などに分かれ，それぞれの事業形態の特徴を生かして幅広い，多種多様なロジスティクス・サービスを提供している。

国際フォワーダーが行う国際3PLも先に説明した3PLの一般的な特徴・要素と変わることはないが，国際フォワーダーは荷主に対して，①国際物流オペレーションにかかわるサービス，②国際物流情報システムにかかわるサービ

図6－9 国際フォワーダーが提供する3PLサービス

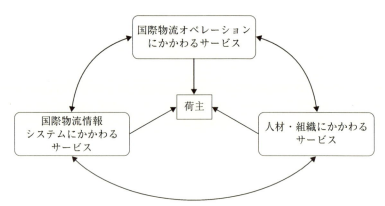

ス，③人材・組織にかかわるサービスを提供している（図6－9）。

　国際物流オペレーションにかかわるサービスとは，国際複合輸送，保管，在庫管理，流通加工，荷役，梱包等実際のオペレーションにかかわるサービスである。国際物流情報システムにかかわるサービスとは，荷主との情報・データの交換により情報共有化を行い，現場の効率的な運営のための情報管理，および輸配送管理システム，倉庫管理システム，生産性・労務管理システムといった基本的な物流情報システムを提供するサービスである。また人材・組織にかかわるサービスとは，提案・コンサルティングを行い，物流診断，物流コストの分析を実施し，通関・輸出入業務にかかわる法的対応その他幅広い知識，ノウハウを提供するサービスである。

　これらのサービスは，個々バラバラに提供されるのではなく，最適に組み合わされ統合化された形で提供されてはじめて有効な3PLサービスとして効果が発揮される。

4　サプライチェーン・マネジメント（SCM）

(1) サプライチェーン・マネジメントの意義

　サプライチェーン・マネジメント（SCM：Supply Chain Management，供給連鎖管理）とは，大雑把な言い方をすれば，生産のための原材料・部品の調達か

ら加工・組立等の生産過程を経て，最終顧客に至るまでのすべての流れを一本のチェーン（鎖）とみなして，そのチェーンを通じて全体最適な流れを実現しようとするマネジメントの考え方である。このようなサプライチェーン・マネジメントは，必ずしも物流・ロジスティクス部門だけに適用されるマネジメント手法ではなく，経営全般の部門にかかわる概念である。と同時に，それは1つの企業内にとどまらず，企業間，業種間の壁を取り払い，サプライヤー，メーカー，物流専業者，卸売業者，小売業者等，異なった組織間でのパートナーシップに基づき，全体最適を目指したサプライチェーン統合であり，この統合こそがサプライチェーン・マネジメントの本質であるといわれている。

サプライチェーン・マネジメントは，米国がロジスティクス（正確にはロジスティクス・マネジメント）をさらに発展させてきた概念であり，日本では1980年代に紹介され，1900年代に入って，その取組みがみられるようになった。

(2) サプライチェーンとサプライチェーン・マネジメントの特性

サプライチェーン・マネジメントを考える前に，サプライチェーン（SC：Supply Chain，供給連鎖）とは何かをとらえる必要がある。菊池（2006, pp.38-39）は，サプライチェーン定義に関する先行研究をレビューし，サプライチェーンとは以下のように要約できると述べる。

① モノの流れる範囲は，供給源からエンドユーザーまでであること。
② モノの流れは，上流と下流の双方を含むこと。
③ 価値を付加するプロセスや活動にかかわる組織のネットワークであること。
④ 製造や物流拠点のネットワークであること。
⑤ 企業連携であること。

このことから，サプライチェーンは顧客に価値を付加するモノ，サービス，情報を提供する供給源からエンドユーザーまでの上流，下流にかかわる企業間のビジネスネットワークや流通チャネルの供給連鎖であるとする。そして，サプライチェーンを構成するものは，原材料や部品提供業者（サプライヤー），製品組立メーカー，卸売業者，小売業者，物流専業者はもちろんのこと最終消費者も含まれ，このサプライチェーンには，メンツァー（J.T. Mentzer）の定義を引用し，次の3つの類型が考えられるとする（図6－10）。

図6－10　サプライチェーンの3つの類型

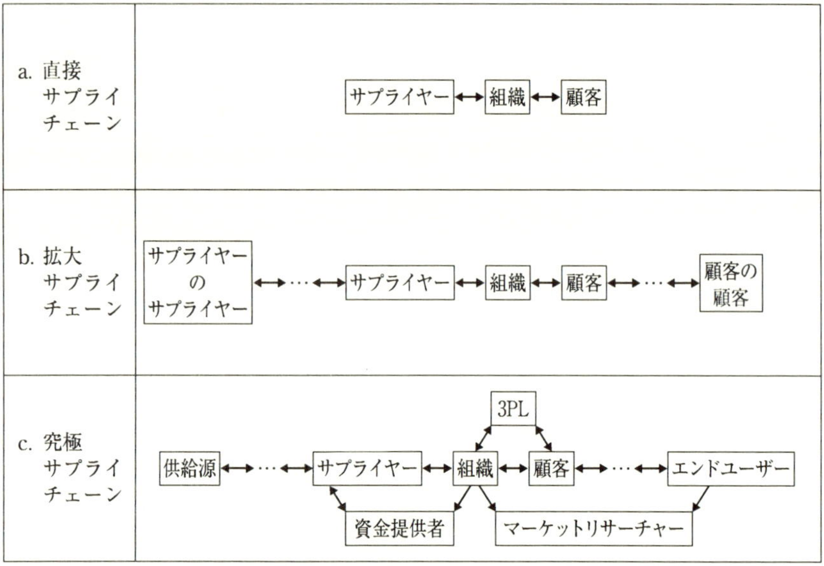

a. 直接サプライチェーン	サプライヤー ↔ 組織 ↔ 顧客
b. 拡大サプライチェーン	サプライヤーのサプライヤー ↔…↔ サプライヤー ↔ 組織 ↔ 顧客 ↔…↔ 顧客の顧客
c. 究極サプライチェーン	供給源 ↔…↔ サプライヤー ↔ 組織 ↔ 顧客 ↔…↔ エンドユーザー（3PL、資金提供者、マーケットリサーチャー）

出所：菊池，2006，p.38。

a．直接サプライチェーン

　直接サプライチェーンを構成するものは，製品，サービス，資金，情報の上流・下流フローに関与する1企業，1サプライヤーおよび1顧客である。

b．拡大サプライチェーン

　製品，サービス，資金，情報の上流・下流フローに関与する直接サプライヤーの先の複数のサプライヤーおよび直接顧客の先の複数の顧客が含まれる。

c．究極サプライチェーン

　供給源であるサプライヤーから最終顧客までの製品，サービス，資金，情報のすべての上流・下流フローに関与するすべての組織が含まれる。

　次に，サプライチェーン・マネジメントについては，これまでの先行研究から，その特性が以下のように示される（菊池，同上書，pp.44-45）。

　①サプライチェーン・マネジメントは，供給源からエンドユーザーまでの範囲を対象としている。すなわち，サプライチェーン・マネジメントの範囲は社

内機能はもちろんのこと,サプライヤーから最終顧客までであり,サプライヤーのサプライヤー,顧客の顧客であるエンドユーザーも含む。

②サプライチェーン・マネジメントの流れの対象は,主としてモノ,サービス,情報であるが,このほかに資金も含む。

③サプライチェーン・マネジメントの目的は,最小の資源で,レベルの高い顧客価値を創出し,顧客の満足を得ることによって競争優位性を確保することである。

④サプライチェーン・マネジメントは,サプライチェーン間の機能,活動および関係の統合である。サプライチェーン・マネジメントの統合は,大きくは企業間の統合であり,その具体的な中身はプロセスにかかわる機能,活動および関係の統合である。

⑤サプライチェーン・マネジメントは,マネジメント原理,原則を含めて,マネジメント活動である。

以上のことから,菊池はサプライチェーン・マネジメントとは,顧客に価値を付加するモノ,サービスおよび情報を提供するサプライヤーからエンドユーザーまでの企業間統合であると述べ,企業間統合こそサプライチェーン・マネジメントの本質であるとする。

(3) ロジスティクスとサプライチェーン・マネジメントの相違

米国では,ロジスティクス(ロジスティクス・マネジメント)においても,生産者から消費者に至るまでのチャネル間の商品の動きを効率化するため,QR(Quick Response,米国のアパレル業界ではじめられた生産から消費に至るまで最適な品揃えをめざすサプライチェーン戦略)やECR(Efficient Consumer Response,米国の食料品雑貨業界ではじめられた生産から小売店頭までの商品と情報の流れを効率化するサプライチェーン戦略)などによって,社外取引先を含めた企業間サプライチェーンの拡大を行ってきたが,サプライチェーン・マネジメントは,このような取組みをさらに発展させたものである。

米国のCLM(Council of Logistics Management,全米ロジスティクス管理協会。2005年1月にCSCMP(Council of Supply Chain Management Professionals,サプライチェーン・マネジメント専門家会議)と名称変更している)は,2003年にロジステ

イクス・マネジメントとサプライチェーン・マネジメントの定義を以下のように行っている（菊池，同上書，p.23）。

[ロジスティクス・マネジメントの定義]

ロジスティクス・マネジメントは，顧客の必要要件に対応するため，産出地点と消費地点の間の財，サービスとそれに関連する情報の効率的，効果的な前方と後方の流れと保管を計画，実行し，および統制するサプライチェーン・マネジメントの一部である。

[サプライチェーン・マネジメントの定義]

サプライチェーン・マネジメントは，調達と購買，組立加工とロジスティクス・マネジメント活動にかかわるすべての活動の計画と管理を含む。重要なことは，それはまた，サプライヤー，中間業者，サードパーティプロバイダーおよび顧客であるチャネルパートナーとの協調と協働を含む。本質的には，サプライチェーン・マネジメントは，企業内，企業間の供給管理と需要管理を統合することである。

このCLM（現CSCMP）の定義によれば，ロジスティクス・マネジメントとサプライチェーン・マネジメントは以下のような相違があるといえる（菊池，同上書，p.54）。

①ロジスティクス・マネジメントは，サプライチェーン・マネジメントの一部分であり，企業内，企業間の主としてモノの流れと保管のマネジメントである。当然のこととして，モノが上流に流れ，保管されることも含まれる。

②サプライチェーン・マネジメントは，ロジスティクス・マネジメントよりも広く，企業内，企業間の供給管理と需要管理の統合にその本質がある。そして，サプライチェーン・マネジメントは活動と関係の管理からなっている。

5　サプライチェーン・マネジメントのフレームワーク

サプライチェーン・マネジメントのフレームワークについては，さまざまな所説があるが，サプライチェーン・マネジメントの代表的学者の1人であるメンツァーらのサプライチェーン・マネジメントのフレームワークは以下のとおりである（菊池，2006，pp.87-88）。

メンツァーらは，サプライチェーン・マネジメントのフレームワークとしてサプライチェーンをパイプラインで表現している。図6－11は，パイプラインの側面図を示し，各方面のフロー（製品，サービス，財務資源とこのフローについての情報ならびに需要と予測の情報フロー）をあらわしている。

このモデルは，マーケティング，販売，研究開発，予測，生産，購買，ロジスティクス，情報システム，財務，顧客サービスという伝統的なビジネス機能は，供給源からエンドユーザーまでのフローを管理し，最終的に顧客に価値を提供して顧客を満足させるというものである。それはまた，サプライチェーン内の個々の企業の競争優位性と収益性を達成するというサプライチェーンの全体像を示している。メンツァーらのサプライチェーン・マネジメントのフレームワークは，供給源からエンドユーザーまでの製品の流れにかかわる企業内お

図6－11　サプライチェーン・マネジメントモデル

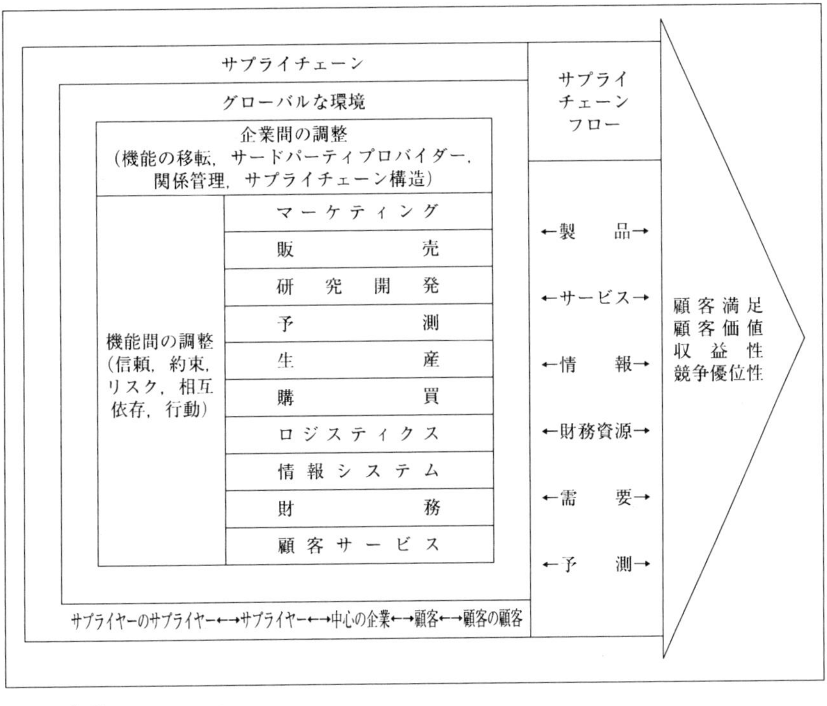

出所：菊池，2006，p.88。

図6-12 サプライチェーン・マネジメントのフレームワーク

区分		サプライヤー	中心の企業	顧客
経済的プロセス統合	機能・活動		需要計画	
			マーケティング/販売	
			購買	
			生産	
			ロジスティクス	
			製品開発	
			回収	
			リバースロジスティクス	
			再利用,リサイクル廃棄	
社会的プロセス統合	関係	対顧客関係プロセス	顧客関係管理	
		対サプライヤー関係プロセス	サプライヤー関係管理	

※デマンドプロセス/サプライプロセス/リターンプロセスは機能・活動行の区分に属する。

出所:菊池,2006,p.89。

よび企業間の機能調整に重点を置くものである。

　菊池(2006, p.89)は,サプライチェーン・マネジメントは経済的プロセス統合と社会的プロセス統合からなると独自の見解を示している(図6-12)。

　経済的プロセス統合とは機能,活動であり,機能,活動にはデマンドプロセス,サプライプロセスおよびリターンプロセスがある。デマンドプロセスには需要計画,マーケティング/販売があり,サプライプロセスには購買,生産,ロジスティクス,製品開発がある。そして,リターンプロセスには回収,リバースロジスティクス,再利用,リサイクル廃棄といった機能,活動がある。

　一方,社会的プロセス統合は関係であり,関係には対顧客関係プロセスと対サプライヤー関係プロセスがあり,前者は顧客関係管理であり,後者はサプライヤー関係管理である。

　このように,サプライチェーン・マネジメントについては理論面からの考察が深められてきているが,サプライチェーン・マネジメントの具体的な活動は,今日において,特に3PLにおける国際複合一貫輸送,VMI(Vendor

Managed Inventory, ベンダー在庫管理), バイヤーズコンソリデーション (Buyer's consolidation), クロスドッキング, 海外部品調達管理, 非海外居住者在庫オペレーション等にみられるように, グローバルサプライチェーン・マネジメント (グローバルSCM) においてその進展がめざましい。

第5節 情報流と流通情報システム

1 情報流の役割と流通情報システム

(1) 情報流と情報伝達

第1節で述べたように, 生産者が商品生産にかかわる消費者需要についての情報を十分にもっていない, また消費者も商品生産や商品供給者等, 生産部門についての情報が不足していることにより生じる懸隔（情報懸隔）が架橋されるよう, 生産部門と消費部門の間で双方向的に情報が移動することが情報流であり, またそのような機能を遂行することが情報流の役割である。情報流は, 商流と物流を動かす中枢神経の役割を果たしている。

情報流においては, 情報伝達機能が重視される。生産者は消費に関する情報をもとに企画, 生産した商品についての情報を消費者に伝達して消費意欲を喚起する。それに対して, 消費者から購入の意図が情報として伝達される。つまり, 情報の伝達は, 流通の不可欠の要素であるといえる。

情報の伝達には, 2方向の情報伝達と1方向の情報伝達に区分することができる（鈴木, 2010, p.51）。2方向の情報伝達は, 1組の売り手と買い手の間における伝達であって, 売り手から買い手へ, 買い手から売り手へ伝達される。取引の形態を想定すれば, まず売り手または買い手が, あるいは時には双方が取引相手を探索する。取引先として適当であると判断すれば, 接触し, 売りたい, あるいは買いたい財についての情報を提供する。取引がまとまる可能性があると, 取引（交換）条件について交渉が行われる。交渉が成立すると, その条件に従って買い手は注文し, 売り手は買い手からの注文を引き受けたことの確認を買い手に伝達する。

これに対して, 1方向の情報伝達は, 広告, 市場調査等にみられるもので,

これらは，売り手から買い手への一方的な情報伝達である。しかし，1方向と2方向の情報伝達は，例えば広告等のように，売り手から買い手に一方的に情報伝達されているようでも，広告効果測定を通じて買い手の評価が売り手に還元されていることから，必ずしも明確には区分できない。

(2) 流通情報

流通機関の間で伝達・蓄積される流通活動に関する情報（流通情報）については，次の4つに分類することができる（鈴木，同上書，pp.53-54）。

① 取引情報

取引情報とは，所有権移転に関する情報である。取引情報には，交渉情報，受発注情報，所有権情報，代金支払情報がある。交渉情報とは，特定の商品の買い手ないし売り手を探索し，交渉条件について交渉し，説得することに伴う情報である。受発注情報は，買い手が購入を決意し，売り手にその意思を伝えるための発注情報，および売り手がそれを受諾したことを示す受注情報である。販売契約あるいは購買契約が成立し，実行されて所有権が移転したことを確認する情報が所有権移転情報である。そして，所有権移転にかかわる支払，受領の情報，金融機関への支払指示情報あるいは金融機関からの入金情報，売掛金・買掛金に関する情報が代金支払情報である。

② 物流情報

入庫・出庫，現在高（店頭・倉庫）等の在庫情報や発送・着荷に関する情報，輸送業者との間の輸送指示・着荷等の輸送情報が物流情報である。

③ 販売促進情報（広告情報）

商品についての情報をほとんどもたない対象層に対して，広告等によって広く販売を促進するための情報である。広告，カタログ，実演販売あるいはパブリシティ等多様な方法で商品や付帯サービスに関する情報を伝達する。

④ 市場情報

流通する商品の最終市場に関する情報である。これには，取引情報のうちの買い手から売り手への情報と重複する部分と市場調査機関により調査され，生産者に伝達する情報があり，ここでいう市場情報とは後者の情報である。

市場情報は，需要情報と競争情報に分けられる。需要情報は，最終需要者の

需要に関する情報であり，需要の地域，品目，質，量，時期，ロット等についての時系列的情報である。競争情報は，個別のブランドの競争を中心に，流通各段階における水平的競争，異形態間競争に関する情報等が含まれる。

(3) 流通情報システム

流通分野においては，例えば，卸売業者がメーカーと取引交渉したり，あるいは小売業者が卸売業者に商品を発注するというように，流通部門に関与するメーカー，卸売業者，小売業者等，複数の流通機関が情報を伝達し，交換する。その情報伝達・交換のためのシステムを流通情報システムと呼んでいる。消費財における流通情報の処理・伝達システムの構造は，以下に述べるように3つの情報交換の関係セットから説明できるとされる（矢作，1996，pp.122-124）。

図6－13 流通情報システムの構造

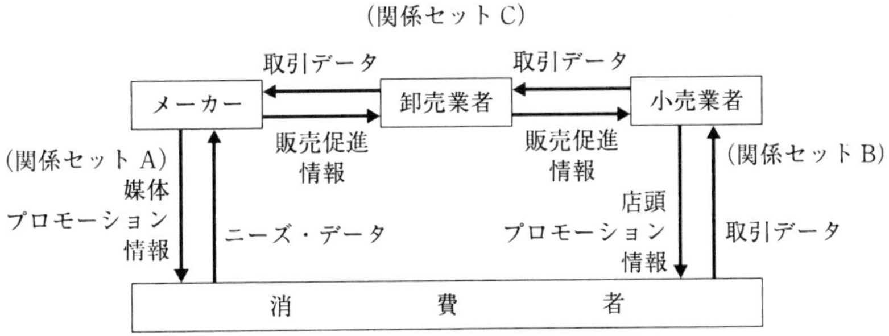

(関係セットC)

```
                取引データ        取引データ
       メーカー ←――――→ 卸売業者 ←――――→ 小売業者
          ↕          販売促進        販売促進         ↕
(関係セットA)         情報            情報        (関係セットB)
       媒体                                           
    プロモーション                  店頭               
       情報          ニーズ・データ  プロモーション    取引データ
                                    情報             
                    消    費    者
```

出所：矢作，1996，p.123。

① メーカーと消費者との情報交換システム（関係セットA）

メーカーと消費者が直接交換する情報には，2種類ある。1つは，消費者からメーカーへの情報の流れで，メーカーの製品開発や販売促進に役立てるための消費者ニーズ・データの情報である。今1つは，メーカーから消費者への情報の流れで，広告，ダイレクトメール，メディアを利用した販売促進情報（媒体プロモーション情報）である。

② 小売業者と消費者との情報交換システム（関係セットB）

　小売業者と消費者との間の交換情報にも2種類ある。1つは，小売店頭を中心に商品属性情報を小売業者から消費者へ伝達する情報（店頭プロモーション情報）である。小売業者の商品属性情報の提供により，取引が成立すると，取引データが消費者から小売業者へ流れる。これが，今1つの交換情報である。この取引データは，POSデータ等が典型例としてあげられるが，販売活動の結果もたらされるフィードバック情報といえる。

③ メーカー，卸売業者，小売業者間の情報交換システム（関係セットC）

　消費財における情報交換システムでは，流通が多段階となる傾向があり，基本的には，メーカーから卸売業者，小売業者に向かって流れる情報は，広範囲な専門的販売促進情報である。他方，小売業者，卸売業者からメーカーに向けて伝達される情報は取引データである。しかし，これらの構成員はそれぞれ異質の情報をもっているので，流通活動における各構成員の機能の違いによって，各構成員に対する情報伝達の内容が異なる。

　例えば，小売業者がメーカーに提供する情報は，最終需要動向に関する詳細な取引情報である。また，卸売業者からメーカーに提供する情報は，地域別小売店別取引データであろうし，小売業者へ伝達される情報は，多数のメーカーの販売促進情報や他の小売店の取引データということになろう。

　以上述べた3つの情報交換システムにおいては，各システムとも相互依存・相互補完的関係に立っており，その連携のあり方がそれぞれの流通情報システムの構造を決めることになる。そして，現代の市場においては，関係セットAを基盤とした大規模ナショナル・ブランドメーカーと関係セットBに依存している大規模小売企業が情報的に異なるシステムを形成し，両者が拮抗している状況にあるという。

2　小売店頭情報とPOSシステム

(1) POSシステムとは

　POSシステムは，店頭情報システムやマーケティング調査への活用にみられるように，カード会社やメーカー等もPOSシステムを利用するので，POS

システムの利用主体は小売業者に限定できないが，ここでは，小売店頭情報としてのPOSシステムを取り上げることとする。

　POSとは，Point of Sales の略称で，販売時点ですべてのデータを取得する仕組みといえる。通常，これは，販売時点情報管理と意訳されている。経済産業省の定義によれば，POSシステムとは，「従来のキー・インター方式のレジスターではなく，自動読取方式のレジスターにより，商品単品ごとに収集した販売情報，ならびに仕入れ，配送などの活動で発生する各種情報をコンピュータに送り，各部門が有効に利用できるよう情報を加工，伝達するシステムで，いわば，小売業の総合情報システムを意味する」とされる。

　POSシステムは，小売業における伝統的な部門別管理から理想的な単品管理を可能にさせた。つまり，POSシステムの導入以前は，部門全体で損益計算を行っていたため，個々の商品（単品）ごとの利益状況は把握できず，非効率な経営を行ってきた。POSの出現によって，単品ごとに利益の貢献状況を判別することが可能になったのである。

　POSシステムの普及は，商品情報を自動的に読み取る装置の開発というハードな面と商品を単品ごとに特定するための商品コードの共通化というソフトな面の両面の基盤整備があって実現したといえる。前者が高精度なPOSスキャナーの開発であり，後者がJAN（Japanese Article Number）コードである。JANコードとは，スーパーやコンビニエンス・ストア等で販売されているさまざまな商品に印刷されたバーコードのことで，流通業界における共通商品コードである。JANコードは，国際的な商品コードの管理機構である国際EAN協会（本部：ベルギーのブリュッセル）が世界的に統一管理を行っているEANコード（European Article Number）の日本呼称である。

　JANコードには，標準タイプ（13桁）と短縮タイプ（8桁）の2つのタイプがある。さらに，標準タイプには，最初の7桁がJAN企業（メーカー）コードとなっているものと，9桁がJAN企業（メーカー）となっているものに分けられる。なお，物流梱包を識別する集合包装用商品コードと書籍JANコードについては，別の体系でバーコードが表示されている。JANコードの普及はEDIの発展に極めて重要な役割を果たしている。

(2) POSの特徴と情報の共有化

　POSの最大の特徴は，誰が，いつ，どこの売場で，誰に対して，どの商品を，どのような取引で販売し，そして，どのように処理したかの，多角的なデータが販売時点で瞬時に取得できることである。これら多角的なデータの取得・分析によってPOS総合情報システムが実現できるのである。

　POSによる総合情報システムは，大きく商品データベース，顧客データベース，営業データベースに分けることができる。商品データベースは，単品ごとの販売状況（よく売れる商品，売れ足の遅い商品等）の把握や在庫数の照会等の単品データベースである。顧客データベースは，顧客別買物歴をデータベース化し，的確なダイレクトメールを行うためのデータベースである。そして，営業データベースは，予算実績を運行管理できるよう，いつでも情報を照会できるようにするデータベースである。このような総合データベースの構築は，POSによって得られた多角的なデータの蓄積によって可能になる。

　POSは，商品についたバーコードをスキャンするだけで必要な情報を入力することができることから，レジや検品作業等の効率化が可能となるが，POS活用の最も大きなメリットは情報の共有化が図られることである。例えば，POSを積極的に推進しているコンビニエンス・ストアを例にとると，加盟店のPOSレジで消費者の買物情報が記録される。加盟店と本部の間は通信回線で結ばれ，加盟店から送られてきたPOSデータが本部においてリアルタイムで蓄積される。これらの情報はさまざまな視点で分析が加えられ，その結果はカラーグラフなどわかりやすい形に加工され，加盟店がいつでもダウンロードができるようになっている。本部が加盟店に提供できる主な情報としては，日時別時間帯別単品販売情報，販売分析情報，売上客数分析情報，ゴンドラ貢献度分析情報等があり，加盟店と本部の間で情報の共有化が行われている。このような情報の共有化が図られるのも，消費者の買物情報をしっかりと把握できるPOSの威力によるものといえる。

3 流通業界におけるEDIの展開

(1) EDIと標準化

EDIとはElectronic Data Interchangeの略称で，通常，電子データ交換と直訳される。概括的にいえば，企業間の取引情報のやり取りをそれぞれのコンピュータ同士で通信回線を接続して，電子的に交換することである。

現在においては，企業活動における受発注，納品等といった取引情報の伝達が各企業間のコンピュータを用いて通信回線で結んで電子データで交換されるようになっている。この場合，異なる企業のコンピュータ同士で自動的にデータのやり取りをするわけであるから，前もって企業間で通信のやり方やデータの内容・形式に取り決めをしておくことが必要となる。

しかし，このような取引のやり取りにかかわる約束事について，EDIを利用する取引先や関係者と個別に協議していたのでは，効率が極めて悪い。そこで，似たような取引を行う業界が話し合って，EDIの共通ルールを決めておけば，取引業務の効率化と高度化がもたらされる。このようなEDIの共通ルールを標準規約と呼んでいる。この意味で，EDIとは，幅広い関係者で合意した標準規約に基づく企業間取引の電子データ交換ということができる。

図6－14 EDIの機能

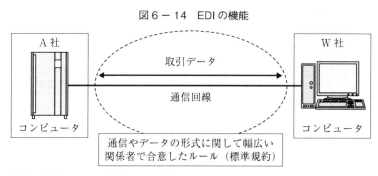

出所：流通システム開発センター編，2008，p.12。

(2) 流通業界における EDI の取組み

　消費財流通におけるグローサリー（加工食品，日用品）業界を取り上げ，グローサリーの製・配・販の3部門で行われる取引プロセスと EDI の取組みを説明する（以下の説明は，流通システム開発センター編，2008，pp.26-28 によっている）。

　グローサリー業界における取引は，大きく以下のような段階で行われている。

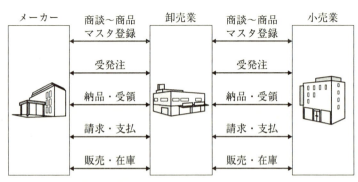

図6－15　グローサリー流通の取引の仕組み

出所：流通システム開発センター編，2008，p.28。

① 　取引の準備段階（商談～商品マスター登録）

　商談から商品マスター登録までの業務は，取引の準備段階である。取引する商品の内容や価格等について商談が行われ，そこで決まった内容を取引業務に正確に反映するために商品マスターファイルに登録する。

② 　取引の実行段階（受発注～納品・受領）

　商談で決めた内容に基づいて，買い手に注文を出し，売り手が商品を納入し，これに対して，買い手が受領確認を行い，債権・債務の確定までを行う業務である。

③ 　取引の結果処理段階（請求～支払案内）

　②で確定した債権・債務は，売掛・買掛として日々管理され，一定期間（例えば1カ月単位）の合計金額を売り手が買い手に請求し，買い手が買掛情報と

照合した結果を支払案内として売り手に通知するまでの業務である。
④ 情報共有系のデータ交換（販売，在庫）

　上記の取引段階において，販売データや電子データの交換が行われる。販売データは小売業の場合，POSデータを取引先が入手し，全国規模の売れ行き動向と比較し，品揃え改善提案等の取組みに利用される。在庫データは，小売業専用センターに在庫を預託する卸やメーカーに対して，在庫補充量を計算する基礎データとして送信されるケースが代表的である。販売や在庫といった情報共有系のデータは，EDI利用の高度化を実現する上で必要不可欠な情報といえる。

　以上のような取引において，業界VAN（Value Added Network）運営会社が中心となって，各企業間の標準的なEDIが行われている。酒類・加工食品で業界VAN運営会社が提供するEDIメッセージで利用頻度が比較的高いものは，商品情報，出荷案内，受発注データ，販売実績明細型データである。このうち，商品情報はVAN運営会社が運営する商品情報データベースを経由して，メーカーから卸売業へ伝達される。また，販売実績明細型データは卸売業から小売業および2次・3次卸売業に販売した商品の数量をメーカーに伝達することによって，メーカーから卸売業に支払われる販促費や割戻金等の算出基礎となる。

　図6－16は，日用品・化粧品業界における業界VAN運営会社（（株）プラネット）が提供するEDIサービスを示している。この運営会社はメーカーと卸売業間で19種類のEDIサービスのメッセージを提供しているが，このうち比較的利用率が高いデータは，商品情報，発注，仕入，請求照合，販売の5種類である（図では太線で示している）。

　業界VANを中心とする企業間（主としてメーカーと卸売業）で標準化されたEDIが行われている業界には，グローサリー業界以外にも，菓子業界，医薬品業界，出版業界等がある。

図6−16　業界VAN運営会社で提供する標準EDI

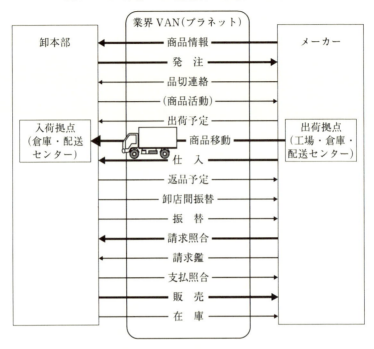

出所：流通システム開発センター編，2008，p.32。

第6節　流通部門における商業

1　商業と商業の介在原理

(1) 商業の意義

　商業とは何かについては，古くから多くの学説が存在している[4]。本書では，第1節で述べた流通論の立場から，商品を生産するわけでもなく，また消費するわけでもなく，専ら流通活動そのものを遂行する主体（企業）が流通業者であり，またこのような流通業者を商業者と呼ぶならば，商業者によって担われる流通の部分が商業であるととらえている。

　流通活動は所有権の移転にかかわる商流を担当する商業者だけによって行わ

れるのではなく，輸送，保管等の物流については運送業者，倉庫業者等によって，また資金の移動にかかわる資金流については金融機関によって，さらには情報伝達にかかわる情報流については，情報処理業者等によっても，遂行されている。

したがって，これら物流，資金流，情報流等を担う業者や機関も流通活動を行っていることから，これら企業や機関を補助商業としてとらえる考え方もある。しかし，これら補助商業は流通機能の一部を遂行しているが，流通機能以外をも遂行していることから，独自の産業分野に属するものとしてとらえることとし，本節では商業とは財（商品）の交換，とりわけ所有権の移転を行うための売買活動（購買と販売）を中心とする流通活動ととらえ，この流通活動遂行者を商業者としている。それは，卸売商業と小売商業からなる。

では，このような意味での商業がなぜ，生産部門と消費部門に介在するのか。その介在原理については，主として取引数単純化の原理と情報縮約・整合の経済の原理によって説明されている。

(2) 商業の介在原理

① 取引数単純化の原理

取引数単純化の原理は，マーガレット・ホール（M. Hall）によって提唱されたもので，取引数最小化の原理，取引数節約の原理などとも呼ばれている。なお，マーガレット・ホールの説は，卸売業存立の根拠として説かれたものである。

取引数単純化の原理は，商業者が介在することによって，取引数が単純化されると説明するものである。例えば，7人の生産者と7人の消費者がおり，彼らが直接取引すると，取引数は，$7 \times 7 = 49$ となる。しかし，もし，1人の商業者が介在して，すべての取引がこの商業者を通じて行われるとすると，$7 + 7 = 14$ となる。なぜなら，商業者はそれぞれの生産者の商品をすべて取り揃えているからである。つまり，1人の商業者が介在することによって，社会的な取引数は，49から14へ単純化されたことになるのである（図6－17参照）。

図6-17 取引数単純化の原理

〔直接流通の場合〕

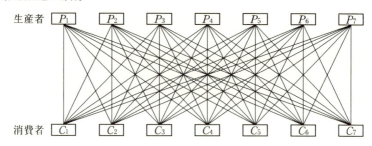

〔間接流通の場合〕

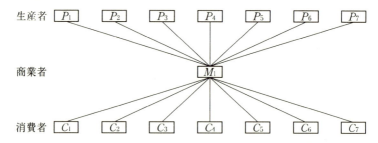

これを一般化するために，生産者数をP，消費者数をC，商業者数をMとする。生産者と消費者が直接取引する場合を直接流通（D）というと，直接流通の総取引数は，D＝P×Cである。一方，商業者が介在して生産者と消費者が取引する場合は，間接流通（I）の形態をとる。間接流通の総取引数は，I＝M(P＋C)となる。したがって，直接流通に対する間接流通の有利性（R）は次の式で表される。

$$R = \frac{P \times C (= D)}{M(P + C)(= I)}$$

Rが1をこえるかぎり，間接流通の有利性は発揮されるが，逆に，商業者の介在が増加すると，この効果は消滅する。上記の例でみると，間接流通の有利性が発揮できるのは，商業者3人までである（商業者が4人に増えると，総取引数は56となり，直接流通の49より多くなる）。

つまり，取引数単純化の原理は，商業者の介在によって社会的に必要な取引

数は減少することを明らかにしているが，同時に，商業者を際限もなく増加することは，逆に，総取引数の増加，すなわち，流通費用の上昇をもたらすことも示唆している。商業者の介在は，流通の有利性Rが1をこえる，すなわち，D＞Iの条件の下でのみ許されるといえる。

② 情報縮約・整合の経済の原理

情報縮約・整合の経済の原理とは，商業者の介在によって市場の情報条件が改善され，それに伴う取引の効率化によって，平均取引費用が直接取引の場合よりも節約されることである（田村，2001，p.80）。以下，田村の説によって，情報縮約・整合の経済の原理を概説する（田村，同上書，pp.80-86）。

一般に，取引は，（ⅰ）取引相手の探索，（ⅱ）取引条件の交渉，（ⅲ）取引契約の履行の3つの段階からなり，商業者が介在することにより，これら3つの段階のそれぞれを情報縮約・整合の経済によって効率化できる。

（ⅰ）探索の効率化

直接取引の下での取引相手の探索は，生産者にとっても，また消費者にとっても探索費用が高くつく。商業者が介在することによって，生産者と消費者の相互探索の過程を効率化し，そのことによって両者の探索費用を削減できる機会がある。その理由は，商業者の社会的品揃えによって，生産者と消費者における品質探索と価格探索が効率化されるからである。

（ⅱ）交渉の効率化

商業者の介在は，取引条件の交渉をより円滑にできる機会をもたらす。商業者は一種のミニチュア市場を内部組織的に形成する。これによって価格形成を行い，生産者と消費者の価格探索を直接取引の場合よりもはるかに円滑にし，両者の取引費用の削減に貢献する。また，商業者は品質の保証者としても機能するので，取引の円滑化が図れる。

（ⅲ）履行の効率化

取引契約の履行では，物流機能の遂行が重要な問題となる。商業者は，多数の売り手と多数の買い手の取引の仲介をしており，商品の物流活動の編成様式の知識の創造や蓄積に関して優位な立場に立つことから，商業者が介在することによって，売り手と買い手の物流を効率的に行い得る。

このように，商業者が介在することによる情報の縮約・整合の経済によって，生産者と消費者の取引費用が節減されると説明する。

2　卸売業

(1) 卸売と卸売業

卸売とは，買い手によって区分するならば，消費者以外に商品を販売する活動であり，この活動は卸売取引と呼ばれる（消費者に商品を販売する活動は，小売となる）。買い手は大きく分けると，①購入した商品を再販売する商業者（卸売業，小売業）と，②購入した商品を産業用使用（生産活動等）のために投入する産業用使用者（企業，各種事業所，官公庁等）である。

卸売という行為をするのは，卸売業者だけに限らない。例えば，生産者が商業者と直接取引し，商業者に商品を販売する場合も卸売取引であり，生産者が他の生産者，官公庁，サービス業などへ業務用商品を直接販売する場合も卸売取引に従事しているということになる。このように，卸売取引の主体は多様であり，卸売業者はそのうちの1つということになる。

(2) 卸売業の形態

卸売業の形態をいくつかの角度から分類すると，以下のとおりである。

①　段階構造からみた分類

卸売業の流通経路段階は，必ずしも1段階にとどまるとはかぎらず，数段階に分化することがある。消費財を例にとると，この分化が最高度に展開されるのは，収集，中継，分散の3段階に分化する場合である。これらの段階で活動する卸売業を，それぞれ収集卸売業，中継卸売業，分散卸売業と呼んでいる。

(ⅰ) 収集卸売業は，多数の小規模な生産者から小口で買い集め，品種を整えながら大口になるように集積し，販売する。

(ⅱ) 分散卸売業は，大口で仕入れた商品を小口に分け，小規模小売業者や産業用使用者に販売する。

(ⅲ) 中継卸売業は，収集卸売業と分散卸売業の中間に位置して両者を結びつけ，両者の活動の調整を行うことを主たる業務とする。

② 流通経路別による分類

仕入先と販売先の流通経路の違いによって，商業統計では卸売業を以下のように分類している。

（ⅰ）直取引卸には，取引先が他の産業である直取引卸（他部門直取引卸）と販売先が小売業者である直取引卸（小売直取引卸）があり，いずれも「生産業者」「国外」から仕入れ「産業用使用者」「国外」「小売業者」へ販売する卸売業

（ⅱ）元卸は，「生産業者」「国外」から仕入れ「卸売業者」へ販売する卸売業

（ⅲ）中間卸は，「卸売業者」から仕入れ「卸売業者」へ販売する卸売業

（ⅳ）最終卸は，「卸売業者」から仕入れ「産業用使用者」「国外」「小売業者」へ販売する卸売業

（ⅴ）その他の卸は，販売先や仕入先が同一企業内である卸売業および自店内製造品を販売する卸売業

この分類は，我が国の流通迂回性を分析する上で重要となる。なお，商業統計では直取引卸と元卸を第1次卸，中間卸と最終卸を第2次卸といっている。

③ 商圏の広さ（空間的分化）からみた分類

商圏の広さという点から，卸売業は全国卸売業，地域卸売業，地方卸売業の空間的分化の傾向がみられる。

（ⅰ）全国卸売業は，東京，大阪，名古屋の3大都市圏に立地し，主要都市に多店舗展開を行い，全国商圏をもつ。

（ⅱ）地域卸売業は，東北，関東，近畿，九州などといった複数の都府県からなる商圏をもつ。

（ⅲ）地方卸売業は，単一の都市あるいはその都市圏に入る市町村を商圏とする。

こうした卸売業の商圏からみた空間的分化の過程は，卸売業の取り扱う商品の専門化による部門分化および業態分化という卸売流通における水平的分化と統合に深く関連している。

④ 品揃えの広さ（商品別分化）による分類

品揃えの広さという点から，総合卸売業，業種別総合卸売業，業種別限定卸売業に分類できる。

（ⅰ）総合（各種商品取扱）卸売業は，大規模で多品目の商品を扱い，部門化された各部門は，専門卸売業のように機能する。総合商社が典型例である。

（ⅱ）業種別総合（商品取扱）卸売業は，繊維，鉄鋼，機械，食品など，特定の業種に属するすべての品目を総合的に取り扱う。

（ⅲ）業種別限定（商品取扱）卸売業は，メリヤス，靴，菓子など，特定品目を取り扱う。

⑤　卸売商業部門の外部構造からみた分類

　卸売商（完全機能卸売商）ではないが，卸売商業部門の外部構造に位置する流通機関として，以下のような卸売業態がある。

（ⅰ）統合卸売業（生産者，小売業者の卸売事務所）

　統合卸売業とは，生産者，または小売業者が所有する卸売機関（卸売事業所）である。具体的には，生産者の販売業務や物流業務を遂行する支店，営業所，あるいは別会社方式の販売会社，また，チェーン・ストアの商品仕入事業部，百貨店の倉庫なども統合卸売業の形態である。生産者や小売業者による卸売段階の垂直統合が統合卸売業の形成を促進しているといえよう。

（ⅱ）系列卸売業

　系列卸売業とは，大規模生産者（寡占的メーカー）による流通系列化によってその傘下に組み込まれた卸売企業である。特定メーカーの特約店がその典型例である。系列卸売業は統合卸売業と異なり，所有権的には生産者から独立した存在の企業であるが，その行動は，生産者のさまざまな流通系列化手段によって拘束され，ある特定の生産者の販売部門であるかのように行動することが要請される。

（ⅲ）限定機能卸売業

　限定機能卸売業は，特定の限定された機能のみを遂行する卸売企業で，完全機能卸売業と対比されるものである。この形態には，現金持ち帰り卸，車積販売卸，通信販売卸等がある。中小卸売業等が特定の機能に特化して生き残りを図るという経営戦略の観点から，独自の卸売領域の構築をめざす例でもある。

（ⅳ）製造卸売業

　製造卸売業は，卸売機能だけでなく，生産機能をもっている企業である。こ

の形態には，自ら生産設備をもって生産を行う場合と，自らは商品企画を行うのみで，製造工程は小規模な生産者に委託する場合の両方を含む。このような製造卸売業は，我が国では，アパレル産業や食品産業等に多くみられる。こうした現象を卸売業の機能拡大としてとらえる見方もあるが，それは，単なる機能拡大ではなく，卸売業の後方垂直統合の形態の進展といった方が適切な場合もある。

3 小売業

(1) 小売と小売業

　小売とは，文字どおり，少量ずつ販売することを意味するが，産業分類上は，小売という概念を2つの視点からとらえている。1つの視点は，「消費者」に販売するということである。今1つの視点は，人間の生活の単位である家計で消費される「消費財」を販売するということである。したがって，例えば，自動車修理工場への補修用部品の販売は，少量ずつ販売することであっても，それは，企業が生産・加工等のための産業用使用をするということであるから，小売とは認められない（これは，原則的に卸売となる）。小売は，あくまでも消費者に消費財を販売することである。

　小売という行為は，小売業者の独占物ではない。生産者もその流通活動の一環として，小売という活動を行う。例えば，大規模消費財メーカーがその商品を消費者に直接販売する場合や，産地生産者が消費者に直接販売する産地直売は，生産者による小売活動ということになる。また，小売業の中には商品の生産機能を分担する小売業もみられる。例えば，インストアベーカリのような製造小売（もともと小売業であったが，取扱商品の付加価値を高めたり，商品種類の多様性を増加させるなどの目的で，製造分野に業務を拡大するというケース）や大手小売業が生産者と共同して行うPB商品の開発等が，その典型例である。

　このような小売業の機能発揮は，純粋の意味での「商業者」としての小売機能の遂行とはいえないが，小売業態の多様化現象のあらわれである。

(2) 小売ミックスと小売業態の展開

① 小売ミックスと店舗差別化

　小売業の発展をみる場合，業種の動向と並んで小売業態の動態が重要となる。近代小売業の発展の歴史は小売業態の多様化が最大の特徴だからである。小売業態は小売ミックスの戦略で決定される。小売ミックスとは，有店舗小売業の場合，店舗差別化のために店舗が利用するさまざまな差別化手段であり，百貨店，スーパー，専門店，コンビニエンス・ストア等多様な小売業態において店舗間の差別化競争が行われている。

　小売ミックスにおける差別化の次元は，アクセス，品揃え，価格，販売促進・サービス，雰囲気によって区分される（表6－1）。アクセスは立地場所，営業時間帯，周囲の商業集積度，品揃えは品揃え品目と構成，価格は価格水準と価格設定，販売促進・サービスは広告，接客活動，雰囲気は店舗施設の特性というような小売ミックスの要素によって，それぞれ構成されている。小売店舗はその小売ミックスを操作して店舗差別化を行って顧客吸引力を高めようとする。その意味で，小売ミックスは，小売店舗の業態を決める最も重要な要因である。

　小売店舗は小売ミックスを操作して店舗差別化を行うが，店舗差別化の1つのパターンとして，小売ミックスの価格関連要素とそれ以外の非価格要素に分けることができ，両者には相互依存関係がある。小売ミックスの非価格要素とは，アクセス，品揃え，販売促進・サービス，雰囲気であり，これらが組み合わされて店舗サービス水準を決めることから，価格と店舗サービスとは，その店舗への消費者選好に逆の方向の影響を与える。すなわち，価格が上昇すると店舗への選好は弱くなり，逆に，店舗サービス水準が向上すると，店舗への選好は強くなる。消費者にとって好ましい状況は，価格低下と店舗サービス水準向上の同時達成，価格上昇を伴わない店舗サービス水準の向上，店舗サービス水準不変（維持）のまま価格低下ということになる。

　しかし，上記のような状況をもたらすためには，流通技術の革新がないかぎり，その実現は極めて困難である。小売店舗が店舗サービス水準を向上させるためには，追加的費用の投入が不可欠となる。費用を捻出するために，粗利益

表6-1 小売ミックス

差別化の次元	小売ミックスの要素
アクセス	立地場所 ・自宅等からの距離 ・アクセスルート ・駐車・駐輪場 営業時間帯 周囲の商業集積度
品揃え	品揃え品目と構成 ・商品カテゴリー ・各カテゴリー内の品目数 ・新商品・独自商品の数
価　格	価格水準と価格設定 ・価格ゾーン ・平均価格水準 ・特売の状況
販売促進・サービス	広告 ・広告の内容と頻度 接客活動 ・接客のタイミング ・店員の知識と態度
雰囲気	店舗施設の特性 ・店内装飾，商品陳列 ・売り場のゾーニング ・店内の客層と混雑度

出所：田村，2001，p.222によって作成。

率を引き上げれば，価格上昇につながる。したがって，流通技術の水準に変化がなく，何ら革新が行われないと，店舗サービス水準が向上すれば，一般に価格も上昇するという関係になる。

② 立地指向と品揃え指向

小売ミックスの形成は，立地指向と品揃え指向によって大きく異なってくる。立地指向とは，都心等中心地への立地を指向するか，郊外への立地を指向するかということであり，品揃え指向とは，品揃えの総合化を指向するか，それとも専門化を指向するかということである。この2つの指向次元によって，多様な小売業態を配置することができる（図6-18）。

品揃えの総合化と郊外立地の極にある小売業態として郊外型SCがある。郊

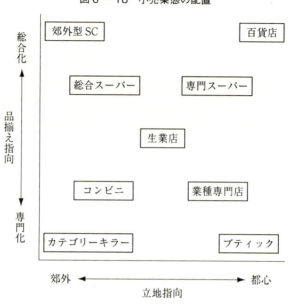

図6-18 小売業態の配置

出所:田村,2001, p.224。

外型SCは,百貨店,総合スーパー,ホームセンター等を核店舗とし,このほかにさまざまな専門店・飲食店等がテナントとして入居し,一大商業施設を形成し,郊外に計画的に設置,運営されるショッピングセンターである。百貨店も総合的な品揃えが行われるが,単独店として設置,運営される場合は,都心等中心地に立地することを指向する。総合スーパーは,衣料品,食料品,住生活関連品を取り扱い,一大商業集積である郊外型SCに次ぐ品揃えの総合化を指向している。専門スーパーは,衣料品,食料品,住生活関連商品など特定の商品分野の品揃えに特化し,その分野では幅広い品揃えを指向する。家電商品等を取り扱っている専門スーパーの中には,都心等中心地に立地するものもみられる。

他方,品揃えの専門化と郊外立地指向の極にある小売業態として,カテゴリーキラー,品揃えの専門化と都心等中心地指向の極には,ブティックがある。ブティックとは,特定のニーズ,ライフスタイル等をもった顧客層を標的対象

とする高級専門店である。コンビニエンス・ストアは即時的な消費者ニーズに対応した品揃えを指向し、業種別専門店は特定品種（靴・かばん、スポーツ用品、書籍など）のみの取り扱いを指向する。コンビニエンス・ストアは総じて郊外や住宅地等に立地し、業種別専門店は商業地にある商店街等に立地することが多くみられる。

このような小売業態の展開は、歴史的には、生業店から出発しており、生業店は小売ミックスを操作して、店舗差別化を図り、この結果、多様な小売業態が出現したのである。

【注】

1） 一般に、資金流は売買取引が代金の支払を前提としていることから、商流に含めて論じられることが多いが、国際流通における国際売買では、資金（貨幣）が国境を越えて移動（国際資金流と呼ぶことができる）することから、特に国際決済において、支払能力の確認（信用力の担保）、決済通貨の違い、さらにはそれぞれの国における通貨規制や異なる決済システム等、国内における資金流と違った特徴がみられる。このことから、国際流通においては、国際資金流は極めて重要な領域を占め、商流とは独立して論じられることが多い。

2） 米国では、3PLをさらに発展させた形態として、4PL（フォースパーティロジスティクス）が一部において提唱されている。4PLとは、アクセンチュアのガトナーによれば、3PL業者とクライアント企業およびパートナー企業とのジョイントベンチャー（JV）であると説明される。しかし、3PLが4PLへと発展していくことについては、いくつかの問題点が指摘され、4PLというのは大勢にならないとされる。詳しくは、菊池、2005、pp.143-144参照。

3） 例えば、日通総合研究所編（2007）『ロジスティクス用語辞典』（日本経済新聞出版社）、pp.76-77は、ファーストパーティをメーカー、セカンドパーティを卸売業・小売業、ロジスティック機能を担う第3の勢力をサードパーティ、あるいはメーカー・卸売業・小売業を荷主側としてファーストパーティ、キャリア（実運送事業者）をセカンドパーティ、利用運送業者をサードパーティとする。

4） 主な学説としては、再販売購入説、売買営業説、配給組織説、取引企業説、商業機能説などがあるが、時間の流れとともに、学説も変遷してきていることがうかがえる。

第7章

企業の国際的活動

第1節　貿易と国際売買

　国際売買とは，一般に売主の営業所と買主の営業所が異なる国にある場合であって，売買の目的物が売主の営業所のある国から買主の営業所のある国へ国境を越えて移動することである（高桑，2011，p.73）。国際売買の目的物が動産であることから，国際動産売買ともいう。また，国際売買は売買の目的物である物品の移動（流れ）の方向に着目すると，売主からみて輸出取引（輸出貿易），買主からみて輸入取引（輸入貿易）という形態をとり，国際売買と輸出入を含め，これらを総称して貿易もしくは貿易取引といわれる。

　国際売買は，単品商品または単体商品の輸出入貿易といわれる一般的・伝統的な貿易形態が最も典型的であるが，それ以外の貿易形態である仲介貿易，委託加工貿易，委託販売貿易等においても国際売買が行われている。

1　一般的・伝統的な貿易

　一般的・伝統的な貿易形態による国際売買は，単品商品または単体商品の貿易による国際取引であり，単品商品または単体商品は食品，繊維品，化学品，機械機器等の製品のほかに，鉄鉱石，原油，パルプ等の原材料等がその対象となる。

　これら商品（物品）の国際取引は売主と買主の間の売買契約によって行われるが，この売買契約は申込（Offer）と承諾（Acceptance）によって成立する諾成契約であることから，当事者の意思の合致があれば国際売買契約は成立す

る。このことは世界の各国において法律の違いはあっても，概ね共通する認識となっている（後述する国際物品売買契約に関する統一法であるウィーン売買条約においても，売買契約は，申込みに対する承諾が効力を生じたときに成立すると規定する）。

国際売買契約が成立すれば，売主はその履行義務として売買の対象である物品を買主に引渡し，物品の所有権を移転する。これに対して，買主はその義務として，代金支払（代金決済）を行い，物品を受領する。これによって，当該国際売買契約は当初の目的を達成し，完了することになる（図7－1）。このような貿易取引による国際売買は，一般的・伝統的な国際売買（貿易取引）の典型例といえる。

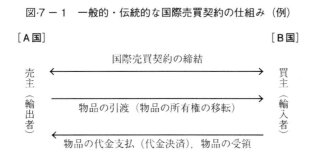

図7－1　一般的・伝統的な国際売買契約の仕組み（例）

国際売買は取引の形態から，大きくスポット売買取引と長期売買取引に分けることができる。スポット売買取引は1回限りの売り切りまたは1回限りの買い切りであり，いずれも1回の貿易による国際取引で国際売買が終了するものである。他方，長期売買取引とは，売主と買主の間で一定期間にわたって売買が繰り返される契約形態である。原材料の購入契約やメーカーと販売店・代理店間の売買契約，部品調達にかかわる輸出入契約などに利用され，安定供給先および安定需要先を確保し，売主および買主の事業活動の維持，安定が図れるというメリットがある。

特に，売主が売買契約の履行のために固定施設に投資する場合，その投資金を確実に回収するためには，長期安定顧客の存在が望まれる。売主が生産設備や船積施設の建設のために，その資金を銀行から融資を受けるような場合に

は，銀行が融資金の回収を確実にするために，借主である売主にその製品生産のための長期国際売買契約を締結させ，その売買代金請求権に担保権を設定することを要求することが多いといわれている（北川・柏木，2005, pp.35-36）。今日，わが国において，長期売買取引は，わが国企業の国際的活動の活発化，特に海外生産拠点の積極的な展開によって，国際売買の主要な位置を占めている。

長期売買契約にはさまざまな契約形態があるが，その特殊な契約類型の1つに開発輸入がある。輸入取引において海外の輸出者（売主）の生産する物品の供給を受け，それを買い取るだけでは安定した量の確保，品質の保証，価格の維持，納期の確実性等の保証が得られないことがある。そのため開発輸入においては，輸入者（買主）が輸出者（売主）に対して機械等の生産設備の設置や物品の搬出入施設の建設等のための資金およびその運営のための技術を提供して，現地での計画的な開発，操業，出荷を行い，輸入品の確保を行うとともに，その投資金の確実な回収等を図るために，輸出者（売主）と長期売買契約を締結するのである。

今日，日本では，資源の確保や相手国内での契約栽培による農産物の輸入等の場合に開発輸入が利用されることが多くみられる。

2　仲介貿易

仲介貿易とは，日本の場合を想定すれば，日本の企業が物品をある国から買い入れ，これを他の国に売り渡し，日本の企業は買入（購買）と売渡（販売）でそれぞれの代金の決済を行うが，物品は日本を経由することなく，ある国から他の国へ移動する国際取引である（高桑，2011, p.74）。今日，多くの日本企業は海外に生産拠点を建設したり，または現地国内に販売拠点を設けるなど多極的な拠点を構築し，それをネットワーク化した形で多様な海外事業を展開していることがみられる。

このような多極的な拠点形成の国際事業展開において，海外の生産拠点を売主（物品の輸出国企業）とし，現地国での自社販売会社または販売代理店を買主（物品の輸入国企業）としたり，あるいは海外の下請部品メーカーを売主とし，

自社完成品組立工場(現地法人)を買主とする場合,日本本社(親会社)がその売買を仲介し,物品は直接に売主(輸出国企業)から買主(輸入国企業)へ,つまり外国相互間で移動するという国際取引が行われることがある。これが仲介貿易であり,仲介企業と輸出国企業との売買および仲介企業と輸入国企業の売買は,国際売買に該当する。この仲介貿易は,輸出国企業,輸入国企業,仲介企業という3つの国の企業が関与することから,三国間貿易とも呼ばれる。

このような仲介貿易が行われる背景としては,日本本社(親会社)としては海外拠点を的確にマネジメントし,自社のコントロール下に置きつつ,日本を経由しない海外域内での物流によって,現地国への物品供給が短時間でできる,つまりリードタイムの短縮化が図れるという国際経営戦略の要請に合致するということがあげられる。この仲介貿易は,1979年12月1日の旧外為法(外国為替及び外国貿易管理法)の改正(「外国為替及び外国貿易法」と名称変更)によって原則自由となった。

仲介貿易には,日本企業を仲介者とした場合,以下に示すように原則型,代金受取型,代金支払型の3つの形態がある(石原,2005,p.172)。

① 原則型

これは,仲介企業が代金の受領と支払の双方を行うもので,最も一般的,かつ原則的な形態である。この形態は,仲介企業と輸出国企業の売買契約,およ

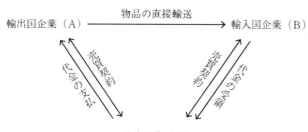

図7-2 原則型の仲介貿易(例)

備考:1) A, B, Cはそれぞれ異なった国に所在する企業である。この場合,本国と海外統合国との間,例えば中国と香港の場合も含まれる。
　　　2) 仲介企業(日本企業)は輸出国企業(A)との間では買主,輸入国企業(B)との間では売主となる。

び仲介企業と輸入国企業との売買契約という2つの売買契約が締結され，仲介企業は輸出国企業に対しては，代金の支払，輸入国企業に対しては代金の受取を行う。国際売買の目的物である物品は，輸出国企業から輸入国企業に直接輸送される。仲介企業としては，輸入国企業からの受取代金と輸出国企業への支払代金の差額が利益（手数料）となる（図7-2）。

② 代金受取型

これは，上記原則型と同じように，売買契約は仲介企業と輸出国企業との間，仲介企業と輸入国企業との間でそれぞれ締結されるが，代金の決済は輸入国企業から輸出国企業宛てに直接支払いがなされるという形態である。代金決済の際の手数料が輸出国企業または輸入国企業から仲介企業宛てに送金されるというものである。

③ 代金支払型

これには，以下のように2つの形態がある。

（a）プラント輸出の場合

日本からのプラント輸出の場合を例にとると，プラント輸出国企業がプラントに含まれる一部機械類等の物品を日本で調達が難しいまたはプラント輸入国からの指定等の理由から，第三国（物品の輸出国または輸出国企業）から調達し（売買契約となる），それをプラント輸入国企業に輸送する形態である。プラント輸入国企業は第三国から送られてきた物品の代金を含めて，第三国に支払わないで，プラント輸出国企業に一括して支払い，プラント輸出国企業は第三国から輸入した物品の輸入代金を第三国に支払うものである。

（b）工事請負の役務契約の場合

役務提供国企業が役務受入国企業と工事請負の役務契約を締結し，その際に第三国から機械類等の物品を調達し（売買契約となる），その物品は第三国企業から役務受入国企業に輸送される形態である。役務提供国企業は，プラント輸出の場合と同様に，役務受入国企業から物品の輸入代金を含めて工事請負代金として一括受領し，その一部を物品の輸入代金として第三国に支払うものである。

④ 仲介貿易と中継貿易の違い

仲介貿易と中継貿易の違いは明確に区別しなければならない。仲介貿易は，すでに述べたように輸出国企業と輸入国企業の間で物品の移動が行われるのである。もし輸出国企業から輸入国企業への直接輸送サービス手段がない場合は，配船の関係上，日本で陸揚げし（税関に対し陸揚げの申請を行い，許可をもらう），一時的に保税地域等に搬入した後，他船に積み換えを行う（これは関税法上，輸出入ではない）という物品移動の形態の場合に限られる。

これに対し，中継貿易というのは，着港した輸入貨物を一旦陸揚げして保税地域等に搬入し，包装の手直し，ラベルの張り替え等簡単な手入れ，または加工した後，さらにそれを船積して再輸出する場合をいう。したがって，この場合は税関に対し，通常の輸入承認および再輸出の手続きを行うことになる。

3 委託加工貿易

委託加工貿易とは，ある国の企業が原材料を他国の企業に供給してその加工を委託し，加工品を一定の国（委託国または第三国）へ送る国際取引である（高桑，2011，p.74）。

日本では委託加工貿易を次の2つの種類の形態に分ける。1つは，順委託加工貿易といって日本の企業が外国の企業から加工の委託を受ける形態である。今1つは，逆委託加工貿易といい，日本の企業が外国の企業に加工を委託する形態である。

委託加工貿易においては，通常，供給した原材料および加工品の所有権は委託者に属し，貨物にかかわるリスク，保管料，保険料なども委託者が負担し，受託者は加工の対価（加工料）を得るという仕組みである。なお，加工者が原材料を輸入（原材料の所有権を取得）して，その全量を加工し，その加工品を輸出（加工業者に加工品の所有権がある）するという貿易形態は加工貿易と呼ばれ，委託加工貿易とは区別される。

今日，多くの日本企業が中国企業への委託加工（逆委託加工）を行っているケースがみられる。中国における委託加工は，現地企業が外国から資材・部品を輸入し，中国国内で生産を行い，加工した製品（受託加工品）を輸出する方

式をとっている。受託加工品はすべて輸出されなければならず，国内販売は原則として認められていない。

　中国における委託加工の方式には，来料加工と進料加工がある。来料加工は，中国国内の現地生産企業が海外から無償で原材料，部品を受け取り，その加工品全量を原材料，部品の供給者（委託者）へ引き渡し，現地生産企業は加工賃を受け取るものである。これは，中国側企業からみれば，順委託加工貿易ということになる。今1つの進料加工は，中国国内の現地生産企業が海外から有償で原材料，部品を購買し，その加工品を原材料，部品の購買先あるいは第三国（いずれも海外）に輸出して販売（この場合も原則として国内販売は認められていない）するというものである。これは，加工貿易の範疇に属する。いずれも中国の比較的低廉な生産コスト等に着目して行われている貿易形態である。

　日本では，委託加工貿易は日本にもたらす影響等を考慮して，旧外為法の下では輸入，輸出についての承認，および加工委託貿易契約の許可が必要であったが，1979年の旧外為法の改正によりそのような規制はなくなった。ただし，輸出貿易管理令2条1項2号で規定された以下に示す指定加工を海外企業に委託し，かつ指定加工原材料を輸出する場合には輸出の承認を要する（輸出貿易管理規則3条2項）。ただし，関税暫定措置法8条1項に基づく関税暫定措置法施行令22条に定める税関長の確認を受ける場合，承認は必要としない。

① 指定加工
　革，毛皮，皮革製品（毛皮製品を含む）およびこれらの半製品の製造
② 指定加工原材料
　皮革（原毛および毛皮を含む）および皮革製品（毛皮製品を含む）の半製品
　なお上記管理令の規定による委託加工貿易の輸出の承認を受けた者が，その確認事項に基づき原材料を輸出し，加工後の当該製品を輸出承認日から1年以内に再輸入する場合は，当該製品が輸入割当等の対象品目であるとしても，輸入割当等の規制を受けずに輸入することができるという特例措置が認められている。

4　委託販売貿易

　委託販売貿易とは，輸出者が外国の第三者に物品の販売を委託して，それに基づいて物品を外国に輸出し，第三者（輸入者）の販売に対して一定の手数料を支払う国際取引である（高桑，2011，p.75）。委託販売貿易においては，委託者（輸出者）と第三者（輸入者）との関係は売買契約ではなく，委任契約である。

　委託販売契約には，一般に以下のような内容が含まれる。

（i）物品が受託者である第三者に輸出され，受託者から販売代金が送金されるまでは，当該物品の所有権は委託者にある。

（ii）物品販売に伴う保険料，保管料，輸送に係るリスクなどは，委託者が負担する。

（iii）委託者は受託者に対し，販売高に応じ委託販売手数料を支払う。

（iv）委託販売期間に販売できなかった物品は，原則として委託者が引き取る。

① 　委託販売貿易における物品の輸出

　委託販売貿易では，外国の受託者との売買契約が成立する前に物品を輸出するところに特徴があるが，日本においては物品の輸出そのものについては，現在のところ輸出貿易管理令では特別の規定はなく，通常の輸出の場合と同様な手続きをとることになる。

　委託販売貿易に基づいて輸出した物品のうち，売れ残った物品を日本に再輸入する場合（ただし，日本から輸出した状態のまま無償で輸入されることが条件）は，輸入貿易管理令14条の輸入特例により，経済産業大臣の輸入承認等は不要であるとともに，輸入関税も免除される。

② 　委託販売貿易における物品の輸入

　日本では委託販売貿易における物品の輸入については，輸入貿易管理令では特別の規定を設けておらず，通常の輸入の場合と同じ手続きである。したがって輸入しようとする物品が，輸入貿易管理令3条の規定によって輸入公表に掲げられている輸入割当品目等に該当する場合は，適正な手続きに基づいて輸入承認を受ける必要がある。

　委託販売貿易で輸入された物品のうち，売れ残った物品を外国へ積み戻す（輸出する）場合には，委託者への返品，あるいは委託者の指示による第三国へ

の輸出のいずれを問わず,輸出貿易管理令4条2項の輸出特例の規定により経済産業大臣の輸出承認手続きを必要としない。ただし,当該物品が輸出貿易管理令上,特に輸出が規制されている品目の場合はこの限りではない。

5 プラント輸出

プラント (Plant) とは,機械,設備等から構成され,それらが結合された1つのまとまった生産設備(例えば,石油精製装置,セメント製造設備等)であり,このような生産設備を海外へ供給する契約がプラント輸出契約である。例えば,外国で発電所を建設する目的で,その建設に必要な生産設備を輸出する場合がこれに当たる。

プラント輸出は,設備や機械等の輸出にとどまらず,機器の据付,試運転,技術指導等のエンジニアリング(技術サービス)や工場建屋の建設請負,現場従業員の雇用,ファイナンスの供与・斡旋,運送,保険業務の委任等を含むことから,売買(機器の製作物供給契約),請負(工場建屋の設計,建設および機器の据付),技術援助およびファイナンス契約が結合した混合契約であるというのが通説である。したがってこのようなプラント輸出の特徴からすると,用語上は輸出という言葉が使われているが,先に述べた貿易取引とはかなり異なった形態を呈しているといえる。

プラント輸出は,発注者から受注者が引き受ける契約業務の範囲から,以下のように大きくFOB型,ターン・キー型,BOT型の3種類に区分することができる(絹巻,2009, pp.213-214)。

① FOB型

単体の機械輸出と同じくプラント用機器を相手国の発注者に輸出し,併せてその機器の現地での組立と据付を含むものである。機器の組立や据付という技術サービスを除けば,通常の国際売買(貿易取引)といえる。このFOB型は,プラントを海外の建設地向けに船積することによって履行が終了することから,FOBという用語が用いられているのであって,インコタームズの貿易条件であるFOBと同じ意味ではない。

② ターン・キー型

　ターン・キー（Turn key）とは，プラントが完成し，文字通りキーを回せばプラントが稼動する状態で，引き渡すことである。ターン・キーには，さらにフル・ターン・キー型とセミ・ターン・キー型がある。前者は，プラント建設のための企画設計から機器の製作と供給，工場建屋の建設，機器の据付，そして試運転等にいたるまで，プラントの完成と仕様通り稼動することの業務をすべて請け負うものである。後者は，上記のすべての業務ではなく，例えば機器の供給と据付，およびそれに必要な指導監督や技術者教育を請け負い，工場建設や現場従業員雇用は発注者側が実施するというものである。いずれの場合も，プラントの建設のために，機器や設備さらには建設資材等の海外への供給（販売）が行われる場合は，国際売買，すなわち貿易取引の対象となる。

③ BOT型

　BOT（Build-Operate-Transfer）型は，受注者がプラントを建設し，それを運営し，投下資本を回収して，最終的な事業運営を確認した上で，発注者に譲渡するものである。図7－3は，日本の総合商社やプラントメーカーなど外国民間企業が共同出資し，ホストカントリーの政府も参加（土地等の現物出資）する形でプロジェクト実施会社（J/V, Joint Venture）を現地に設立し，この会社がプラントを建設，運営し，一定期間（ローンの返済や出資者の資本回収と利潤の受取に要する期間）操業した後，ホストカントリーに譲渡する方式を例示したものである。

　この例のBOT型プラント輸出の仕組みは次のように説明されている。すなわち，出資者であるプラントメーカー，商社・建設工事会社，原料・燃料供給者，操業請負企業は，それぞれプラント建設，総合管理・工事の提供，原料・燃料供給，役務の提供に関する契約（プラント輸出，物品の国際売買，工事請負，役務提供等各種契約）をプロジェクト実施会社との間で締結する。ホストカントリーの政府または政府機関が参加して出資するときは，土地・建物等を現物出資する形態をとることもあり，また無償供与を行うこともある。

　プロジェクト実施会社が生産物を生産する場合は，一旦ホストカントリーの政府が引取保証のもとに買い上げ，それを自国の企業を通じて販売する。また，

図7－3　BOT型プラント輸出の仕組み（例）

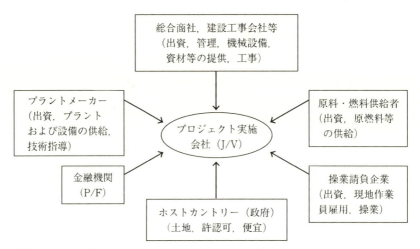

備考：1）P/Fとは，プロジェクトファイナンスの略である。
　　　2）機械，各種設備，原材料等の供給，建設資材等の提供は，国際売買
　　　　（貿易取引）の対象となる。
出所：絹巻，2009，p.226を一部加工して作成。

　プロジェクト実施会社が公益設備，施設等を建設，提供する場合は，それをホストカントリーが利用する形をとる。その販売代金や利用料は，一定の条件に従って，プロジェクト実施会社に支払われる。

　プロジェクト実施のための資金調達に当たっては，金融機関も関与する。プロジェクト実施企業の資本の割合構成は，通常，出資企業が約3割程度で，残りは金融機関からの借入れに依存するという。この借入金はプロジェクトファイナンス（Project finance）といわれ，このプロジェクトファイナンスは，返済資源遡及禁止金融（出資母体の保証の裏付けのない金融）または返済資源限定金融（返済資源と担保を当該プロジェクトの収益と資産に限定したファイナンス）という特徴をもっている。

　このように，BOT型は，本来の目的であるプラント輸出というよりもその範疇を越えて，海外での事業運営という色彩が強いといえる。しかしこの場合であっても，機器や生産設備等の供給，建設資材の提供等は，個別的単体製品の輸出ととらえることができるので，国際売買（貿易取引）が行われることになる。

6　販売店・代理店の活用による貿易取引

(1) 海外の販売店・代理店活用の意義

売主が自社商品を海外販売（輸出取引）するために，売主が海外の買主との間で国際売買契約を締結し，買主と直接貿易を行うという方法のほかに，現地国における海外販売拠点を活用し，それを経由して国際売買を達成しようとする間接貿易の方法もある。

売主が海外販売のために，直接現地国に海外支店を設置する，または現地法人（海外子会社）を設立して，みずから現地販売を行うという方法も有力な選択肢となる。しかし，このような海外投資を伴う現地拠点の設置は，現地国との交渉に事前の十分な準備と時間を要するほか，多大な初期投資が必要となり，またもし失敗した場合には相当の損失を被るなどという大きなリスクを負うことになる。

そこで，海外投資の負担を伴わず，かつ，より確実に，より大量に販売できる方法として，現地で自社商品を取り扱ってもらい，それを現地販売の拠点として，その販売網を通じて現地販売をめざすというのが，販売店・代理店の活用といわれるものである。販売店・代理店は，すでに現地国において販売のための施設を有する独立した企業であり，売主としては，商品の輸出のために現地において新たな投資をすることは基本的に必要としないうえ，販売店・代理店がすでに構築している販売ネットワークを利用して，海外市場の開拓ができるというメリットがある。他方，販売店・代理店においても売主から商品販売のノウハウや商標の供与を受け，一定地域での販売が優位に進められるという利点がある。

(2) 販売店・代理店の概念

一般に販売店（Distributor），代理店（Agent）とは，特定の商人・企業が製造しまたは販売する商品を第三者に供給する中間の商人・企業を指すが，これら販売店・代理店と商品の製造業者，販売業者との間の契約を販売店契約，代理店契約という（高桑，2011，pp.251-252）。

販売店契約，代理店契約は，製造業者，販売業者がみずから製造または販売する商品を自己の営業所のある地域以外で販売するために用いられる方法で

あり，当事者の営業所が異なる国の間で締結される場合（例えば日本と外国の間の販売店・代理店契約の締結）は，国際取引となる。しかし，国際取引で用いられている販売店・代理店という用語の内容は必ずしも明確とはなっていない。販売店と代理店との違いについては，一般に以下のように解釈されている（北川・柏木，2005，pp.145-147）。

　販売店とは，自己の計算で外国の製造業者等から商品を買い入れ，これを所有し，みずからリスクを負担して顧客に販売する企業（商人）である（図7−4）。商品の所有権が国境を越えて国際間で移動する国際売買であるところに，後述する代理店と異なる。

図7−4　販売店との国際取引関係（例）

　一方，代理店とは外国の製造業者等のために，当該製造業者等の商品の販売の仲介，媒介または代理を行う企業（商人）である。販売店と異なり，外国の製造業者等から商品の所有権を取得しないで（つまり国際売買の形態をとらないで），現地顧客との間の商品売買の仲介，媒介または代理をするなどの方法で補助するところに特徴がある（図7−5）。

図7−5　代理店との国際取引関係（例）

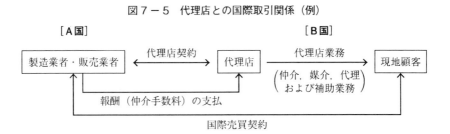

代理店の最も多い形態は，代理店と現地顧客の取引で販売が成功した場合には，現地顧客が直接または代理店を経由して外国の製造業者等に商品を発注し，売買契約は現地顧客と外国の製造業者等の間で直接に締結されるというものである。したがってこの場合には，代理店は，売買契約の当事者にはならず，特約がない限り，代金回収義務や瑕疵担保責任など商品の売買契約上の責任は負わない。代理店は，現地顧客と外国の製造業者等の間で売買契約が成立した時点で，外国の製造業者等から報酬として仲介手数料（Commission）を受け取る。
　代理店には，上述のような売買契約の仲介，あるいは媒介だけをする代理店の他に，代理店が法律上の代理行為の権限（代理権）をもって，外国の製造業者等の売買契約を締結する権限を有する締結代理商もないわけではない。しかし国際取引では代理店という名称を使用していても，法律上の代理権を有する締結代理商はほとんどなく，その多くが媒介代理商，あるいは契約の媒介すらしない補助業務を行うための代理店であるという（北川・柏木，同上書，p.149）。
　販売店と代理店を以上のように区別することができるが，日本でもコモンロー（英米法）の国でも，実際は代理店といっても商品を買い取り，これを2次販売店，あるいは小売店に再販売する販売店をも含めた形で広い意味でとらえられている例も多くみられ，また前述したように代理店といっても法律上の代理行為を有しない代理店であることも少なくない。このように販売店，代理店という用語の内容は必ずしも明確ではないし，その使い方も統一されていない。したがってこれらの企業（商人）がいかなる立場にあるかは，その名称ではなく，それぞれの契約の内容で実質的に判断することが必要となる。
　一般に販売店と代理店の相違は，顧客に対する商品の売主としての地位の有無（代理権の有無），修繕義務とアフターサービス，物品の供給者との関係での収入の形態（売買利益か手数料収入か），広告・宣伝活動の状況等にあるとされている（高桑，同上書，p.253）。

(3) 販売店・代理店契約の主な内容

　売主である製造業者，販売業者と販売店・代理店の取引は，長期間にわたる継続的な取引であるのが大部分であるから，販売店・代理店契約は継続的売買契約であり，これを基本契約として，特に販売店契約の場合は，売主と現地の

販売店の間で別途，対象商品について個別売買契約が締結されて，その都度輸出入が行われることになる[1]。

販売店・代理店契約の主な契約条項としては，以下の項目があげられる（高桑，同上書，pp.255-256）。

① 代理権

販売店・代理店が商品・サービスの供給のため第三者（顧客）と締結するのか，独立した当事者として行動するのかにかかわる条項である。代理権を与える契約では，代理権の内容とその範囲のほか，報酬，顧客倒産時の代理店の責任，顧客からの苦情等の処理などについて取り決めることとなる。

② 販売権

販売店契約における販売店が扱う商品の種類，販売地域，販売方法，売主の直接販売の可否などについての取決めである。販売地域の指定において，販売店に一定地域について独占的（排他的）販売権を付与する場合は，売主はその地域での他の販売店を指名しない，また売主自身もみずから販売しないことになる。これは，販売店からすると，販売店契約で取り扱う商品については，指定地域で競争者がいないことになるので，有利な立場で販売を展開できるというメリットがある。

しかし他方で，売主からすると，指定地域では販売店による販売に頼らざるを得ないので，販売店を自社の商品販売に専念させるためのさまざまな義務を課することも考えられる。例えば，売主以外の者の商品（競合商品）の取扱いを禁ずる，あるいは再販売価格を設定するなどである。このような制限は独占禁止法の問題が生じることがあるので，各国の独占禁止法および運用をあらかじめ調査しておく必要がある。

③ 商標権の使用

売主が商標，サービス・マーク等の使用を許諾する場合と，販売店にその使用を義務づける場合とがある。商標の機能は製造者の表示と品質の保証にあるが，売主の商標の効用を販売店が利用する場合と，販売店の活動を通じて売主が商品の販売の拡大を図る場合とがある。いずれにしても販売店は商標を使用することができるが，販売店の営業所所在地でその商標について登録等の手続きがとら

れていない場合には，その国ではその商標が知的財産権として保護されない。

④ 継続的売買に関する取決

　個別売買における品質，数量，価格，支払等の諸条件のほか，売主の商品供給義務，瑕疵担保責任，買主である販売店の修繕・アフターサービスの責任，販売活動報告義務，秘密保持等についての取決めである。

⑤ 契約関係の終了

　契約期間，契約の更新拒絶事由，解消事由，予告期間，損失の補填等についての取決めである。販売店・代理店は一般に，売主に対し従属的な地位に置かれ，経済的に弱い立場にあるとして，特に契約の解消，契約の終了について販売店・代理店を保護する立法措置を講じている国が多いという[2]。

第2節　国際物品売買契約に関する統一法とインコタームズ

1　ウィーン売買条約の制定と概要

(1) ウィーン売買条約の制定

　国際売買は国境を越えた国際間の売買であるから，そこで締結される国際売買契約は，国際的な統一法がある場合には，原則的にはその統一法が適用されることになる。国際物品売買契約に関する統一法で現在効力を有しているのは，1980年に採択された「国際物品売買契約に関する国際連合条約」(United Nations Convention on Contracts for the International Sale of Goods, 1980) である。

　この条約は，国際取引の発展が諸国間の友好関係を促進する重要な要素であり，国際物品売買契約を規律し，異なる社会，経済および法律制度を斟酌考慮した統一規則を採択することが，国際取引における法的障害の除去に貢献し，かつ国際取引の発展を促進するものである，という理念の下で作成されたものである。この条約は1980年4月にウィーンの外交会議で採択されたことから，通称ウィーン統一売買法条約，ウィーン売買条約，あるいは英語の条約名の頭文字をとってCISGなどと呼ばれているが，本書ではこの条約名をウィーン売買条約と呼ぶこととする。

　ウィーン売買条約は1988年1月1日から発効しているが，日本は2008年7

月1日に加入手続きを行い，2008年の第169回国会で承認され，2008年7月1日公布，2009年8月1日に発効した。2009年5月現在，本条約の締約国数は日本を含めて米国，カナダの北米諸国，ドイツ，フランスのEU諸国，中国，韓国，シンガポール等のアジア諸国，さらにはロシア，オーストラリア，メキシコ等を含む74カ国に達し，貿易大国で未加入な国は英国があげられる[3]。

日本は本条約に加入したことにより，締約国として多くの国と共通した統一の契約法を獲得したこととなり，従来国際物品売買には国際私法によって指定された準拠法国の国内法が適用されてきたが，本条約の発効に伴い本条約が規定する適用基準を満たす国際物品売買契約には本条約が直接適用されることとなった。

(2) ウィーン売買条約の概要

ウィーン売買条約は，第Ⅰ部から第Ⅳ部まで全文101か条で構成されているが，その概要は以下のとおりである[4]。

［適用範囲］

ウィーン売買条約は営業所が異なる国に所在する当事者間の物品売買契約について，次のいずれかの場合に適用する。

① これらの国がいずれも締約国である場合（1条（1）（a））

② 国際私法の規則によれば締約国の法の適用が導かれる場合（1条（1）（b））

1条（1）（a）は，法廷地がこの条約の締約国である場合に，締約国に営業所を有する当事者間の売買には，締約国ではその国の国際私法の規則に従って準拠法を決定することなく，ただちにこの条約の規定を適用すべきことを定めたものである。

1条（1）（b）は，上記以外の場合（当事者が準拠法を指定した場合を含む）には，国際私法の規則によって準拠法を決定し，その準拠法を適用する。ただし締約国の法律が準拠法となる場合には，この条約の規定が適用されることを定めたものである。このような場合に準拠法所属国のいかなる法律を適用すべきかについては，原則としてその国における国内法の適用に関する規則による。

ただし1条（1）（b）については排除の規定があり，いずれの締約国もこの条約1条（1）（b）の規定に拘束されない旨を宣言することができるとしている（95条）。

図7-6 ウィーン売買契約の適用範囲

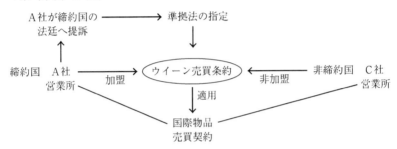

備考：1) A社とB社は，ともに締約国に営業所がある。
　　　2) C社は，この条約の非締約国に営業所がある。
出所：絹巻，2009, p.234を加工して作成。

当事者間の物品売買契約にこの条約の適用範囲を図示したのが，図7-6である。

異なる国に営業所を有する当事者間の物品の売買契約であっても，以下のような売買にはこの条約は適用されない（2条）。

(a) 個人，家族または家庭用に購入された物品の売買。ただし，売主が契約の締結時以前に物品がそのような使用のために購入されたことを知らず，かつ知っているべきでもなかった場合は，この限りでない。
(b) 競売による売買
(c) 強制執行その他法律に基づく売買
(d) 有価証券，商業証券または通貨の売買
(e) 船，船舶，エアクッション船または飛行機の売買
(f) 電気の売買

[売買契約の成立]

　売買契約は，一般に申込（Offer）と承諾（Acceptance）によって成立するとされる。特に通常行われている単品，あるいは単体商品の貿易取引においては，そのような売買契約の形態が取られる最も典型的な例であるといえる。ウィーン売買条約においても国際物品売買契約は，申込みに対する承諾がこの条約の規定に従って効力を生ずる時に成立すると規定する（23条）。

　申込みとは，それが十分に確定し，かつ承諾があるときは拘束されるとの申込者の意思が表示されている場合には，申込みとなる（14条（1））。申込みは，それが相手方に到達した時に効力を生じる（15条（1））。申込みは，それが撤回することができない場合であっても，その取りやめの通知が申込みの到達以前に到達するときは，取りやめることができる（15条（2））。申込みは，契約が締結されるまでは，相手方が承諾の通知を発する前に撤回の通知が相手方に到達する場合には，申込みを撤回することができる（16条（1））。しかし申込みが，次のいずれかの場合に該当する場合には撤回することができない（16条（2））。

（a）申込みが，一定の承諾期間を定めるか他の方法によるかを問わず，撤回することができないものであることを示している場合

（b）相手方が，申込みを撤回することができないものであると信頼したことが合理的であり，かつ，当該相手方が申込みを信頼して行動した場合

　承諾とは，相手方が申込みに対する同意を示す相手方の言明その他の行為である（18条（1）前段）。承諾は，同意の表示が申込者に到達した時に効力を生ずる。同意の表示が申込者の定めた期間内にまたは期間の定めがない場合には，合理的な期間内に申込者に到達しないときには，効力を生じない。この合理的な期間の決定に当たっては，申込者が用いた通信手段の迅速性を含む取引の状況を十分に考慮する。口頭による申込みは，別段の事情がある場合を除き，ただちに承諾されなければ，その効力を失う（18条（2））。

　承諾は，申込みの条件を実質的に変更しないで，これに応ずる旨の意思表示であることから（19条（2）），代金，支払，物品の品質および数量，引渡しの場所および時期，当事者の相手方に対する責任の限度，または紛争解決などに関する付加的または異なる条件は，申込みの内容を実質的に変更するものと

みなされるので（19条（3）），そのような承諾の意思表示は申込みの拒絶であるとともに，反対申込みとなる（19条（1））。承諾が遅延した場合であっても，申込者がこれを有効とする旨を遅滞なく被申込者に口頭で通告するか，またはその旨の通知を発した場合には，有効とする（21条）。承諾の撤回通知が，承諾の効力が生ずる以前に申込者に到達する場合には，承諾は撤回することができる（22条）。

［売主の義務］

　ウィーン売買条約では，売主は，契約およびこの条約の定めるところに従って物品を引き渡し，それに関する書類を交付し，かつ物品の所有権を移転する義務を負う，と規定する（30条）。つまり，物品の引渡，売買に関する書類の交付，物品の所有権の移転が，売主の3大義務となる。

　売主が物品を他の特定の場所で引き渡すことを要しない場合には，その引渡義務は以下のとおりとする（31条）。

（a）売買契約が物品の運送を伴う場合は，第一の運送人に物品を交付する。

（b）物品の運送を要しない場合であって，特定物または特定の在庫品の中から抽出されるべき不特定物もしくは製造，あるいは生産されるべき不特定物であり，かつ契約の両当事者が契約締結時に，物品が特定の場所に存在し，またはそこで製造，もしくは生産されることを知っていた場合は，その物品の存在する場所で物品を引き渡す。

（c）上記（a），（b）以外の場合は，契約締結時に売主が有する営業所所在地で物品を引き渡す。

　また引渡時期については，以下のように規定されている（33条）。

（a）期日が契約で定められているか確定しうる場合には，その日。

（b）期間が契約で定められているか確定しうる場合には，買主が日を選択すべき事情がない限り，その期間中のいずれかの日。

（c）（a），（b）以外の場合には，契約締結後の合理的な期間内。

　売主が買主に交付する売買に関する書類とは，具体的には商業送り状，原産地証明書，品質保証書，船荷証券等の運送に関する書類，保険証券など，それぞれの売買契約において必要とされる書類をいう。売主は，この売買に関する

書類を契約で定められた時に契約で定められた場所および方式で交付しなければならない。売主が定められた時期よりも前に書類を交付した場合には，買主に不合理な不便，費用の支払を生じさせなければ，書類の不備は追完できるが，買主の損害賠償請求権は生ずる（34条後段）。

[買主の義務]

　買主の義務は，代金の支払と物品の受領である（53条）。買主の代金支払義務には，代金の支払を可能にするための措置をとり，かつ必要な手続きを遵守することも含まれる（54条）。信用状の開設，外貨割当や送金許可の取得などがこれに該当し，買主の売主に対する代金支払への積極的な取り組みを規定したものといえる。

　代金の支払場所は，他の特定の場所で支払う義務を負わない場合には，（a）売主の営業所，または（b）物品または書類の交付と引換えに代金を支払うべき場合には，交付の場所となる（57条（1））。代金の支払時期は，買主が代金を他の一定の時に支払う義務を負っていない場合には，契約およびこの条約の定めるところに従い，売主が物品またはその処分を支配する書類を買主の処分に委ねた時に支払わなければならない（58条（1））。物品の運送を伴う場合には，売主は代金の支払と引換えでなければ物品またはその処分を支配する書類が買主に交付されないとの条件で，物品を発送することができる（58条（2））。買主は，物品を検査する機会を有する時まで，代金を支払う義務がないことが認められている（58条（3）前段）。

　また買主は，（a）売主の引渡しを可能にするために合理的に期待することができるすべての行為をなし，また（b）物品の引渡しを受けるべきこととし（60条），物品の受領に対し買主の積極的な関与を規定する。ただし売主が定められた期日前に物品の引渡しをしたならば，買主は引渡しを受けることを拒絶することもできる（52条（1））。

[売主または買主の契約違反に対する救済]

① 売主の契約違反に対する救済

　売主が契約違反をした場合には，買主に以下のような救済が認められる。

（a）買主は，本来の給付，代替物の引渡，不足分の追加，瑕疵の補修，代金

減額，損害賠償などを請求することができる（46条—48条，50条，51条）。
（b）買主は，契約を解除することもできる（49条）。
（c）損害賠償の請求は，他の請求または契約の解除を妨げるものではなく，同時に認められる（45条（2））。
（d）買主の解除権は，売主に基本的な契約違反があるときは，特に催告を必要としないで行使することができる。物品の引渡しのない場合は，買主の定めた付加期間（一定期間）内に履行すべきことを催告し，それでも履行されないときは，契約を解除することができる（49条）。

② 買主の契約違反に対する救済

買主が契約違反をした場合には，売主に以下のような救済が認められる。
（a）売主は，代金の支払，引渡しの受領，その他買主の義務の履行を請求することができる（62条）。
（b）売主は，契約を解除することもできる（64条（1））。
（c）買主の義務の不履行が基本的な契約違反となる場合には，売主は特に催告を必要としないで契約を解除することができる。買主に基本的な義務違反がないときであっても，売主の定めた付加期間（一定期間）内に買主が代金の支払もしくは物品を受領しないときは，売主は契約を解除することができる（64条）。

［危険の移転］

危険の移転はいつから生じるのか，その時期については以下のように規定されている。
（a）買主が物品の引渡しを受けた時，または買主が期限までに引渡しを受けないときは，物品が買主の営業所で買主の処分に委ねられ，かつ引渡しを受けないことによって，買主が契約違反を行った時から，危険は売主から買主に移転する（69条（1））。
（b）買主が売主の営業所以外の場所で物品の引渡しを受ける義務を負っている場合には，引渡しの時が到来し，物品がその場所で買主の処分に委ねられていることを買主が知った時に，危険は売主から買主に移転する（69条（2））。

（c）不特定物品の契約の場合には，物品が特定されたときに買主の処分に委ねられたものとされる（69条(3)）。
（d）不特定物品の運送が予定されている場合には，物品が特定され，運送人に引き渡された時に，危険は売主から買主に移転する（67条）。運送途上で売買された物品については，危険は契約締結時に，売主から買主に移転する（68条前段）。
（e）危険が売主から買主に移転した後においては，物品の滅失または毀損は，買主が負担し，買主の代金支払の義務は免れられない（66条）。ただし売主に重大な契約違反があった場合には，危険が売主から買主に移転した後であっても，買主は売主に対して代金減額請求，代替物引渡請求，損害賠償請求，契約解除の救済を求めることができる（70条）。

［売主と買主の義務に共通の規定］

この条約では売主と買主に共通する義務の規定を設けており，その主要な点は以下のとおりである。

① 履行期日前の契約違反および分割履行契約

契約締結後に以下に掲げる事由で相手方が，その義務の実質的な部分を履行しないことが明らかになった場合には，当事者は義務の履行を停止することができる（71条(1)）。
（a）履行能力上または信用上の著しい失墜
（b）契約履行の準備または契約履行上の行為

しかし相手方がその履行について相当の保証を提供した場合は，履行を継続しなければならない（71条(3)）。

履行期日前に，一方の当事者が重大な契約違反を行うであろうことが明らかな場合には，他の当事者は，契約の解除をすることができる（72条(1)）。また分割履行の契約において，いずれかの部分に関する一方の当事者の何らかの義務の不履行が，その部分について重大な契約違反となる場合，相手方はその部分について契約を解除することができる（73条(1)）。重大な契約違反が生じるであろうと推断するに足りる根拠を与える場合にも同様に，契約の解除をすることができる（72条(2)）。

② 損害賠償額

　損害賠償額は，得べかりし利益の損失も含め，契約違反によって被った損失と同額とされるが，契約違反の結果として発生することを当時予見し，または予見すべきであった損失の額を越えることができない（74条）。

③ 遅延損害金（利息）

　代金その他の金銭の支払が遅れている場合，損害賠償の請求とともに，遅延損害金（利息）を付すことを請求することができる（78条）。

④ 免　責

　義務の不履行が自己の支配を超える障害によって生じたことおよび契約の締結時に当該障害を考慮することも，当該障害またはその結果を回避し，または克服することも自己に合理的に期待することができなかったことを証明する場合には，その不履行についての責任を負わない（79条（1））。

⑤ 解除の効果

　契約の解除は，すでに発生した損害賠償義務を除き，当事者は契約に基づく義務を免れる。この場合，当事者はすでに給付したものを返還する義務を負う（81条）。

⑥ 物品の保存

　買主が，（a）物品の引渡しを受けることを遅延した場合，または（b）代金の支払と物品の引渡が同時になされるべきであって，買主が代金を支払わず，売主が物品を占有し，またはその他の方法でその処分を支配できるときは，売主は合理的な物品保存措置を取らなければならない（85条）。買主が物品の引渡しを受けた場合に，その受領を拒絶するときは，買主が合理的な物品保存措置を取らなければならない（86条）。

2　インコタームズ—国際物品売買契約における貿易条件

(1) インコタームズの制定

　国際物品売買契約は，通常の売買契約と同様に，一般に申込とそれに対する承諾によって成立する。しかしそこで締結される契約内容について当事者間で解釈の相違，あるいは誤解が生じることが多くみられた。このような解釈の相違等

による紛争を事前に防止するため，従来いくつかの国際機関や民間団体が国際的な統一規則を制定してきたが，現在最も広く利用されているのが，国際商業会議所（ICC：International Chamber of Commerce）が作成したインコタームズ（正式名：International Rules for the Interpretation of Trade Terms（邦訳「貿易条件の解釈に関する国際規則」），略して INCOTERMS（International Commercial Terms））である。

インコタームズが最初に作成されたのは 1936 年で，パリに本部を置く国際商業会議所が貿易条件委員会（Trade Terms Committee）を設置して，各国で慣用されている貿易条件に使用されている用語とその内容の実態調査を行い，この調査結果を基に国際統一規則としてのインコタームズ 1936 を作成したのである。その後，1953 年，1967 年，1976 年，1980 年，1990 年，2000 年と数次の改訂を経て，現在インコタームズ 2010 が作成されている。

なお，インコタームズは，当事者がそれに準拠することを示した場合に適用される。したがってインコタームズは，過去何回か改訂がなされているが，それはそれぞれ独立の規則として存在しており，新たな規則が作成されても，それ以前に作成された規則が使えなくなるわけではない。当事者は，インコタームズの利用に当たっていずれかのインコタームズを用いるか，契約締結時に明確にしておく必要がある。インコタームズ 2010 を用いるときは，貿易条件の略号，その後の具体的な貿易条件と引渡地，仕向地，仕向港または仕向地ターミナル，船積港のいずれかを記し，インコタームズ 2010 であることを示すことが適当とされている（高桑，2011，p.110）。

(2) インコタームズ 2010 の貿易条件の概要

インコタームズ 2010 は 11 の貿易条件（トレード・タームズ）を定めており，これをさらにいかなる運送手段にも用いることができる条件と海上および内陸水路運送のための条件に大別して，各貿易条件を定めている[5]。貿易条件の概要は以下のとおりである。

【いかなる運送手段にも用いることができる条件】

[EXW，工場渡]

売主がその施設またはその他の指定場所（営業所，工場，倉庫等）において物品を買主の処分に委ねた時，売主の引渡義務がなされたこととする。EXW は

売主が輸出通関の手続を行わないので，それ以後の輸出手続，運送契約，それらにかかわる費用等はすべて買主の負担となる。

[FCA，運送人渡]

　売主が物品の輸出手続および，通関手続をして，売主の施設またはその他の指定場所で買主の指定した運送人に物品を引渡し，買主は運送人と運送契約を締結してそれ以後の運送を行うとともに，引渡し以後の危険と費用を負担する。買主が運送人以外の者に引き渡すべき旨の指図をしている場合は，その者に物品が引き渡されたときに，売主による引渡しがなされたものとみなされる。

　引渡しの完了は，引渡しの行われる場所が売主の施設の場合には，買主の指定した運送人の運搬手段に物品が積み込まれたとき，引渡しがそれ以外の場所の場合には，売主の運送手段上で買主の指定した運送人の支配に委ねられたときとされている。

[CPT，輸送費込]

　売主は自己の費用で，物品を指定された地まで運ぶための運送契約を締結し，その費用を負担し，かつ輸出手続および通関手続を行わなければならない。売主は物品を運送人に引き渡せば足り，その時から危険は買主に移転する。費用は引渡しまでは売主の負担であり，それ以後は買主の負担となる。これは，インコタームズ1980で初めて規定された貿易条件（そこではFRCと呼ばれていた）である。

[CIP，輸送費保険料込]

　これは，CPT（輸送費込）に売主の付保義務が加わった条件である。すなわち，売主は運送中の物品の滅失または損傷についての買主の危険に対する保険契約を締結し，その費用である保険料を支払う。

[DAT，ターミナル持込渡]

　売主は指定仕向港または仕向地における指定ターミナルにおいて，売買の物品の荷おろしを行い，買主の処分に委ねることによって，その引渡しの義務を果たすこととなる。

　売主は輸出手続および通関手続をし，仕向地までの運送契約を締結し，指定仕向港または仕向地におけるターミナルに運ぶまでの危険と費用を負担する

が，買主に対する保険契約を締結する義務は負わない。買主は輸入手続および通関手続をしなければならない。

［DAP，仕向地持込渡］

売主は指定仕向地（指定仕向港について合意した地点があれば，その地点）において，合意された期日または合意された期間内に，運送手段に載せた状態で，荷おろしの準備を整え，買主の処分に委ねることによって，物品を引き渡さなければならない。

売主は輸出手続および通関手続を行い，仕向地までの運送契約を締結し，指定された地までの危険と費用を負担するが，保険契約を締結する義務はない。買主は物品の荷おろし，輸入手続および通関手続をしなければならない。

［DDP，関税込持込渡］

これは，DAPに買主に対する輸入通関にかかわる手続と費用が付加された貿易条件である。売主は指定仕向地（指定仕向港について合意した地点があれば，その地点）までの運送を行い，輸出および輸入の手続とそれぞれの通関手続をして，合意された期日または合意された期間内に，運送手段に載せた状態で，荷おろしの準備を整え，物品を買主の処分に委ねることによって，物品を引き渡さなければならない。

売主は指定仕向地までの運賃，危険と費用を負担し，輸入関税を負担するが，保険契約を締結する義務はない。買主は物品の荷おろしをしてその受取りをしなければならない。

【海上および内陸水路運送のための貿易条件】

［FAS，船側渡］

売主が売買の物品を指定船積港で，買主の指定した本船の船側（例えば，埠頭または浮の上）に置いたときに，売主の引渡義務が完了する。売主は輸出のための通関手続をするが，買主に対して運送契約，保険契約を締結する義務を負わない。買主は輸入および第三国を通過する場合の通関に必要な手続を行い，自己の費用をもって船積みし，運送しなければならず，物品の滅失または損傷の危険は物品が本船の船側に置かれたときに移転し，買主はその時から一切の費用を負担する。

［FOB，本船渡］

　売主は売買の物品を指定船積港において，買主の指定した本船の船上で引き渡すか，またはすでにそのように引き渡された物品を調達することによって引き渡さなければならない。いずれの場合も，売主は自己の費用で輸出手続および通関手続を行い，合意された期日または合意された期間内に，かつ港における慣習的な方法で物品を引き渡すこととなる。売主は引渡し時までの一切の費用を負担しなければならない。

　買主は自己の費用で指定船積港から物品を運送する契約を締結し，売主による引渡しがなされた時からの費用および危険を負担しなければならない。

［CFR，運賃込］

　これは，FOB に売主の運送契約締結と運送費用の負担が加わった貿易条件である。すなわち，売主は指定仕向港までの運送契約を締結し，輸出手続および通関手続をして，物品を本船上に置くか，またはそのように引き渡された物品を調達することによって，引き渡さなければならない。船積費用および仕向港までの海上運賃は売主の負担である。

　物品が船積港で本船の船側欄干を通過したときに，危険は売主から買主に移転する。買主は物品引渡しを受けた後の危険と費用を負担しなければならない。

［CIF，運賃保険料込］

　売主は CFR（運賃込）と同じ義務を負うほか，運送中の物品の滅失，損傷による損害を填補するための貨物海上保険契約を保険者と締結し，保険料を支払わなければならない。売主は輸出手続および通関手続をして，本船上で物品の引渡しを行い，運送証券および保険証券を遅滞なく買主に提供しなければならない。

　危険は物品が本船上で引渡しがなされた時に，売主から買主に移転し，買主はそれ以後の危険と費用を負担する。保険条件は，特に明示の合意がない限り，協会貨物約款または同様の保険約款の最小限度の条件（最低保険金額は売買契約に定められた価額の110％）とし，売主と買主間の約定の通貨で支払われるものでなければならない。

(3) 日本でのインコタームズにおけるトレード・タームズの使用実態

前述したように，現在，貿易条件の解釈については，インコタームズが最も世界中に知れ渡った貿易条件に関する統一規則となっており，日本の国際取引実務でも多く利用されている。日本ではインコタームズにおいて，どのトレード・タームズ（貿易条件）が多く使用されているか，その実態調査がいくつか行われている。

① 大手貿易業者等のトレード・タームズの使用実態

東京・首都圏に所在する大手貿易業者等を対象として行われたトレード・タームズの使用実態の調査結果（1995年実施）[6]。

［船舶利用の場合］（上位3貿易条件）（回答者ベース）
　（輸出）CIF　43.8％，FOB　33.9％，C&F　17.7％
　（輸入）C&F　39.1％，FOB　38.5％，CIF　17.4％
［航空機利用の場合］（上位3貿易条件）（回答者ベース）
　（輸出）FOB　45.3％，CIF　30.8％，C&F　15.4％
　（輸入）FOB　51.6％，CIF　19.9％，C&F　15.9％

この調査結果によれば，船舶利用の場合における輸出入では，FOB，CIF，C&F（CFR）の3つの貿易条件で95％の利用実績となっており，また航空機利用の場合では，上記3つの貿易条件の利用実績は90％前後となっている。なお，C&Fは現在，CFRと呼ばれている。

② 地方中小貿易業者のトレード・タームズの使用実態

地方に所在する中小貿易業者を対象として行われた「トレード・タームズの使用動向調査」の結果（2003年実施）[7]。

（回答者ベース）（上位3貿易条件）
　FOB　71.6％　CIF　70.6％　C&F（CFR）64.5％
（回答数ベース）（上位3貿易条件）
　FOB　24.4％　CIF　24.1％　C&F（CFR）22.0％

この調査結果によれば，回答者ベースでは，FOB, CIF, C&F (CFR) の3つの貿易条件は，1.4～1.6社に1社の頻度で使用されている。また回答数ベースでは，FOB, CIF, C&F (CFR) の3つの貿易条件で70.5%を占める。

このように，日本ではインコタームズの貿易条件のうち，特にFOB, CIF, C&F (CFR) の3つの貿易条件の使用が圧倒的に多いという調査結果が示されている。その理由として，この3つの貿易条件を使用することに特に大きな支障がないこと，長年使用してきたことに対する信頼感があることなどがあげられるとしている（絹巻，2009, pp.165-167)。

第3節　国際輸送

第1節では，貿易による国際売買の諸形態について述べたが，国際売買の履行として，国際売買の目的物の国際間移動という国際輸送が行われることになる。日本は島国で四方を海で囲まれていることから，国際輸送は海上輸送，航空輸送，およびこれらの輸送手段を2つ以上組み合わせた複合輸送によって行われる。

1　国際海上輸送

国際海上物品運送は，ある国の港から他の国の港までの船舶による貨物の運送であり，運送を依頼する者（荷主）と運送を引き受ける者の運送契約に基づいて行われる。日本発着の国際輸送をみると，数量ベースで全体の約99％，金額ベースで同じく約70％が国際海上輸送によって行われており，かつ国際輸送される貨物のほとんどが国際海上輸送の対象となっており，現在，国際海上輸送は国際輸送において大きな役割を占めている。

国際海上物品運送の方法は，形態別にみると個品運送と傭船運送に大別され，傭船運送は，さらに裸傭船，航海傭船，定期傭船に分けられる。

(1) 国際海上物品輸送の形態

① 個品運送（Carriage of goods）は，運送人が荷主から個別貨物の運送を引き受けるもので，小口貨物（雑貨，繊維製品，単体機械，化学品など）の運送に多く

利用される。個品運送は，不特定で複数の荷主の数多くの種類の貨物を運送の対象とすることから，船荷証券（B/L：Bill of Lading）を発行する定期船（Liner）によって運送されるのが一般的である。定期船は，あらかじめ公表した配船表（Sailing schedule）に基づき，貨物の多寡にかかわらず，一定の港，一定の航路に定期的かつ規則的に反復配船する。

　個品運送契約で小口貨物を運送しようとする場合，荷主は，（ⅰ）貨物の種類（品名，数量，重量，容積，梱包状態），（ⅱ）荷揃い日，（ⅲ）積揚港，（ⅳ）信用状条件，（ⅴ）その他の諸条件を確認したうえで，これに合致する最も適切な定期船を船舶スケジュール表から選んで船腹の申込みを行う。荷主が運送人に対して船腹の予約申込みを行い，運送人がこれを承諾することをブッキング（Booking）と呼んでいる。これは，運送人が確認のため船腹原簿に記入する（Book）という意味である。運送契約の成立に伴い，運送人は貨物の受取り，船積み・荷揚げ，貨物の保管・運送，荷受人への引渡しを行うが，本船への積込み費用は運送人の負担となる。

　運送人は，不特定多数の荷主を相手に，短時間で迅速な処理を行う必要があることから，荷主との間で個別の運送契約書の作成はされず，その契約内容は運送人が発行した船荷証券の裏面に記載された約款によることになる。この運送約款の内容は運送人に有利な条件となる傾向があり，これに対処するために，「船荷証券に関するある規則の統一のための国際条約」（ヘイグ・ルール）が作成され，船荷証券の内容が国際的に統一された。

② 傭船運送

　傭船運送（Charter party）は，荷主（傭船者：Charterer）が運送人の船舶の全部または一部を借り切って貨物を運送する方式であり，傭船契約の合意に達すると，当事者間で傭船契約書が取り交わされる。傭船とは，自己以外の者が所有しまたは使用する船舶を利用（他船調達）することである。

　傭船輸送は，大量の貨物や他の貨物と混載することが適切でない貨物（例えば，鉄鉱石，石油，輸入食料，木材，自動車など）を運送する場合に多く利用され，荷主の需要に基づいた航路，期間に応じて配船される不定期船（Tramper）が一般的に用いられる。傭船運送は，前述したように，大きく裸傭船，航海傭船

および定期傭船に分かれる。

(a) 裸傭船

裸傭船（Bare boat charter, Charter by demise）は，傭船者が船主から一定期間，船舶そのものだけの提供を受け（傭船契約の締結。しかし，賃貸借契約の締結であるとする見解もある），貨物を運送するものである。

本船の償却費用以外のすべての運航費用を負担し，船主の了承のもとに船長の任命をはじめ船員等の配乗，船舶の艤装を行うなど，本船の航海，運営，運航に関する一切の責任を引き受け，完全な管理権を掌握する。

(b) 航海傭船

航海傭船（Voyage charter）は，傭船者は特定港間の1航海または数航海を対象とし，運送人（船主）が船長，船員等を配乗し，艤装も行った船舶を傭船するものである。荷主傭船ともいう。航海傭船の運賃は，1航海の運賃総額を一括していくらと定めることもあるが，多くの場合，実際に輸送される貨物量に基づきトン当たりいくらと定められる。

航海傭船には，全部傭船と一部傭船がある。全部傭船は，船舶の積み荷スペースすべてを同一傭船者が借り切るもので，最も一般的な形態である。ばら積み貨物など大量の同一貨物を輸送する場合に用いられることが多い。一方，一部傭船は，傭船者が船舶の積み荷スペースの一部を借り切るもので，貨物の量が全部傭船には満たないとき，または比較的大口個品運送に際し割安な運賃を取得しようとする場合などに用いられる[8]。

(c) 定期傭船

定期傭船（Time charter）は傭船者が一定期間を限って船舶を傭船する方式で，その期間は数ヵ月の短期から十数年の長期に及ぶものまである。航海傭船と同様に，船長，船員等の配乗や艤装は船主が行う。運賃は，本船の載貨能力をもとに1日当たりいくらというように定められ，その船腹をどう利用するかは傭船者側に属する。

(2) 海上コンテナ輸送

海上コンテナ輸送とは，国際規格の海上コンテナに貨物を詰め，これを1つの輸送単位（Unit）として輸送を行うことである。コンテナ詰めという貨物の

ユニット化，定型化によって，機械化荷役および全天候荷役が可能となった。さらに，コンテナは揚げ地で貨物を積み替えることなくそのまま鉄道やトラックなどの陸上輸送モードに接続できるため，海陸一貫のドア・ツー・ドア輸送ができるようになり，これによって輸送効率は飛躍的に向上し，定期船輸送に歴史的革命をもたらした。

① コンテナの種類

コンテナとは，一般に梱包された物品を収納する「容器」の総称であるが，ISO（International Standard Organization）では，（ⅰ）反復使用に耐えられる強度をもつ，（ⅱ）運送途中の詰め替えなしに異なる輸送モードにまたがって輸送できるよう設計されている，（ⅲ）別の輸送モードへの積み替えが容易な装置を備えている，（ⅳ）貨物の詰め込み，取り出しが容易，（ⅴ）容積が1立方メートル以上ある，と定義している。ISOは民間組織であるが，各国関係者で製造しているコンテナは，そのほとんどがISO規格に基づいたものとなっている。

コンテナは，その材質によって，大きくアルミ軽合金製コンテナとスチール製コンテナがあるが，現在世界で利用されているコンテナは，ほとんどがスチール製コンテナである。また，コンテナはコンテナの大きさ，特に長さ別によって，現在，20フィートコンテナと40フィートコンテナがよく使われているが，このほかに米国国内輸送で一般に使われている45フィートコンテナは，20フィートコンテナに比べ約27％容積が大きく，2005年にISOによって規格化されたこともあって世界的に普及しつつある。

コンテナは使用目的によっても分類できるが，主要なコンテナには次のものがある（オーシャンコマース編，2012, pp.9-13）。

（a）ドライコンテナ

温度調節を必要としない密閉コンテナで，世界で使用されているコンテナの大部分を占める。

（b）冷凍コンテナ

高い断熱性をもつコンテナバンと冷凍ユニットで構成され，冷凍，冷蔵食品などの輸送に用いられる。

（c）バルクコンテナ

ばら積み貨物に用いられ，通常，天井とドア下部にハッチがついている。

（d）オープントップコンテナ

屋根および側壁，端壁の上部が開放され上部からの荷役が可能である。機械，鋼製品，板ガラス等重量物，長尺物，嵩高物等に適する。

（e）フラットラックコンテナ

屋根，側壁がついておらず，床構造と四隅の柱で強度を保つようになっている。パイプ，機械類，インゴット等，重量物，長尺物，嵩高物等に適応する。

（f）サイドオープンコンテナ

側面が開閉可能な構造となっており，長尺物等に利用される。

（g）フラットヘッドコンテナ

床面だけで，上部構造物がないコンテナで，大型機械類，鋼材，プラント部品等，重量物の輸送に利用される。

（h）タンクコンテナ

食品，油類，化学薬品等，ばら積み液体貨物を輸送するためのタンクを備えたコンテナである。

（i）ハンガーコンテナ

衣類をハンガーに吊るしたまま輸送できるように設計され，デバンニング（コンテナ取り出し）後そのまま店頭に陳列できる。

（j）自動車コンテナ

完成車を輸送するためのコンテナで，側壁のある密閉タイプと側壁がなく外枠と床面だけの構造になっているタイプがある。

② コンテナ船の形態

コンテナ船とは，コンテナを積むための専用の船倉を備えている船であるが，積載形態からみると，以下のように分類できる（オーシャンコマース編，2012, pp.14-16）。

（a）フルコンテナ船

全船倉をコンテナ専用船としてつくり，コンテナ輸送のために運航させる船である。船体の内部はセル構造と呼ばれ，コンテナを収納するための中甲板が

なく，底までつきぬけた貨物倉となっており，上甲板をフルに使用して一度に大量の貨物を輸送することが可能である。フルコンテナ船は，現在，世界の海上コンテナ輸送の主役であり，単にコンテナ船と呼ぶときは，このフルコンテナ船を指す。

(b) セミコンテナ船

在来貨物船の一部の船倉をコンテナ積載用の専用倉とした船であるが，現在ではほとんどみられなくなった。

(c) ロールオン／ロールオフ船

本船の側面から船尾に設けられた開口部からコンテナをシャーシーに載せたままトレーラーやトラックで搬出入する荷役方式の船である。

(d) ハッチカバーレスコンテナ船

ハッチカバーがないコンテナ船で，船底からセルガイドがオンデッキにつき出ている。オンデッキ積みのためのツイストロックとラッシングというコンテナ固縛作業が不要となり，荷役の安全性と荷役時間の短縮が図られる。

(e) コンバルカー

往航（または復航）で新聞用紙，パルプなどのブレークバルク貨物を輸送し，復航でコンテナを積載するために設計したオープンハッチバルカーである。

(3) FCL 貨物と LCL 貨物

コンテナ貨物には，FCL 貨物 (Full container load cargo) と LCL 貨物 (Less-than container load cargo) がある。FCL 貨物は，単一の荷主の貨物（コンテナ1個積め大口貨物）で占められているものである。

コンテナ貨物は，コンテナに貨物を積み込む主体者の違いによって，荷主がバンニングするシッパーズパック (Shipper's pack) と船社がバンニングするキャリアーズパック (Carrier's pack) に分かれる。FCL 貨物の大部分は，シッパーズパックの形態をとり，LCL 貨物の場合はキャリアーズパックの形態をとる。シッパーズパックには，港頭地区で港運海貨の上屋でコンテナ詰めされるフォワーダーズパック (Forwarder's pack)，あるいは混載業者の混載施設でコンテナ詰めされるコンソリデーターズパック (Consolidator's pack) も含まれる。

FCL 貨物は，（ⅰ）荷主が輸出商品を自社工場でコンテナ詰め（この作業をバ

ンニング（Vanning）という）をするか，（ⅱ）委託海貨業者（海貨業とは，港湾運送事業法による「海運貨物取扱業」の略である）の上屋（うわや）でコンテナ詰めし，船社（実際には船社の関連会社であるターミナルオペレーター）に引き渡される方式か（CY貨物と呼ばれることもある），のいずれかとなる。FCL貨物には，混載業者（Consolidator）が複数の荷主から集めた小口輸出貨物を1つのコンテナに自社の責任と荷主の費用負担で詰め込み，船社のCYで引き渡すケースもある。

一方LCL貨物は，コンテナ1個に満たない複数の荷主の小口貨物を集めて（混載して）1つのコンテナに仕上げるものである。LCL貨物は，（ⅰ）通常の梱包貨物として荷主手配のトラックでコンテナフレイトステーション（CFS）に直搬入されるか，または（ⅱ）港湾の上屋（海貨業者の倉庫）で一時保管され，海貨の船積み準備手続きを経てCFSに搬入されるかによって，CFSで船社によりコンテナ単位に仕立てられコンテナヤード（CY）に移送される。なお一部の貨物は混載業者のデポにおいて混載業者の責任でバンニングされ，デポからCYに搬入されて船社にFCL貨物として引き渡される。

(4) 船荷証券

① 船荷証券の性質

船荷証券（B/L：Bill of Lading）とは，海上運送人が運送品の受け取りまたは船積みの事実を証明し，指定港において，その正当な所持人にそれと引換えに貨物の引渡しをすることを約した証券である（高桑，2011, p.154）。船荷証券は，以下のような性質を有している。

（a）運送契約の証拠書類

船荷証券は，運送人である船会社が荷送人の依頼を受けて，外国への運送品を受け取り，船積みし，荷送人の指定する港まで輸送するという運送契約の証拠として荷送人に交付される。しかし，船荷証券は運送契約が締結されたことの証拠書類となるが，運送契約締結の契約書ではない。船荷証券の表面および裏面約款も含め，当該船荷証券に記載されている事項，約款が運送契約の内容を示していることになる。

（b）貨物の受取証

船荷証券は，船荷証券に記載されている貨物を運送人が受け取ったことまた

は船積みをしたことを証明する書面である。したがって，運送人は，後日，善意の船荷証券所持人に対して，実際に受け取ったまたは船積みした貨物は船荷証券に記載された運送品と異なると主張することは，原則として許されない。

(c) 有価証券その他の性質

船荷証券は，貨物に対する所有権を化体し，当該船荷証券所持人の貨物引渡請求権を表彰する有価証券としての性質を有している。船荷証券の場合は，貨物の受け取り，船積みという要因があってはじめて発行されることから，要因証券である。また，荷受人は船荷証券と引換えでないと，貨物の引渡しを請求できないという受戻証券，船荷証券を提示しないと貨物の引渡しを請求できないという提示証券という性質も有している。

この他にも，法律で定められた一定の事項を記載しなければならないという要式証券性，証券上に記載されている貨物を譲渡するには，その証券を相手方に渡さなければならないという処分証券性，船荷証券を引き渡すと，船荷証券に記載された貨物を引き渡したことと同じ効力をもつ物権的証券性などの性質を有している。

② 船荷証券の交付，記載事項および効力

ヘイグ・ルール，ヘイグ＝ヴィスビー・ルールおよび国際海上物品運送法では，船荷証券の交付，記載事項および効力について，以下のように規定している。

運送人，船長または運送人の代理人は，荷送人の請求により，1通または数通の受取船荷証券または船積船荷証券を交付しなければならない。受取船荷証券 (Received B/L) とは，運送品が船積みされる前の段階で，船会社が指定した場所で運送品を受け取った時点で発行されるものであり，船積船荷証券 (Shipped B/L) とは，本船に運送品が積みこまれたことが確認された後に発行されるものである。条約では荷送人との間の運送契約で運送を約した者を運送人とし，荷送人は運送人およびその代理人に対するほか，それまでの商慣習を考慮して船長に対しても船荷証券の交付を請求することができることとしている。一般には，主にバラ積み貨物の船積みには船積船荷証券が利用され，コンテナ詰め貨物の運送には，受取船荷証券が利用されているといわれている。

船荷証券では，特定の運送契約に固有の事項（運送品の種類，数量，陸揚港等）を表面に記載し，裏面に運送条件，免責条件を記載している。船荷証券の法定記載事項には，以下の事項がある。
（ⅰ）運送品の種類，容積もしくは重量または包もしくは個品の数および運送品の記号
（ⅱ）外部から認められる運送品の状態
（ⅲ）荷送人の氏名または商号
（ⅳ）荷受人の氏名または商号
（ⅴ）運送人の氏名または商号
（ⅵ）船積港および船積年月日
（ⅶ）船舶の名称および国籍
（ⅷ）陸揚港
（ⅸ）運送賃
（ⅹ）数通の船荷証券を作成した場合はその数
（ⅺ）作成地および作成年月日

このように船荷証券に記載すべき事項は条約または法律で定められている。しかし，法定された事項をすべて記載していない場合でも，またそれ以外の事項を記載している場合でも，それによって当該船荷証券の効力が失われるものではないというのが，商慣習上の取扱いである。

船荷証券が発行された場合は，運送人は，船荷証券の正当な所持人に対して運送品を引き渡す義務がある。また，船荷証券の正当な所持人は運送人に対して陸揚港において運送品の引渡しを請求することができ，その滅失，損傷および延着について損害賠償を請求することができる。しかし，裏書の連続のある所持人に運送品の引き渡しをしたときは，運送人に悪意または重過失がないかぎり責任を免れる。

現在の国際取引において，特定の顧客との継続的国際売買取引または親子会社間の企業内貿易取引が増加するに伴い，船荷証券も以前のように多く利用されることはなくなったが，荷為替決済の場合には船荷証券は貿易取引の決済手段における担保として重要な役割を果たしている。

(5) 海上運送状

　船荷証券は有価証券であるため，それを紛失したり，あるいは貨物が船荷証券よりも先に到着し荷受人の貨物引取りが遅延してしまうという事態が発生した場合には，円滑な貨物の引渡しに支障が生じることになる。また，親子会社間のような企業内貿易取引の場合には，裏書によって転々流通するような有価証券としての船荷証券を利用する必要性は特にない。このようなことから，国際海上輸送においても，航空運送状と類似した機能をもつ海上運送状が導入され，現在では航路によっては，運送書類の半分以上が海上運送状を利用しているところもある。

　海上運送状は，その提示がなくても貨物の引渡しができるので，貨物が先に荷受人に届いた場合でも保証渡しに伴う問題は生じない。また海上運送状を紛失した場合でも，再発行または再発行を受けずに保証荷渡しによって貨物の引渡しを受けるという煩雑な手続きは不要である。

　しかし他方で，海上運送状は有価証券ではないことから，航海中に海上運送状を裏書移転することによって，貨物を転売することができない。また，荷送人は運送品処分権を有するので，貨物が目的地に到着し，荷受人から当該貨物の引渡し請求があるまで，運送人への通知をもって，荷受人を簡単に変更できるなど，船荷証券の場合と異なる扱いがなされる。

　海上運送状の準拠ルールについては，1990年に採択された「海上運送状統一規則」(CMI Uniform Rules for Sea Waybill) が適用されることとなったが，この規則は万国海法会 (CMI) という民間団体が制定した民間規則であり，条約などの統一法と異なり，その適用に強制力があるものではない。したがって，当該運送契約にCMI規則を摂取する文書があり，かつ強制的に適用のある条約または国内法に抵触しない範囲でのみ同規則が適用されることになる。日本の場合でいえば，同規則が当該海上運送状によって表彰される運送契約に適用されるのは，国際海上物品運送法と抵触しない範囲内に限られることとなる。

2　国際航空輸送

(1) 国際航空輸送の概念と特徴

　国際航空輸送とは，異なる国にある2地点間の航空機による輸送である（高桑，2011，p.172）。ワルソー条約1条2およびモントリオール条約1条2では，これらの条約の適用される国際航空輸送とは，当事者間の約定により，運送の中断または積替えの有無にかかわらず，出発地および到達地が2つの締約国の領域内にある運送，またはいずれも1の締約国内にあっても，予定寄航地が他の国（締約国か否かにかかわらない）の領域にある運送のことをいうと規定する。

　航空輸送は，海上輸送にくらべると，高速輸送であること，多頻度運航（多くの場合，デイリー・スケジュール）であること，輸送や地上での一時保管時間が短いことから，一般的には毀損や盗難にあう機会が少ない等の特長があるが，他方では運賃が相対的に高い，航空機の容量から1回の輸送は少量輸送にならざるを得ない等という難点をもっている。そこで，航空輸送は，一般的には，緊急輸送の必要性のある貨物，長期間の輸送によって価値がそこなわれる貨物，運賃負担力のある貨物（付加価値の高い貨物）などに適しているといわれる。

　現在，国際航空貨物として輸送される貨物は，半導体等の電子部品，サーバー，モニター等の事務機器，液晶，プラズマTVなどの映像機器，電子計測機器，医療機器，自動車部品，生鮮食品，ファッション製品などが中心を占めている。

　日本発着の国際航空輸送は，数量ベースでは輸出入貨物全体の1％程度であるが，金額ベースでみると，輸出入とも約30％を占めている。最近では，アジアの経済成長や経済活動の活発化等により，中国を中心とするアジアとの航空貨物輸送の割合が高くなっている。

(2) 航空貨物輸送事業者

　航空貨物輸送を行う事業者は，航空運送事業者，貨物利用運送事業者および航空運送代理店に大別される。

① 航空運送事業者

　航空運送事業者とは，いわゆる航空会社のことであり，航空運送事業とは，

航空法では，他人の需要に応じて，航空機を使用して有償で旅客または貨物を運送する事業と定められている。

航空運送事業には，定期航空運送事業と不定期航空運送事業がある。前者は，1の地点と他の地点との間に路線を定めて一定の日時により航行する航空機により行われる航空運送事業であり，後者はそれ以外の航空運送事業をいう。

航空会社は，運航する航空路線が拡大し，寄航地が増えて航空運送業務が複雑化するに伴い，貨物の集荷，ターミナルへの搬出，あるいは混載仕分業務，輸出入手続き等業務は，貨物利用運送事業者や航空運送代理店に依存している。

② 貨物利用運送事業者

利用運送とは，実運送事業者の行う運送を利用してする貨物の運送をいい（貨物利用運送事業法2条1項），その担い手を利用運送事業者という。実運送とは，実運送事業者の行う貨物の運送であり，実運送事業者とは，航空貨物輸送の場合，前述した航空運送事業者のことであり，一般的には航空会社である。

貨物利用運送事業は第一種と第二種に分けられる。第二種貨物利用運送事業とは，他人の需要に応じ，有償で，実運送事業者の行う運送に係る利用運送と当該利用運送に先行しおよび後続する当該利用運送に係る貨物の集貨および配達のためにする自動車による運送とを一貫して行う事業をいい（同法2条8項），第一種貨物利用運送事業は，他人の需要に応じ，有償で，利用運送を行う事業であって，第二種貨物利用運送事業以外のものをいう（同2条7項)[9]。

航空貨物輸送における貨物利用運送事業は，航空運送に関し自社では航空機という輸送手段をもたないが，荷主に対してはあたかも航空会社のように，自己の名において責任を負い，航空貨物運送を引き受け，運送契約の証として独自の航空貨物運送状（HAWB：House Air Waybill）を発行して貨物の運送を行う。しかし，自社で貨物を輸送する手段を保有していないので，みずからが荷主となって，航空会社にその貨物の運送を委託することになる。それ故，このような運送形態を利用運送といい，利用運送を行う事業者は，通常は航空フォワーダーと呼ばれる事業者である。一方，輸送手段を保有・運航して，みずから貨物を運送する事業者を実運送事業者と呼び，通常は航空会社であることは既述

したとおりである。

　また，航空貨物輸送の場合，そのほとんどが不特定多数の荷主から航空輸送を引き受け，数個の小口貨物を仕向地別に取りまとめ，これを1つの大口貨物に仕立て，航空会社にその運送を委託するので，一般にこれら貨物を混載貨物と呼び，この取扱い業務を担う事業者のことを混載業者（Consolidator）と呼んでいる。混載業者は，通常は航空フォワーダーである。

③　航空運送代理店

　航空運送代理店の行う事業は，航空法では，航空運送事業者のために航空機による運送契約の締結の代理を行う事業と定められている。具体的には，航空運送代理店は航空会社の行う貨物運送業務の販売業務，荷送人との運送契約業務（航空運送状の発行を含む）を航空会社に代わってする事業を行う。

　国際航空貨物代理店には，IATA（International Air Transport Association）航空貨物代理店とNon-IATA航空貨物代理店がある。現在，IATAには約300社近くの国際航空会社が加盟しているが，これらIATA加盟の航空会社との代理店契約は，IATA事務局を通じて代理店契約を行うことにより，個別航空会社との間で代理店契約を行う必要はない。一方，IATA非加盟国際航空会社とは包括的な契約を行うことができないので，個別航空会社ごとに代理店契約を締結することになる。実際に，IATA航空貨物代理店はIATA非加盟航空会社と個別に代理店契約を結び，それぞれの航空会社の貨物スペースの販売，荷送人への航空運送状の発行等を行っているものもみられる。

(3)　航空貨物の種類

　航空貨物にはさまざまな種類があるが，一般貨物については，貨物の性質，運送方法やサービス内容等により，大きく直送貨物と混載貨物に分けることができる[10]。

①　直送貨物

　直送貨物は，荷送人と航空会社の運送契約によって運送される貨物で，一般的には荷送人が航空代理店を通じ運送を委託する形態をとる（この場合，当該代理店が航空会社の代理として航空運送状（AWB）を発行する）。貴重品，危険物，生鮮品など混載貨物になじまない貨物，または混載貨物のサービスが提供されて

いない仕向地向けの貨物が主である。

② 混載貨物

　混載貨物とは，前述したように，不特定多数の荷主からの小口・少量貨物を集荷して，1つの単位（大口貨物）に仕立てられた貨物である。混載貨物では，荷送人と混載業者の間で運送契約が結ばれる。混載業者は自社で運航する輸送手段（航空機）をもっていないので，実際の貨物輸送は航空会社に委託する。この際，混載業者が荷送人として航空会社と運送契約を締結する。つまり，混載貨物輸送の場合，荷送人と混載業者の関係は，荷送人が荷主，混載業者が運送人となるが，混載業者と航空会社の関係は，混載業者が荷主，航空会社が運送人（実運送人）となる。このような2段階の運送契約によって運送される貨物が混載貨物である。

(4) 国際航空貨物の輸送形態

　国際航空貨物は，次の3つのタイプの航空機によって輸送されている。

① 　大型旅客機のベリー（Belly）の利用

　旅客機は主として旅客輸送を行うが，併せて貨物輸送も行っている。貨物輸送は，航空機胴体の腹部分（Belly）である下部貨物室を利用して行う。

② 　貨物専用機の上部または下部貨物室（Cargo compartment）の利用

　貨物専用機（Flighter）とは，旅客を乗せずに，貨物のみを積載する航空機であり，大型貨物専用機が就航されて以来，大型トラックや船のシャフトのような嵩のかさむ貨物が空輸できるようになった。現在では，ロシアのアントノフ（Antonov）航空が保有する超大型貨物専用機（AN-225，最大積載能力250トン）も市場に導入されている。

③ 　旅客機と貨物専用機の中間にあるコンビ機（Combination airplane）の利用

　コンビ機は，機内の上部貨物室を2分し，一部を旅客の座席とし，他の一部（旅客室の後方部分）を貨物用に使用するものである。コンビ機と貨物専用機の比率は世界全体で4対6程度であるが，太平洋路線ではフレイターによる輸送比率が高いため，日本発着の国際線では半々程度になるという（汪，2013a，p.188）。

(5) 国際航空宅配便

　国際航空宅配便は，国際間にわたる比較的少量の貨物や書類などの小口貨物を対象に，航空機を利用して行うドア・ツー・ドアの一貫輸送である。発地・着地で通関手続の容易性から輸送期間が一般航空貨物よりも短縮できること，引渡し期日の信頼性が高いこと，およびドア・ツー・ドアの一貫責任・一貫料金であることが一般的な特徴であるといえる。

　国際航空宅配便は，1969年，米国西海岸とハワイ諸島間の船積み書類の緊急輸送のために開発され，日本では，1975年に海外新聞普及が外国に送る新聞の一手扱い輸送を行ったことが始まりであるとされている。1979年にDHL Internationalによって日本法人DHL Japanが設立され，これを契機に欧米外資企業が相次いで日本法人を設立し，1980年代に入ると，日本での国際航空宅配便が本格的に開始され，その後現在まで成長，拡大してきている。

① 貨物の分類

　国際航空宅配便の対象貨物は，主に通関手続の違いから，以下の3つに分類される。

（a）クーリエ・サービス（Courier service）

　信書以外の契約書，船荷書類，各種業務資料，設計図などの書類（Documents）およびそれに類する物品を輸送するサービスである。現物輸送が必要な書類・物品の輸送ニーズに適するサービスである。

（b）スモール・パッケージサービス（Small package service）

　商品サンプル，ギフト商品，機械部品，コンピュータ関連などの小型・軽量貨物の国際輸送サービスである。一般的には，取扱貨物重量が30kg以下の貨物が対象となる。

（c）一般小口貨物

　一部の大手国際航空宅配便事業者は，大型の機材を用いて，小口貨物ではあるが，30kgを超えた重量貨物の輸送も引き受けている。このような小口貨物の大型化に対応した輸送ができるようになったことも，国際航空宅配便が成長した要因の1つと考えられよう。

② 輸送形態

国際航空宅配便の輸送形態は，就航機の利用形態から，以下の4つに分類される。

（a）自社一貫輸送型

大手国際航空宅配便事業者が荷送人から依頼された貨物を自社保有航空機を用いて，集配，航空輸送，現地荷受人への配送まで一貫して自社で行う輸送形態であり，通常，インテグレーターがこの業務を行っている。

（b）自社混載輸送型

貨物利用運送事業者（混載業者）によって行われる国際航空宅配便サービスの輸送形態で，宅配便貨物は自社の混載貨物システムを通じて取り扱われる輸送の形態である。

（c）他社混載輸送型

国際航空宅配便事業者が集約した貨物を荷送人として，他の貨物利用運送事業者（混載業者）を利用して運送を行う形態である。いわゆる「利用の利用運送事業者による輸送」である。

（d）オンボード・クーリエ（On board courier）

国際航空宅配便事業者の従業員または業務委託先従業員が旅客として航空機に搭乗し，荷送人から引き受けた書類や小口貨物を自己の手荷物として運ぶ形態である。このオンボード・クーリエは，各国のクーリエに関する簡易通関制度（旅具通関制度）を利用して行われるもので，主要な空港ではオンボード・クーリエ専用の通関仕分け施設が設けられており，日本においても1987年7月から旅具通関が認められた。

③ インテグレーターの台頭

インテグレーター（Integrator）とは，航空会社，フレイト・フォワーダー，貨物運送代理店等多機能をもつ総合グローバル・ロジスティクス輸送会社である。インテグレーターは，荷主貨物の集荷から航空輸送，保管，通関代理業務，現地荷受人への配送まで一貫責任のもとで，自己完結型のドア・ツー・ドア輸送を行う。運送効率を向上させるため，ハブ・アンド・スポークシステムを採用したグローバルな輸送ネットワークを構築している。

インテグレーターは，多くの場合，航空運送業，利用航空運送業，航空貨物取扱業，通関業務，倉庫業，配送業，貨物保険業務，自動車運送取扱業，その他付帯業務等多様で，広範囲な事業を行っている。世界におけるインテグレーターの代表的な企業として，FedEx（米国），UPS（米国），DHL（ドイツ），TNT（オランダ）があげられる。

(6) 航空運送状

国際航空輸送においては，国際海上輸送のように船荷証券は発行されず，航空運送状が使用される。航空運送状は，運送契約の成立を立証し，運送人による貨物の受け取りを証する書類であるが，これらの事実を立証するには，航空運送状によらなければならないわけではない。また航空運送状は，それと引換えでなければ貨物の引渡しを受けることができない証券（受戻証券）ではなく，常に記名式で発行され，船荷証券のような指図式では発行されないなどの性質を有する。

航空運送状には，「航空会社の航空運送状」と「混載会社の航空運送状」の2種類がある。荷送人が貨物を直接空港にもち込んで国際航空輸送を行う場合には，「航空会社の航空運送状」が使用される。これに対して，航空代理店・混載業者を通じて国際航空輸送を行う場合には，「航空会社の航空運送状」または「混載会社の航空運送状」が使用される。現在の国際航空輸送における運送契約の状況をみると，全体の95％程度が「混載会社の航空運送状」で契約された混載貨物となっており，航空会社の航空運送状を使用して直接航空会社と契約する貨物は少ない状況である。

このように，国際航空輸送においては，ほとんどが混載貨物として輸送される。混載貨物は，運送契約の形態からみると，荷送人が混載業者（契約運送人。通常はフレイト・フォワーダー）と運送契約を結び，当該混載業者は航空会社と運送契約を締結して，航空会社が荷送人の貨物を輸送するという方式をとる。つまり，混載貨物の場合は，運送契約が2段階に行われ，荷送人と混載業者の関係では，荷送人が荷主で，混載業者は運送人となるが，混載業者と航空会社の関係では，混載業者が荷主となり，航空会社が運送人（実運送事業者）となる。この点は，既述したとおりである。

上記の場合，荷送人と混載業者の間の運送契約を証する書類が House Air Waybill (HAWB) と呼ばれ，混載業者と航空会社の間の運送契約を証する書類は Master Air Waybill (MAWB) といわれる。このように，混載貨物では1つの貨物に対して2つの航空運送状 (HAWB と MAWB) が作成されるが，航空輸送中に発生した貨物の損害に対して直接責任を負うのは契約当事者である混載業者であり，荷送人からクレームを受けた混載業者はただちに実運送事業者である航空会社に再クレームするという手続がとられている。しかし，2003年11月にモントリオール条約が発効し，同条約を批准した国の間の輸送においては，混載貨物の場合においても航空会社は運送人として直接責任を負うこととなった。

3　国際複合輸送

(1) 国際複合輸送の概念

国際複合輸送とは，一般に，①運送品（貨物）の輸送を単一の運送人が運送品の受取から引渡しまで，②複数の輸送の態様（モード）を用いて，③2国以上の国際間で運送品の移動を行うことであるとされる。つまり国際複合輸送は，単一の運送人が2つ以上の異なる態様の輸送を用いて国際間にまたがる全区間の輸送を引き受けるところに，国際複合輸送の特色がある（高桑, 2011, p.185）。

国際複合輸送は，1960年代後半から国際輸送のコンテナ化により急速に普及し，複数の輸送モードを結びつけた複合運送によって国境を越えたドア・ツー・ドアの一貫輸送方式として発展してきた。すなわち，コンテナリゼーションの進展は，コンテナを媒介として運送品をユニット化した場合には，異なった輸送モードを有機的に結ぶことが可能となり，最初の輸送単位をまったく崩すことなく，あたかも同一の輸送モードで行うかのごとく運送品を最終荷受人まで届けることを容易にしたのである。

さらにまた，コンテナによってあらゆる輸送モードの結合が物理的に可能となったため，これまでの港から港まで (port-to-port) に限定されない輸送ルートを追求しようとする動きも国際複合輸送の発展に拍車をかけた。その例が海

第7章　企業の国際的活動　343

と大陸を結ぶランドブリッジ (Land Bridge), または海上輸送と航空輸送を結び付けたシー・アンド・エア (Sea & Air) であり, 今日では国際複合輸送は国際輸送の中で重要な役割を果たしている。

このように国際複合輸送は国際輸送において大きな役割を果たしているが, 国際複合輸送についての実効性のある世界的な統一法はなく, 日本においても国際複合輸送を規律する強行法規は存在しない。国際複合輸送でよく引用される条約として 1980 年 5 月に採択された「国連国際物品複合運送条約」(United Nations Convention on International Multimodal Transport of Goods, 1980) があげられる。この条約では, 国際複合運送とは, 要約すれば, 1 つの運送契約に基づく, 2 以上の運送手段によって行われる 2 国間の物品運送をいうと定めている。

しかし, この条約は, 今までの条約に比べ複合運送人に対して重い責任を課しており, また従来の国際商慣習になじまない点があるなどの理由により, 日本を含む先進国の批准が得られておらず, 現在のところ 7 カ国しか批准していない。条約発効には 30 カ国以上の批准を必要とすることから, いつ国際条約として発効するのか現状では見通しがついていない。

(2) 国際複合輸送の統一規則

上述したように, 国際複合輸送に関する統一法が存在しないにもかかわらず, 今日, 国際複合輸送は実態面で大きく発展している実情に対処するため, 国際組織が中心となって国際複合輸送を法的側面から規制するための統一規則を作成してきた。現在, 国際的な統一規則としては以下の 2 つの統一規則が制定されている。

① 国際商業会議所の「複合運送証券に関する統一規則」

国際商業会議所 (ICC) は, 1975 年 11 月に「複合運送証券に関する統一規則」(ICC Uniform Rules for a Combined Transport Document) を採択した。同規則の定義によると,「複合運送とは, 少なくとも二つの異なる運送方法による物品の運送であって, ある国に所在する物品のある受取地から他の国に所在する指定引渡地までの物品運送を意味」し, また「複合運送人とは, 複合運送証券を発行する者 (法人, 会社または法的主体を含む) を意味する」と規定する。この規則は, 複合運送証券に採用する最小限の条項 (運送人の過失責任の原則, ネッ

トワーク・システムの適用など）をまとめたものであり，それ以外の事項については抵触しない限り挿入することは契約当事者の自由とするものである。
② 国連貿易開発会議・国際商業会議所の「複合運送書類に関する規則」

国連貿易開発会議（UNCTAD）は，国際商業会議所（ICC）と共同して「国連貿易開発会議・国際商業会議所複合運送書類に関する規則」(UNCTAD/ICC Rules for Multimodal Transport Documents, ICC publication No.481) を1991年6月11日付けで採択し，1992年1月1日から実施されている。同規則の第2条定義によると，「複合運送契約とは，2つ以上の異なる運送手段を用いた単一の物品運送契約をいい」，「複合運送事業者（Multimodal Transport Operator）とは，複合運送契約を締結し，運送人（Carrier）としてその履行に責任を負う者」とする。また「運送人とは，複合運送人であるか否かに関わらず，運送の全部または一部につき，現実に履行する者，または履行を引き受ける者をいう」と規定する。

同規則は，国連国際物品複合運送条約が発効しない事態を前提として，ヘイグ＝ヴィスビー・ルールおよび1979年議定書が制定されたこと，またハンブルグ・ルールズが1992年に発効される見通し（1992年11月1日発効）であることに伴い，これらの条約をもとに新たな複合運送規則として作成されたものである。

日本では国際インターナショナルフレイトフォワーダーズ協会（JIFFA）による複合運送証券や日本海運集会所（JSE）の複合運送証券の裏面約款が作成されている。

(3) 国際複合輸送の形態と主要ルート

国際複合輸送は，大きく次の3つの形態に分かれる。
① 海上輸送と航空輸送を結んだ Sea & Air 輸送
② 航空輸送と陸上輸送を結んだ Air & Land 輸送
③ 海上，陸上，航空の各輸送を結んだ Sea-Land-Air 輸送

このうち，最も一般的な輸送形態は，Sea & Air 輸送である。Sea & Air 輸送は，海上輸送と航空輸送を組み合わせた国際複合輸送であり，海上輸送におけるコンテナ船の出現と航空輸送における大型広胴機の就航とともに誕生し，

発展してきた。

　国際複合輸送の主要ルートを日本発着の地域別・航路別に分類すれば，(a) 欧州向け，(b) 北米向け，(c) アジア向け，(d) 中南米向け，(e) 豪州向け，(f) アフリカ向けに大別される。

　日本発着の主要国際複合輸送ルートである欧州向け，北米向けおよびアジア向けの各輸送ルートを紹介すると，欧州向けは，American Land Bridge (ALB, 日本 → 米国西岸 → 米国東岸 → 欧州)，北米西岸経由 (CLB, 日本 → バンクーバー (またはシアトル) → モントリオール → 欧州) などがあり，北米向けでは，Mini Land Bridge (MLB, 日本 → 米国西岸 → 米国東岸，ガルフ地区), Interior Point Intermodal (IPI, 日本 → 米国西岸 → 米国内陸部) などがある。また，アジア向けで代表的な輸送ルートには，日中間輸送（日本 → 上海・青島・天津新港他 → 中国内陸部その他ルート），日韓輸送（日本（下関）→ 釜山 → 韓国内陸部），シンガポール経由マレーシア（日本 → シンガポール → マレーシア内陸部）などがあげられる（表7－1）。

(4) 複合運送証券と複合運送人の責任

　複合輸送とは，前述したように複数の輸送手段を組み合わせた輸送によってドア・ツー・ドアの一貫輸送を行うものであり，複合輸送ではこれを1つの運送契約，つまり複合運送契約でカバーし，この契約を証明する運送書類が複合運送証券（Multimodal Transport B/L）である。複合運送証券（複合運送船荷証券のことであるが，単に複合運送証券と呼ばれる）は，複合運送人によって発行され，船荷証券の1つの種類であるから，有価証券であり，裏書によって第三者に譲渡することができる流通性をもった証券である。

　複合運送は，複合運送人が受取地から引渡地まですべての運送区間について運送責任を負うものであるが，実際には複合運送人がみずからすべての運送を行うものではなく，ある一定の区間については他の運送人に運送を実行してもらう。この場合，海，陸のどの区間で損害が発生したのかを確定できないとき，運送人はどのように責任を負うのかという問題がある。この場合，複合運送人の責任を決定する方法としてユニフォーム・システムとネットワーク・システムがある。

表7-1 主要国際複合輸送ルート(欧州,北米,アジア向け)

ルート名	ルート	所要時間	開始時期
1 欧州向けルート			
シベリア・ランドブリッジ(SLB)	日本→ボストチヌイ→ロシア国境→欧州,中近東 　　船舶　　　鉄道　　鉄道,トラック,船舶	33～35日 (フランクフルト向け)	1971年
アメリカ・ランドブリッジ(ALB)	日本→米国西岸→米国東岸→欧州 　　船舶　　鉄道　　船舶	35日 (フランクフルト向け)	1972年
北米西岸経由 SEA/AIR	日本→北米西岸→〔モントリオール〕→欧州,中南米 　　船舶　　鉄道,航空　　　　航空	13～14日 (フランクフルト向け)	1962年頃
ロシア経由 SEA/AIR	日本→ボストチヌイ→ウラジオストック→モスクワ→欧州 　　船舶　　トレーラー　　　航空　　航空	13日 (フランクフルト向け)	1968年
東南アジア経由 SEA/AIR	日本→香港,バンコック,シンガポール→欧州 　　船舶　　　　　航空	10～13日 (フランクフルト向け)	1982年頃
欧州航路経由一貫運送	日本→欧州諸港→欧州 　　船舶　　鉄道,トラック,艀	30～35日 (フランクフルト向け)	1971年
2 北米向けルート			
ミニ・ランドブリッジ(MLB)	日本→米国西岸→米国東岸,ガルフ地区 　　船舶　　　鉄道	16日 (ニューヨーク向け)	1972年
インテリア・ポイント・インターモーダル(IPI)	日本→米国西岸→米国内陸部地域 　　船舶　　鉄道,トラック	14日 (シカゴ向け)	1980年
リバースド・インテリア・ポイント・インターモーダル(RIPI)	日本→米国東岸→米国内陸部地域 　　船舶　　トラック	25日 (シカゴ向け)	1980年
日米一貫運送 SEA/TRUCK	日本→米国西岸→米国各地 　　船舶　　鉄道,トラック	18日 (クリーブランド向け)	1971年
韓国・日本経由 SEA/AIR	上海→仁川・大阪→米国内陸地域(欧州向けもある) 　　船舶　　　鉄道,バス	5～7日 (シカゴ向け)	2002年
3 アジアルート			
日韓輸送	日本(下関)→釜山→韓国内陸部地域 　　　　フェリー　トラック,鉄道 ※JRの5トンコンテナによる輸送が可能	2～4日 (ソウル向け)	1972年
日中間輸送	日本→上海・青島・天津新港他→中国内陸地域 　　船舶　　　　　鉄道,トラック,艀	6～7日 (北京向け)	1980年
	日本→香港→中国内陸地域 　　フェリー　トラック,艀	7～8日 (東莞向け)	1980年代
	日本→上海→中国内陸地域 　　フェリー　トラック (博多/上海間のルートではJRの5トンコンテナによる輸送が可能)	3～4日 (蘇州向け)	2003年
シンガポール経由マレーシア	日本→シンガポール→マレーシア内陸地域 　　船舶　　　　トラック	8～10日 (ジョホール)	1980年代後半

備考:輸送ルートごとの所要日数は,参考数字である。
出所:日本インターナショナルフレイトフォワーダーズ協会編,2011b,p.54。

① ユニフォーム・システム (Uniform Liability System)

　複合運送人は，運送品の滅失・損傷が発生した区間に係らず，全区間について単一の責任原則を適用するもので，「全運送区間対荷主単一責任かつ同一責任」といい，国連国際物品複合運送条約はこの立場をとっている。この条約は未だ発効されていないということと，複合運送人（契約運送人）と各運送区間の実運送人とが異なるとき，その間の内部調整が困難となることなどから，実務では採用されていない。

② ネットワーク・システム (Network Liability System)

　複合運送人の責任は，運送手段ごとにすでに確立した責任体制を組み合わせ，運送手段別に国際条約による強行規定を適用することとし，それがないときは当事者が適用法規として選択した国内法の強行規定を適用し，それ以外の場合には契約の条項に基づくとするもので，「全運送区間対荷主単一責任かつ各区間異種責任」という形態をとり，多くの先進国では，複合運送人の責任については，このネットワーク・システムによっている。タイアップ・システムとも呼ばれる。

　日本では，国際インターナショナルフレイトフォワーダーズ協会が1984年に複合運送証券を作成，その後1989年に「国際複合一貫輸送標準約款」（JIFFA MT B/L）を発表し，それに基づいて1993年に複合運送証券の改訂を行っている。これによれば，運送品の損害発生場所が明らかなときは，海上運送については国際海上物品運送法の規定，航空運送については，1955年のヘイグ議定書による改正ワルソー条約の規定によるとしている。

　また，損害発生区間が不明の場合には，海上運送では海上運送中に生じたものとみなし，1包・1単位当たり10万円を限度額とし，航空運送では1kg当たり2米ドルとする。さらに延着については，海上輸送では荷送人が運送人の故意を立証すれば，運送賃総額を超えない範囲で運送賃の2.5倍相当額まで請求でき，航空輸送では運送人は責任を負わないとしている。

4 フレイト・フォワーダーとNVOCC

(1) フレイト・フォワーダーの概念と事業内容

　国際複合輸送で重要な役割を果たしているのが，フレイト・フォワーダー (Freight forwarder) である。フレイト・フォワーダーを最初に法制化したのは，1942年5月16日に改正された米国のInterstate Commerce Act (ICA, 州際通商法) である。この法律によると，フレイト・フォワーダーとは，航空輸送を除く内陸運送手段 (鉄道，自動車，内水路およびパイプライン) の利用運送人のことを指している。

　一方，欧州では域内国は陸続きで国境を接していることにより，国境を越える運送需要の高まりから，利用運送という事業形態が古くから発達し，長い歴史をもち，今日まで続いている。1926年5月31日に欧州でフレイト・フォワーダーの団体であるFIATA (仏語名：Fédération Internationale des Associations de Transiaires et Assimilés) が設立された。この時代におけるフレイト・フォワーダーは，荷主と運送人との間の仲介人 (Intermediary) として，貨物が確実，迅速に運送されることを手配し，またそれに関する書類作成，通関業務その他付帯サービスを行うというフォワーディング・エージェント (Forwarding Agent) という性格をもつものであった。

　その後，1980年代後半にコンテナ化の時代を迎え，大手フォワーダーが運送責任を負う利用運送人に変身し，FIATAの英文協会名である「International Federation of Forwarding Agents Associations」が時代にそぐわなくなったことから，1970年代初めにその名称を「International Federation of Freight Forwarder Associations」に変更したことが契機となって，「フレイト・フォワーダー」という用語が世界で広く使用されるようになり，今日に至っている。

　日本ではフレイト・フォワーダーは利用運送事業および運送取扱業を含む事業者とされている。既述したように，利用運送事業とは，実運送事業者の行う運送を利用してする貨物の運送である。また運送取扱業は貨物運送取次業と貨物運送代弁業に分かれる。貨物運送取次業は荷主の需要に応じ有償で，自己の名をもって荷主の計算において運送業者と貨物運送契約を締結することを引き受けることであり，貨物運送代弁業は荷主の名をもって運送業者と運送契約を

締結する荷主の代理人またはその使者という立場で事業を行うものである。

このようにフレイト・フォワーダーは，荷主との間で自ら運送契約を締結する場合（利用運送事業者）と荷主と運送業者の間の契約を仲介し，それに付随する業務を行う場合（運送取扱事業者）とがある。後者では荷主と運送人の契約であるので，このフレイト・フォワーダーは運送契約の当事者ではないが，前者ではフレイト・フォワーダーは運送の実行に当たる運送人（実運送人）との間で運送契約の当事者となる。

しかし，日本のフレイト・フォワーダー，特に国際輸送を含む国際物流を担う国際フレイト・フォワーダーは利用運送による国際輸送（国際海上，国際航空，国際複合輸送）に限らず，集荷・混載業務，現地国内輸送，現地国内倉庫による保管と在庫管理，海外ストックオペレーション，検品・仕分け・値札付け・梱包等の流通加工，国際輸送に付随した設備機械の据付，輸出入通関手続，海外貨物保険の手配，各種書類作成，コンサルテーション，船積み・在庫・輸送進捗管理等，広範囲な分野で国際物流・ロジスティクスを行っている。このような多様で複雑な国際物流業務が求められることから，日本ではさまざまな出身母体からフレイト・フォワーダーの展開が行われており，主には陸運系，船社系，鉄道輸送系，倉庫系，商社系および大手メーカー系等に分けられ，それぞれの出身母体の特徴を生かした運営を行っている。

(2) NVOCC の定義と事業概要

NVOCC とは，Non Vessel Operating Common Carrier の頭文字をとった略称で，1984 年米国海事法（The Shipping Act of 1984）で認められた外航海運利用運送事業者（外航海運フォワーダー）のことである。この立法化により，NVOCC が初めて法的地位を得ることとなった。同法第3条17項では，NVOCC とは，「海上運送を行う船舶を運航せず，Ocean Common Carrier（船会社）との関係においては，Shipper（荷送人）となる Common Carrier（公共運送人）のことをいう。」と定義している（日本インターナショナルフレイトフォワーダーズ協会編，2011a, p.4）。

その後，1998 年に米国改正海事法（The Shipping Act of 1984 as Modified by The Ocean Shipping Reform Act of 1998：OSRA）が成立し，1999 年5月1日から

施行されているが，同法施行細則 512.2 では，NVOCC の業務として以下のものを例示している（日本インターナショナルフレイトフォワーダーズ協会編，同上書，p.5）。

（a）船会社から運送サービスの購入と当該サービスの他社への再販
（b）港から港への輸送または複合運送に係る諸料金の支払い
（c）荷主と海上貨物運送契約の締結
（d）船荷証券またはその他の運送書類の発行
（e）通し運送の内陸運送手配と内陸運賃・料金の支払
（f）Ocean Freight Forwarder（海上貨物フォワーダー）に対する適法な報酬の支払い
（g）コンテナのリース
（h）出発地または目的地における代理人との契約締結

　NVOCC は，2005 年 1 月に米国連邦海事委員会（FMC：Federal Maritime Commission）において，荷主とのサービスコントラクト（Service contract）が正式に認められた[11]。NVOCC のサービスコントラクトは，NVOCC Service Arrangements（NSA）と定義されており，これにより NVOCC の営業力が強化され，荷主にとっても魅力度が一層高まったといえよう。なお米国改正海事法では，海上運送仲介事業者（OTI：Ocean Transportation Intermediary）という概念が導入され，これは NVOCC と海上運送取扱事業者（Ocean Freight Forwarder）の総称である。海上運送仲介事業者は，NVOCC または海上運送取扱事業者の免許を個別に取得する必要があり，免許の申請者は海上運送仲介事業者で最低 3 年以上の経験を要するなどの条件がつけられている。

　NVOCC は，米国における外航海運利用運送事業を行うに当たって必要となる免許であるが，日本の多くの国際物流企業，とりわけ対米輸送に係る国際フレイト・フォワーダーは，米国での NVOCC の免許（営業登録）を取得することによって，NVOCC 業務に参入している。

　このように NVOCC は，米国の法律に基づく外航海運利用運送事業者のことであるが，今日においては，業界では利用運送を行うフレイト・フォワーダーを NVOCC と称する場合もある。

第4節　国際技術移転契約と国際取引

1　概　説

　産業上利用しうる技術，知識・経験を有する者がそれを必要とする者に対して，利用させ，あるいは譲渡する契約を技術移転契約といい，技術移転のうち，活動する国を異にする企業間の技術移転である契約を国際技術移転契約と称している（高桑，2011，p.260）。相手国企業に技術を提供する側からみて国際技術供与契約とも呼ばれる。今日，先進国内の企業間，先進国と発展途上国の間における企業間，さらには民間企業と相手国政府の間などで，それぞれの国際技術移転が行われている。

　産業用利用しうる技術，知識・経験には，特許権，商標権等の産業財産権，商号，サービス・マーク，著作権（半導体回路配置，コンピュータ・プログラムを含む）のように，各国の法律で権利として認められているもののほかに，法律上の権利の形をとっていないが，産業上有益な知識・経験（トレード・シークレットあるいはノウハウ）も含むことから，技術移転の対象となるものは，相当に広い範囲となる。

　国際技術移転は，相手国企業との合弁事業（海外直接投資）やプラント輸出に付随して行われることも多くみられる。合弁事業により設立された合弁会社が現地生産や開発事業を行う場合，合弁会社にその生産や開発を行うための技術がない場合，海外直接投資の実施とともに，それに付随して合弁会社に技術移転が行われる。この技術移転を行う際に，合弁会社への出資を特許権等の現物出資で行えば，初期投資の負担が軽減され，また，後述するように技術の実施許諾権を与えることにより，合弁会社からロイヤリティ（Royalty）の支払が受けられ，安定的な収入が得られるというような利点もある。

　また，プラント輸出の場合においても，前述したように単に生産設備だけを輸出しただけでは，そのプラントは稼働せず，正常な運転のためには，稼働させる技術を必要とする場合が多くみられる。そこで，プラント輸出の場合は生産設備の輸出に付随して，技術移転が行われる。

このように，技術移転とともに合弁事業による合弁会社の設立やプラント輸出が行われる場合に，本国（技術提供国）企業から合弁会社またはプラント受入会社の生産や開発等のために必要な設備や物品が相手国企業に国際売買されれば，そこでは国際商流が生じることになる。

技術移転契約は特許権等やノウハウの譲渡契約，特許権等やノウハウの実施許諾契約，技術指導契約（技術者派遣契約）等に大別されるが，今日の国際技術移転契約で最も多いものは，実施許諾契約であるので，以下この実施許諾契約について述べる。

2 技術の実施許諾契約の主な内容

技術の実施許諾契約とは，特許権等やノウハウの技術を保有している者がこれを必要とする他者に使用させる契約である。技術を供与する者を実施許諾者（ライセンサー：Licensor），技術を使用する者を実施権者（ライセンシー：Licensee）という。実施許諾契約においては，実施許諾者は実施権者に対しその技術の使用を許諾し，実施権者は使用許諾された技術の使用対価として実施料（ロイヤルティ：Royalty）を支払うという形をとる（図7-7）。この実施許諾契約は通常，ライセンス契約と呼ばれる。

図7-7 技術の実施許諾契約の仕組み（例）

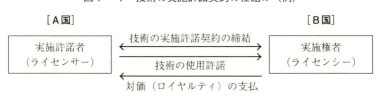

技術の実施許諾契約，すなわちライセンス契約というのは，技術という無形なものを対象とすることから，抽象的でわかりづらいところがあるので，具体的な契約条項（例示）を紹介しながら，その主な内容を述べることとする。

(1) 対象となる許諾技術の特定

実施許諾契約で対象となる技術は，特許権等の産業財産権，これらの出願中

の権利もしくはノウハウまたはこれらを合わせたものであるが，契約に際しては許諾対象となる技術を特定しなければならない。特許権等は付与された国と番号によって特定できる。ノウハウの場合は，当該生産設備の設計，製造，据付等にかかわる技術的知識などのように，その内容を文書，図面等有形のもので具体的に表示する。

(2) 実施権

実施権者の実施権には，独占的実施権と非独占的実施権がある。独占的実施権を設定した場合は，一般に第三者に実施権を与えることはできない。ただし，この場合にあっても，実施許諾者についても実施することができないものと，実施できないのは第三者だけで実施許諾者は実施できるものとがあるが，それは契約内容によって決まる。非独占的実施権では，複数の者が同一内容の実施権を有することになる。例えば，ある特定国での製造と販売の非独占的実施権を付与する場合の条項として，以下のような例示があげられる（牧野，2013，p.281 より引用）。

[技術情報使用権付与の条項（例）]

X 社（実施許諾者）は Y 社（実施権者）に対し，B 国におけるライセンス製品の製造および販売のために本件技術情報を使用する非独占的使用権を付与する。ただし，当該権利は，X 社が所有する特許ならびに技術情報に含まれるノウハウおよび発明に基づく非独占的実施許諾を含むものとする。

この条項は，B 国という特定国内での製品の製造と販売という許諾対象を特定して，非独占的使用権を付与するという規定を定めたものである。

(3) 実施許諾者の義務

実施許諾者は，実施権者に実施権の使用を認めるだけでなく，その使用のための知識・経験を伝授する。そのためには，実施権者にノウハウとなっている知識・経験を教示するのに必要な文書，図書，情報等を開示し，交付するとともに，技術的指導も行う。また，実施許諾者は技術の有効性の保証，第三者の権利を侵害しないことの保証，第三者が権利を侵害した場合の措置等についても義務を負う。

(4) 実施権者の義務

　実施権者の重要な義務の1つが，技術の実施許諾の対価としての実施料（ロイヤルティ）を支払うことである。実施料の算出は一定額とするもの，製品の量などによる方法，その両者の併用等いくつかのバリエーションがある。実施料の支払条項として，以下のような例示があげられる（牧野，同上書，p.283 より引用）。

［実施料（ロイヤルティ）の支払の条項（例）］

　Y 社（実施権者）は X 社（実施許諾者）に対し，本ライセンス製品の卸売価格の5パーセントを（対価として）本ライセンス製品の製造後 30 日以内に日本円にて支払う。

　ロイヤルティの利率は市場価格（顧客への最終販売価格）を基準とするものもあるが，技術の付加価値によって，業界平均で1％～5％の範囲におさまるという。ただし，コンピュータのソフトウエア関連技術の使用料は付加価値が高いことから，これより大きい料率が合意される場合もあるという。

　実施権者の今1つの重要な義務として，秘密保持義務がある。ノウハウはその性質上，第三者に知られてはならないので，実施権者は秘密を保持しなければならない。これは，実施契約の期間中のみならず，契約終了後も一定期間は秘密を保持することが義務づけられることが行われている。秘密保持の契約条項として，以下のような例示があげられる（牧野，同上書，p.282 より引用）。

［守秘義務の条項（例）］

　X 社（実施許諾者）の事前の書面同意なくして，Y 社（実施権者）は本契約日以降3年間，Y 社が本契約に基づき X 社から取得した技術情報をいかなる第三者に対しても開示もしくは遺漏せず，当該開示もしくは遺漏を防ぐための充分な手続きを確保するものとする。

　この条項は，実施権者がライセンスされる技術情報について，契約日から3年間，第三者へ開示もしくは遺漏しないことを約束する守秘義務を定めた規定である。

実施許諾者が使用許諾する技術全体の付加価値総額の中で，特許権や商標権によって明確に保護される知的財産権の部分はわずかであり，そのほとんどが企業秘密やノウハウなどの公開されない情報によって保護を受ける知的財産権によって占められる。したがって，これらの企業秘密やノウハウは公開されてしまうと，企業秘密としての法的保護を失ってしまうので，この守秘義務規定は実施許諾契約（ライセンス契約）の必須事項であると説明されている。

(5) 契約関係の終了

実施許諾契約の中で契約の終了事由を定めることになるが，特に契約解除については，後日の紛争防止のために重要な規定となる。例えば，実施許諾者が技術に関する知的財産権を守るために，実施権者に契約違反があった場合，あるいは事業停止，倒産などがあった場合において実施許諾者に契約解除権を与える規定（約定解除権）などは重要な規定となる。

3　国際技術移転に対する公的規制

国際技術移転は，たとえそれが私企業間の国際取引であっても，一国の安全保障や経済政策等に大きな影響を与えることがあるから，各国で国際技術移転に対して，さまざまな公的規制を行っている。例えば，発展途上国では，特別法によって技術移転契約が厳重に規制され，技術移転契約の締結には行政官庁による許認可が必要とされていたり，あるいは契約内容について強行規定が定められているものなどがある。

わが国では，外為法（外国為替および外国貿易法）とその附属法令によって，特定技術の移転に対する許可制と指定技術の導入に対する事前届出制・事後報告制が設けられている。前者については，技術を移転する国際契約のうち，国際的な平和および安全の維持を妨げることとなる特定の技術を特定国で提供することを目的とする取引を行おうとする者は経済産業大臣の許可を受けなければならないと規定する（外為法25条1項）。後者については，技術導入契約のうち，国の安全を損ない，公の秩序の維持を妨げたり，または公衆の安全の保護に支障を来たすことになるおそれのあるものや，わが国経済の円滑な運営に著しい悪影響を及ぼすことになるおそれがある一定のものについて，財務大臣お

よび事業所轄大臣への事前届出や事後報告の義務を課している（同法30条1項，55条の6）。

　また，独占禁止法では，知的財産権の行使については，同法を適用しないとされているが（独占禁止法21条），その実施許諾等に関する契約については，事業者は不当な取引制限または不公正な取引方法に該当する事項を内容とする国際的協定または国際的契約をしてはならないと規定する（同法6条）。公正取引委員会は，「知的財産権の利用に関する独占禁止法の指針」（平成19年）を作成し，技術の利用に関する行為に独占禁止法を適用する際の基本的な考え方を明らかにしている。この指針は，事業者の事業活動が行われる場所がわが国の内外のいずれであるかを問わず，わが国の市場に影響が及ぶかぎりにおいて適用される。

第5節　海外直接投資と国際取引

1　海外直接投資の進展と貿易との関係

　海外直接投資は，マクロ的な資金の流れからみると，国際間の長期資本移動の一形態であるととらえることができる。確かに，海外直接投資においては資本が国境を越えて国際的に移動するが，他方で，企業ベースからみると，その資本によって投資受入国で事業を行い，投資先の事業を継続的に支配することを目的とする投下資本としてとらえることもできる。このような企業行動に着目して海外直接投資の本質にアプローチしたのが，「経営資源の一括移転」という考え方である。

　この考え方によれば，企業は有形資産（機械設備，原材料，現預金，貸付金等）ばかりでなく，無形資産（特許等の知的所有権，技術・ノウハウ，暖簾等）からなる経営資源を活用して事業経営を行っているが，海外直接投資とは経営支配のために必要とされるこれらの経営資源を1つのまとまった形で，つまりパッケージされた形で投資受入国に移転する投資形態であると説明されている（小宮，1972，p.178）。すなわち，企業の国際的事業展開から海外直接投資をとらえると，海外直接投資とは投資受入国に経営資源を移転し，投資受入国内の事業

に対する経営支配を目的とした経営行動であるということになる。これに対し，海外市場での収益確保を目的とする株式の売買や債権の取引等は間接投資（証券投資）と呼ばれ，直接投資と区別される。

　企業が海外直接投資を行う目的には，それぞれの置かれている環境の違いによってさまざまなケースがある。例えば，輸出貿易であったものが現地でのさらなる市場拡大のため，現地で販売会社を設立するケース，相手国（現地国）との貿易摩擦を回避するため，輸出に代えて相手国で現地生産を開始するケース，輸出製品の国際競争力の低下に伴い比較優位を求めて海外に生産拠点を移転するケース，親会社の海外移転に合わせて協力会社がそれに追随して海外に拠点を設けるケース，投資受入国の外資誘致政策の一環として当該国に拠点を設置するケース，さらには多国籍企業にみられるように，グローバル経営戦略の一環として世界市場の中から最適な経営資源を活用すべく，最適な立地を選択する環球型投資のケースなどがみられる。

　このような企業の海外直接投資は，国際投資活動を活発化させるだけでなく，国際投資活動に伴って貿易取引も促進する効果を有しており，通商白書によれば，東アジア域内では，日本企業の海外直接投資を起点として，各国・地域間の要素賦存の差を活用した工程間分業が形成され，産業内貿易が活発化するというパターンが，特に機械分野で進展していると説明する。また，多国籍企業の海外子会社などの現地法人のグローバルな展開は，本社と現地法人の間の物品の輸出入取引，つまり企業内貿易を活発化させ，世界貿易の3分の2は，このような企業内貿易で占められているといわれている。

　このように，海外直接投資の進展は投資国企業と投資受入国企業の貿易を促進し，海外直接投資と貿易は相互に関連し合って互いに発展する関係にあるといえる。

2　海外直接投資の内容

　外為法（外国為替及び外国貿易法）23条2項は，対外直接投資とは，「居住者による外国法令に基づいて設立された法人の発行に係る証券の取得若しくは当該法人に対する金銭の貸付であって当該法人との間に永続的な経済関係を樹立

するためにおこなわれるものとして政令で定めるもの又は外国における支店，工場その他の事業所（以下「支店等」という。）の設置若しくは拡張に係る資金の支払をいう。」と定義する。

外国為替令（外国為替及び外国貿易令）12条4項1号は，次のようなものを直接投資としている。
① 出資比率が10％以上となる外国法人の発行する証券の取得または当該外国法人に対する期間1年超の金銭の貸付
② 他の投資者と共同して外国法人の経営に参加する場合には，出資額の合計が10％以上になる証券の取得または当該外国法人に対する期間1年超の金銭の貸付
③ 役員派遣，長期にわたる原材料の供給その他の永続的な関係のある外国法人の発行する証券の取得または当該外国法人に対する期間1年超の金銭の貸付

このように，外為法および外国為替令では，貸付や役員派遣等も直接投資の対象として含めているが，相手国（投資受入国）企業の事業に対する経営支配を目的とする国際的企業活動の観点からみると，相手国内での子会社や合弁会社の設立や相手国企業への経営参加等のための株式取得等が海外直接投資として重要な意味をもつ。そこで，経営支配の目的からみた海外直接投資の例として，海外子会社，合弁会社，企業買収を取り上げ，以下にその概要を述べる。

なお，海外直接投資はそれぞれの国の経済政策に与える影響が大きく，このため多くの国で投資規制・制限または政府による行政指導が行われている。したがって，例えば，投資受入国で設立された現地法人は当該国の内国法人として扱われるが，現地法人に外資が相当程度導入されている場合は，当該国の外資政策，産業政策等によって，外国資本による現地法人であるが故に，必ずしも当該国の地元資本による内国法人と同じような扱いを受けるとは限らないこともありうる。

3 海外直接投資の主な形態

(1) 海外子会社（完全所有子会社の場合）

海外子会社には，完全所有子会社の場合とそうでない会社の場合がある。海外子会社が完全所有子会社である場合，投資側の親会社がその株式を100％所有する形態の会社である。中国では，このような投資側が100％出資する完全所有子会社を独資企業と呼んでいる。

一般に，投資受入国（現地国）に現地法人を設立する場合，その現地法人を本国の親会社の経営支配下に置き，現地国での事業活動をコントロールしたいと欲するときは，完全所有子会社を選択することになる。完全所有子会社にすれば，本国の親会社の経営方針の浸透，組織体制の適正化，人員配置・人材育成等，人事・労務政策の円滑な遂行，利益分配（配当等）の決定などの点において，親会社の意思決定が比較的反映されやすいというメリットがあるといわれている。

(2) 合弁会社

ここでいう合弁会社とは，投資側と相手側が締結した合弁事業契約により共同出資し，新たに設立された現地法人のことをいい[12]，相手国の法律の規定に基づいて設立された現地の内国法人である。投資側が合弁会社形態を選択する理由としては，投下資本の節約，リスクヘッジ，現地パートナーの経験・知識およびネットワークの活用，現地国との通商摩擦の回避，さらには現地国政府の外資政策等による規制への対応等があげられている。

合弁会社の設立に当たっては，合弁事業契約において，会社の目的，組織形態，出資比率（どちらの側が過半数を占めるかは，会社の意思決定，運営等において重要な要素となる），株式の譲渡および譲渡制限，株主総会，取締役会等の管理運営方式，会社の決算，契約期限と契約解除，撤退条項等を明確に決めることになる（具体的な契約条項例については，河村，2013，pp.315-322に紹介されている）。

一般に，合弁事業においては，良いパートナーを得ること，現地国の経済政策・産業政策に適合していること，そして紛争が生じた場合に適切な措置が講じられることがキーポイントになるといわれている。

(3) 企業買収

　企業買収は，一般に M&A といわれるように，Merger（合併）と Acquisition（買収）を意味する。合併とは2社以上の会社が結合することであり，この方法には，一方の会社が他方を吸収し消滅させる吸収合併と，既存会社を消滅させて新たに会社を設立する新設合併がある。また，買収には，被買収会社の資産や事業の全部または一部を買収するという資産買収（営業譲渡または事業譲渡とも呼ばれる）と，被買収会社の株主が保有する株式の全部または一部を買収する株式買収の2つの形態がある。

　買収には，友好的買収と敵対的買収がある。資産買収は買収会社と被買収会社の意思が合致したところで行われることから，友好的買収となるが，株式買収の場合には，被買収会社の経営陣が反対している場合でも，それを押し切って株式を一般株主から高値で買い取ることにより経営の支配権を握るといった敵対的買収が行われることがある。

　企業買収に当たっては，当事者間で企業買収に関する買収の方式，買収価格，支払方法，買収後の運営，従業員の雇用等について交渉を行い，企業買収契約を締結することになる。

4　日本企業と現地法人の関係——中国における合弁企業の場合

　中国における合弁事業の場合を例に，日本企業と現地法人との関係を示したものが図7-8である。中国における現地法人は，大きく独資企業（日本企業の100％出資会社）と合弁企業と分かれるが，日本企業との関係で問題になることが多いのが，合弁企業の場合である。

　日本企業と現地法人との関係を投資と経営活動に分けると，投資は現地法人が発行する株式を取得する行為である。設立時や設立後の経営活動の拡大に伴う増資時に株式を取得する，あるいは他の出資者の株式を買い取る場合等における投資行動である。

　投資した結果，利益（分配可能利益）があれば，配当という形で投資利益の分配が得られる。この配当については合弁企業の場合，現地側出資者との間で問題になることがある。

図7-8　日本企業と中国現地法人との関係（合弁企業の場合）（例）

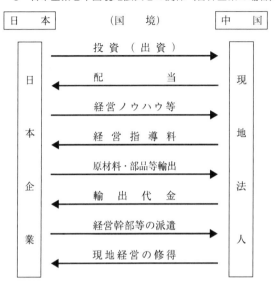

　配当は社外流出であるので，日本側出資者への配当は中国国外へ流出するということになる。中国側出資者は，中国国外への流出を嫌って利益があっても配当に賛成しないことがある。また逆に日本側出資者が将来の事業拡大に備えて内部留保をしようとすると，中国側出資者は利益があるのになぜ配当しないのかといって，配当を主張し内部留保に賛成しないことがある。これは経営に対する考え方の相違であることから，合弁会社設立時の段階で双方の考え方を十分に調整しておくことが重要である。

　これに対して現地法人の経営活動については，日本側出資者は経営ノウハウ等の提供の対価として経営指導料を要求することが多い。これは，現地法人との契約によるもので，売上高の一定割合（一般的には3-5％程度）を経営指導料という名目で受け取るものである。配当がなくても，この経営指導料を受け取るので，日本側出資者としては一定の収入が得られるというメリットがある。この他，日本側出資者から原材料・部品，あるいは製品を輸出すれば，その輸出代金（販売代金）収入が得られる。

　現地法人の経営にとって重要な要素が日本企業からの経営幹部等の派遣であ

る。通常は日本企業からみれば，現地法人への出向という形をとることが多い。この経営幹部等の派遣は，日本側出資者がマジョリティを占めていない，つまり日本側出資者が中国側出資者よりも 50％以下の場合であっても行われることが多く，しかも現地法人の総経理に就くなど経営の中枢を占めることが多い。

　日本企業の出資割合が過半数以下であるのは，設立時の外資政策による制約や中国側出資者に特別な理由がある場合等によるものが多くみられ，現地法人の経営活動そのものに基づくものでないことから，経営体制について設立時においてはあまり問題になることは少ない。しかし，現地法人の経営活動が順調に推移し，現地法人に採用された従業員が経営幹部として成長してくると，こうした現地採用経営幹部から，日本から派遣された日本企業従業員がいつまでも総経理を占め，現地の人材を登用していないという処遇面での不満がでてくる可能性があり，実際にそのような不満が表面化している例もみられる。このような場合には，派遣された日本人経営幹部等はもちろん日本企業も日本が実施している経営システムを十分に理解してもらうよう努めることが大切であり，現地経営においては，現地法人に採用された従業員との協働体制システムを十分に構築することが重要になり，この取組みを行わなければ現地における事業展開の発展は望めない。

　また現地法人の継続的な発展のためには，日本から派遣して指導するだけではなく，そうした指導を通じて現地の企業システム，価値観，文化・慣習など現地で接することにより得られる現地経営について学び，修得し，それを日本本社企業の海外展開活動に反映し，今後の現地経営に活かすことが必要であろう。

第6節　国際投資に係る国際的取組み

1　WTO における取組み

　国際投資は，国家の通商政策，産業政策に大きな影響を及ぼすことから，投資を推進していこうとする投資国と外国からの投資を歓迎しながらも自国の産

業と国益を保護しようとする投資受入国との間で、国際投資のあり方について意見の対立がみられるところである。そこで、ウルグアイ・ラウンドでは、国際投資における投資措置の禁止の範囲に関して、貿易に関する投資措置の規律のあり方が議論され、その結果、WTO協定の付属書1Aの協定として、「貿易に関連する投資措置に関する協定」（TRIMs協定）として成立した。

同協定は、輸入産品を課税、規制等の面で、国内産品に比べ差別的に取り扱ってはならないとするGATT第3条の内国民待遇および第11条に規定される輸出入数量制限の一般的禁止に違反するTRIMsの禁止を規定し、特にローカルコンテント要求、輸出入均衡要求、為替規制および輸出制限（国内販売要求）という措置をTRIMs協定の付属書の例示表に示し、これを明示的に禁止した。また、禁止の対象となる投資制限措置には、法律等により強制的に課されるもののほか、他の優遇措置（補助金、免税等）を得るための条件とされるものも含まれることを規定した。

一方、同協定には例外規定があり、具体的には、①経過期間（協定に適合しないTRIMsについては、先進国は2年、開発途上国は原則5年、後発開発途上国は原則7年以内に撤廃する）、②開発途上国例外（開発途上国は、実施しているTRIMsがGATT第3条または第11条違反を構成するものであったとしても、開発途上国における経済開発の必要性に鑑みて一定の例外を認めるGATT第18条の規定にかなっていれば、当該TRIMsを維持することができる）、③衡平規定（TRIMsを課されている既存企業が競争上不利とならないように、①の経過期間中は新規の投資企業に対しても同等のTRIMsを適用することができる）という例外規定が設けられている。

2 二国間投資協定の状況

国際投資の拡大により、各国は投資受入国における自国の投資家の保護を図るため、二国間投資協定（BIT：Bilateral Investment Treaty）の締結が2000年以降増加している。従来、二国間投資協定は投資国（先進国）が投資受入国（開発途上国）における自国の投資家の財産を保護するため、投資後の内国民待遇・最恵国待遇、投資財産に対する公正衡平な待遇、収用補償、送金の自由、締約国間の紛争処理、投資受入国と投資家との間の紛争処理などを主な内容とする

協定が締結されてきた。これは伝統的な協定であり,「投資保護協定」と呼ばれる。現在,世界にある二国間投資協定のほとんどが,この投資保護協定である。

これに対し,投資後の待遇保護だけでなく,投資許可段階を含めた内国民待遇・最恵国待遇,あるいは投資歪曲効果が強い投資措置とされるパフォーマンス要求の禁止（締約国が他方の締約国の投資家の投資および事業活動の条件として,輸出要求,現地調達要求,技術移転要求等の投資家の自由な投資活動を妨げる特別措置の履行要求を行ってはならない）の規定を盛り込んだ投資協定が締結されはじめている。これらの内容は,FTA/EPA が締結される場合には,その協定の一部である「投資章」に規定される。

このような二国間投資協定は投資保護と投資自由化の双方の要素を含んでいることから,「投資保護・自由化協定」と呼ばれる。その代表的な協定は,NAFTA (North American Free Trade Agreement, 北米自由貿易協定) の投資章である。

NAFTA は,カナダ,米国,メキシコの3カ国で構成され,1994 年1 月に発効した。同協定は,域内での貿易障害の除去,国際協力の枠組みの確立等を目的として,モノおよびサービスの通商規則に加えて,投資,知的財産権,競争政策の各分野のルールを規定している。投資の自由化に係る規定については,投資前の内国民待遇・最恵国待遇,パフォーマンス要求,原材料の現地調達要求,輸出入均衡要求,国内販売制限等については絶対禁止の措置をとっている。また,投資保護に係る規定については,投資後の内国民待遇・最恵国待遇,公正衡平待遇,収用と補償,資金の移転等についての措置を設けている。

わが国においても,中国,エジプト,スリランカ,韓国,ロシア等の間で二国間投資協定が締結されており,このほかシンガポール,メキシコ,マレーシア,フィリピン,タイ,チリ,スイス等の国と締結した EPA の中の投資章の規定は,二国間投資協定の内容とほぼ同一となっている。わが国の投資協定は「投資保護・自由化協定」のタイプとなっており,投資保護のみならず,投資の自由化を織り込んだ取組みがなされている。

【注】

1) 販売店・代理店契約に関する法の統一は行われていないが，契約を作成するに当たっての手引書としては，国際商業会議所による1983年の代理店に関する手引書および1988年の国際的販売店契約の作成に関する手引書があり，モデル契約としては国際商業会議所作成のモデル代理店契約がある。また，狭義の代理については，ハーグ国際私法会議による1978年の代理の準拠法に関する条約（1992年5月1日発効）および私法統一国際協会による1983年の国際物品売買契約における代理に関する条約（未発効）がある（高桑，2011，pp.252-253）。

2) 販売店・代理店保護法が制定されている国として知られているのは，EU諸国，中東・アラブ諸国，中南米諸国などがあり，EUの保護法については，多田，2012，pp.107-108において紹介されている。

3) 英国がこの条約に加盟しない理由は，この条約の規定が英国の売買法のもとに行われているCIF，FOBのような貿易条件との整合性，英法のもとの貿易条件の慣行としての有効性が明らかでないということにあるという（高桑，2011，p.84）。

4) ウィーン売買条約の全文は，外務省ホームページ「史料・公開情報（条約データ検索）」に掲載されている。また澤田・柏木・杉浦・髙杉・森下編，2009，pp.58-89においても，国際売買契約法の若干の解説とウィーン売買条約（抄）が収録されている。

5) 2010年インコタームズは，J.ランバーグ（ストックホルム大学名誉教授）によって解説書が国際商業会議所（ICC）から発行されている。この邦訳については，国際商業会議所日本委員会が『ICCインコタームズ®2010の手引き』と題して2012年5月に発行している。

6) この調査は，小林晃を代表に，平田義章，横山研治とともに，アンケート調査を行ったもので（商社，日本機械輸出組合加盟企業，日本自動車工業会加盟企業，大手小売業計171回答数から3,204件のトレード・タームズが記録された）。詳細については，小林晃（1997）「我国で使用されるトレード・タームズ（貿易定型取引条件）の動向調査」『第21回産業経営動向調査研究報告書』（日本大学経済学部産業経営研究所）参照。なお，その後，第2次調査を行っているが，ほぼ同じような傾向がみられたとしている。

7) この調査は，FAZ（輸入促進地域）の指定を受けた青森，宮城，新潟，岡山，京都，島根・鳥取，山口，愛媛，高知，熊本，大分の11地域に所在する中小貿易業者を対象としてアンケート調査を行ったものである（有効回答数640件）。詳細については，吉田，2005，pp.299-304参照。

8) 近年，航海傭船にはいくつかの変形型の契約が締結されており，①特定の航海について，または特定貨物の運送のために，定期傭船ベースで船舶を傭船する（トリップ・チャーター（Trip charter））、②特定航路における一定量（多量）の貨物を一定期間内に輸送する（COA：Contract of Affrightment）などの契約形態がみられる（オーシャンコマース編，2006，p.47）。

9) 第一種貨物利用運送事業を経営しようとする者は，貨物利用運送事業法3条による国土交通大臣の登録を，また第二種貨物利用運送を経営しようとする者は，同法20条による国土交通大臣の許可を受けなければならない。
10) このほかに，チャーター貨物がある。チャーター貨物は，荷送人が航空機1機をまるごと傭用し，その荷送人の貨物のみが運送されるものである。現在，フレイト・フォワーダーが自社の混載貨物のために1機まるごと傭用することも一部認められている。これをフォワーダー・チャーターと呼んでいる。
11) 米国連邦海事委員会（FMC）は，米国海事法による運航行為を統制・管理している政府機関で，米国の港およびその港を経由して手配される輸送が法律に基づいて行われるよう監視しており，NVOCCのほか，船会社もその対象となる。
12) 合弁事業契約には，このように会社を設立する場合以外に，会社を設立しないで，契約により共同事業を行う形態もある。その例として，米国のパートナーシップ法に基づくパートナーシップ契約という形態があげられる。

参考文献

第 1 章　企業と会社制度
伊丹敬之（2001）「企業という生き物」『一橋ビジネスレビュー』（一橋大学イノベーション研究センター），49 巻 3 号.
江頭憲治郎（2015）『株式会社法（第 6 版）』有斐閣.
落合誠一編（2011）『会社法 Visual Materials』有斐閣.
神田秀樹（2015）『会社法（第 17 版）』弘文堂.
小松　章（2006）『企業形態論 第 3 版』新世社.
宍戸善一（2015）『会社法入門（第 7 版）』日本経済新聞出版社.
東京リーガルマインド編（2015）『商法 I ＜会社法＞第 5 版 補訂版』東京リーガルマインド.
前田　庸（2009）『会社法入門（第 12 版）』有斐閣.
マンキュー（2005）『マンキュー経済学 I ミクロ編（第 2 版）』（足立英之・石川城太・小川英治・地主敏樹・中馬宏之・柳川　隆訳）東洋経済新報社.
三戸　浩・池内秀巳・勝部伸夫（2011）『企業論（第 3 版）』有斐閣.

第 2 章　企業間取引の形態と仕組み
江頭憲治郎（2013）『商取引法（第 7 版）』弘文堂.
太田　穣（1998）「第 12 章 代理店契約」浜田道代・原　秀六・小林　量・坂上真美・中東正文編『現代企業取引法』税務経理協会.
岸田雅雄（2003）『ゼミナール商法総則・商行為法入門』日本経済新聞社.
根田正樹（2005）『企業取引法［第二版］』弘文堂.
高桑　昭（2011）『国際取引法 第 3 版』有斐閣.
福原紀彦（2015）『企業取引法』文眞堂.
藤田勝利・工藤聡一編（2011）『現代商取引法』弘文堂.
弥永真生（2014）『リーガルマインド商法総則・商行為法（第 2 版補訂版）』有斐閣.

第 3 章　消費者取引と取引ルールの適正化
大村敦志（2011）『消費者法［第 4 版］』有斐閣.
齋藤雅弘・池本誠司・石戸谷豊編（2014）『特定商取引法ハンドブック［第 5 版］』日本評論社.
島川　勝・坂東俊矢（2011）『判例から学ぶ消費者法』民事法研究会.

消費者庁消費者制度課編（2015）『逐条解説 消費者契約法［第2版補訂版］』商事法務。
消費者庁取引対策課／経済産業省商務流通保安グループ消費経済企画課編（2014）『平成24年度版 特定商取引に関する法律の解説』商事法務。
日本弁護士連合会編（2013）『消費者法講義［第4版］』日本評論社。
日本弁護士連合会消費者問題対策委員会編（2015）『コンメンタール消費者契約法［第2版増補版］』商事法務。
圓山茂夫（2014）『詳解 特定商取引法の理論と実務［第3版］』民事法研究会。
山口康夫（2011）『消費者契約法の解説』ネットワーク出版。
山口康夫（2011）『特定商取引法の解説』ネットワーク出版。

第4章　不公正な取引方法
泉水文雄・長澤哲也（2014）『公正取引審決判例精選』有斐閣。
大久保直樹・伊永大輔・滝澤紗矢子（2015）『ケーススタディ経済法』有斐閣。
川濵　昇・瀬領真悟・泉水文雄・和久井理子（2010）『ベーシック経済法─独占禁止法入門［3版］』有斐閣。
公正取引委員会「流通・取引慣行に関する独占禁止法上の指針」、「不当廉売に関する独占禁止法上の考え方」、「優越的地位の濫用に関する独占禁止法上の考え方」、「審決例」、「相談事例集」。
舟田正之・金井貴嗣・泉水文雄編（2010）『経済法判例・審決百選』（別冊ジュリストNo.199）有斐閣。
松下満雄（2011）『経済法概説［第5版］』東京大学出版会。
村上政博（2005）『独占禁止法─公正な競争のためのルール─』岩波書店。

第5章　マーケティング
池尾恭一・青木幸弘・南知恵子・井上哲浩（2010）『マーケティング』有斐閣。
石井淳蔵・栗木　契・嶋口充輝・余田拓郎（2013）『ゼミナール マーケティング入門 第2版』日本経済新聞出版社。
恩蔵直人（2004）『マーケティング』日本経済新聞社。
嶋口充輝（1984）『戦略的マーケティングの論理』誠文堂新光社。
清水公一（1996）『共生マーケティング戦略論』創成社。
高嶋克義・桑原秀史（2008）『現代マーケティング論』有斐閣。
高津春樹（2014）「2014年消費動向変革と企業戦略の命題」『企業間ネットワーク研究会（第25期）報告資料』マーケティング総合研究所。
高橋秀雄（1998）『サービス業の戦略的マーケティング』中央経済社。
田村正紀（2002）『金融リテール改革─サービス・マーケティング・アプローチ』千倉書房。
戸谷圭子（2006）『リテール金融マーケティング』東洋経済新報社。

沼上　幹（2008）『わかりやすいマーケティング戦略［新版］』有斐閣。
山口正浩監修／木下安司編（2010）『ダイレクト・マーケティング』同文舘出版。
山本昭二（2007）『サービス・マーケティング入門』日本経済新聞出版社。
Aaker, D. A. (1984) *Strategic Market Management*, John Wiley & Sons.（野中郁次郎・北洞忠宏・嶋口光輝・石井淳蔵訳（1986）『戦略市場経営―戦略をどう開発し評価し実行するか』ダイヤモンド社）
Aaker, D. A. (2001) *Developing Business Strategies*, 6th ed., John Wiley & Sons.
Aaker, D. A. (2008) *Strategic Market Management*, 8th ed., John Wiley & Sons.
Ennew, C. and Waite, N. (2013) *Financial services Marketing: An International Guide to Principles and Practice*, 2nd ed. Oxon: Routledge.
Grönroos, C. (1990) *Service Management and Marketing: Managing the Moments of Truth in Service Competition*, Lexington Books.
Johnson, E. M., Sheuing, E. E. and Gaida, K. A. (1986) *Profitable Service Marketing*, Dow Jones-Irwin, Inc.
Kotler, P. (2000) *MarketingManagement*, 10th ed. Prentice-Hall.（恩蔵直人監修／月谷真紀訳（2001）『コトラーのマーケティング・マネジメント　ミレミアム版（第10版）』ピアソン・エデュケーション）
Kotler, P. and Keller, K. L. (2006) *Marketing Management*, 12th ed., Prentice Hall.（恩蔵直人監修／月谷真紀訳（2008）『コトラー＆ケラーのマーケティング・マネジメント12版』ピアソン・エデュケーション）
Kotler, P., Hayes, T. and Bloom, P. N. (2002) *Marketing Professional Services*, 2nd ed. Learning Network Direct.（白井義男監修／平林　祥訳（2002）『コトラーのプロフェッショナル・サービス・マーケティング』ピアソン・エデュケーション）
Kotler, P. and Keller, K. L. (2009) *Marketing Management*, 13th ed., Prentice- Hall.
Porter, M. E. (1980) *Competitive Strategy*, The Free Press.（土岐　坤・中辻萬治・服部照夫訳（1995）『新訂 競争の戦略』ダイヤモンド社）
Stanton, W. J., Etzel, M. J. and Walker, B. J. (1991) *Fundamentals of Marketing*, 9th ed., McGraw-Hill.

第6章　流通の仕組みと商業

石井淳蔵・栗木　契・嶋口充輝・余田拓郎（2013）『ゼミナール マーケティング入門 第2版』日本経済新聞出版社。
石原武政（2002）「第1部 流通組織の基礎理論」大阪市立大学商学部編『流通』有斐閣。
石原武政・池尾恭一・佐藤善信（2000）『商業学［新版］』有斐閣。
菊池康也（2005）『戦略的ビジネスモデル 3PL 入門』税務経理協会。
菊池康也（2006）『SCM の理論と戦略』税務経理協会。
苦瀬博仁（1999）『付加価値創造のロジスティクス』税務経理協会。

鈴木安昭（2010）『新・流通と商業［第5版］』有斐閣。
嶋口充輝・石井淳蔵（1995）『現代マーケティング［新版］』有斐閣。
田村正紀（2001）『流通原理』千倉書房。
宮下正房・中田信哉（2004）『物流の知識（第3版）』日本経済新聞出版社。
矢作敏行（1996）『現代流通』有斐閣。
流通システム開発センター編（2008）『EDI の知識（第2版）』日本経済新聞出版社。
和田充夫・恩蔵直人・三浦俊彦（2012）『マーケティング戦略［第4版］』有斐閣。

第7章　企業の国際的活動

石原伸志（2005）『貿易物流実務マニュアル』成山堂書店。
オーシャンコマース編（2006）『新版 海運実務マニュアル』オーシャンコマース。
オーシャンコマース編（2012）『国際コンテナの基礎知識』オーシャンコマース。
河村寛治（2013）「第6章 国際合弁契約」牧野和夫・河村寛治・飯田浩司『国際取引法と契約実務（第3版）』中央経済社。
北川俊光・柏木　昇（2005）『国際取引法［第2版］』有斐閣。
絹巻康史（2009）『国際取引法［改訂版］』同文舘出版。
経済産業省通商政策局編（2014）『不公正貿易報告書』勝美印刷。
小宮隆太郎（1972）「直接投資の理論」澄田　智・小宮隆太郎・渡辺　庸編『多国籍企業の実態』日本経済新聞社。
澤田壽夫・柏木　昇・杉浦保友・高杉　直・森下哲朗編（2009）『マテリアルズ国際取引法［第2版］』有斐閣。
新堀　聰（2009）『ウィーン売買条約と貿易契約』同文舘出版。
高桑　昭（2011）『国際取引法（第3版）』有斐閣。
多田　望（2012）「第6章 代理店・販売店」松岡　博編『レクチャー国際取引法』法律文化社。
日本インターナショナル フレイト フォワーダーズ協会編（2011a）『第7版 国際複合輸送業務の手引き』日本インターナショナル フレイト フォワーダーズ協会。
日本インターナショナル フレイト フォワーダーズ協会編（2011b）『フォワーディング業務の入門手引書（第3版）』日本インターナショナル フレイト フォワーダーズ協会。
牧野和夫（2013）「第4章 国際ライセンス契約」牧野和夫・河村寛治・飯田浩司『国際取引法と契約実務（第3版）』中央経済社。
吉田友之（2005）『トレード・タームズの使用動向に関する実証研究』関西大学出版部。
汪　正仁（2013a）『ビジュアルで学ぶ国際物流のすべて―陸海空とITの世界（上巻）』天同堂。
汪　正仁（2013b）『ビジュアルで学ぶ国際物流のすべて―陸海空とITの世界（下巻）』天同堂。

索　引

A-Z

BOT（Build-Operate-Transfer） …… 305
EAN コード（European Article Number）
　………………………………………… 279
ECR（Efficient Consumer Response）
　………………………………………… 271
EDI（Electronic Data Interchange）
　………………………………… 279, 281
FCL 貨物（Full container load cargo）
　………………………………………… 330
FOB 型 ………………………………… 304
IATA（International Air Transport
　Association）………………………… 337
JAN（Japanese Article Number） … 279
KBF（Key Buy Factor：購買決定要因）
　………………………………………… 204
LCL 貨物（Less-than container load
　cargo）………………………………… 330
LLC（Limited Liability Company） … 19
NVOCC ………………………………… 349
PB 商品 ………………………………… 291
POS……………………………………… 279
　──システム ……………………… 278
　──総合情報システム …………… 280
QR（Quick Response）………………… 271
S字型曲線 ……………………… 206, 218
STP アプローチ ……………………… 188
SWOT 分析 …………………… 177, 186
VMI（Vendor Managed Iventory）… 274

ア

アウトソーシング ……………………… 265
アポイントセールス …………………… 110
アメリカ・マーケティング協会……… 170
委託加工貿易 …………………………… 301
委託販売 ………………………………… 159
　──貿易 …………………………… 303
一次選択行動の非完結性……………… 225
一人会社 ………………………………… 21
一店一帳合制 …………………………… 83
一般指定 ………………………………… 135
移動障壁 ………………………………… 179
イノベーション ………………………… 215
違約金条項 ……………………… 102, 103
インコタームズ ………………… 311, 319, 320
　──2010 …………………………… 320
インターナル・マーケティング
　（Internal Marketing）……… 235, 236
インターネット・オークション… 107, 113
インタラクティブ・マーケティング
　（Interactive Marketing）………… 236
インテグレーター（integrator） …… 340
ウィーン売買条約 ………… 297, 311, 312
受取船荷証券（Received B/L）…… 332
上澄み吸収戦略 ………………………… 211
営業的商行為 …………………………… 62
エクイティ・ファイナンス
　（Equity Finance）………………… 43
エクスターナル・マーケティング
　（External Marketing）…………… 236
エリア・マーケティング
　（Area Marketing）………………… 192
オピニオン・リーダー ………………… 209
オプトイン規制 ………………………… 114
卸売業 …………………………………… 288
オンボード・クーリエ
　（On board courier）……………… 340

カ

海外子会社 ……………………………… 359
海外直接投資 …………………………… 356
会計監査 ………………………… 33, 34
会計監査人 ……………… 25, 26, 28, 34
　──設置会社 ……………… 32, 34, 56
会計参与 ………………… 26, 37, 42
外国為替及び外国貿易法……………… 299
開示規制 …… 110, 114, 118, 120, 123, 125
会社 ………………………………… 17, 18
　──債権者 ……………… 18, 19, 27, 52
　──の機関 ………………………… 27
海上運送状 ……………………………… 334
　──統一規則 ……………………… 334
海上運送仲介事業者（OTI：Ocean
　Transportation Intermediary）…… 350
海上コンテナ輸送 ……………………… 327

開発輸入……………………………… 298
外部組織……………………………… 78
開放型流通チャネル政策…………… 203
価格弾力性（Price Elasticity）… 210, 216
鍵となる成功要因（KSF：Key Success Factor）………………… 177, 183
隔地者間の申込………………… 68, 73
家計………………………………… 11, 240
加工貿易……………………………… 301
瑕疵担保……………………………… 72
　───責任…………………… 100, 101
カスタマイズド・マーケティング… 189
価値懸隔……………………………… 244
課徴金………………………………… 135
価値連鎖（Value Chain）………… 182
割賦販売法…………………………… 92
株式…………………………………… 18
　───会社…………………… 14, 18
　───引受人……………………… 46
株主資本……………………………… 52
株主総会………………… 27〜29, 37, 40
　───の承認……………………… 57
　───の特別決議………… 44, 46
　───の普通決議………………… 33
株主割当……………………………… 45
貨物利用運送事業者………………… 336
監査委員…………………………… 38, 39
　───会……………………… 35, 38, 57
監査等委員会…………… 39, 41, 42, 57
　───設置会社……… 25, 39, 57
監査報告……………………………… 42
　───書…………………………… 38
監査法人……………………………… 34
監査役…………………… 25, 26, 28, 32
監査役会……………… 25, 26, 28, 33
　───設置会社…………………… 33
監査役設置会社…………… 26, 29, 33
関税暫定措置法……………………… 302
間接金融……………………………… 43
間接有限責任…………… 18, 19, 52
間接流通……………………………… 247
監督是正権…………………………… 29
機関設計……………………… 23, 25, 39
機関の分化…………………………… 27
企業………………………………… 11, 240
　───間信用……………………… 43
　───間売買取引……… 71, 73, 75
　───間物流チャネル…………… 259

企業取引………………… 59, 60, 68, 69
　───関係のマネジメント…… 132
企業内貿易…………………………… 357
企業買収……………………………… 360
議決権行使書面……………………… 28
危険負担………………………… 72, 74
　───機能………………………… 246
技術革新……………………………… 212
技術の実施許諾契約………………… 352
擬制商人……………………………… 63
規模の経済…………………………… 184
基本契約………………………… 71〜73
ぎまん的顧客誘引………… 148, 149
逆委託加工貿易……………………… 301
キャッチセールス…………………… 110
業界 VAN（Value Added Network）… 283
競業会社………………………… 80, 81
競業禁止……………………………… 83
競業避止義務………………………… 80
行政規制…… 110, 114, 117, 120, 122, 125
競争者に対する取引妨害…………… 168
競争者の事業活動の不当妨害…… 167
競争戦略……………………………… 179
競争優位…………………… 196, 203
共同企業………………………… 19, 20
共同の取引拒絶…………… 134, 139
業務監査……………………………… 33
業務執行…………… 23, 28, 29, 35
　───決定権限…………………… 36
業務執行取締役……………………… 42
業務担当取締役……………………… 32
業務提供誘引販売取引…… 108, 122
空間懸隔……………………………… 243
クーリエ・サービス（Courier service）……………………………… 339
クーリング・オフ
　…………… 108, 111, 112, 121, 123
　───制度………………… 111, 121
クロスドッキング…………………… 275
クローズド・テリトリー制………… 83
クロス・マーケティング…………… 229
グローバルサプライチェーン・マネジメント（グローバル SCM）………… 275
経営資源の一括移転………………… 356
経験曲線効果（Experience Curve Effect）………………………… 184, 209
経済合理性…………………………… 146
経済循環フロー………………… 11, 12

索　引　373

計算書類……………………………… 56
継続的供給契約…………………… 61
景品表示法………………… 92, 149
系列卸売業………………………… 290
検査・通知義務…………………… 76
現実売買…………………………… 62
限定機能卸売業…………………… 290
行為規制………… 115, 121, 123, 125
公開会社…………………………… 23
公開大会社………………………… 25
公開中小会社……………………… 25
公企業……………………………… 17
航空運送事業……………………… 336
航空運送状………………………… 341
航空貨物運送状（HAWB：House Air
　Waybill）………………………… 336
航空フォワーダー………………… 337
広告規制………… 114, 118, 120, 122
交互計算…………………… 77, 78
公債………………………………… 49
合資会社…………………… 18, 19
公正競争阻害性………… 137, 138
公正取引委員会………… 134, 135
拘束条件付取引………… 153, 160
合同会社…………………… 18, 19
後発参入者………………………… 210
合弁会社…………………………… 359
公募発行…………………………… 50
合名会社…………………… 18, 19
小売業……………………………… 291
小売店頭情報……………………… 278
小売ミックス……………………… 292
顧客価値提供のシークエンス…… 173
顧客分析（Customer Analysis）…… 178
顧客満足…………………………… 171
国際海上輸送……………………… 325
国際技術移転契約………………… 351
国際航空貨物……………………… 338
国際取引…………………………… 62
国際フォワーダー………………… 267
国際複合輸送……………………… 342
　────の主要ルート…………… 345
　────の統一規則……………… 343
国際物品売買契約に関する国際連合条約
　………………………………………… 311
国際輸送…………………………… 325
個人企業…………………………… 18
個品運送（Carriage of goods）…… 325

個別的売買契約………………… 71～73
コーポレート・ガバナンス…… 15, 35
コマーシャル・ペーパー………… 43
コモディティ化…………………… 215
固有の商人………………………… 62
混載業者（Consolidator）………… 337
コンテナ船………………… 329, 330
コンビニエンス・ストア………… 295

サ

最高意思決定機関………………… 28
再販売価格維持行為……………… 157
再販売価格の拘束…… 135, 153, 156, 158
債務の株式化（デット・エクイティ・
　スワップ）……………………… 46
サービス…………………………… 218
　────コントラクト（Service contract）
　………………………………………… 350
　────・トライアングル……… 237
　────の差別化………………… 202
　────・マーケティング… 218, 220
サプライチェーン・マネジメント（SCM）
　…………………………… 268～270
差別化戦略………………………… 200
差別対価………………… 135, 139, 142
三国間貿易………………………… 299
3PL（Third Party Logistics）
　…………………………… 263, 265, 266
時間懸隔…………………………… 244
事業活動の不当拘束……………… 153
事業者団体における差別的取扱い
　………………………………… 139, 144
資金流……………………………… 245
自己株式…………………………… 52
自己金融…………………………… 43
自己資本…………………………… 43
市場経済………………… 11, 240, 243
市場細分化……… 178, 188, 190, 226
　────の基準…………………… 190
市場シェア………………………… 184
市場浸透戦略……………………… 211
市場セグメント（Market Segment）
　………………………………… 189, 196
　────の全体的な魅力…… 195, 196
　────の評価…………………… 195
市場取引…………………………… 251
市場フルカバレッジ……………… 199
施設間物流チャネル……………… 260

執行役……………………… 30, 35, 38, 50
────制度 ……………………………… 35
実施料（ロイヤルティ）……………… 354
指定権利 ………………………………… 109
品揃え形成活動 ………………………… 203
資本金制度 ……………………………… 18
資本準備金 ……………………… 48, 52, 53
資本剰余金 ……………………………… 52
指名委員会 ………………………… 35, 37
────等設置会社 ……………… 25, 35, 57
社外監査役 ………………………… 34, 39
社外取締役 ……………………… 36, 37, 39, 42
社債 ………………………………… 43, 49
────管理者 ……………………………… 50
社債権者 ………………………………… 14, 49
社債発行会社 ……………………………… 49
社団性 ……………………………………… 21
集中型マーケティング（Concentrated Marketing）……………………… 196, 197
順委託加工貿易 ………………………… 301
準問屋 ……………………………………… 88
準備金 ……………………………………… 53
場屋取引 ………………………………… 66
商慣習 ……………………………………… 74
商業 ……………………………………… 284
────の介在原理 ………………… 284, 285
商行為 ……………………………………… 62
譲渡制限株式 ……………………………… 23
消費財（Customer Goods）……… 61, 241
消費者 ……………………………………… 93
────契約法 ……………………… 92, 93
────団体訴訟制度 …………………… 104
────取消権 …………………………… 95
消費デュレーション …………………… 223
情報懸隔 ………………………… 244, 275
情報縮約・整合の経済の原理 ………… 287
情報流 ……………………………… 245, 275
剰余金 ……………………………………… 53
────支払請求権 ………………………… 55
────の配当 ……………………… 54, 55
商流 ……………………………… 245, 248, 249
書面の交付 ……………………… 116, 121
所有懸隔 ………………………………… 243
所有と経営の分離 ………………… 27, 28
所有と支配の分離 ………………… 27, 29
新株予約権 ………………………… 43, 47
────付社債 …………………………… 51
人口動態 ………………………………… 184

進料加工 ………………………………… 302
ストック・オプション（Stock Option）
 …………………………………… 47, 48
スポット取引 ……………………………… 61
スモール・パッケージサービス（Small package service）……………………… 339
生活者 …………………………………… 241
────市場 ……………………… 226, 227
生産財 ……………………………………… 61
製造卸売業 ……………………………… 290
製品差別化 ……………………… 200, 214
────戦略 ……………………………… 208
製品ポジショニング …………………… 216
製品ライフサイクル（PLC：Product Life Cycle）……………………… 206, 217
制約された合理性 ……………………… 252
セグメント・マーケティング（Segment Marketing）…………………………… 190
世代別ターゲティング戦略 …………… 226
絶対的商行為 ……………………………… 62
選択的流通チャネル …………………… 210
選択と集中 ……………………………… 265
先発優位性 ……………………………… 209
戦略市場経営（Strategic Market Management）……………………… 177
戦略提携 ………………………………… 254
戦略的フィルター ……………… 226, 227
総額引受 ………………………………… 50
総代理店 ………………………………… 82
双務契約 ………………………………… 69
組織取引 ………………………………… 251
損益計算書 ……………………………… 56
損害賠償額の予定 ……………………… 102

タ

対外直接投資 …………………………… 357
貸借対照表 ……………………… 25, 52, 53, 56
代表執行役 ………………………… 38, 39
代表取締役 …………………… 28, 29, 31, 32, 50
代理商 ……………………………… 78, 79
────の競業避止義務 ………………… 80
代理店 ……………………………………… 78
ターゲット・セグメント（Target Segment）…………………………… 189
他人資本 ………………………………… 43
チャネル・キャプテン ………………… 183
仲介企業 ………………………………… 299
中間組織の長所と限界 ………………… 254

中間配当	37
中継貿易	301
直接金融	43
直接貿易	307
直接流通	247
直送貨物	337
通信販売	107, 113
通知義務	69, 72, 81
定款	30, 33, 40
定期船（Liner）	326
締結代理商	79
適格消費者団体	92, 104, 128
適法性監査	38
撤退障壁	181, 216
デット・エクイティ・スワップ（DES：Debt Equity Swap）	46
デット・ファイナンス（Debt Finance）	43
テリトリー制	83, 160
店舗差別化	292
電話勧誘販売	108, 115
問屋	78, 87
──営業	89
投機購買	63
投機貸借	64
統合卸売業	290
投資保護・自由化協定	364
独占禁止法	134
特定商取引	92, 107, 108
──法	92, 107
取締役会	25, 26, 29, 30
──設置会社	28, 29, 31, 50

ナ

内職商法	108
仲立	67
──営業	84
二国間投資協定（BIT：Bilateral Investment Treaty）	363
日本訪問販売協会	113
ネットワーク・システム	345, 347

ハ

媒介	79
──代理商	79
排他条件付取引	153, 154
売買の予約	69
バイヤーズコンソリデーション（Buyer's consolidation）	275
パートナーシップ	254, 269
ハブ・アンド・スポークシステム	340
非公開大会社	26
非公開中小会社	26
標的市場（Target Market）	195
──選択パターンの分類	197
ファイナンシャル・サービス	222
複合運送証券（Multimodal Transport B/L）	345
物流機能	246, 256
物流チャネル	259
不定期船（Tramper）	326
不当高価購入	144, 148
不当な顧客誘引・取引の強制	148
不当な差別的取扱い	139
不当廉売	135, 144
──規制	145
船荷証券（B/L：Bill of Lading）	326, 331
──の性質	331
ブランド選好	212
ブランド内競争	161
プラント輸出	300, 304
ブランド・ロイヤルティ	185, 193, 194, 216
プル型プロモーション	213
フレイト・フォワーダー（Freight forwarder）	348, 349
プロモーション戦略	210
分化型マーケティング（Differentiated Marketing）	196
平均的な損害	102
ヘイグ＝ヴィスビー・ルール	332
ヘイグ・ルール	332
米国改正海事法（The Shipping Act of 1984 as Modified by The Ocean Shipping Reform Act of 1998：OSRA）	349
米国連邦海事委員会（FMS：Federal Maritime Commission）	350
閉鎖性基準	23
閉鎖的流通チャネル政策	210
返品	70
──条件付買取契約	70
貿易取引	296
貿易に関連する投資措置に関する協定（TRIMs協定）	363
報酬委員会	35, 38

法人格……………………………… 22
　　──否認の法理……………… 22
法人企業………………………………… 18
法人性………………………………… 22
法定不当廉売……………………… 144
訪問購入………………………… 108, 124
訪問販売………………………… 107, 109
　　──消費者救済基金制度……… 113
　　──法………………………… 92, 107
法令遵守（コンプライアンス）…… 31
ポジショニング………………… 188, 200
　　──戦略……………………… 205
　　──の伝達…………………… 205
　　──・メッセージ…………… 204
募集株式……………………………… 44
募集株式の発行……………………… 43
発起人………………………………… 21

マ

マーケティング…………………… 170
　　──・コンセプト（Marketing Concept）……………………… 171
　　──・ツール………………… 173
　　──・マネジメント…… 173, 188
マーケティング・ミックス（Marketing Mix）…………………… 173, 214
　　──の外的一貫性…………… 176
　　──の内的一貫性…………… 175
マーケティングの定義…………… 170
マス・マーケティング（Mass Marketing）……………… 178, 188, 189
マルチ商法………………………… 107
マルチセグメント戦略…………… 197
民事仲立……………………………… 85
　　──人……………………………… 85
民事ルール……… 115, 117, 118, 121, 123, 127
無形財……………………………… 218
無限責任社員…………………… 19, 22
無差別型マーケティング………… 199
持分会社……………………………… 18
モニター商法…………………… 108, 122
モントリオール条約……………… 335

ヤ

優越的地位の濫用………… 135, 137, 163
　　──の禁止…………………… 137
優越的地位濫用ガイドライン…… 164
有形財……………………………… 218

有限責任社員…………………… 19, 22
ユニットロード・システム（Unit Load System）………………………… 258
ユニフォーム・システム……… 345, 347
傭船運送（Charter party）…… 325, 326
4つのP（4P）…………………… 174
予約完結権の行使………………… 69

ラ

ライセンス契約…………………… 352
ライフサイクル………………… 217, 228
　　──・ステージ……………… 192
ライフスタイル…………………… 193
ライフプラン……………………… 231
来料加工…………………………… 302
ランドブリッジ（Land Bridge）… 343
利益準備金………………………… 53
利益剰余金分配…………………… 21
リターンプロセス………………… 274
立地指向…………………………… 293
流通………………………………… 240
　　──課業……………………… 240
流通加工…………………………… 258
　　──センター………………… 262
流通活動……………………… 242, 245
流通機能…………………………… 245
　　──の機関代替性……… 242, 246
流通業者…………………………… 242
　　──への営業支援…………… 250
流通情報…………………………… 276
　　──システム………………… 277
流通チャネル…………………… 187, 247
　　──の選択肢………………… 182
　　──の組織化………………… 248
流通・取引慣行ガイドライン
　………………………… 140, 142, 154
流通フロー……………………… 244, 245
リレーションシップ・マーケティング… 237
連鎖販売取引…………………… 108, 117
ロジスティクス…… 174, 256, 263, 271
　　──・サービス…………… 265, 266

ワ

割合の単位……………………… 18, 27
ワルソー条約……………………… 335
ワン・トゥ・ワン・マーケティング（One-to-One Marketing）…… 178, 189

《著者紹介》
鷲尾和紀（わしお・かずのり）
2016年3月 高千穂大学大学院経営学研究科博士後期課程修了。
博士（経営学）。
現　在　高千穂大学アジア研究交流センター客員研究員。
マーケティング総合研究所主任研究員。

主要著書
『パーソナルファイナンシャル・サービス・マーケティング』創成社，2016年。

鷲尾紀吉（わしお・きよし）
1971年3月 東洋大学法学部卒，その後，拓殖大学大学院商学研究科博士後期課程単位取得。
2010年3月 高千穂大学大学院経営学研究科博士（経営学）取得。
現　在　中央学院大学大学院商学研究科・商学部教授。

主要著書
『現代国際流通論』創成社，2014年。
『現代ビジネス概論』創成社，2012年。
『現代マーケティング論』創成社，2010年。
『国際流通論―理論と政策―』創成社，2006年。
『マーケティング戦略の論理』創成社，2004年。
『新版　現代流通の潮流』同友館，2004年。

（検印省略）

2016年4月20日　初版発行　　　略称―経営・ビジネス

経営・ビジネス論
―企業の仕組みと商活動―

著　者　鷲尾和紀・鷲尾紀吉
発行者　塚田尚寛

発行所　東京都文京区　　　株式会社　創成社
　　　　春日2-13-1
　　　　電　話　03（3868）3867　　FAX 03（5802）6802
　　　　出版部　03（3868）3857　　FAX 03（5802）6801
　　　　http://www.books-sosei.com　　振　替　00150-9-191261

定価はカバーに表示してあります。

©2016 Kazunori Washio,　　組版：ワードトップ　印刷：S・Dプリント
　　　Kiyoshi Washio　　　　製本：カナメブックス
ISBN978-4-7944-2477-8　C3034　落丁・乱丁本はお取り替えいたします。
Printed in Japan

―――――― 経営・マーケティング ――――――

経営・ビジネス論 ―企業の仕組みと商活動―	鷲尾和紀 鷲尾紀吉	著	3,800円
現代マーケティング論 ―戦略的アプローチ―	鷲尾紀吉	著	3,000円
現代国際流通論 ―原理と仕組み―	鷲尾紀吉	著	2,800円
サービス化社会のマーケティング構想	上原 聡	編著	2,200円
現代マーケティングの基礎知識	嶋 正 東 徹	編著	2,300円
マーケティングの新視角 ―顧客起点の戦略フレームワーク構築に向けて―	有吉秀樹	著	1,800円
消費入門 ―消費者の心理と行動,そして,文化・社会・経済―	佐野美智子	著	2,500円
グローバル・マーケティング	丸谷雄一郎	著	1,800円
ブランド・マーケティング研究序説Ⅰ	梶原勝美	著	3,800円
ブランド・マーケティング研究序説Ⅱ	梶原勝美	著	4,200円
ブランド・マーケティング研究序説Ⅲ	梶原勝美	著	3,600円
マーケティング・ブック	小川純生	著	1,600円
商品化戦略の基礎	寳多國弘	著	2,800円
現代消費者行動論	松江 宏 村松幸廣	編著	2,400円
経営情報システムとビジネスプロセス管理	大場允晶 藤川 裕晃	編著	2,500円
eビジネスの教科書	幡鎌 博	著	2,200円
現代組織の構造と戦略 ―社会的関係アプローチと団体群組織―	磯山 優	著	2,500円

（本体価格）

―――――― 創成社 ――――――